CB134285

REVISTA DE DIREITO MERCANTIL industrial, econômico e financeiro

121

Publicação do
Instituto Brasileiro de Direito Comercial Comparado
e Biblioteca Tullio Ascarelli
do Departamento de Direito Comercial
da Faculdade de Direito da Universidade de São Paulo

Ano XL (Nova Série)
janeiro-março/2001

MALHEIROS
EDITORES

REVISTA DE DIREITO MERCANTIL
industrial, econômico e financeiro

Nova Série — Ano XL — n. 121 — janeiro-março de 2001

FUNDADORES

1ª FASE: WALDEMAR FERREIRA

FASE ATUAL: PROF. PHILOMENO J. DA COSTA (†)
PROF. FÁBIO KONDER COMPARATO

SUPERVISOR GERAL: PROF. WALDIRIO BULGARELLI

COMITÊ DE REDAÇÃO: MAURO RODRIGUES PENTEADO,
HAROLDO MALHEIROS DUCLERC VERÇOSA,
RACHEL SZTAJN, ANTONIO MARTIN

REVISTA DE DIREITO MERCANTIL
publicação trimestral de
MALHEIROS EDITORES LTDA.
Rua Paes de Araújo, 29, conjunto 171
CEP: 04531-940
São Paulo, SP - Brasil
Tels. 3078-7205 - Fax. 3168-5495

Assinaturas e comercialização:
CATAVENTO DISTRIBUIDORA DE LIVROS S.A.
Rua Conselheiro Ramalho, 928
CEP 01325-000
São Paulo, SP - Brasil
Tel. 289-0811 - Fax. 251-3756

Diretor Responsável: Álvaro Malheiros
Diretora: Suzana Fleury Malheiros

Supervisão Gráfica: Vânia Lúcia Amato
Composição: *Scripta*

SUMÁRIO

DOUTRINA

A NATUREZA JURÍDICA DO FUNDO GARANTIDOR DE CRÉDITOS – FGC (Homenagem ao Professor Waldirio Bulgarelli)
— Luiz Gastão Paes de Barros Leães 7

APONTAMENTOS PARA FORMULAÇÃO DE UMA TEORIA JURÍDICA DOS CARTÉIS
— Calixto Salomão Filho 18

ACORDO DE ACIONISTAS: PANORAMA ATUAL DO INSTITUTO NO DIREITO BRASILEIRO E PROPOSTAS PARA A REFORMA DE SUA DISCIPLINA LEGAL
— Celso Barbi Filho 30

O PRINCÍPIO DA PROPORCIONALIDADE NO DIREITO ECONÔMICO
— Alexandre Santos de Aragão 56

ATUALIDADES

O CARÁTER OBRIGACIONAL DA RELAÇÃO TRIBUTÁRIA
— João Luiz Coelho da Rocha 83

O CADE E O CONTROLE PREVENTIVO DOS ATOS DE CONCENTRAÇÃO EMPRESARIAL
— Marcelo Gazzi Taddei 86

VENDA DE VEÍCULOS NOVOS ATRAVÉS DA INTERNET: REFLEXOS NO CAMPO DA EXCLUSIVIDADE INERENTE À CONCESSÃO DE VEÍCULOS AUTOMOTORES
— Marcel Queiroz Linhares 95

EFEITOS DA TRIBUTAÇÃO SOBRE O DIREITO CONCORRENCIAL. Uma visão harmônica do ordenamento
— Marcel Bragança 121

AS CLÁUSULAS *CROSS DEFAULT* EM CONTRATOS FINANCEIROS
— Adriana de Oliveira Giffoni 148

A PROTEÇÃO JURÍDICA DOS SEGREDOS INDUSTRIAIS E DE NEGÓCIO
— João Marcos Silveira 150

VALORES MOBILIÁRIOS, ESPECULAÇÃO E CONSEQÜÊNCIAS JURÍDICAS
— Leandro Bittencourt Adiers 160

JURISPRUDÊNCIA COMENTADA

A PRISÃO CIVIL DO DEPOSITÁRIO HAVIDO POR INFIEL
— Haroldo Malheiros Duclerc Verçosa 183

ESPAÇO DISCENTE

A INTEGRAÇÃO DAS BOLSAS NACIONAIS E O AUMENTO DE COMPETITIVIDADE
— Carlos Eduardo Vergueiro 193

PARECERES

EFEITOS DA FALTA DE ARQUIVAMENTO NA JUNTA COMERCIAL DOS ATOS DE DELIBERAÇÃO DE CISÃO DE SOCIEDADES EM VIRTUDE DE DECISÕES JUDICIAIS
— Arnoldo Wald 201

EMISSÃO DE AÇÕES COM BASE EM CONTRATO DE PARTICIPAÇÃO FINANCEIRA
— Waldirio Bulgarelli 229

PROIBIÇÃO DA SUSPENSÃO DE SERVIÇOS ESSENCIAIS À POPULAÇÃO POR FALTA DE PAGAMENTO
— Zanon de Paula Barros e José Alcides Montes Filho 234

Nota da Redação:

Por uma falha técnica, não constou na "Jurisprudência Comentada" de autoria de Dílson Antonio da Costa Lobo, publicado na ***RDM*** **120**, à p. 173, o título certo, que é:

AÇÃO RESCISÓRIA. VIOLAÇÃO A LITERAL DISPOSIÇÃO DE LEI. INOCORRÊNCIA. AÇÃO VISANDO A ABASTENÇÃO DE USO DE MARCA COMERCIAL COM PEDIDO DE REVISÃO DA SÚMULA 142-STJ, ACOLHIDA POR MAIORIA PARA REVOGÁ-LA .

O título constante desse comentário ("Aparência de Direito") é na realidade o subtítulo da "Jurisprudência Comentada" publicada na mesma ***RDM*** **120**, p. 183, de autoria de Paulo Guilherme de Mendonça Lopes.

COLABORAM NESTE NÚMERO

ADRIANA DE OLIVEIRA GIFFONI
Advogada

ALEXANDRE SANTOS DE ARAGÃO
Procurador do Estado do Rio de Janeiro. Professor de Direito Administrativo da Universidade do Estado do Rio de Janeiro-UERJ e da Universidade Estácio de Sá. Membro das Comissões de Direito Administrativo e de Direito Constitucional do Instituto dos Advogados Brasileiros-IAB. Mestrando em Direito Público pela UERJ

ARNOLDO WALD
Doutor em Direito pela Faculdade Nacional de Direito. Professor Catedrático de Direito Civil da Faculdade de Direito da Universidade do Estado do Rio de Janeiro. Advogado

CALIXTO SALOMÃO FILHO
Livre-Docente e Professor de Direito Comercial da Faculdade de Direito da Universidade de São Paulo

CARLOS EDUARDO VERGUEIRO
Graduando da Faculdade de Direito da Universidade de São Paulo

CELSO BARBI FILHO
Professor Adjunto, Mestre e Doutor em Direito Comercial da Faculdade de Direito da Universidade Federal de Minas Gerais († 2001)

HAROLDO MALHEIROS DUCLERC VERÇOSA
Mestre e Doutor em Direito pela Faculdade de Direito da Universidade de São Paulo. Professor de Direito Comercial nos Cursos de Graduação e Pós-Graduação da USP e da UNICID

JOÃO LUIZ COELHO DA ROCHA
Professor de Direito Comercial da PUC/RJ. Advogado

JOÃO MARCOS SILVEIRA
Formado pela Faculdade de Direito da Universidade de São Paulo, com Pós-Graduação em Propriedade Industrial pelo CEIPI — Centre d'Études Internationales de la Propriété Industrielle, Universidade de Estrasburgo, França. *Master of Intellectual Property* pelo Franklin Pierce Law Center, Concord, N.H., EUA. Advogado-Chefe da Assessoria Jurídica da Federação e do Centro das Indústrias do Estado de São Paulo — FIESP/CIESP.

JOSÉ ALCIDES MONTES FILHO
Advogado

LEANDRO BITTENCOURT ADIERS
Advogado no Rio Grande do Sul

LUIZ GASTÃO PAES DE BARROS LEÃES
Professor Titular da Faculdade de Direito da Universidade de São Paulo

MARCEL BRAGANÇA
Advogado

MARCEL QUEIROZ LINHARES
Mestrando em Direito Administrativo pela Faculdade de Direito da Universidade Federal do Paraná. Advogado em Cascavel (Paraná)

MARCELO GAZZI TADDEI

Professor de Direito Comercial na Faculdade de Direito de Marília/SP, Fundação de Ensino "Eurípedes Soares da Rocha". Mestrando em Direito na UNESP-Marília/SP. Pesquisador da FAPESP. Advogado

WALDIRIO BULGARELLI

Professor Titular de Direito Comercial da Faculdade de Direito da USP

ZANON DE PAULA BARROS

Advogado

Doutrina

A NATUREZA JURÍDICA DO FUNDO GARANTIDOR DE CRÉDITOS – FGC

(Homenagem ao Professor Waldirio Bulgarelli)

LUIZ GASTÃO PAES DE BARROS LEÃES

1. O Fundo Garantidor de Créditos – FGC. 2. A natureza securitária da garantia prestada pelo FGC. 3. A sub-rogação da seguradora nos direitos dos segurados. 4. Seguros onde é vedada a sub-rogação. 5. O pagamento das indenizações não sub-roga o FGC nos créditos garantidos.

1. O Fundo Garantidor de Créditos – FGC

1.1 As Resoluções CMN-2.197 e 2.211, respectivamente de 31.8.1995 e de 16.11.1995, conceberam e definiram o Fundo Garantidor de Créditos – FGC como associação civil sem fins lucrativos, com personalidade jurídica de direito privado (art. 16, I, do CC) que, assim, obedece às disposições dos arts. 20 e ss. do Código Civil. Esses atos administrativos *autorizaram* a criação dessa associação por parte de instituições financeiras, destinada a oferecer proteção a terceiros, titulares de créditos, contra as mesmas.

De fato, consta no art. 1º da Resolução 2.197 que: "Art. 1º. Fica autorizada a constituição de entidade privada, sem fins lucrativos, destinada a administrar mecanismo de proteção a titulares de créditos contra instituições financeiras".

Por sua vez, a Resolução 2.211 aprovou o Estatuto do Fundo Garantidor de Créditos – FGC, a ele anexo (Anexo I), cujo art. 1º tem a seguinte redação: "Art. 1º. O Fundo Garantidor de Créditos – FGC é uma associação civil sem fins lucrativos, com personalidade jurídica de direito privado, regida pelo presente Estatuto e pelas disposições legais e regulamentares aplicáveis".

1.2 Segundo o disposto no § 1º do art. 1º da Resolução 2.197, essa associação será *constituída* por iniciativa das instituições financeiras que recebem depósitos à vista, a prazo e em conta de poupança e por associações de poupança e empréstimo, que dela serão associadas e dela participarão como contribuintes, *verbis*: "§ 1º. As instituições financeiras que recebem depósitos à vista, a prazo e em contas de poupança, e as associações de poupança e empréstimos serão *associadas* da entidade e dela *participarão* como contribuintes".

No art. 6º do Estatuto (Anexo I à Resolução 2.211, de 1995) são identificados os *participantes* da sociedade FGC: "Art. 6º. São *participantes* do FGC as instituições financeiras e as associações de poupança e empréstimo em funcionamento no país, que: I – recebem depósitos à vista, a prazo ou em contas de poupança; II – efetuam aceite em letras de câmbio; III – captam recursos através da colocação de letras mobiliárias e letras hipotecárias".

Esse dispositivo é reproduzido também no art. 1º do Regulamento do FGC, constante do Anexo II à Resolução 2.211.

1.3 Esclareça-se, ainda, que o art. 1º da Resolução 2.197, acima transcrito, dispõe que a *destinação* (*causa finalis*) dessa associação é a de "administrar mecanismo de proteção a titulares de créditos contra instituições financeiras". Nessas condições, para a realização dessa finalidade, prevê o art. 2º do Estatuto que o FGC terá por *objeto social* (*causa efficiens*) "prestar garantia de crédito contra instituições dele participantes", "nas hipóteses de decretação da intervenção, liquidação extrajudicial ou falência de instituição", a saber: "Art. 2º. O FGC tem por objeto prestar garantia de créditos contra instituições dele participantes, nas hipóteses de: I – decretação da intervenção, liquidação extrajudicial ou falência de instituição; II – que, nos termos da legislação vigente, não estiver sujeita aos regimes referidos no inciso I".

Objeto dessa prestação de garantia proporcionada pelo FGC,[1] por sua vez, serão os créditos que terceiros tenham contra as instituições financeiras participantes da sociedade – créditos, esses, já apontados nos vários dispositivos acima transcritos e detalhados no art. 2º do Regulamento do FGC (Anexo II da Resolução 2.211), *in verbis*:

"Art. 2º. São objeto da garantia proporcionada pelo FGC os seguintes créditos:

"I – depósitos à vista ou sacáveis mediante aviso prévio;

"II – depósitos de poupança;

"III – depósitos a prazo, com ou sem emissão de certificado;

"IV – letras de câmbio;

"V – letras imobiliárias;

"VI – letras hipotecárias.

"§ 1º. Não serão cobertos pela garantia:

"I – os créditos de titularidade de outras instituições integrantes do Sistema Financeiro Nacional;

"II – os depósitos, empréstimos ou quaisquer outros recursos captados ou levantados no Exterior;

"III – os créditos de titularidade de pessoas ligadas à instituição, assim entendidos os seus administradores e demais membros de órgãos estatutários, seus controladores e sociedades por estes controladas, direta ou indiretamente, e de coligadas sob controle comum.

"§ 2º. O total de créditos de cada pessoa contra a mesma instituição, ou contra todas as instituições do mesmo conglomerado financeiro, será garantido até o valor máximo de R$ 20.000,00 (vinte mil Reais).

"(...)."

1.4 Como se vê, a *proteção* propiciada pelo FGC cobre apenas determinados créditos que terceiros tenham contra as instituições financeiras, e de maneira parcial, já que está limitada a uma cifra máxima para cada pessoa credora. Quer dizer, a responsabilidade do FGC é *tarifada*, não indenizando ele os titulares dos créditos (ou seja, não os tornando indenes), mas lhes garantindo reparação de parte do prejuízo que venham a experimentar em decorrência do evento desvantajoso que pode atingir a instituição devedora – vale dizer, a decretação da intervenção, liquidação ou falência da instituição financeira, impondo a inexigibilidade dos depósitos.

1.5 Por fim, no art. 5º do Estatuto do FGC, cujo texto consta como Anexo I da Resolução 2.211, de 1995, com a redação que lhe deu a Resolução 2.249, de 8.2.1996, foram definidas, nos seguintes termos, as

1. "Objeto imediato da obrigação é a *prestação*, a atividade do devedor destinada a satisfazer o interesse do credor; objeto da prestação é o bem ou serviço que deve ser prestado" (Orlando Gomes, *Obrigações*, Rio de Janeiro, Forense, 1961, p. 26).

receitas do FGC, para *custear* a garantia proporcionada pela sociedade:

"Art. 5º. O *custeio da garantia* a ser prestada pelo FGC deve ser feito com recursos provenientes de:

"I – contribuições ordinárias das participantes;

"II – taxas de serviços decorrentes da emissão de cheques sem provisão de fundos;

"III – recuperações de direitos creditórios nos quais o Fundo houver se sub-rogado, em virtude do pagamento de indenizações a credores cobertos pela garantia;

"IV – resultado líquido dos serviços prestados pelo Fundo e rendimentos de aplicação de seus recursos;

"V – receitas de outras origens.

"§ 1º. A responsabilidade das participantes é limitada às contribuições que estão obrigadas a fazer para o custeio da garantia.

"§ 2º. Se o patrimônio do FGC for insuficiente, em qualquer momento, para a cobertura da garantia máxima prevista no art. 4º do respectivo Regulamento, serão utilizados, na seguinte ordem, recursos provenientes de:

"I – contribuições extraordinárias dos participantes, de acordo com o previsto no art. 17, inciso I;

"II – adiantamento, pelas participantes do Fundo, de até 12 (doze) contribuições mensais ordinárias;

"III – outras fontes de recursos, mediante prévio entendimento entre o Banco Central do Brasil e a administração do Fundo."

1.6 Basta um exame perfunctório das fontes de receita do FGC, acima elencadas, para se constatar que o *custeio da garantia* oferecida pela entidade advém exatamente de contribuições, ordinárias e extraordinárias, das instituições financeiras envolvidas, acrescidas dos recursos provenientes do Fundo de Garantia dos Depósitos e Letras Imobiliárias – FGDLI e da Reserva para Promoção da Estabilidade da Moeda e do Uso do Cheque – RECHEQUE, absorvidos pelo Fundo, que de resto também provêm dos agentes financeiros.

De fato, esclarece a este respeito o art. 5º da Resolução 2.197 que:

"Art. 5º. A entidade a que se refere o art. 1º desta Resolução, quando de sua criação, absorverá:

"I – o patrimônio do Fundo de Garantia dos Depósitos e Letras Imobiliárias (FGDLI), disciplinado pelo Regulamento anexo à Resolução n. 1.861, de 28 de agosto de 1991;

"II – o patrimônio da Reserva para Promoção da Estabilidade da Moeda e do Uso do Cheque (RECHEQUE), de que trata a Resolução n. 2.155, de 27 de abril de 1995.

"Parágrafo único. O Fundo de Garantia dos Depósitos e Letras Imobiliárias (FGDLI) e a Reserva para Promoção da Estabilidade da Moeda e do Uso do Cheque (RECHEQUE) serão, na data da transferência, extintos."

Quanto ao FGDLI, exceção feita a uma contribuição inicial do BNH, já gasta há longo tempo, os recursos existentes na data da transferência do seu patrimônio ao FGC decorrem exclusivamente de contribuições pagas pelos agentes financeiros. Quanto à RECHEQUE, esta jamais recebeu recursos públicos, sendo alimentada exclusivamente por recursos decorrentes da cobrança de remuneração, paga por emitentes de cheques sem fundo ao Banco do Brasil, no exercício de suas funções de câmara de compensação.

1.7 Cabe ainda informar que a Resolução 2.211, de 1995, depois de aprovar, no seu art. 1º, o Estatuto e o Regulamento pertinentes ao FGC, fixou a contribuição das participantes do Fundo: "Art. 2º. Fixar, em 0,025% (vinte e cinco milésimos por cento) do montante dos saldos das contas correspondentes às obrigações objeto de garantia, a contribuição mensal das participantes do FGC".

1.8 A indagação objeto do presente estudo gira em torno da procedência e da legalidade da *sub-rogação* – legal ou convencional – do FGC nos créditos garantidos, prevista na alínea III do art. 5º do Estatuto da entidade, em consonância com o art. 6º do Regulamento do FGC, ambos objeto da Resolução 2.211, de 1995, do Conselho Monetário Nacional.

Com efeito, dispõe o art. 6º do Regulamento do FGC (Anexo II à Resolução 2.211, de 1995) que: "O pagamento da indenização sub-roga o FGC, até a concorrência da quantia paga, no crédito garantido".

Por sua vez, o art. 5º, alínea III, do Estatuto do FGC (Anexo I à Resolução 2.211, de 1965) alinha como verba de custeio da sociedade: "III – recuperações de direitos creditórios nos quais o Fundo houver se sub-rogado, em virtude do pagamento de indenizações a credores cobertos pela garantia".

Como se sabe, a sub-rogação opera a transferência da qualidade creditória para aquele que solveu a obrigação de outrem, de sorte que o sub-rogatário assume a posição do sub-rogante, com todas as suas características e atributos. Daí a indagação: seria legítima a inclusão do FGC como subrogatário dos créditos que pagou no quadro geral de credores da entidade devedora sujeita ao procedimento concursal, habilitando-se no processo de verificação e liquidação da instituição financeira, detentora do depósito?

1.9 A resposta a essa pergunta requer o exame de alguns temas preliminares, que serão ventilados nas páginas subseqüentes, em seções sucessivas, antes de abordar propriamente a questão suscitada.

2. *A natureza securitária da garantia prestada pelo FGC*

2.1 Em primeiro lugar, qual é a natureza jurídica das *atividades* desenvolvidas pelo Fundo? Segundo o art. 1º da Resolução 2.197, essa entidade está "destinada a administrar mecanismos de proteção a titulares de créditos contra instituições financeiras". Nessa ordem de idéias, o Estatuto do FGC (anexo à Resolução 2.211) estabelece, em seu art. 2º, que essa sociedade "tem por objeto prestar garantia de créditos contra instituições dele participantes, nas hipóteses de decretação de intervenção, liquidação extrajudicial ou falência da instituição". Ora, o que se deve entender, no caso, por "prestação de garantia"?

2.2 A toda obrigação, como é sabido, corresponde uma garantia geral, representada pelo patrimônio do devedor. Mas, ao lado dessa garantia genérica, podem as partes estabelecer, assim como resultar da própria lei, ou inclusive de decisão judicial, uma garantia especial, complementar, de natureza *real* ou *pessoal*. Quando o devedor vincula um bem destacado ao pagamento da dívida, há garantia real (direitos reais de garantia: hipoteca, penhor e anticrese). Mas a obrigação originária pode ser reforçada por outra, assumida por terceiro, que se compromete a solver *pro debitore*. Diz-se, nesse caso, que há garantia pessoal. Oferecida esta garantia de ordem pessoal, surgem duas obrigações: a *principal* e a *fidejussória*.

2.3 Ora, múltiplas são as modalidades de prestação de garantia pessoal em caráter profissional no Direito Moderno, destacando-se a prestação de fiança ou aval, a abertura de crédito documentário irrevogável e confirmado, a garantia *del credere* e a obrigação da primeira demanda, que surgiu recentemente na prática bancária internacional. Em todas elas a função econômico-social consiste, precisamente, em dar nascimento a uma *obrigação fidejussória de garantia*.[2] No caso em exame o negócio de garantia realizado em série pelo FGC só admite identificação conceitual com o

2. Cf. "Obrigações de meios, de resultado e de garantia", in Fábio Konder Comparato, *Ensaios e Pareceres de Direito Empresarial*, Rio de Janeiro, Forense, 1978, pp. 521 e ss.

negócio de fiança, que ocorre quando uma pessoa assume, para com o credor, a obrigação de pagar a dívida se o devedor não o fizer (CC, art. 1.481). A fiança pode ser prestada para a garantia do cumprimento de obrigação futura (CC, art. 1.485) e ser de valor inferior ao da obrigação principal (CC, art. 1.487) – o que mais a aproxima da garantia especial prestada pelo FGC.

2.4 Ocorre, no entanto, que há um obstáculo intransponível que veda a caracterização como fiança da garantia proporcionada pelo FGC aos "titulares de créditos contra instituições financeiras". De fato, a fiança trava-se entre o fiador e o credor do afiançado, posto que o contrato principal, entre o credor e o afiançado, constitui *outra* relação jurídica. Se é freqüente o devedor procurar e solicitar quem lhe garanta a solvência, e se não é raro conter-se a fiança no próprio corpo do contrato principal, como cláusula deste, a verdade é que o vínculo jurídico nesse negócio de garantia é sempre entre o fiador e o credor. Tanto é assim que pode ela ser estipulada na insciência e até contra a vontade do devedor (CC, art. 1.484), sem sofrer degradação. Na realidade, não existe na fiança uma relação tripartite, porém dois negócios distintos, que se ligam pela idéia de acessoriedade. Na espécie, para que se pudesse falar em fiança seria necessário que a obrigação de garantia fosse contraída diretamente pelo FGC (devedor da obrigação fidejussória) com os depositantes, titulares dos créditos. Não é o que ocorre, porém.

2.5 Ademais, a fiança é um contrato formal, impondo-lhe a lei a forma escrita *ad solemnitatem* (CC, art. 1.483; CComercial, art. 257). Uma pessoa pode, por algum motivo, honrar o compromisso do devedor e por ele pagar. Mas essa *solutio* espontânea nunca presumirá a fiança se a declaração de vontade não revestir forma escrita entre o fiador e o credor do afiançado . Ora, a entidade em pauta – o FGC (o hipotético fiador) – assumiu por escrito a obrigação de prestar garantia, não com os depositantes credores, mas com as instituições financeiras devedoras, que, de resto, são suas associadas e que dela participam como contribuintes, como expressamente consta da Resolução 2.197, art. 1º, § 1º, e do contrato social entre os mesmos pactuado (Estatuto, arts. 5º e 6º).

2.6 Na realidade, a atividade desenvolvida pelo FGC não é de fiança, mas de *seguro*. Com efeito, segundo dispõe o art. 1.432 do Código Civil, seguro é o contrato por via do qual uma das partes (o segurador) se obriga para com outra (o segurado), mediante a paga de um prêmio, a indenizá-la – ou a terceiros – de prejuízos resultantes de riscos futuros, nele previstos. Abordando essa conceituação, que é legal, Orlando Gomes aproveita para dar ênfase ao elemento *risco* na configuração da atividade: "A noção de *seguro* pressupõe a de *risco*, isto é, o fato de estar o indivíduo exposto à eventualidade de um dano à sua pessoa, ou ao seu patrimônio, motivado pelo acaso. Verifica-se quando o dano potencial se converte em dano efetivo. Quando o evento que produz o dano se efetiva, ocorre o *sinistro*. Assim o incêndio. Tal evento é *aleatório*, mas o perigo de que se verifique sempre existe. Por isso se diz, com toda a procedência, que o contrato de seguro implica *transferência de risco*, valendo, portanto, ainda que o sinistro não se verifique, como se dá, aliás, as mais das vezes. O instrumento do contrato de seguro chama-se *apólice*. Verificado o evento a que está condicionada a execução da obrigação do segurador, presta ele a indenização, se o dano atingir o patrimônio do segurado".[3]

Daí caracterizar-se a obrigação do segurador como uma *obrigação de garantia*, ou como um "dever de prestar segurança" (*Sicherheitsleistung*, como dizem os alemães), qualificando-se o contrato de seguro como um autêntico contrato de garantia. O conteúdo das obrigações de garantia é a eliminação de um risco. *Eliminar um risco*

3. *Contratos*, 4ª ed., Rio de Janeiro, Forense, 1973, p. 472.

significa, *a fortiori*, reparar as conseqüências de sua realização. Mesmo que não se verifique, a simples assunção do risco pelo devedor da garantia (no caso, o segurador) representa o adimplemento de sua prestação, tanto assim que, independentemente do sinistro, o segurado não se exime do pagamento do prêmio que se estipulou (CC, art. 1.452), visto que pelo próprio fato do contrato já se operou a *transferência* à *seguradora do risco* que afetava o interesse do segurado. Evidentemente, essa transferência tem, aqui, sentido figurado, já que são as *conseqüências financeiras do risco* que se transferem de uma para outra pessoa.

2.7 Pois bem, no caso em exame, vemos que o FGC assume o risco de indenizar o total dos créditos que cada credor detenha, até o valor máximo de R$ 20.000,00, caso sobrevenha o sinistro, que se configuraria com a declaração de intervenção, liquidação extrajudicial ou falência da instituição financeira devedora. Dessa forma, deslocam-se as conseqüências financeiras do risco da insolvabilidade das instituições financeiras para o FGC. Nessas condições, o Fundo, ao assumir o risco da inaptidão econômica para adimplir os débitos junto aos depositantes por parte das instituições financeiras, avoca para si a responsabilidade pelo pagamento dos mesmos, até o limite pactuado. Em suma, assegura cobertura a essas responsabilidades das instituições financeiras para com seus clientes.

Por conseqüência, podemos ver no negócio em pauta todas as partes que normalmente se encontram num contrato de seguro. As instituições financeiras constituem a parte *segurada*, que se obriga ao pagamento do prêmio para se precatar contra o risco de inadimplência dos depósitos. Já o FGC é o *segurador*, que se obriga a pagar o valor garantido dos créditos a terceiros quando se verifique a insolvência das instituições financeiras envolvidas. Os titulares de créditos contra as instituições financeiras constituem, por sua vez, os *beneficiários*, a quem serão pagos os valores segurados, na ocorrência do evento danoso. O seguro em exame tem, portanto, a configuração de uma estipulação em favor de terceiro, na qual o segurado figura como estipulante, o segurador como promitente e o terceiro como beneficiário, sendo certo que este não intervém no contrato, pois não é parte do mesmo (CC, art. 1.098).

2.8 A forma desse seguro prestado pelo FGC é, inegavelmente, de um *seguro mútuo*, conforme regulado nos arts. 1.466 *usque* 1.470 do Código Civil, assim interpretados por Orlando Gomes, *verbis*:

"No *seguro mútuo*, cada interessado é segurador dos outros e por estes segurado, de modo que pode ser beneficiado ou desfavorecido, conforme tenha direito à indenização ou seja obrigado a concorrer para que a outrem se pague. A rigor, porém, os que põem em comum entre si o prejuízo não exercem propriamente as funções de segurador. Pertencem estas à pessoa jurídica que se constitui pela associação dos interessados. Nessa modalidade de seguro, os segurados contribuem, em lugar do prêmio, com as cotas necessárias para acorrer às despesas da administração e aos prejuízos verificados. Assim, ao contrário do seguro fixo, a contribuição, no seguro mútuo, é variável. Subordinam-se, conseqüentemente, a regras diversas.

"Os seguros mútuos são civis. Para sua realização, não é necessária a participação de uma empresa, pois são os próprios interessados que constituem a sociedade seguradora. Tal sociedade não tem *animus lucrandi*. Todos se cotizam para atender exclusivamente aos encargos assumidos pela pessoa jurídica."[4]

Essa identidade das operações realizadas pelo Fundo com o seguro mútuo é patente. Cobrindo, como cobre, um risco, têm elas a natureza de seguro, não aquele seguro mercantil, que é atividade econômica específica de empresas organizadas obrigatoriamente sob a forma de sociedade anônima, e sujeitas assim à legislação securi-

4. *Contratos*, p. 475.

tária e à fiscalização da agência reguladora (IRB), mas, sim, aquela modalidade de seguro, objeto de um contrato civil, pela qual são os próprios segurados que se quotizam para a constituição de um fundo que cobre os riscos dos quotistas, consistentes na insolvência recíproca, sendo administrado por uma associação pelos mesmos constituída, sem fim lucrativo.

2.9 Que se trata de seguro, até motivos históricos o explicam. A idéia do FGC foi inegavelmente inspirada no Direito norte-americano, que imprimiu o caráter de cobertura securitária aos mecanismos de proteção aos *bank accounts* na área federal, desenvolvidos pela FDIC, ou seja, a *Federal Deposit Insurance Corporation*. Essa seguradora foi criada em 1933, por emenda ao *Federal Reserve Act*, e sujeita a sucessivas alterações, particularmente na década de 80.[5]

2.10 Caracterizada, assim, de maneira incontestável, a atividade desenvolvida pelo FGC como de seguro, ou mais exatamente de seguro mútuo, podemos, agora, examinar a questão jurídica objeto da presente análise. Pergunta-se: poderia o FGC, ao efetuar o "pagamento de indenizações a credores cobertos pela garantia" securitária, sub-rogar-se nesses direitos creditórios e se voltar contra as instituições insolventes, que justamente o constituíram e se quotizaram para supri-lo com os recursos necessários para que lhes desse essa cobertura?

3. *A sub-rogação da seguradora nos direitos dos segurados*

3.1 O princípio da sub-rogação *pleno iure* da seguradora nos direitos do segurado contra terceiro responsável pelo sinistro está, hoje, como sabido, sufragado por copiosa jurisprudência, consubstanciada na Súmula 188 do Supremo Tribunal Federal. Aí se consagra o direito sub-rogatório da seguradora para haver do responsável pelo dano o ressarcimento daquilo que indenizou ao segurado, em qualquer modalidade de seguro, terrestre, marítimo ou aeronáutico.[6]

Fê-lo, de resto, de forma ampla, porquanto o direito regressivo contra o causador do dano decorreria não apenas das costumeiras cláusulas constantes das apólices, como também da própria lei, plasmado nos arts. 985 e 988 do Código Civil, reconhecendo a sub-rogação do segurador, seja ela *contratual* ou *legal*.

Verifica-se a sub-rogação quando a dívida de alguém é paga por outro, extinguindo-se a obrigação em relação ao credor satisfeito, mas não em relação ao devedor, que não se libera, porque passa a dever a quem a extinguiu, operando-se uma substituição convencional ou legal do sujeito ativo. A sub-rogação *convencional* resulta do acordo de vontades entre o credor e o terceiro que paga sem ser interessado. Já, a sub-rogação *legal* é imposta por lei, operando de pleno direito nas hipóteses taxativamente previstas do Código Civil, art. 985, I-III, independentemente da manifestação da vontade dos interessados, e até mesmo contra a vontade do devedor ou do credor.

3.2 A princípio, a regra da sub-rogação legal em favor da seguradora só se operava nos seguros marítimos, dada a expressa previsão do art. 728 do Código Comercial. Em matéria de seguros terrestres, porém, por serem omissas as disposições do Código Civil relativamente à sub-rogação no contrato de seguro, lavrava dúvida sobre a questão. Após um longo período de flutuação jurisprudencial, o egrégio Supremo

5. Cf.: William A. Lovett, *Banking and Financial Institutions Law*, St. Paul, Minn., West Publishing Co., 1992, pp. 130 e ss.; Michael P. Malloy, *The Regulation of Banking*, Cincinnati, Anderson Publishing Co., 1992, pp. 471 e ss.

6. "*Súmula 188*. O segurador tem ação regressiva contra o causador do dano, pelo que efetivamente pagou, até o limite previsto no contrato de seguro" (cf. R. Limongi França, *Jurisprudência do Seguro*, "Capítulo VI – Direito de Regresso", São Paulo, Ed. RT, 1985, pp. 220 e ss.).

Tribunal acabou por firmar orientação no sentido de que a seguradora que paga a indenização prevista na apólice é automaticamente sub-rogada nos direitos do segurado contra o terceiro responsável pelo dano.[7]

De certa forma, a solução esposada pela Corte Suprema foi facilitada pelos termos amplos do art. 985, III, do Código Civil, segundo o qual a sub-rogação é reconhecida em favor "do terceiro interessado, que paga a dívida pela qual era ou podia ser obrigado no todo ou em parte", sem que se especifique se o terceiro deve ser *diretamente* obrigado pela dívida quitada.[8]

Nesse sentido, alegaram alguns juristas pátrios (Waldemar Ferreira, Sílvio Rodrigues[9]) que a disposição do art. 728 do Código Comercial, a despeito de lançada no título dedicado ao seguro marítimo, por seu espírito e conteúdo seria de natureza genérica, impondo-se em toda espécie de seguro, nada mais sendo que uma aplicação tópica do princípio geral consubstanciado no art. 985, III, do Código Civil. Daí se explica que na regulação do contrato de seguro a lei civil não tenha cogitado explicitamente da sub-rogação, já que prevaleceria, no caso, a regra geral.

3.3 Em outras legislações de tradição romanística só se admite a sub-rogação em favor daquele que paga dívida alheia (Código Napoleão, art. 1.351, 3º; CC Italiano, art. 1.203, 3º). Ora, ao prestar a indenização a seguradora não paga propriamente dívida alheia, mas *dívida própria*, oriunda do contrato de seguro que pactuou com o segurado. Daí a dificuldade de se falar em sub-rogação da seguradora no quadro dessas legislações, ou ao menos de sub-rogação nos termos do direito comum, induzindo-as a ensaiar em diplomas especiais uma figura jurídica autônoma para o seguro.

Com efeito, na sub-rogação comum a unidade do título da dívida é pressuposto essencial, visto que a característica básica dessa figura é o deslocamento de um direito de crédito de uma pessoa para outra, extinguindo-se em relação à primeira, por efeito do pagamento efetuado pela segunda. Na sub-rogação do segurador há, todavia, dois títulos de crédito: o do segurador, baseado no contrato de seguro que o prende ao segurado, e o do terceiro, causador do dano, fundado na responsabilidade civil. A prestação do segurador não pode, por isso, ser encarada como pagamento do direito de crédito do segurado contra o terceiro. A duplicidade dos títulos de crédito constituiria, assim, óbice ao estabelecimento da sub-rogação, tal como é entendida no direito comum.

3.4 Essa duplicidade dos títulos de crédito não constitui, porém, obstáculo para o estabelecimento da sub-rogação *por lei*. A lei, para evitar o enriquecimento indevido, pode impor a sub-rogação, resguardando, dessa forma, o princípio indenitário, não obstante haver dois devedores a títulos diversos. De fato, caso não houvesse subrogação automática do segurador nos direitos do segurado, este, sobre ser reparado pelo dano sofrido pelo segurador, poderia acionar o terceiro causador do dano, obtendo duas indenizações pelo mesmo prejuízo. No Brasil os termos suficientemente amplos do art. 985, III, do Código Civil, referentes à sub-rogação legal, permitem a inclusão de todas as hipóteses de sub-rogação, seja uno ou duplo o título da dívida – o que permitiu consagrassem a doutrina e a jurisprudência pátrias a subrogação da seguradora nos direitos dos segurados.

4. Seguros onde é vedada a sub-rogação

4.1 Essa noção omnicompreensiva da sub-rogação do segurador, em todas as hi-

7. Cf. Pedro Alvim, *O Contrato de Seguro*, 3ª ed., Rio de Janeiro, Forense, 1999, pp. 476 e ss.

8. Fábio Konder Comparato, *O Seguro de Crédito*, São Paulo, Ed. RT, 1968, pp. 154 e ss.

9. Waldemar Ferreira, *Instituições de Direito Comercial*, v. 11, São Paulo, Saraiva, 1960, p. 628; Sílvio Rodrigues, *Direito Civil – Parte Geral das Obrigações*, 15ª ed., t. II, São Paulo, Saraiva, 1985, p. 212, nota 229.

póteses de seguros, comporta, porém, exceções. Com efeito, a sub-rogação do segurador não se opera, por exemplo, nos *seguros de pessoas* (que compreendem os seguros de vida e contra acidentes pessoais), porque, ao contrário do que sucede nos seguros de dano, os de pessoas não desfrutam desse caráter indenitário.

O seguro de vida, por exemplo, não tem por escopo indenizar um prejuízo, já que é inestimável o prejuízo representado pela perda de uma vida humana. A prestação pecuniária convencionada nesse tipo de seguro não representa, portanto, a "reparação" do ocorrido, visando antes à formação de um cabedal, a ser entregue ao beneficiário. Ora, se não existe reparação não há falar em transferência de crédito nos seguros de pessoas, e, por conseqüência, em sub-rogação. Com o evento da morte de uma pessoa a seguradora paga uma cifra a outra, indicada como beneficiária do seguro, sem que, após esse pagamento, passe a ter direito de regresso contra alguém.

4.2 Tanto é assim que no Projeto do novo Código Civil Brasileiro, ao tratar da subrogação, esta é expressamente subtraída nos seguros de pessoas, seguindo-se, aliás, as pegadas do Código Civil Italiano (art. 1.916), da lei francesa de 1930 (art. 55) e da lei especial argentina (Lei 17.418, art. 80). Em nota explicativa ao Substitutivo de sua lavra o Professor Fábio Konder Comparato, ao comentar a regra que veda a sub-rogação no seguro de pessoas, adverte que "é simples corolário do caráter não-indenitário do contrato de seguro de pessoas".[10]

4.3 Pois bem, mesmo nos seguros de ramos elementares, orientados no sentido de lograr a reparação do dano sofrido, há hipóteses em que a sub-rogação também não é considerada. É o que ocorre no caso do *seguro de responsabilidade civil*, em face do princípio geral de que a seguradora não pode valer-se da sub-rogação em detrimento do segurado. Com efeito, no seguro de responsabilidade civil a sub-rogação não se verifica, porque esse seguro tem por objetivo exatamente proteger o segurado contra a responsabilidade que lhe possa advir da prática de ato danoso em relação a terceiro. Seria, assim, um contra-senso que, ao depois de ser reparado pelo segurador, fosse o segurado indenizado impelido a ressarci-lo.

Ricardo Bechara Santos, em seu recente *Direito de Seguro no Cotidiano*, que teve duas edições sucessivas em 1999 passado, adverte: "E, por falar em seguro de responsabilidade civil, não seria impertinente mencionar que, em tal modalidade, a rigor a sub-rogação não operaria, partindo-se da premissa de que tem esse seguro por objetivo exatamente reembolsar o próprio segurado daquilo que ele tiver que gastar para reparar o dano que causar ao terceiro, dentro, certamente, dos limites estabelecidos na apólice. É que, tendo esse seguro por característica repor o patrimônio do segurado como causador do dano, e como em regra não caberia a sub-rogação contra o próprio segurado, pressupõe-se que o terceiro, em face da culpa do segurado, que a princípio afasta a sua, não pode ser demandado pelo segurador, salvo algumas exceções a essa regra, que põe a sub-rogação como antípoda do seguro de responsabilidade civil".[11]

4.4 Prevalece, pois, o entendimento de que a sub-rogação não é possível no seguro de responsabilidade civil, na medida em que não pode a sub-rogação prejudicar o segurado, sob pena de desfigurar a própria razão de ser desse tipo de seguro.[12]

4.5 As múltiplas possibilidades de risco no mundo contemporâneo produziram

10. "Substitutivo ao capítulo referente ao contrato de seguro no Anteprojeto de Código Civil", in *RDM* 5/143 e ss., 1972.

11. *Direito de Seguro no Cotidiano*, 2ª ed., Rio de Janeiro, Forense, 1999, p. 534.

12. A lei especial da Argentina sobre seguros (Lei 17.418) contém dispositivo (art. 80) específico consagrando a regra da sub-rogação do segurador que paga na indenização abonada, advertindo, porém: "*Excepciones*. El asegurador no pude valerse de la subrogación en perjuicio del asegurado".

uma proliferação de seguros de responsabilidade, como, por exemplo, o chamado seguro de *responsabilidade civil contra riscos profissionais*, que visa a dar proteção ao exercício de determinadas atividades que possam causar danos a terceiros. Nesse tipo de seguro sequer se põe a querela – hoje superada – relativa à possibilidade de cobertura de ato ilícito por parte do segurador, tão debatida no seguro de responsabilidade civil, à vista do art. 1.436 do Código Civil, que fulmina de nulidade o seguro quando o risco se filiar a atos ilícitos do segurado. Na responsabilidade por *risco criado*, no exercício de sua atividade, o conceito de responsabilidade desvincula-se da idéia de culpa, respondendo o segurado, quando da verificação do evento danoso, pela simples criação de um estado de risco através da atividade que desenvolve.[13]

4.6 A inaptidão econômica a adimplir por parte de quem desenvolve determinada atividade provoca prejuízo em seus credores, que se defrontam com a perda do valor de seus créditos. Ora, esse inadimplemento não configura necessariamente um ato ilícito, pois decorre dos azares da atividade econômica; mas o agente inadimplente *responde* pelas desvantagens que provoca a terceiros, razão pela qual essa sua "responsabilidade" é suscetível de cobertura securitária. Trata-se do seguro de responsabilidade civil contra riscos profissionais, a que acima aludimos.

Pelas mesmas razões já expostas, nesse tipo de seguro igualmente não ocorre a sub-rogação, visto que em tal modalidade de seguro o objetivo é também manter indene o segurado de quanto teria de pagar aos seus credores, dentro dos limites estabelecidos na apólice. Assim, não teria sentido pretender o segurador, nesse caso, receber do próprio segurado aquilo que lhe pagou, ou que pagou a terceiro beneficiário, a título de indenização, num contrato pactuado exatamente para eximi-lo desse desembolso.

5. O pagamento das indenizações não sub-roga o FGC nos créditos garantidos

5.1 E aqui chegamos à pergunta inicialmente formulada. Rapidamente, resumamos a análise, para condensar o pensamento e facilitar a apreensão dos argumentos. O FGC foi constituído pelas instituições financeiras interessadas com o objetivo de garantir os compromissos por elas mantidos junto aos terceiros depositantes, até um teto determinado. Nesse sentido, as instituições financeiras, nesse autêntico seguro mútuo, contribuem com as quotas necessárias para afrontar as despesas da administração e de cumprimento de tais compromissos, em ocorrendo a decretação de intervenção, liquidação extrajudicial ou falência das instituições associadas.

Todo esse mecanismo tem, portanto, por objetivo precípuo a proteção da responsabilidade das instituições financeiras associadas caso ocorra o risco de uma ou de várias delas entrarem num processo concursal, garantindo os créditos dos seus correntistas, até o limite de R$ 20.000,00 para cada depositante.

5.2 Nesse seguro, como já destacamos, as instituições financeiras constituem a parte *segurada*, o FGC é o *segurador* e os titulares dos créditos contra as instituições são os *beneficiários* da cobertura. A estes deverão ser pagos os valores segurados, na ocorrência do evento danoso.

Ora, cabendo às instituições financeiras, na qualidade de parte segurada, suprir o Fundo com os recursos necessários ao custeio das indenizações a serem pagas aos beneficiários, seria um total contra-senso que, ao depois de efetivadas essas indenizações, com os recursos que elas próprias forneceram, fossem as instituições financeiras ainda impelidas a ressarcir o Fundo segurador. Nesse caso é curial que não assiste ao segurador o direito de regresso contra

13. Joaquin Garrigues, *Contrato de Seguro Terrestre*, Madri, 1972, pp. 423 e ss.

os segurados. Daí que não há falar em sub-rogação do Fundo, até a concorrência da quantia segurada, no crédito pago aos terceiros depositantes. Até porque, como já frisamos, é princípio assente que a entidade seguradora não pode valer-se da sub-rogação em detrimento do próprio segurado.

5.3 Nessas condições, força é concluir que a norma constante do art. 6º do Regulamento do FGC – dispondo que "o pagamento da indenização sub-roga o FGC, até a concorrência da quantia paga, no crédito garantido" – e a regra da alínea III do art. 5º do Estatuto do FGC – que alinha como verba de custeio do Fundo as "recuperações de direitos creditórios nos quais o Fundo houver se sub-rogado" – são desprovidas de qualquer eficácia jurídica, por contravenientes à estrutura legal do instituto da sub-rogação vigente em nosso ordenamento legal (CC, art. 82).

5.4 Nem se diga que esses dispositivos do Estatuto e do Regulamento do Fundo decorrem de atos administrativos que, assim, teriam criado nova hipótese de sub-rogação legal. Com efeito, não se pode falar, aqui, em nova hipótese de sub-rogação legal simplesmente porque as resoluções do Conselho Monetário Nacional não revestem a natureza de *lei*, do ponto de vista formal (CF, art. 59). As normas ditadas por essas resoluções, para serem válidas, devem revelar total submissão às determinações legais preexistentes, não podendo se sobrepor às disposições de direito comum objeto de lei ordinária. Ora, a sub-rogação legal opera de pleno direito, no Direito Brasileiro, nos casos *taxativamente* dispostos na lei.

De fato, no Direito Pátrio estão contemplados apenas e tão-somente três casos, expressamente previstos na lei civil (CC, art. 985). Por importar imposição da lei, a sub-rogação ocorre nessas três hipóteses mesmo contra a vontade do devedor ou do credor – razão pela qual as hipóteses de sub-rogação de pleno direito constituem *numerus clausus*.[14] Aliás, é nesse ponto que residem a maior força e o maior interesse desse instituto e sua afirmação essencial de benefício ao *solvens*. Por conseguinte, só a lei poderia criar nova hipótese de sub-rogação *ope legis*. Daí que a criação de hipóteses novas de sub-rogação legal é matéria privativa de lei, e de lei federal, pois legislar sobre direito comum é competência legislativa da alçada da União (CF, art. 22, I). Aos atos do Conselho Monetário Nacional faltam essas características.

5.5 Nessas condições, na hipótese de decretação de intervenção, liquidação extrajudicial ou falência de uma instituição financeira participante o pagamento da indenização aos credores participantes *não sub-roga o FGC nos créditos garantidos*. Por conseqüência, ao Fundo é defeso aparecer na lista nominativa de credores da instituição financeira submetida ao procedimento administrativo de intervenção ou de liquidação coacta ou a processo de falência, ou se apresentar como sub-rogatário nos processos de habilitação. Inocorrendo a sub-rogação, falece, obviamente, ao Fundo a condição de credor.

São Paulo, 20 de agosto de 2000.

14. J. M. de Carvalho Santos, *Código Civil Brasileiro Interpretado*, 13ª ed., Rio de Janeiro, Freitas Bastos, 1988, pp. 55 e ss.; Orlando Gomes, *Obrigações*, pp. 145 e ss.

APONTAMENTOS PARA FORMULAÇÃO DE UMA TEORIA JURÍDICA DOS CARTÉIS

CALIXTO SALOMÃO FILHO

1. As incertezas econômicas. 2. As incertezas jurídicas. 3. Teoria jurídica dos cartéis: 3.1 Definição do valor jurídico protegido; 3.2 Intenção passível de produzir efeitos cooperativos: 3.2.1 Comportamento individual irracional; 3.2.2 Relações contratuais de fato. 4. Conclusões.

A disciplina dos cartéis talvez seja o melhor exemplo da insuficiência da doutrina econômica e da superficialidade do tratamento jurídico em matéria de direito concorrencial.

De um lado, a doutrina econômica pretendeu, em matéria de cartéis, mais do que em qualquer outro campo do antitruste, incorporar um absoluto cientificismo, a partir de estudos matemáticos clássicos sobre oligopólios. Foram exatamente esses estudos que levaram a um *non liquet* da ciência econômica em matéria de cartéis. Como se verá mais adiante, todo o resultado de mais de um século de estudos econômicos dos oligopólios é que não existem critérios definitivos para identificar a presença de cartéis.

A resposta jurídica não foi mais inspirada. Constatada a insuficiência do raciocínio econômico, passou-se a buscar provas materiais da existência de cartéis, investigando reuniões, interpretando documentos etc. Relegou-se, portanto, a discussão sobre os cartéis a uma mera questão de prova, deixando-se completamente de lado a discussão sobre os critérios corretos para definição da *fattispecie*. O resultado só poderia ser, de um lado, a absoluta ineficácia do controle dos cartéis e, de outro, uma série sucessiva de ilegalidades e desrespeito a direito individuais.

A razão de tudo isso é, na concepção defendida no presente trabalho, a absoluta falta de aprofundamento jurídico que tem pautado a discussão da matéria. É a essa lacuna que pretende fazer frente o presente trabalho.

1. As incertezas econômicas

O tema de oligopólios e cartéis foi um dos que mais cedo atraíram a atenção dos economistas – e particularmente dos economistas matemáticos – para o antitruste. Preocupavam-se estes, em particular, com o comportamento de mercados com número reduzido de participantes e, em especial, com a interdependência de suas atitudes. Essas situações de oligopólios que poderiam transformar-se em cartéis motivou estudos clássicos como o de Cournot, que já no século passado preocupava-se com o comportamento desses mercados.[1]

1. O primeiro ensaio conhecido de teoria dos jogos, um dos principais instrumentais para a análise de cartéis, foi feito por Cournot a partir da análise

A discussão em termos propriamente concorrenciais, e não só econômicos, ganha fôlego apenas nos anos 60, em função da clássica disputa estruturalistas *versus* neoclássicos.

Os estruturalistas de Harvard[2] sempre acreditaram piamente que existia um comportamento típico oligopolista. Em 1962 D. Turner afirma que tal comportamento existe e é objetivamente identificável.[3] Para ele a racionalidade oligopolista consiste em adotar comportamentos paralelos em relação aos preços. O poder recíproco dos participantes do mercado obriga seus componentes a agir dessa forma. Não há incentivo para que qualquer dos membros reduza seus preços, pois qualquer um sabe que seu comportamento será prontamente acompanhado pelos outros participantes no mercado. Em conseqüência, ele não ganhará qualquer espaço, ou seja, não atrairá mais consumidores. A única conseqüência será, então, a perda de lucratividade para todos. O incentivo é, portanto, ao contrário, para um aumento paralelo e progressivo de preços, seguindo o comando (*price leadership*) de algum dos componentes do monopólio. A conclusão que segue é a impossibilidade de punição em sede de disciplina dos comportamentos, devendo ser sempre utilizada a resposta estrutural.

Não é preciso grande esforço para verificar os vínculos do pensamento de Turner à chamada Escola Estruturalista de Harvard. Não por acaso, portanto, as principais críticas a essa teoria vêm dos representantes da Escola de Chicago.[4]

Em primeiro lugar, contestam-se dois de seus pressupostos fundamentais: a informação perfeita dos agentes e a reação imediata. Quanto à primeira, observa-se que é possível e freqüente que os oligopolistas dissimulem seu comportamento de modo a não permitir seu conhecimento ou, ao menos, pleno conhecimento de seus efeitos pelos concorrentes.[5] Assim, por exemplo, a concessão de benefícios indiretos aos consumidores ao invés de reduções de preços. Mesmo se e quando o concorrente descobrir e avaliar os efeitos desse comportamento, ele pode não ter condições de rea-

do comportamento dos oligopolistas. Daí por que o *Nash-Equilibrium* também é conhecido como *Cournot-Nash-Equilibrium* (v., a respeito, D. Baird, C. Gertner e R. Picker, *Game Theory and the Law*, Cambridge/Massachussets/London, Harvard University Press, 1994, p. 21, nota 8).

2. A Escola de Harvard, também chamada Escola Estruturalista, tem como principais representantes C. Keysen e D. Turner. Essa Escola dá ênfase ao estudo da estrutura de mercados individuais para a aplicação do direito antitruste. Para seus representantes a estrutura do setor determina predominantemente a *performance* da indústria respectiva. Em uma indústria concentrada as firmas estão protegidas da competição por barreiras à entrada, consistentes em economias de escala, exigências maiores de capital, *know-how* escasso e diferenciação de produtos.

Para esses pensadores, existindo apenas alguns vendedores no mercado, diminuem custos e as dificuldades de uma atuação concertada. Em tais estruturas industriais, através de acordos de atuação concertada tácita ou explícita, as firmas acabarão por diminuir a produção e aumentar os preços. A preocupação é muito menos com a eficiência e mais com a existência efetiva de concorrência.

A partir sobretudo do final dos anos 70 pode-se dizer que a "Escola de Harvard" simplesmente desaparece, já que seus representantes aceitam grande parte dos pressupostos da Escola de Chicago, que hoje domina a doutrina e tem enorme influência nas Cortes. Sobre os pressupostos da Escola de Chicago, v. nota 4, infra.

3. D. Turner, "The definition of agreement under the Sherman Act: conscious parallelism and refusals to deal", in *Harvard Law Review* 75/655 (1962).

4. Pode-se dizer que a chamada "Escola de Chicago" nasce nos anos 50 com os trabalhos de um economista chamado Aaron Director. Seu trabalho resume-se à aplicação, ainda bastante simplificada, da *price theory* ao direito antitruste em uma época em que os estudos econômicos sobre a matéria eram assistemáticos e descritivos. Nos anos 60 e 70 esse trabalho será desenvolvido sobretudo por R. Bork e R. Posner, com aplicação rigorosa da teoria marginalista ao estudo do direito antitruste. A principal característica dessa Escola é a ênfase à eficiência produtiva (significando primordialmente produção a baixo custo). Para esses autores a eficiência produtiva é sempre uma justificativa para obtenção ou manutenção de posições dominantes.

5. Cf. R. Posner e F. Easterbrook, *Antitrust – Cases, Economic Notes and Other Materials*, 2ª ed., St. Paul, West Publishing Co., 1981cit, p. 333.

gir imediatamente. É o que ocorrerá se o agente econômico estiver no máximo de sua capacidade, sendo impossível um aumento a curto prazo de produção para fazer frente ao aumento da demanda.

Mas não é só. Segundo outros autores, os dados concretos também não demonstram que o comportamento paralelo em indústrias oligopolizadas seja a regra. Existem, ao contrário, muitos exemplos de alto grau de competição entre firmas com elevado grau de participação no mercado.[6] Isso seria a prova de que cada empresa age independentemente e que, portanto, o alto grau de participação de cada uma seria poderoso fator de relativização do poder no mercado das demais. Os oligopólios não poderiam ser caracterizados (necessariamente) como cartéis tácitos, como querem muitos dos estruturalistas.

Evidentemente, essa última crítica contém uma boa dose de exagero. A existência de alguns exemplos de concorrência efetiva entre oligopolistas não pode levar a concluir pela existência de um comportamento necessariamente competitivo, tanto quanto – e aqui está o maior valor da crítica neoclássica – não é possível admitir, como querem os estruturalistas, que o comportamento paralelo seja a regra. As imperfeições na transmissão de informações e na reação dos oligopolistas são circunstâncias muito prováveis, que aconselham cuidado quanto a esse tipo de conclusão.

É a esse impasse entre estruturalistas e neoclássicos tradicionais que a teoria dos jogos procura dar solução. E é exatamente da fixação posterior de toda a doutrina econômica (e muito da jurídica) no desenvolvimento específico que se observou na teoria dos jogos na segunda metade do século XX que decorrem todos os problemas ora discutidos.

Com efeito, o tratamento jurídico atual da colusão repousa primordialmente sobre a teoria dos jogos. Em matéria de oligopólios sua primazia é incontestada desde a atribuição do *Prêmio Nobel* a J. Nash[7] pelo estudo dos jogos não-cooperativos e sua aplicação aos oligopólios.

Paradoxalmente, é exatamente a centralização (defendida por Nash) das atenções da teoria dos jogos e da teoria dos oligopólios com exclusividade em torno da idéia de jogo de estratégia individual uma das principais razões de seu pequeno poder explicativo, especialmente em setores regulados. Desde que von Neumann, em seu célebre livro *The Theory of Games and Economic Behaviour*,[8] lançou a pedra fundamental para o estudo das relações econômicas a partir do raciocínio matemático, duas eram as vias possíveis de desenvolvimento.

Uma primeira via seria procurar determinar jogos que tivessem resultado matemático certo (ao menos no que tange à de-

6. R. Bork, *The Antitrust Paradox*, 2ª ed., New York, The Free Press, 1993, pp. 182 e ss. O autor fornece vários exemplos, alguns dignos de nota, outros nem tanto. Entre os últimos destacam-se os exemplos de indústrias monopolizadas que tiveram seus preços reduzidos pela entrada de um novo concorrente. Bork tenta usá-lo como argumento em favor dos oligopólios. Obviamente, o exemplo nada prova, pois é evidente que, em relação a uma situação de monopólio, o oligopólio representa uma melhoria comparativa. O oligopólio deve ser comparado – isso, sim – com a situação de concorrência perfeita. Exemplo mais interessante é o da indústria automobilística americana, que, apesar de bastante concentrada, teve ao longo do tempo comportamento competitivo, demonstrado pelas freqüentes mudanças de participação dos oligopolistas (pp. 186 e ss.). Note-se que esse simples fato não afasta a possibilidade de existência de um acordo (explícito ou tácito) entre os produtores de não competir nos preços, mas apenas através da diferenciação dos produtos. Aliás, o fato de terem havido substanciais mudanças de participação no mercado sem guerra de preços reforça, ao invés de enfraquecer, a hipótese do acordo tácito.

7. Dois são os trabalhos, ambos de 1950, em que J. Nash expõe sua teoria: "The bargaining problem", in *Econometrica* 18/155, e "Equilibrium points in n-person games", *Proceedings of the National Academy of Sciences* (USA) 36/48.

8. J. von Neumann e O. Morgenstern, *The Theory of Games and Economic Behaviour*, Princeton, Princeton University Press, 1944.

finição de ponto de equilíbrio). Essa foi a única linha adotada pela teoria dos jogos desde o famoso artigo "The bargaining problem", de J. Nash.[9] A conseqüência foi, sem dúvida, tornar matematicamente mais rigorosa a análise do comportamento dos oligopólios. Sua utilidade como forma de previsão de comportamentos é, no entanto, muito limitada.

A teoria baseada na estratégia individual contém pressupostos discutíveis e seguramente inaplicáveis a setores regulados. A maior razão para tanto é que pressupõe um moto único no comportamento dos indivíduos. Trata-se da estratégia individual, orientada a indicar a melhor decisão *em face da estratégia a ser adotada pelo competidor.* Pressupõe-se, portanto, uma orientação absolutamente individualista e estratégica do comportamento dos indivíduos.

As principais conclusões dessa vertente "individualista" da teoria dos jogos aplicada aos oligopólios são as seguintes.[10] Em primeiro lugar, só é possível identificar um comportamento necessário dos participantes do mercado caso o "jogo" seja repetido uma só vez ou então um número finito de vezes. No primeiro caso a empresa sabe que, se aumentar o seu preço, seu concorrente manterá os seus preços baixos e ganhará fatias de mercado. Assim, ela mantém seu preço baixo. Note-se que a empresa só se pode comportar dessa maneira porque não precisa se preocupar com os efeitos de sua estratégia sobre uma nova "rodada" do "jogo'. Isso significa que nesse modelo teórico não existe a possibilidade de o primeiro concorrente retaliar, abaixando seus preços em resposta ao comportamento da segunda empresa. Ela pode, portanto, adotar uma estratégia individual, semelhante ao que se dá no "dilema do prisioneiro".[11]

O mesmo ocorreria caso o "jogo" fosse disputado um número finito de vezes. Os participantes do mercado não precisariam preocupar-se na última rodada com os efeitos de seus atos sobre futuras rodadas. Teriam, portanto, uma estratégia dominante na última rodada exatamente igual à estratégia descrita para o "jogo" que é disputado uma só vez.. Ocorre que essa estratégia dominante da última rodada influenciaria as rodadas anteriores. Assim, por exemplo, se os jogadores sabem que na última rodada a estratégia de cada um dos outros será (pelos motivos expostos acima) necessariamente a de manter os preços baixos, a antepenúltima rodada será equivalente à última, pois os participantes sabem que seu comportamento não influenciará a rodada sucessiva. E assim sucessivamente até a primeira rodada. Em termos mais simples, se o número de jogos fosse finito e conhecido

9. In *Econometrica* 18/155 e ss., 1950 (original), consultado em H. Kuhn, *Classics in Game Theory*, Princeton, Princeton University Press, 1997, pp. 5 e ss.

10. Para uma descrição mais detalhada v. D. Baird, C. Gertner e R. Picker, *Game Theory and the Law*, cit., pp. 166 e ss.

11. O "dilema do prisioneiro" é um dos primeiros modelos teóricos sobre os quais se estruturou a moderna teoria dos jogos. Sua estrutura é bastante simples. Imagine-se dois prisioneiros, a serem interrogados pela prática do mesmo crime, e suponha-se que a cada um deles é dito que se confessar e delatar o outro será perdoado e o outro terá a pena máxima (por hipótese, 20 anos), enquanto que se ambos confessarem e delatarem ambos terão a pena básica do crime (por hipótese, 10 anos). Por outro lado, se nenhum dos dois confessar serão aplicadas penas de 5 anos para cada um, relativas ao crime mais simples (por hipótese, único que é possível demonstrar sem a confissão). O comportamento estratégico individual leva ambos os jogadores a confessarem. Essa é seguramente a melhor estratégia individual, pois, qualquer que seja o comportamento do outro jogador (e imaginando-se sempre que o outro jogador adotará uma estratégia individual), o comportamento mais conveniente será sempre confessar (pois se o outro não confessar o primeiro jogador estará livre, e se o outro confessar o primeiro jogador terá evitado a pena máxima). O que ocorre é que nesse caso as estratégias individuais representam para os prisioneiros uma opção pior que o comportamento que visa à maximização da utilidade coletiva (que ocorreria se nenhum dos dois confessasse). V., a respeito do "dilema do prisioneiro", D. Baird, C. Gertner e R. Pickner, *Game Theory and the Law*, cit., pp. 48-49.

dos participantes cada um desenharia sua estratégia de modo a não perder sua participação no mercado, dado que a estratégia de ambos na última rodada será necessariamente manter os preços baixos. Não há, portanto, estímulo algum à cooperação entre os participantes do mercado.

Diferente é a situação tratando-se de um número infinito de rodadas ou, então, tratando-se de um número finito mas de duração incerta e desconhecida dos participantes. Note-se que essa é a única situação realmente relevante, pois é a única que se verifica na prática. Duas são as diferenças básicas em relação às situações anteriores. Em primeiro lugar, em todas as "rodadas" os participantes do mercado devem se preocupar com as conseqüências de suas estratégias sobre as rodadas sucessivas. O comportamento independente dos concorrentes é mais arriscado, pois se um determinado participante diminuir seu preço para aumentar sua participação no mercado seu concorrente poderá, no "lance sucessivo", reduzir também seu preço, fazendo-o ter prejuízos. Por outro lado, a própria perspectiva de inexistência de um final definido, e sobretudo da inexistência de um lance final do outro "jogador", faz com que o agente econômico direcione suas ações pelo comportamento imediatamente anterior de seu concorrente que, presume, irá se repetir. Assim sendo, a cooperação entre concorrentes, sobretudo através da aceitação tácita da *price leadership*, é muito mais provável.

De todo o exposto, a conclusão é única. Essa linha de raciocínio não leva a resultados conclusivos. E nem poderia levar. O que lhe falta é exatamente o dado valorativo, que permite transformar resultados possíveis de fatos econômicos em hipóteses legais de incidência. O legislador, como é sabido, freqüentemente contenta-se com possibilidades. É o caso da negociação comum que pode ou não existir em decorrência de uma sociedade de fato, mas que o legislador toma como indício para a existência desta última. É o que ocorre e deve ocorrer em matéria de cartéis.

Ainda mais quando, como no caso, a possibilidade é, de fato, uma forte probabilidade. Para ter certeza disto basta aprofundar um pouco a própria idéia central da teoria dos jogos e do *Nash-Equilibrium*, isto é, o fato de o ponto de equilíbrio ser obtido sempre com uma estratégia que leve em conta a do concorrente. A dependência recíproca sugere a necessidade do estudo das estratégias de cooperação.

Houve pouquíssimo desenvolvimento dessa idéia, a segunda linha de desenvolvimento possível da teoria dos jogos: a análise de como, quando e por quê os agentes econômicos cooperam.

Ora, é fácil entender por que a experiência em mercados que tenham características estruturais (barreiras à entrada e outras) propícias à formação e manutenção de oligopólios leva a um jogo cooperativo, e não de estratégia individual.

Nesses mercados o efeito do comportamento de cada um dos agentes sobre os demais é tão grande e potencialmente tão danoso que há a necessidade de cooperação explícita e não de colusão eventual como mera decorrência de comportamentos estratégicos individuais convergentes. A ameaça de concorrência predatória tem efeito direto na compreensão do agente econômico. Este passa a entender que qualquer comportamento não-cooperativo pode levá-lo a uma guerra predatória com conseqüências extremamente negativas. A cooperação explícita e formal é, então, necessária exatamente porque a percepção da existência de liberdade para concorrer pode devolver os agentes a uma situação de concorrência predatória, inconveniente para todos.

A observação do comportamento dos agentes no passado faz, portanto, concluir pela necessidade de cooperação. Faz descobrir a realidade. É de sua compreensão que surgem os padrões de comportamento.

A teoria dos jogos, a partir do estudo empírico dos comportamentos, de sua sistematização e organização, é mais apta, portanto, a fornecer dados para elaboração de uma teoria do conhecimento, e não para uma teoria dos comportamentos – ou seja, serve para que os agentes entendam como se dá a interação econômica nos mercados e qual a melhor maneira de se comportarem. Não indica, no entanto, uma forma de comportamento necessária e nem tampouco desejável.

Uma vez compreendido esse postulado óbvio de comportamento econômico, isto é, que o agente primeiro adquire conhecimento para só então orientar seu comportamento, é possível entender utilidade e limitações da teoria dos jogos no campo econômico. A forma de atuação no mercado do agente econômico não pode ser predefinida. É preciso primeiro que o indivíduo descubra o modo de funcionamento do mercado para depois definir sua forma de atuação (individualista ou cooperativa). O conhecimento que se tem da realidade – esse, sim – é determinado pela observação dos comportamentos alheios e de sua comparação. A partir dele o indivíduo montará sua estratégia.

Ora, essas constatações servem para desmistificar o *non liquet* econômico em matéria de cartéis. Dada uma determinada estrutura de mercado e compreendido que a estratégia de atuação é determinada em função do conhecimento específico adquirido sobre aquele determinado mercado, então é possível concluir que em determinadas situações a cooperação é mais que possível, é provável. O impasse econômico está, portanto, resolvido. Cumpre agora agregar o dado jurídico, único capaz de definir as hipóteses legais de incidência. É o que se verá a seguir.

2. As incertezas jurídicas

Apesar da existência de reflexão jurídica, a preocupação com os cartéis não tem ensejado, do ponto de vista dos aplicadores do Direito, qualquer preocupação com uma formulação teórica e sistemática da *fattispecie* "cartel".

Ao contrário, a preocupação tem sido exclusivamente a prova. Procura-se, ao invés de descobrir o significado jurídico dos termos "acordo" ou "conluio", apenas aperfeiçoar a forma de demonstrá-lo.[12]

Em função disso, a disciplina só se enfraquece. De um lado, a *fattispecie* ganha definição formal e não sistemática. Torna-se necessariamente restrita, pois passa a englobar apenas as hipóteses de acordo expresso e formalizado.

De outro, para compensar essa restrição, a tendência é e tem sido ampliar enormemente aquilo que pode ser considerado prova de acordo. Sequer são necessários

12. Uma importante evidência dessa preocupação é a medida provisória que ampliou os poderes investigatórios da Secretaria de Direito Econômico (SDE). A Medida Provisória 2.055, de 11.8.2000, inseriu no art. 35 da Lei 8.884, de 1994, os seguintes parágrafos, representativos da preocupação existente com a questão da prova:

"§ 2º. Respeitado o objeto de averiguação preliminar, de procedimento ou de processo administrativo, compete ao Secretário da SDE autorizar, mediante despacho fundamentado, a realização de inspeção na sede social, estabelecimento, escritório, filial ou sucursal de empresa investigada, notificando-se a inspecionada com pelo menos vinte e quatro hora de antecedência, não podendo a diligência ter início antes das seis ou após as dezoito horas.

"§ 3º. Na hipótese do parágrafo anterior, poderão ser inspecionados estoques, objetos, papéis de qualquer natureza, assim como livros comerciais, computadores e arquivos magnéticos, podendo-se extrair ou requisitar cópias de quaisquer documentos ou dados eletrônicos."

O *acordo de leniência*, figura introduzida em nossa legislação antitruste através dessa medida provisória, também é representativo dessa tendência (v., nesse sentido, art. 35-B). As propostas de alteração da Lei 8.884, de 1994, apresentadas em anteprojeto de lei da Casa Civil que cria a Agência Nacional de Defesa do Consumidor e da Concorrência (ANC), são ainda mais radicais. Pretende-se eliminar qualquer tipo de discussão sobre acordos lícitos e ilícitos entre concorrentes. A nova legislação classifica os *atos adotados mediante acordo, arranjo ou conluio entre concorrentes* como infrações absolutas (nova proposta de redação do art. 20), ou seja, como ilícitos *per se*. A classificação das condutas em absolutas e relativas (e a classificação dos acordos entre concorrentes como condutas absolutas) nada mais é senão uma tentativa de superar os problemas relativos à prova.

indícios. Bastam, com freqüência, suposições. Com isso, de um lado, direitos individuais diversos passam a ser desrespeitados e, de outro, as investigações são com freqüência infrutíferas.

Observe-se, por exemplo, o que pode ocorrer caso se pretenda assumir que toda reunião entre os concorrentes é uma prova (ou indício) de existência de cartel:[13] os agentes serão punidos pelo simples fato de se reunirem. Há, em primeiro lugar, claro desrespeito ao direito constitucional de reunião – que se configura exatamente pela restrição à reunião em si, sem preocupação com o seu conteúdo.[14] De outro, não há tutela do valor protegido, que é a concorrência, e não a ausência de contato entre concorrentes.

Outro exemplo flagrante é o de associações entre concorrentes. Já está mais do que consagrada na doutrina antitruste a convicção de que associações dentre concorrentes não são e não podem ser *per se* ilícitas.[15] Aliás, em face da lei brasileira tais associações devem estar sujeitas a controle estrutural.[16] Decorrência disso é que, uma vez estruturalmente escrutinados os estatutos de tais associações, o exercício normal por elas de seus deveres estatutários não pode ser considerado ilícito concorrencial. A interferência estatal, em desrespeito ao direito constitucional de associação,

13. V. nota 12, supra, sobre a nova proposta de redação do art. 20 da Lei 8.884, de 1994, apresentada pela Casa Civil da Presidência em anteprojeto de lei que cria a ANC.

14. O direito de reunião (art. 5º, XVI, da CF de 1988), além de condição para exercício de outros direitos (direito de petição, liberdade de manifestação de pensamento, liberdade política), é também um direito em si (José Afonso da Silva, *Curso de Direito Constitucional Positivo*, São Paulo, Malheiros Editores, 1997, p. 240). Em virtude disso, seu exercício independe do conteúdo da reunião. Portanto, o mero impedimento ao encontro físico das pessoas, seja ele direto ou indireto, já contraria a proteção constitucional. Nesse sentido, esclarecedora é a observação de Pontes de Miranda: "O que importa é o fato de se reunirem as pessoas, porque, se se quer apreciar o conteúdo do que se discute, ou que vão ou vêm fazer, já se introduz elemento novo. Entra em causa, forçosamente, outra liberdade, *e.g.*, a de pensamento, ou a de não emitir pensamento" (*Comentários à Constituição de 1967*, t. V, São Paulo, Ed. RT, 1968, p. 558). Logo, a reunião (cujos elementos definidores são os seguintes: (i) pluralidade de participantes, (ii) duração limitada e caráter episódico e (iii) propósito determinado – v. Jean Rivero, *Les Libertés Públiques*, v. 2, Paris, PUF, 1989, p. 335) não pode ser considerada *per se* indício de conluio (incluída aqui a reunião entre concorrentes), sob pena de violação da Constituição.

15. A jurisprudência do CADE mais antiga já reconhecia a legitimidade das associações entre concorrentes. Nesse sentido, v. Processo Administrativo 58 (1987) e Processo Administrativo 94 (1990), nos quais são manifestados, respectivamente, os seguintes entendimentos: as cooperativas só poderão ser condenadas quando houver uma distorção dos objetivos cooperativistas; e a ocorrência de abuso de poder por parte das cooperativas também enseja condenação. A jurisprudência mais recente tem seguido esse entendimento. V., nesse sentido, as decisões nos Processos Administrativos 61/92, 155/94 e 26/96, que apontam que a proteção constitucional às associações de classe confere a essas licitude, desde que as mesmas não estejam ferindo a lei de defesa da concorrência. Nesse mesmo sentido, vale citar teor da decisão proferida em 1997 nos autos do Processo Administrativo 145/93: "Não estão incluídas nas prerrogativas constitucionais da entidade sindical atentar contra a ordem econômica, servindo de intermediário para que as empresas concorrentes no mercado de produtos e serviços hospitalares negociem, discutam e concertem suas estratégias de mercado, notadamente através da fixação uniforme de preços". De outro lado, toda a construção do art. 85 do Tratado CEE, base explícita do art. 54 da nossa lei, é no sentido de reconhecer a regra da razão para estruturas de cooperação, incluindo associações. Ora, isso é absolutamente incompatível com a aplicação da regra de ilicitude *per se* para associações (cf. nota 14, supra).

16. "A formação em si da cooperativa ou associação está sujeita, como não poderia deixar de ser, ao art. 54. Dependendo do seu objeto, é possível que sequer se caracterize qualquer prejuízo à concorrência. Imagine-se, por exemplo, uma associação sem fins lucrativos destinada a promover a pesquisa tecnológica para seus membros, e que não inclui em seu objeto acordo sobre a posterior utilização comercial das descobertas. Tal associação, por mais que seus membros tenham em conjunto poder no mercado, não implica nenhuma limitação à concorrência entre eles. Desse modo, está isenta de qualquer suspeita de ilicitude. O mesmo ocorre com as situações em que não há sequer a ameaça de formação de posição de poder no mercado" (Calixto Salomão Filho, *Direito Concorrencial – As Estruturas*, São Paulo, Malheiros Editores, 1998, p. 319).

configurar-se-ia através da *decisão pela ilicitude de associação* legalmente constituída e cujos estatutos já foram regularmente aprovados. Aqui o raciocínio é inverso do direito de reunião. A existência de escrutínio prévio (dado pelo controle estrutural) do conteúdo da associação é que configura a inconstitucionalidade da intervenção caso a associação comporte-se nos estritos limites de seu objeto (já pré-aprovado),[17] ao menos nos casos em que a ilicitude é identificada na própria existência ou objeto social da associação, e não em comportamento posterior.

Esse exemplos bem demonstram que a procura da definição de uma *fattispecie* através de uma reflexão jurídica sobre suas provas, se já teoricamente incorreta, é, na prática, desastrosa. Cumpre, então, encontrar outras vias para a reflexão jurídica.

3. *Teoria jurídica dos cartéis*

3.1 Definição do valor jurídico protegido

Na verdade, a construção de uma teoria jurídica dos cartéis prescinde totalmente de elucubrações sobre conteúdo de documentos e teorias conspiratórias a respeito de reuniões de concorrentes. Basta ter clareza sobre os valores a serem protegidos. É só assim que o momento jurídico de elaboração da norma ganha justificativa e corpo capazes de superar as incertezas econômicas.

Não há dúvida de que este momento valorativo centra-se na idéia de concorrência. Até aí, nada mais se disse que o óbvio. É preciso dar concretude a esse valor, definindo seu significado no campo das condutas e mais especificamente da repressão aos cartéis.

Em matéria de condutas a tradução do valor *concorrência* é dada por um binômio: é necessário um objetivo anticoncorrencial e é fundamental que esse objetivo seja realizável. Esse binômio é a tradução jurídica do que os economistas costumam chamar de *racionalidade econômica.*[18] Note-se, de

17. A liberdade de associação é garantida constitucionalmente no art. 5º, XVII, da Constituição Federal. Segundo tal dispositivo, a intervenção estatal no funcionamento das associações está vedada pela Constituição se o fim das mesmas for lícito. Note-se que a exegese desse artigo não deve estar restrita à licitude do documento constitutivo da associação nos termos definidos pelo direito civil. Não se trata, aqui, somente da problemática da nulidade do contrato caso o objeto do mesmo seja ilícito, pois não basta que o objeto da associação seja lícito e o contrato seja válido para que a imunidade constitucional esteja garantida. Essa sutileza é bastante evidenciada pelo direito concorrencial, como nos mostra T. Ascarelli: "liceità dei contratti di consorzio, nelle loro varie forme, discende dalla liceità generalmente ammessa nel nostro diritto dei contratti di concorrenza (...). Il riconoscimento della liceità del contratto di consorzio in linea di principio non esclude naturalmente la possibilità che determinati contratti siano illeciti nel caso concreto o che siano illecite determinate clausole del contratto di consorzio o che siano, nel caso concreto, illeciti quei contratti e quelle clausole che il consorzio suole concludere con i propri acquirenti e fornitori, a danno di quanti non partecipano al consorzio" (*Consorzio Volontari tra Imprenditori*, Milano, Giuffrè Editore, 1937, p. 29). O objetivo do controle estrutural é exatamente fazer essa análise, ou seja, verificar se os termos do acordo não permitem condutas que possam prejudicar a livre concorrência, violando o *caput* do art. 20 da Lei 8.884, de 1994. Uma vez aprovada a associação, ou seja, reconhecido seu fim lícito do ponto de vista concorrencial, começa a valer sua imunidade em relação aos órgãos de defesa da concorrência. A intervenção posterior, nesse caso, apenas é constitucionalmente aceita se práticas posteriores da associação forem ilícitas. Nunca tal intervenção pode versar sobre o conteúdo do estatuto já aprovado. A contradição é clara: os termos de um estatuto previamente aprovado pelo controle concorrencial prévio não podem posteriormente ser considerados ilícitos, sob pena de contradizer a decisão anterior do próprio órgão. Conforme dito anteriormente, lícita é a intervenção no caso de práticas subseqüentes da associação que venham a desconfigurar o estatuto e ferir a Lei 8.884, de 1994. Portanto, entenda-se: a análise estrutural não cria uma imunidade para a associação, mas cria uma imunidade concorrencial para o estatuto. Apenas por condutas anticoncorrenciais, em desacordo com o estatuto, a mesma pode ser condenada.

18. A discussão sobre a racionalidade dos agentes permeou quase toda a história da Filosofia e tem sido objeto de embate entre os filósofos até os dias atuais. Esse mesmo debate foi incorporado pela Economia moderna através da discussão acerca da

resto, que estes são exatamente os requisitos estabelecidos no art. 20, *caput*, da lei concorrencial (objetivo e efeito potencial).

No assunto que ora nos interessa – a cooperação econômica – é necessário determinar aqueles comportamentos que só fazem sentido, isto é, só são racionais, se baseados em uma estratégia cooperativa. Ou, então, compreendidos de outra forma, aqueles comportamentos que supostamente serão direcionados a um fim cooperativo realizável capaz de levar à dominação do mercado. É, portanto, o objetivo realizável de dominar o mercado através de ajuste entre empresas fator-chave para caracterização da antijuridicidade.

Isso significa, de um lado, que é necessário que existam as condições estruturais que permitam ao participantes do acordo assegurar a dominação. Assim os tradicionais critérios econômicos do reduzido número de participantes e da existência de barreiras à entrada. A ligação desse requisito ao valor *concorrência* é direta. O valor jurídico a ser protegido não é a inexistência de contato ou mesmo de acordo entre concorrentes. O valor protegido é a concorrência, isto é, a existência de alternativas para o consumidor. Desse modo, apenas o acordo que possa levar à dominação é juridicamente relevante.[19]

Resta, então, determinar quais são as hipóteses de acordos juridicamente relevantes. É o ponto mais relevante e menos tratado pela doutrina econômica tradicional.

Duas são as hipóteses possíveis. Em primeiro lugar, pode o acordo ser explícito. Deve, nessa hipótese, estar refletido de forma expressa no documento ou na reunião entre os participantes do acordo. O único requisito a ser verificado é se o acordo versa ou não sobre variáveis concorrenciais. Como visto, a simples existência de reunião ou associação entre concorrentes não pode e não deve, do ponto de vista

existência ou não de uma racionalidade própria dos agentes econômicos. Os pressupostos dessa teoria encontram-se em F. Y. Edgeworth, seu precursor, e em Adam Smith, seu fundador. Desde Adam Smith inúmeras têm sido as formulações acerca disso. A título de sistematização, definem-se quatro modelos principais, cujos pressupostos fundamentes seriam: (i) os agentes buscam a maximização de seus objetivos; (ii) os agentes buscam a maximização dos benefícios desejados; (iii) os agentes buscam a maximização de seu auto-interesse; (iv) os agentes buscam a maximização de seu bem-estar. Vale notar que as duas últimas acabam por conferir um conteúdo determinado às formulas genéricas expressas nas duas primeiras formulações. Importa notar que a noção de consistência está presente em praticamente todas as possíveis formulações de racionalidade dos agentes econômicos, e ela se expressa através da exigência de adequação entre, ou correspondência entre, aquilo que se tenta obter e o modo ou instrumento usado para atingir tal objetivo. Atualmente os principais representantes da doutrina da racionalidade econômica – se é que se podem denominar suas diversas variantes sob um mesmo título – são Gary Becker, Paul Samuelson e George Stigler. Tal orientação, entretanto, não passa incólume pela ciência econômica. Desde o início estudos empíricos têm tentando demonstrar que em diversas situações os agentes econômicos não agem de maneira racional. Além disso, estudos críticos tentam solapar os pressupostos teóricos que sustentariam a possibilidade de afirmação da existência de uma racionalidade econômica. Nesse linha, vale citar Herbert Simon e Amartya Sen (v. Herbert A. Simon, *Models of Bounded Rationality : Empirically Grounded Economic Reason*, Cambridge, Mit Press, 1997; para uma análise crítica dessa evolução v. Amartya Sen, "Rational fools: a critique of the behavioural foundations of economic theory", in *Choice, Welfare and Measurement*, Cambridge/Massachusetts/London/England, Harvard University Press, 1997, pp. 84-108).

19. Essa observação é relevante, pois evidencia a absoluta confusão quanto ao valor jurídico protegido que permeia a elaboração do projeto de alteração da lei concorrencial. A criação de uma infração absoluta, de um lado, deixa de tratar do ponto onde deveria haver mais rigor (v. infra, item 3.2.2) e trata com rigor injustificado os acordos que são ilícitos mesmo sem que seus participantes tenham poder no mercado (v. nova proposta de redação do *caput* do art. 20 da Lei 8.884, de 1994, apresentada através do anteprojeto de lei que cria a ANC, que reza: "Constituem infração absoluta da ordem econômica, independentemente de culpa, e são nulos, os atos sob qualquer forma manifestados, adotados mediante acordo, arranjo ou conluio entre concorrentes, que tenham por objeto ou possam produzir quaisquer dos seguintes efeitos, ainda que não sejam alcançados ..." – leia-se: mesmo sem que haja qualquer efeito potencial sobre o mercado).

constitucional, ser considerada ilícita, a não ser que sirva de instrumento para coordenação de posição em matéria concorrencial (isto é, ajuste de preços, quantidades produzidas, padrões de desenvolvimento tecnológico etc.). Nessa hipótese, portanto, o raciocínio é direto, não havendo qualquer elucubração jurídica ou econômica a ser feita.

Não assim quando inexistir acordo expresso. Nessa hipótese a existência ou não de ajuste só pode ser dessumida do comportamentos das partes. E é exatamente à construção de uma teoria que permita determinar quando é possível dos comportamentos dessumir a existência de um ajuste que se deve dedicar a reflexão jurídica.

3.2 Intenção passível de produzir efeitos cooperativos

Para isso é preciso determinar a existência da chamada intenção passível de produzir efeitos cooperativos. Trata-se nada mais nada menos que do binômio intenção-efeito, mencionado há pouco.

Seu significado pode ser aproximado de duas formas distintas, mas convergentes.

3.2.1 Comportamento individual irracional

De um lado, é possível tentar determinar a existência de intenção de se comportar de forma coordenada a partir da ilogicidade de sua alternativa, isto é, tentar demonstrar que uma estratégia individual não faria sentido ou não seria racional no caso concreto.

É esse o caminho que tem sido mais freqüentemente seguido pela doutrina.[20] As hipóteses de ilogicidade do comportamento individual são tradicionalmente identificadas nos oligopólios que têm condições estruturas (barreiras à entrada etc.) para sua manutenção e que apresentam um comportamento paralelo padrão. Imagine-se, então, a manutenção de preços em período de queda de demanda, tendo como dado que a elasticidade-preço daquele mercado é inferior a 1. Esse comportamento não tem sentido algum para um agente econômico que se comporta dentro de uma lógica exclusivamente individual. Esse agente deveria necessariamente procurar reduzir preços – e, assim, ganhar mercado. Só o agente que formula sua estratégia prevendo o comportamento paralelo dos demais pode assim agir. A estratégia individual não faz, em princípio, sentido.

Esse dado, ainda que bastante lógico em teoria, é insuficiente na prática. Tudo porque, como visto acima, a cooperação, ainda que provável, não é certa. Conseqüentemente, a teoria econômica conclui pela impossibilidade de, a partir daí, afirmar a existência de cartel.

Ocorre que a investigação da intenção passível de produzir efeitos cooperativos não se esgota na indagação da ilogicidade de seu oposto. Requer também a indagação da possibilidade de sua própria ocorrência (que é, aliás, o caminho logicamente mais direto). Ora, inúmeros são os critérios desenvolvidos pela doutrina jurídica para essa determinação.

3.2.2 Relações contratuais de fato

De há muito a doutrina vem se indagando sobre a possibilidade e as hipóteses em que seria razoável presumir de fatos encadeados a existência de acordo.

A questão é mais discutida e mais discutível tratando-se de teoria geral do direito civil. Seu ponto de partida e sua denominação são dados pela doutrina alemã nos anos 40 por famoso trabalho de G. Haupt ("Über faktische Vertragsverhältnisse").[21]

20. Esse critério negativo de verificação do objetivo de cooperar é utilizado por dois autores clássicos do tema: D. Turner, "The definition of agreement", 75 *Harvard Law Review* 655, cit. (pp. 705-706), (conclusões) e E. J. Mestmäcker, *Europäisches Wettbewerbsrecht*, München, Beck, 1974, p. 217.

21. *Festschrift für Heinrich Siber*, v. II, 1943, pp. 5 e ss.

Ali procura-se formular uma verdadeira teoria geral das relações contratuais de fato, "comportamentos sociais" capazes de fazer surgir a relação contratual independentemente da existência de vínculo formal. O grande problema dessa tentativa, como vem destacando a doutrina, é a utilização de critérios díspares para identificação dos casos que constituem relações contratuais de fato.[22]

Essa crítica não faz invalidar a teoria, e sim apenas tentar encontrar um elemento unificador. Isso significa que não se contesta que a disciplina contratual deva ser aplicada a essas situações. O que se afirma é apenas que tais comportamentos não excluem a declaração negocial, devendo ser capazes de fazer presumir a existência de declaração.

Essa crítica serve, na verdade, para resolver dois problemas formais. Em primeiro lugar, eliminar o paroxismo da expressão "relação contratual de fato".[23] As variadas formas de relação de fato não se equiparam às contratuais, constituindo mero indício de existência de declaração negocial.

Até aí a diferença parece apenas teórica, mas não é. A crítica serve também para garantir a existência de critério único – a declaração negocial –, ao qual todos os indícios de fato devem se referenciar. Isso permite a não-aplicação – ao menos integral – da disciplina contratual aos casos em que os indícios fáticos não permitirem presumir a existência de declaração.

Essa presunção é tão mais passível de ser feita quanto mais for possível demonstrar que os atos ou fatos jurídicos são racionalmente endereçados ou podem levar a um fim único.[24] É o encadeamento de atos e sua ordenação a um objetivo potencial que fazem presumir a existência de declaração negocial ou de comportamento socialmente típico.

E nada mais nada menos que a lei cria essa presunção em matéria comercial. O comportamento socialmente típico é, na verdade, comportamento legalmente típico. Particularmente a habitualidade da relação entre comerciantes sempre foi considerada indício de contratação. Assim, já o Código Comercial Brasileiro de 1850 estabelecia em seu art. 122 que os livros dos comerciantes constituem prova de existência de contratação. Evidentemente, aqui, o acento está na habitualidade da relação. Sendo a exigência não necessariamente de lançamentos recíprocos (que por si sós denotariam a existência de acordo de vontades), o lançamento unilateral não tem valor enquanto tal, mas sim como comprovação de uma relação continuada. É na continuidade da relação, evidenciada nos livros do comerciante, que está a vinculação a um fim determinado – e, portanto, o indício de contratação. Também o art. 131 dá conta desta tendência ao prever que o fato dos contraentes, posterior ao contrato, que tiver relação com o objeto principal será a melhor explicação da vontade que as partes tiveram no ato da celebração do mesmo contrato.

Se em matéria de teoria geral dos contratos já há essa tendência, o que não dizer quando se trata de relações associativas? Nesse tema, muito mais que nas relações de permuta, é a continuidade da relação o elemento socialmente relevante. Tão relevante a ponto de se falar, em matéria societária, em disciplina de uma atividade e não de atos isolados. Os atos ganham conteúdo não enquanto tais, mas apenas enquanto momento inicial esclarecedor da-

22. V., a respeito, Nélson Nery Júnior (org.), in *Código Brasileiro de Defesa do Consumidor Brasileiro – Comentado*, São Paulo, Forense Universitária, 1999, p. 297, com interessantes referências bibliográficas.

23. Cf., nesse sentido: Karl Larenz, *Allgemeiner Teil des deutschen Bürgerlichen Rechts*, 7ª ed., München, Beck, 1989, p. 333; e A. Junqueira Azevedo, *Negócio Jurídico e Declaração Negocial*, São Paulo, s.n., 1986, p. 45.

24. Cf. Karl Larenz, *Allgemeiner Teil ...*, cit., p. 333.

quela determinada atividade.[25] Assim, por exemplo, com o estatuto social ou determinada assembléia de acionistas. O encadeamento, a ordenação a um fim são fundamentais em matéria de relações associativas. Não por acaso é a relação associativa o espaço natural do reconhecimento das relações de fato. Encontram guarida expressa no Código Comercial, arts. 304 e 305, as chamadas sociedades de fato.

Não há por que não aplicar a teoria das relações contratuais de fato e os critérios para identificação das sociedade de fato à formação de cartéis. Esses podem ser vistos, na verdade, como sociedades de fato, pois há a conjunção de objetivos e repartição de proventos (ainda que de forma indireta, como conseqüência dos movimentos conjuntos e comuns de preços), desde que haja a continuidade e habitualidade da conduta.

Conseqüentemente – e este é um resultado jurídico bastante relevante –, a conduta habitual de movimentos idênticos de mercado, acompanhada da existência de condições estruturais para dominação do mercado, possibilita, sim, presumir a existência de cartéis. Como sempre, em matéria de comportamento sociais típicos, não se trata de ter certeza de que a única racionalidade para tais comportamentos é a cooperação (daí por que os raciocínios econômicos têm pouca utilidade). Não se trata de um juízo lógico de certeza, e nem tampouco de probabilidade. Exatamente como na sociedade de fato, podem existir outras explicações para o comportamento. Mas aqui como ali a existência de um interesse jurídico maior a proteger (aqui, a concorrência e os consumidores; no caso das regras societárias sobre as sociedades de fato, os credores) leva a fazer presumir de uma mera possibilidade a existência da relação associativa. Ao prejudicado incumbirá a demonstração da inexistência da figura.

4. Conclusões

Nas presentes linhas não se procurou – e nem se poderia procurar – elaborar uma teoria geral dos cartéis. Ainda assim, os apontamentos superficiais ora alinhavados permitem algumas conclusões.

A disciplina dos cartéis não deve buscar certezas, mas possibilidades, até porque certezas não existem no campo das ciências sociais. As referidas possibilidades devem ser selecionadas a partir de valores jurídicos.

Sendo o valor jurídico básico e óbvio a defesa da concorrência, a disciplina tem de ser endereçada aos cartéis que possam ameaçá-la. Isso não significa tender a uma regra *per se* sobre cartéis que impeça qualquer tipo de acordo. Tal regra, por um lado, não serve a preservar tal valor. Por outro lado, incentiva a sanção exclusiva a acordos expressos, o que também é inconveniente, por duas razões.

De um lado, porque incentiva excessiva concentração sobre a demonstração da existência de acordos. Essa busca, se não for bem ponderada, pode implicar ferimento a direitos fundamentais como liberdade de reunião e associação.

De outro lado, porque tira o foco da mais importante linha de investigação concorrencial, a busca dos acordos tácitos. Esses podem e devem ser identificados a partir de regras gerais dos contratos e dos contratos associativos. Construções como a das "relações contratuais de fato" e particularmente sua subespécie "sociedade de fato" são particularmente úteis para esse fim.

25. Cf. P. Ferro Luzzi, *I Contratti Associtivi*, Milano, Giuffrè Editore, 1976, p. 215.

Doutrina

ACORDO DE ACIONISTAS: PANORAMA ATUAL DO INSTITUTO NO DIREITO BRASILEIRO E PROPOSTAS PARA A REFORMA DE SUA DISCIPLINA LEGAL

CELSO BARBI FILHO*

* CELSO BARBI FILHO (1965-2001)

É com imenso pesar que, na homenagem póstuma representada pela publicação deste artigo, o Conselho de Redação da *RDM* compartilha com os leitores a notícia do falecimento do nosso colaborador, o prezado e jovem colega CELSO BARBI FILHO, ocorrido em 24 de maio deste ano, vítima de trágico acidente aéreo.

Bacharel em Direito pela Faculdade de Direito da UFMG, na turma de 1988, agraciado com a medalha "Barão do Rio Branco", como o aluno de maior destaque, veio a obter os títulos de Mestre (1993) e de Doutor em Direito Comercial (2000) pela Faculdade de Direito da UFMG, tendo exercido a função de professor daquela disciplina em algumas faculdades de direito de Belo Horizonte (MG). Recentemente chegou ao cargo de Professor-Adjunto Doutor da Faculdade de Direito da UFMG. Exerceu a função de coordenador de Direito Empresarial e de professor da Escola Superior de Advocacia da capital mineira.

Além da militância como advogado, exerceu com raro brilhantismo, no serviço público, os cargos de Procurador da Câmara Municipal de Belo Horizonte e de Procurador do Estado de Minas Gerais.

Deixou inúmeros trabalhos jurídicos de grande valor em revistas especializadas – entre as quais a *RDM* –, tendo feito grandes amigos no Instituto "Tullio Ascarelli", que o admiravam pelo seu conhecimento e pela imensa simpatia e afabilidade que sempre o distinguiram, decorrente de personalidade bem formada no seio da família em que despontou seu pai, o saudoso advogado e sempre mestre CELSO AGRÍCOLA BARBI. A sua mãe, D. MARIA CARMEN e aos seus irmãos, ficam aqui registrados os sentimentos dos colegas do CELSO.

Em suas obras destacam-se os livros *Acordo de Acionistas* e *A Dissolução Parcial da Sociedade por Quotas de Responsabilidade Limitada*, que correspondem, respectivamente, à sua dissertação de mestrado e à tese de doutoramento, esta no prelo, conduzidas sob a orientação segura do emérito comercialista das Minas Gerais, Professor OSMAR BRINA CORRÊA LIMA.

Mal tendo completado trinta e cinco anos, o desaparecimento de CELSO BARBI FILHO deixa um enorme vazio no cenário jurídico nacional, sentido por tantos quantos puderam enriquecer-se com tudo aquilo que ele já havia feito, como, muito mais, por tudo quanto deixou de fazer.

São Paulo, junho de 2001.

MAURO RODRIGUES PENTEADO e
HAROLDO MALHEIROS DUCLERC VERÇOSA
(Pelo Comitê de Redação da *RDM*)

ACORDO DE ACIONISTAS: PANORAMA ATUAL DO INSTITUTO NO DIREITO BRASILEIRO E PROPOSTAS PARA A REFORMA DE SUA DISCIPLINA LEGAL

CELSO BARBI FILHO

1. Introdução. 2. Noções gerais. 3. Situação no Direito Estrangeiro. 4. Evolução no Direito Brasileiro. 5. Natureza jurídica do acordo de acionistas. 6. Alternativa às "holdings". 7. Acordo de quotistas. 8. Partes no acordo de acionistas. 9. Objeto do acordo de acionistas: 9.1 Acordos de voto; 9.2 Acordos de bloqueio. 10. Forma do acordo de acionistas: 10.1 O arquivamento; 10.2 A averbação. 11. Execução específica do acordo de acionistas. 12. Vigência e rescisão do acordo de acionistas. 13. Sugestão para nova redação do art. 118 da Lei das S/A.

1. Introdução

O momento econômico atualmente vivido no Brasil e no mundo, com o fenômeno da tão discutida globalização, vem impulsionando uma série de processos societários que atuam diretamente na realidade empresarial, como as privatizações, fusões, aquisições e incorporações. Isso tem pressionado o Legislativo Brasileiro a promover ajustes na disciplina legal das sociedades anônimas, modelo jurídico teoricamente destinado à grande empresa privada nacional, de modo a adequá-la a essa nova realidade.

Assim, a vigente Lei da S/A, de n. 6.404, de 15.12.1976, já sofreu uma primeira reforma, promovida pela Lei 9.457, de 15.12.1997, na qual relevantes alterações foram efetivadas no regime jurídico das companhias.

Mas o propósito e a necessidade de se adequar a legislação societária ao contexto empresarial presente não se limitam às modificações efetuadas pela Lei 9.457, de 1997, chamada de "pequena reforma".[1] Desse modo, para a próxima e iminente mudança na Lei das S/A um relevante instituto talvez merecesse ser lembrado: o acordo de acionistas.

A eventual conclusão sobre a conveniência de alterações na vigente disciplina legal do acordo de acionistas exige que se faça um panorama geral do instituto em nosso Direito, a fim de se identificar quais seriam essas alterações e porque deveriam ser feitas.

1. Waldirio Bulgarelli, "Aspectos relevantes da reforma da Lei 6.404/76, pela recente Lei 9.457/97", *Revista da Escola Paulista da Magistratura* 4/107, São Paulo, 1998.

É a que me proponho neste breve estudo.

2. *Noções gerais*

A idéia que bem explica a concepção das sociedades anônimas é a de uma estrutura societária capaz de, simultaneamente, concentrar o capital e pulverizar sua titularidade. Aqueles que querem desenvolver a atividade empresarial (empreendedores) verificam que não podem prescindir dos que se propõem a investir nessa atividade (investidores), fornecendo recursos necessários à sua viabilização. Ao mesmo tempo, não convém aos empreendedores partilhar a administração com os investidores, sob pena de se subtrair da gestão negocial a unidade e a sintonia a ela indispensáveis.

A sociedade anônima é, pois, o modelo jurídico para a grande empresa privada, que pode viabilizar-se economicamente conciliando, em um instituto jurídico próprio, interesses convergentes, mas distintos, dos acionistas que querem realizar o empreendimento, gerindo-o, e daqueles que apenas desejam investir no negócio, dele auferindo rendimentos, sem se envolver em sua administração.

Com isso, o direcionamento dos múltiplos e diversificados interesses presentes dentro da sociedade anônima possui dois vértices. O primeiro é aquele para o qual todos convergem, qual seja, a *affectio societatis*, própria justificativa existencial da corporação societária. Já, o segundo são as pretensões e interesses individuais de cada acionista, que, se não comuns a todo o corpo acionário, podem sê-lo em relação a determinado grupo de sócios.

Para a regulamentação e disciplina jurídica desses interesses comuns a determinado grupo de acionistas desenvolveram-se na prática societária ajustes parassociais entre os integrantes de grupos com interesses comuns. Na medida em que sua incidência aumentou, doutrina, jurisprudência e, posteriormente, a legislação tiveram de reconhecer sua existência e os reflexos jurídicos desta.

Assim surgiram os chamados acordos de acionistas, que hoje têm previsão e disciplina próprias no direito positivo brasileiro, pelo art. 118 da Lei 6.404, de 1976.

Não obstante a origem do atual modelo das sociedades anônimas remonte ao período colonial, os acordos de acionistas, em face do refinamento teórico de sua concepção, constituem instituto em certa medida recente. A doutrina italiana registra menções à existência dessa figura no final do século passado e na primeira década deste século.

O acordo de acionistas é essencialmente um contrato, cuja origem e disciplina fundamental estão no direito das obrigações. Suas particularidades decorrem de que ele disciplina direitos e relações dos acionistas de uma mesma companhia entre si mas, ao mesmo tempo, não se confunde com os atos constitutivos da sociedade, sendo, por isso, considerado "parassocial".

Daí por que o acordo de acionistas pode ser conceituado como o contrato entre determinados acionistas de uma mesma companhia, distinto de seus atos constitutivos, e que tem por objeto o exercício dos direitos decorrentes da titularidade de suas ações, especialmente no que tange ao voto e à compra e venda dessas ações.

3. *Situação no Direito Estrangeiro*

Conforme dito, uma das primeiras notícias doutrinárias que se têm dos acordos de acionistas vem do Direito Italiano. Em artigo de 1904 famoso jurista daquele país anotava a existência de pacto entre membros de uma sociedade comercial de Milão destinado a disciplinar seu procedimento para a hipótese de deliberação sobre pedido de concordata.[2]

2. Gastone Cottino, *Le Convenzioni di Voto nelle Società Commercialli*, Milão, Giuffrè Editore, 1958, p. 3 – citando artigo doutrinário de Saffra, de 1904, intitulado "Nuove forme contratttuali".

A tendência inicial no Direito Europeu Continental era pela invalidade desses ajustes, mas tal conclusão referia-se basicamente aos acordos sobre o voto, não se encontrando notícia de restrições à existência ou ilicitude dos contratos sobre compra e venda de ações e preferência para adquiri-las, também chamados de bloqueio.

Além disso, a figura que posteriormente desenvolveu-se na Europa não era propriamente contratual, mas de autêntica corporação ou entidade, denominada sindicato acionário, coordenada por um síndico que representava o grupo nas assembléias-gerais.

Na Itália o entendimento era pela ilegalidade do acordo de voto, à luz do Código de Comércio de 1882. Após isso houve reversão dessa tendência, com destaque para o papel que tiveram nesse processo os estudos de Tullio Ascarelli.[3] O Código Civil de 1942 propositadamente omitiu-se sobre o instituto, mesmo na reforma de 1974 sobre as sociedades anônimas. Assim, ficou a critério dos juízes a aferição de validade dos pactos pelo direito obrigacional, tendo em vista o objeto ajustado. E a jurisprudência vem admitindo as convenções de acionistas, elaborando os critérios para se aceitar sua legitimidade.

No Direito Francês encontra-se referência sobre os acordos exclusivamente relativos à compra e venda de ações, chamados *sindicat de blocage*, em relação aos quais não se opunha restrição. Já, os acordos de voto eram inicialmente repudiados pela própria legislação, conforme disposto em um decreto-lei de 1937. Com o passar do tempo a jurisprudência amainou o rigor dessa rejeição, sendo as convenções de acionistas hoje admitidas, desde que seu objeto não fira princípios básicos, como a inalienabilidade do voto ou a sujeição das minorias. A Lei das Sociedades Comerciais de 1966 foi omissa a respeito, sendo que, mais recentemente, uma lei de 1985 reconheceu expressamente a validade das convenções de voto nos grupos de sociedades. Não obstante, há notícias de alguns precedentes que denunciam vacilações de doutrina e jurisprudência sobre a admissibilidade de determinados conteúdos para o acordo de voto.

No Direito Alemão nem a Lei das Sociedades de 1937 e nem a atual de 1965 prevêem expressamente os acordos de acionistas. Todavia, este último diploma reputa inválidas algumas modalidades de pactos, o que faz presumir-se como admissíveis os demais. A tendência jurisprudencial sempre foi pela aceitação do instituto, dentro do princípio civilista de que se tem por permitido tudo aquilo que a lei não proíbe, ressalvada a aferição de legalidade em cada caso concreto, nas hipóteses de venda de voto ou sujeição deste à vontade dos administradores.

Na Espanha a tendência doutrinária e jurisprudencial sempre foi pela aceitação das convenções, tanto de voto quanto de bloqueio. Vem de lá uma das principais e pioneiras obras sobre o instituto, *La Sindicación de Acciones*, de Antonio Pedrol (1951), que inclusive defende a importante utilidade dos acordos. A Lei das Sociedades Anônimas de 1971 foi omissa a respeito, sendo que uma circular da Direção do Contencioso Espanhol de 1968 fixou expressamente a admissibilidade dos acordos de voto e bloqueio.

Na América Latina, países como Argentina, Bolívia, Chile e Uruguai utilizam comumente o instituto, cuja validade é aceita à luz do direito obrigacional, sem previsão legal específica. Na Colômbia, Paraguai, Peru e Venezuela não são previstos na lei e nem largamente utilizados na prática societária.

Na Inglaterra, país da *common law*, o instituto não só sempre foi aceito como muito utilizado e desenvolvido na vida empresarial. Há naquele país o *voting agreement*, figura contratual cuja força vinculante

3. "La liceità dei sindicati azionari", *Rivista di Diritto Commerciale* 1931.

a jurisprudência tem reconhecido como superior aos próprios estatutos sociais.[4]

Nos EUA as sociedades anônimas são objeto de leis específicas nos diversos Estados. Essas leis, em regra, limitam-se a disciplinar a constituição da sociedade e seus aspectos funcionais, nada dispondo sobre os acordos de acionistas. Todavia, lá as convenções de voto e bloqueio são amplamente utilizadas e aceitas, a menos que tenham fins ilícitos ou visem a alijar minorias. Assumem tais convenções as formas do *pooling agreement*, de caráter contratual e destinado a organizar grupos de controle. Já, os *shareholders' agreements* objetivam regular a eleição de administradores. E há ainda a figura do *voting trust*, modelo corporativo de representação de minorias nas grandes companhias, caracterizando uma forma mais aberta do sindicato de voto europeu. Prestigia-se no Direito Norte-Americano a plena eficácia dos acordos de acionistas, por meio da *mandatory injunction*, ordem do juiz dada diretamente à parte para que cumpra o pactuado.

Como síntese desse panorama do acordo de acionistas no Direito Estrangeiro observa-se que a maioria dos países utiliza o instituto, o qual assume também formas corporativas, como os sindicatos acionários ou os *voting trusts*, entidades despersonalizadas que congregam determinados acionistas e representam seus interesses junto à companhia.

Mas esses países, em sua maioria, não cuidam de uma disciplina legal dos acordos de acionistas, admitindo sua celebração à luz do direito obrigacional comum e deixando a aferição de sua licitude para os casos concretos, em que se repele o uso do instituto para venda de voto ou alijamento de minorias.

4. Stephen Griffin, "A restriction on statutory powers", *New Law Journal* 143/589, Londres, Butterworth & Co. Ltd., 1993, citando julgamento da *House of Lords* no caso "Russel *v.* Northern Bank Development Corporation Ltd." (1992).

4. Evolução no Direito Brasileiro

No Direito Brasileiro anterior à Lei das S/A de 1976 não havia previsão legal sobre os acordos de acionistas. Assim, destacavam-se duas correntes doutrinárias a respeito. Uma admitindo a validade do acordo como negócio jurídico fundado no direito das obrigações e válido dentro do princípio privatista de que está permitido tudo o que a lei não proíbe. A eventual ilicitude ficava reservada ao exame de casos concretos pelos tribunais nas hipóteses de venda do voto ou das convenções permanentes. Outra corrente repudiava o acordo de acionistas, por constituir pacto que retirava das assembléias sua função institucional de fórum de debates, fazendo prévias todas as resoluções dos signatários. Não se negava a validade *inter partes* do negócio, mas apenas sua oponibilidade à companhia. Assim, os votos contrários aos acordos eram válidos perante a sociedade, vigorando o princípio da "impenetrabilidade das convenções de voto nas sociedades", como expressava Pontes de Miranda.

Apesar disso os empresários utilizavam-se intensamente dos acordos de acionistas na prática societária, inclusive no setor público, notadamente com as participações do então BNDE em companhias privadas na década de 60, além da formação das *joint ventures* com empresas estrangeiras.

Diante de tal realidade, e considerando o interesse econômico envolvido, o legislador brasileiro resolveu pôr fim à controvérsia, prevendo expressamente os acordos de acionistas no art. 118 da Lei 6.404, de 1976, em que se fez questão de estabelecer o discutido dever de observância da companhia aos acordos nela registrados.

Essa regulamentação legal do instituto merece aplausos quanto à "previsão" da legalidade dos acordos de acionistas, pondo fim à polêmica até então existente a respeito. Na doutrina, o texto brasileiro é ainda hoje elogiado como sendo "uma das primeiras leis que de maneira direta tratam da matéria, antecipando-se, inclusive, ao projeto de sociedade anônima européia",[5] no qual se inspirou. Mas talvez não se possa dizer o mesmo quanto à disciplina regulamentar para os acordos veiculada na lei de 1976. Isso porque, cuidando-se de instituto ainda não completamente sedimentado na doutrina e na jurisprudência pátrias, essa regulamentação vertical não trouxe perfeita solução para diversas questões decorrentes da utilização dos acordos, como se verá, ensejando as sugestões de mudanças que se farão ao final deste breve estudo.

5. *Natureza jurídica do acordo de acionistas*

Não há mais dúvidas no Direito Brasileiro de que o acordo de acionistas tenha a natureza jurídica de um contrato, cuja fonte imediata é a Lei das S/A e a mediata o direito das obrigações.

Em nosso sistema legal o instituto previsto não é uma figura corporativa, como o sindicato acionário europeu ou o *voting trust* norte-americano, em que se forma autêntica subsociedade dentro da companhia, liderada por um síndico ou *trustee*, que representa os acionistas nas assembléias e cuida de seus interesses perante a companhia.[6]

Aqui o que há é um contrato, cuja fonte formal, conforme dito, é o direito societário, e a material o das obrigações. Como negócio jurídico, orienta-se pelo preceito do art. 82 do Código Civil, devendo possuir agentes capazes, que sejam acionistas de uma mesma companhia; objeto lícito, referente a um pacto sobre legítimo exercício do direito de voto, compra e venda de ações ou outra estipulação lícita relativa à titularidade das ações; e adotar, ainda, forma escrita, para que possa ser registrado na companhia, pelos procedimentos de arquivamento e averbação.

Desse modo, o acordo de acionistas é contrato, típico ou nominado, porquanto previsto pela legislação societária. E é contrato civil, posto que suas partes não são comerciantes no exercício da profissão de mercancia, mas apenas acionistas de uma mesma companhia regulando o exercício dos direitos decorrentes de suas ações.

O acordo de acionistas depende da companhia para existir. Entretanto, isso não cria vinculação necessária entre ele e os atos constitutivos da sociedade. Com efeito, o acordo de acionistas contém declarações de vontade dos sócios sobre direitos e obrigações de sua esfera privada que, além de poderem não ser comuns à totalidade dos demais acionistas, têm conteúdo distinto das declarações presentes no estatuto social. Acresça-se a isso que a companhia não é parte nesse pacto acionário. Por tais razões, o acordo de acionistas é um contrato *parassocial*, ou seja, celebrado sem a interveniência da sociedade e alheio a seus atos constitutivos e alterações posteriores.

Esse contrato nominado, civil e parassocial é também preliminar. Sabe-se que os contratos preliminares caracterizam-se por não conterem uma operação jurídica efeti-

5. Modesto Carvalhosa, *Comentários à Lei das Sociedades Anônimas*, 1ª ed., v. 2, São Paulo, Saraiva, 1998, p. 455.

6. O atual projeto de reforma da Lei das S/A, em trâmite no Congresso Nacional, propõe a institucionalização do uso de um mandatário comum para os acionistas, que dê cumprimento ao acordo, o que nos aproxima do *trust* norte-americano e do sindicato acionário europeu. Com efeito, o projeto adiciona um § 8º ao art. 118, prevendo que "o mandato outorgado nos termos de acordo de acionistas para proferir, em assembléia-geral ou especial, voto contra ou a favor de deliberação determinada poderá prever prazo superior ao constante do § 1º do art. 126 desta Lei" (que é de um ano). V., a respeito, Modesto Carvalhosa, "Da irrevogabilidade do mandato em acordo de acionistas", *RT* 601/9, São Paulo, Ed. RT, 1985. A meu sentir, o mandatário só pode dar cumprimento em assembléia a deliberações específicas, previamente ajustadas e definidas pelos signatários do acordo, não se admitindo que ele atue como um síndico ou *trustee*, que interpreta e dá cumprimento ao acordo por conta própria (Celso Barbi Filho, *Acordo de Acionistas*, Belo Horizonte, Del Rey, 1993, p. 45). Por isso, não me parece adequada a ampliação do prazo legal do mandato para o acordo de acionistas.

va, mas apenas a promessa de fazê-la, como no instrumento particular de promessa de compra e venda de imóvel, cuja alienação fica ainda pendente da escritura pública. O que o acordo de acionistas contem é, em regra, uma promessa de contratar futura compra e venda de ações na forma preestabelecida, ou de emitir declaração de vontade correspondente ao voto nas assembléias-gerais da companhia. O caráter de contrato preliminar do acordo de acionistas tem fundamental importância no pertinente à sua execução específica.

Além de contrato nominado, civil, parassocial e preliminar, o acordo de acionistas é também plurilateral, pois nele as partes não se enfrentam com interesses concorrentes, como numa compra e venda. Ao contrário, tal qual ocorre com o contrato de sociedade, no acordo de acionistas as partes têm interesses comuns quanto ao exercício conjunto e pré-ajustado de seus direitos junto à sociedade. Diz-se que essa classe dos contratos plurilaterais é gênero que tem como espécies os contratos de associação ou organização, os quais, a seu turno, têm como subespécies distintas os contratos de sociedade e os acordos de acionistas.

Tullio Ascarelli[7] sintetiza os principais elementos da plurilateralidade contratual como sendo: *(a)* intervenção de duas ou mais partes; *(b)* reciprocidade simultânea de direitos e obrigações entre todos os contratantes, e não apenas entre dois deles; *(c)* declaração sucessiva de vontades dos aderentes para formação do contrato; *(d)* impossibilidade de que vícios individuais de vontade comprometam a validade de todo o negócio jurídico; *(e)* objetivos contratuais comuns, e não concorrentes (*comunhão de fim*); *(f)* instrumentalidade, que faz das obrigações das partes premissa para uma atividade ulterior (a empresa); e *(g)* o caráter *aberto* do contrato, traduzido na "permanente oferta de adesão a novas partes e possibilidade de desistência de quantos dele participem, sem necessidade de reforma do contrato".

A plurilateralidade é também, ao lado da bilateralidade e da unilateralidade, uma classificação dos contratos quanto aos efeitos que deles decorrem para as partes. Assim, se o acordo de acionistas possui várias partes, e todas têm obrigações, ele é plurilateral nesse sentido. Se só envolve duas partes, que têm obrigações sinalagmáticas, é bilateral. E se só uma parte assume obrigações frente às demais, o acordo é unilateral. Nessa última hipótese enquadram-se os casos em que a outra parte só tem encargos (*v.g.*, indicar os administradores a serem eleitos). Mas é de se repelir a cláusula potestativa, que submeta uma das partes ao arbítrio da outra (*v.g.*, direito do minoritário de exercer a retirada a qualquer tempo e sem motivo).

Para Modesto Carvalhosa só o acordo de voto tem a natureza parassocial e plurilateral. O acordo de bloqueio seria contrato tipicamente bilateral, de caráter patrimonial, com prestações sinalagmáticas, que admitem exceção de não-cumprimento.[8] Embora repute correta a observação de nosso maior Mestre no assunto, penso que pode estar presente a plurilateralidade no acordo de bloqueio, na medida em que o objetivo da restrição de transferência das ações é comum a vários acionistas e pode ser violado por apenas um deles, sem prejuízo de permanência e exigibilidade quanto aos demais.

Em síntese do exposto, o acordo de acionistas possui a natureza jurídica de negócio jurídico de direito privado, sendo um contrato civil, nominado, parassocial em relação à companhia, preliminar, plurilateral quanto aos interesses que congrega, podendo ainda ser plurilateral, bilateral ou unilateral quanto às obrigações que impõe às partes.

7. "O contrato plurilateral", in *Problemas das Sociedades Anônimas e Direito Comparado*, 2ª ed., São Paulo, Saraiva, 1969, pp. 271-283.

8. Modesto Carvalhosa, *Comentários* ..., cit., v. 2, pp. 466 e 475.

6. Alternativa às "holdings"

Quando se fala em acordo de acionistas é necessário que se faça especial menção à chamada sociedade *holding*. Ela não constitui propriamente instituto afim do acordo de acionistas, nem com ele se confunde, mas por vezes é utilizada para as mesmas finalidades. A *holding* é a sociedade de participação, uma pessoa jurídica cujo capital é integralizado com as ações ou quotas de sociedade operativa. Com isso, os acionistas ou quotistas deixam de ser sócios desta última, para sê-lo apenas da *holding*, que passa à condição da efetiva controladora da sociedade operativa.

O mecanismo de controle da *holding* é diferente daquele exercido por meio do acordo de acionistas, pois o centro de decisões transfere-se para a pessoa jurídica controladora, perdendo os acionistas os direitos individuais que tinham na sociedade original. Além disso, com a *holding* um minoritário da sociedade operativa, *v.g.*, com 31% do capital, pode tornar-se controlador desta se fizer uma *holding* com outro que detenha 20%, pois será o majoritário na *holding*. Outro aspecto relevante é o de que na *holding* as ações da sociedade controlada passam à titularidade da pessoa jurídica controladora, sendo, com isso, definitiva a transferência feita pelos acionistas originais.

Por tais razões a doutrina estrangeira repudia a utilização desse instituto para o exercício do controle pré-constituído. E, nessa linha, o legislador brasileiro de 1976, na *Exposição de Motivos* da Lei das S/A, apresentou o acordo de acionistas exatamente como alternativa à *holding*, evitando o inconveniente da transferência definitiva das ações para a sociedade controladora, com a perda pelo acionista da sua condição de sócio da companhia principal e operativa.

Mas, por outro lado, a lei acionária não fixou prazo máximo de vigência para os acordos de acionistas. Diante disso, são comuns no Brasil os acordos por 30, 40 e 50 anos, ou mesmo por prazo indeterminado, que, na prática, acabam tendo o mesmo efeito da indigitada *holding*. Trata-se, pois, de típica questão que mereceria ser contemplada em futura reforma da Lei 6.404, de 1976.

7. Acordo de quotistas

Um instituto que vem sendo crescentemente utilizado na prática e sobre cuja legalidade há algumas discussões é o acordo de quotistas de sociedade limitada. Afinal, seria esse tipo de ajuste admissível no sistema positivo brasileiro?

José Alexandre Tavares Guerreiro já sustentou que não, pois, embora o problema pudesse, em princípio, ser resolvido pela aplicação analógica do art. 118 da Lei das S/A à disciplina das sociedades por quotas, a existência da norma do art. 302, 7, do Código Comercial impediria a existência de acordos de quotistas em nosso Direito. Isso porque dita norma estabelece que o contrato social deve conter todas as cláusulas e condições necessárias a se determinar com precisão os direitos e obrigações dos sócios entre si e para com terceiros, sendo nula toda cláusula ou condição oculta contrária ao contido no instrumento ostensivo do contrato.[9]

Modesto Carvalhosa, instado a se manifestar sobre o tema em conferência proferida no Rio de Janeiro, noticiou a intensa utilização prática do instituto e sua viabilidade por aplicação subsidiária da Lei das S/A à sociedade limitada, observando-se os requisitos do art. 118 da lei societária.[10]

Quando abordei o assunto em estudo anterior posicionei-me nessa linha, destacando, com base na doutrina italiana, que

9. José Alexandre Tavares Guerreiro, *Evolução e Perspectivas da Sociedade por Quotas de Responsabilidade Limitada*, São Paulo, Associação dos Advogados de São Paulo, p. 102.

10. Conferência: "Acordo de acionistas. Sociedade anônima", *I Ciclo de Conferências para Magistrados*, São Paulo, Instituto Brasileiro de Ciência Bancária, 1993, p. 250.

no acordo de quotistas o sócio faz declarações de vontade como titular de seu patrimônio particular, e não apenas como membro da sociedade. Assim, nada impede que ele disponha segundo lhe aprouver sobre seus direitos pessoais de votar e transferir quotas, desde que dentro dos limites do contrato social.

Desse modo, aplicando-se subsidiariamente o art. 118 da Lei das S/A à sociedade limitada, é válido o acordo de quotistas, que, para escapar de eventual caráter oculto repudiado pelo art. 302, 7, do Código Comercial, deve ser arquivado na sede da sociedade e no Registro do Comércio, já havendo casos desse tipo de arquivamento na JUCEMG.[11]

Examinando posteriormente o tema, Waldirio Bulgarelli compilou essas posições doutrinárias para constatar a validade dos acordos de quotistas, ressalvando apenas que sua conclusão não decorre dos mesmos fundamentos. No seu entender o acordo de quotistas é válido apenas entre seus signatários, sendo inoponível à sociedade e a terceiros, porque seu objetivo não é infletir sobre o contrato social para modificá-lo, pouco importando, assim, que seja ou não oculto. É, portanto, apenas um negócio de efeitos *inter partes*, as quais respondem por eventuais danos que causarem a terceiros, pois, de acordo com o art. 16 do Decreto 3.708, de 1919, "as deliberações dos sócios, quando infringentes do contrato social ou da lei, dão responsabilidade ilimitada àqueles que expressamente hajam ajustado tais deliberações". Mas, se obedecer ao regime do art. 118 da Lei das S/A e for arquivado na sede da sociedade, aí será oponível à sociedade e a terceiros.[12]

Deve-se atentar, ainda, para que a utilização do acordo de quotistas tenha em vista sua finalidade prática. Parece-me inócuo, por exemplo, um acordo de que participem todos os quotistas da sociedade se suas estipulações, sendo lícitas e compatíveis com o contrato social, poderiam constar dele próprio.

Não obstante, é possível que haja utilidade jurídica para os acordos realizados pela unanimidade ou mesmo maioria dos quotistas quando o objetivo do pacto parassocial seja regular interesses particulares dos acordantes, perfeitamente lícitos, mas cuja menção no contrato social revela-se incompatível com a natureza deste ou com o sigilo comercial. Seriam os casos de estipulações sobre escolha dos administradores, fornecimento de tecnologia, política de distribuição de lucros etc.

Em suma, o acordo de quotistas é válido no Direito Brasileiro, devendo, para sua regularidade e segurança, ser arquivado na sede da sociedade e no Registro do Comércio.

Entretanto, a ausência de previsão legal específica sobre o instituto, como visto, enseja dúvidas sobre sua efetiva validade. Assim, na reforma da Lei das S/A poder-se-ia fazer menção à admissibilidade dos acordos de acionistas em outros tipos societários.

8. Partes no acordo de acionistas

Em matéria de acordo de acionistas é importante não se confundir partes com sujeitos. O contrato pode ter duas partes, isto é, dois centros de interesses, mas cada centro ser constituído por vários sujeitos. De outro lado, o acordo que tem apenas duas partes é também plurilateral, na medida em que encerra um objetivo comum perseguido por ambas (*v.g.*, a manutenção do controle), admitindo-se sempre o ingresso de outras partes com os respectivos sujeitos, para aderir ao mesmo objetivo.

Nesse sentido, é comum que os acordos sejam firmados por diferentes "grupos" de acionistas, de natureza familiar ou empresarial, constituindo cada "grupo" uma parte, com seu respectivo núcleo de inte-

11. Celso Barbi Filho, ob. cit., p. 57.

12. Waldirio Bulgarelli, "Anotações sobre o acordo de cotistas", *RDM* 98/49, São Paulo, Ed. RT, abril-junho de 1995, p. 49.

resses, contando com vários sujeitos, pessoas naturais ou jurídicas, que o integram.

Para uma análise teórica, poder-se-ia cogitar, quanto às partes do negócio, de acordos entre acionistas, entre acionistas e terceiros, entre acionistas e a sociedade ou seus administradores, e entre acionistas e fundadores.

Os acordos entre acionistas, dentro do preceito geral do art. 82 do Código Civil, exigem que seus sujeitos, se pessoas naturais, sejam legalmente capazes ou estejam devidamente representados ou assistidos para manifestar sua vontade, devendo as pessoas jurídicas possuir regular representatividade na forma dos seus contratos ou estatutos sociais.

A doutrina admite que sejam partes nos acordos de acionistas pessoas que assumem a titularidade transitória das ações por gravames como o usufruto e o fideicomisso. Inicialmente posicionei-me contra isso, considerando que essas pessoas seriam terceiros, e não acionistas, violando a dicção literal do art. 118 da lei.[13] Entretanto, hoje vejo que tal objeção não tem sentido, pois, se o usufrutuário e o fiduciário não são acionistas, estão na titularidade dos direitos destes, e nada obsta a que firmem o contrato previsto no art. 118 da Lei das S/A. Mas a literalidade da lei, que fala em "acionistas", dá margem a essa dúvida, sendo válido esclarecer-se esse aspecto em uma reforma do texto do art. 118.

Nada impede, da mesma forma, que acionistas subscritores cujas ações ainda não foram integralizadas possam firmar acordos, pois já adquiriram a condição de acionistas no ato da subscrição, podendo exercer seus respectivos direitos enquanto não suspensos por assembléia (art. 120).

Os acordos entre acionistas e terceiros são admitidos no Direito Europeu. No caso brasileiro há vários exemplos desses ajustes como cláusulas acessórias a contratos de compra e venda de ações ou de mútuo. Em princípio, são negócios jurídicos válidos, cuja eventual ilicitude só poderá ser aferida em cada caso concreto, mas não constituem "acordo de acionistas", contrato tipificado no art. 118 da lei societária, com regime próprio ali previsto. Assim, contratos entre acionistas e terceiros são válidos entre seus signatários mas inoponíveis à companhia e a outros acionistas, não podendo ser arquivados na sociedade para os fins do art. 118. A alternativa apontada na doutrina é, no caso de contratos celebrados, por exemplo, entre acionistas e credores, que aqueles firmem acordo entre si para assegurar, no âmbito da companhia, os direitos que pretendem conferir aos credores. Mas tais ajustes não podem configurar mecanismo de controle externo da sociedade, sob pena de nulidade.[14]

Não se admitem acordos entre acionistas e a companhia, a qual não é parte legítima nesses pactos, como pacificado nos Direitos Europeu e Brasileiro. Só se teve notícia desse tipo de pacto na Alemanha do período entre-guerras, quando os acordos eram utilizados para se estabilizar a gestão das companhias. Atualmente não se concebe mais que a sociedade possa ser parte na convenção, embora ela assuma pela lei uma série de funções na sua implementação, previstas, no caso brasileiro, no próprio art. 118 da Lei das S/A. É até comum na prática societária que a companhia figure como interveniente no acordo, para dela se exigir observância ao pacto já prevista em lei. Tal providência, contudo, não faz da sociedade parte do negócio, nem supre o ato de seu arquivamento, destinado a dar publicidade presumida ao acordo, como se verá adiante.

São ilícitos ajustes entre acionistas e administradores que não sejam acionistas nos quais se pactuem regras sobre questões de interesse da administração. Quando os administradores forem também acionistas poderão, obviamente, firmar acordos, des-

13. Celso Barbi Filho, ob. cit., pp. 83-84.

14. Modesto Carvalhosa, *Comentários ...*, cit., v. 2, pp. 468-469.

de que neles só se ajuste voto sobre declarações de vontade (*v.g.*, eleição de administradores), e não sobre declarações de verdade (*v.g.*, aprovação de contas da administração). São ilegais quaisquer estipulações para concessão de benefícios especiais pelos administradores a determinados acionistas em troca da eleição daqueles, pois isso configura venda de voto. Lamentavelmente, existem muito na prática tais contratos, sempre mascarados sob outras formas.

Sobre os acordos entre acionistas e fundadores que não sejam também acionistas ou tenham apenas a possibilidade de vir a sê-lo mediante, por exemplo, a conversão em ações de suas partes beneficiárias parece-me que se aplica o preceito geral de que são negócios jurídicos estranhos ao art. 118 da Lei das S/A, cuja legalidade tem que ser aferida em cada caso concreto pelo direito obrigacional comum.

9. Objeto do acordo de acionistas

O art. 118 da Lei das S/A especifica uma tipicidade de objeto para os acordos de acionistas, estabelecendo que "os acordos de acionistas, sobre a compra e venda de suas ações, preferência para adquiri-las, ou exercício do direito de voto, deverão ser observados pela companhia quando arquivados na sua sede".

A conclusão uniforme da doutrina brasileira sobre tal disposição da lei é de que o atendimento a essa tipicidade de objeto, presente na maioria dos acordos de acionistas, gera para a companhia a obrigatoriedade de observância do ajuste. Isso, todavia, não exclui a possibilidade da existência de acordos com outros objetos, como, *v.g.*, a obrigação de não-comparecimento de preferencialistas sem direito a voto às assembléias, a implementação de programas tecnológicos ou gerenciais, os critérios para a escolha de administradores etc. Apenas, esses acordos, com objetos extravagantes aos tipificados no art. 118, como seriam os casos de pactos sobre critérios de decisões no âmbito do conselho de administração, reorganização empresarial e limitação de responsabilidade pessoal por dívidas sociais,[15] não são oponíveis à companhia, que pode, em tese, até recusar seu arquivamento.

Por isso, seria oportuno que, em uma nova reforma da lei, seu texto fosse mais amplo, referindo-se a acordos sobre o exercício regular de todos os direitos decorrentes da titularidade das ações vinculadas ao pacto, acabando-se com a restrição hoje existente.

Noutro giro, cumpre destacar que há objetos vedados para os acordos de acionistas, como são os casos de:[16]

(a) indeterminação de escopo, ou "acordos em aberto", caracterizados pela inespecificidade do ajuste quanto às matérias ou diretrizes do voto";

(b) cessão do direito de voto sem transferência da titularidade das ações;

(c) negociação do voto (crime – art. 177, § 2º, do CP);

(d) violação de direitos essenciais do acionista;

(e) violação da legislação antitruste, de proteção à economia popular e aos consumidores;

(f) acordo danoso aos interesses da sociedade (art. 115 da Lei das S/A);

(g) acordos que tenham por objeto as declarações de verdade (aprovação de contas etc.).

Embora haja, em tese, a possibilidade de acordos de acionistas com objetos lícitos mas diversos dos previstos pela lei, a prática revela que os escopos de maior interesse são mesmo aqueles referidos no art. 118, quais sejam: o voto e a compra e venda de ações. Assim, dentro da tipicidade

15. Modesto Carvalhosa, *Comentários ...*, cit., v. 2, p. 463.

16. Celso de Albuquerque Barreto, *Acordo de Acionistas*, 1ª ed., Rio de Janeiro, Forense, 1982, p. 64.

legal, o acordo poderá ser de voto – quando versar sobre o prévio ajuste para o exercício do voto nas assembléias – ou de bloqueio – quando tiver por finalidade estabelecer regras sobre a compra e venda de ações ou a preferência para adquiri-las.

Normalmente, ao acordo de voto está sempre associado um pacto de bloqueio, para que se assegure a manutenção das posições contratadas. A recíproca já não é verdadeira, ou seja, há muitos acordos de bloqueio sem pacto sobre o voto. A tal propósito vale referência à observação de Modesto Carvalhosa no sentido de que a *affectio societatis* é elemento essencial ao acordo de voto, mas não ao de bloqueio.[17]

9.1 Acordos de voto

A possibilidade de prévio ajuste do voto acionário, retirando da assembléia-geral seu caráter de fórum de debates supremo da companhia, foi a princípio muito combatida na doutrina e nos tribunais. Hoje, contudo, essa resistência já não existe e os acordos de acionistas sobre o direito de voto das suas ações são admitidos em todos os países. Os ajustes de voto são inerentes à própria autonomia privada existente na esfera das relações patrimoniais dos acionistas.

A despeito disso, um pacto sobre voto pode ser válido mas não ter eficácia se, na assembléia-geral, alguma circunstância opuser o voto contratado ao interesse social. É o que ocorre, por exemplo, em relação à distribuição de dividendos quando a companhia estiver em dificuldades financeiras. E essa ineficácia incidental justifica-se porque "os efeitos do acordo de voto se produzem na esfera da companhia, afetando-a diretamente, em termos de consecução do interesse social".[18]

O mesmo acontece quando os acionistas entram em conflito na assembléia sobre a interpretação do acordo e o presidente, não tendo poder jurisdicional, fica impossibilitado de resolver a controvérsia. Daí por que questiono, isolado na doutrina, mas com vivência prática a respeito, o que seja "dever de observância" da companhia aos acordos de voto nela arquivados. Se há controvérsia entre os signatários o presidente da assembléia não pode decidir qual é o voto contrário ao acordo para deixar de computá-lo. Afinal, ele não é juiz de direito, e, portanto, não tem jurisdição para resolver o problema, cabendo-lhe apenas suspender a deliberação ou devolver o conflito à assembléia, que decidirá por maioria, frustrando o acordo.[19]

Diante disso, seria importante inserir-se na reforma da lei a determinação para que a mesa da assembléia limite-se a suspender a deliberação nos casos de controvérsia entre os contratantes do acordo de acionistas. Mas pelo projeto em votação no Congresso Nacional o novo § 9º proposto para o art. 118 da Lei das S/A estabelece que "o presidente da assembléia-geral ou de órgão de deliberação colegiada da companhia não computará o voto proferido com a infração a acordo de acionistas devidamente arquivado". Com o devido respeito, é de se insistir na seguinte pergunta: como pode o presidente da assembléia decidir o que seja juridicamente "voto proferido com infração ao acordo", se ele não tem poder jurisdicional?

O acordo de voto será de comando ou controle quando se destina à obtenção ou manutenção do mando na companhia. Tal acordo pode dar-se entre grupos que isoladamente não detêm o controle e se reúnem para tanto por acordo de voto (art. 116), ou entre o acionista controlador e um minoritário que àquele se une para assegurar determinadas posições. São os casos, por exemplo, de quem aliena o controle e quer manter prerrogativas junto ao novo controlador, ou do majoritário que deseja vender um bloco de ações sem perder o controle, mas assegurando ao adquirente determinadas

17. *Comentários* ..., cit., v. 2, p. 464.

18. Modesto Carvalhosa, *Comentários* ..., cit., v. 2, p. 463.

19. Celso Barbi Filho, ob. cit., pp. 102-103.

vantagens políticas, de modo a que este se interesse pela aquisição.[20]

O exercício do voto contratado e a preponderância nas deliberações da assembléia-geral se fazem por meio da especificação, no acordo, das matérias que deverão ser objeto de voto uniforme. Dita especificação é fundamental, pois não se admitem acordos "em aberto".

Os mecanismos para a definição do voto variam. É comum a previsão de reuniões prévias entre os signatários para decidirem o sentido do voto conjunto, quase uma "assembléia antecipada", com lavratura da ata respectiva, que passa a fazer parte integrante do acordo. Nessas reuniões as deliberações podem ser pactuadas por *quorum* qualificado ou unanimidade. Na segunda hipótese a ausência de consenso implica a obrigação de votar pela reprovação da matéria, mantendo-se o *status quo*, ou, então, a obrigação de não votar, o que dá uma espécie de "efeito suicida", pois os acionistas não-signatários poderão preponderar na deliberação respectiva da assembléia. É possível prever-se, ainda, que, na ausência de consenso, cada signatário seja liberado para votar como quiser, o que acaba frustrando o objetivo do pacto e permitindo coligações de última hora.

Outro modo de contratação do voto é o de veto, ou seja, as partes só podem votar uniformemente em determinadas matérias ou, então, reprová-las. A conseqüência disso é que, estabelecido o *status quo* quando da celebração do acordo, uma das partes sempre poderá vetar qualquer mudança na sociedade, criando autêntica ditadura da minoria dentro do acordo. Esse modelo era muito utilizado para dar segurança às participações estrangeiras em companhias nacionais nos anos 60 e 70, fomentadas pelo então BNDE, antes mesmo da regulamentação do acordo de acionistas no Brasil.[21]

Nessa linha, os acordos que exijam unanimidade em reuniões prévias de acionistas, ou atribuam direito de veto a alguns deles, não podem versar sobre questões de gestão ordinária da sociedade, assim entendidas aquelas objeto das AGOs (art. 132), como destinação do lucro líquido do exercício, distribuição de dividendos, eleição de administradores ou fiscais e correção monetária do capital, se vigente, sob pena de que a minoria venha a inviabilizar, pelo acordo, o próprio funcionamento da sociedade.

Na eleição de administradores por acordo de acionistas as partes em geral asseguram-se o direito de indicar determinado número de conselheiros e/ou diretores, apresentando seus nomes aos demais signatários, que não poderão recusá-los, a não ser por desatendimento às exigências legais de exercício do cargo. Logo, é possível, pelo menos em tese, dentre outros casos, a recusa do nome de administrador comprovadamente inapto, do ponto de vista moral ou técnico, pois sua eleição caracterizaria abuso do poder de controle pelos signatários do acordo de comando (art. 117, § 1º, "d", da Lei das S/A).

A indicação de administradores pode ser tanto para o conselho de administração quanto para a diretoria. Nessa última hipótese, havendo conselho na companhia, os signatários indicam nomes de diretores a serem eleitos por aquele órgão, e não pela assembléia. A questão enseja controvérsias.

Na doutrina, Fábio Comparato entende que não se pode regular diretamente a atuação dos administradores como obrigação resultante de acordo de acionistas.[22] Já, Luiz Gastão Paes de Barros Leães acha admissível a estipulação, desde que o admi-

20. Esse tipo de acordo está sendo objeto de acirrada polêmica judicial, ainda não resolvida, no caso envolvendo o Estado de Minas Gerais e um sócio privado relativamente ao controle da estatal energética CEMIG.

21. Modesto Carvalhosa, *Comentários ...*, cit., v. 2, p. 454.

22. *Direito Empresarial*, 3ª Coletânea, São Paulo, Saraiva, 1990, p. 180.

nistrador seja também signatário do acordo.[23]

Em verdade, o voto que pode ser objeto do acordo é para ser exercido em assembléia, e não no âmbito do conselho de administração. O que se pactua, normalmente, é uma cláusula acessória pela qual os signatários, quando não integrantes dos órgãos de administração, comprometem-se a fazer com que os conselheiros por eles eleitos cumpram o acordo, sob pena de destituição. Ou, então, que as deliberações não-unânimes do conselho sejam submetidas à assembléia-geral, na qual prevalece o acordo de acionistas. A despeito dessas alternativas contratuais, a jurisprudência vem entendendo que em companhias fechadas é válida e exigível a cláusula do acordo de acionistas que prevê o direito dos signatários à indicação de diretores, cuja eleição deve ser efetivada pelo conselho de administração.[24]

Em vista dessa polêmica, parece-me importante que na reforma da lei fique claro que as estipulações do acordo de acionistas devam ser cumpridas pelos representantes dos signatários nos órgãos da administração.

O chamado "acordo de defesa" é um pacto de voto que se destina ao exercício coeso da participação minoritária, congregando percentuais acionários mínimos para o exercício de direitos assegurados na lei, como o pedido de exibição judicial de livros, o voto múltiplo, a eleição de representantes de preferencialistas ou minoritários no conselho fiscal etc. Cale lembrar, a propósito, que os conceitos de minoria e maioria na S/A são relativos. Assim, um acordo de preferencialistas pode reunir a maioria do capital social total e ser pacto de defesa, por não congregar o capital majoritário votante, mas apenas viabilizar o exercício de direitos assegurados em lei aos minoritários.

Se o acordo de defesa funcionar como instrumento de oposição inoperante, sistemática e emulatória, sua validade pode ser discutida à luz do art. 115 da Lei das S/A, por regular votos contrários aos interesses sociais. Questionável também é a validade dos acordos de defesa que não tenham objeto definido, destinando-se apenas a formar uma minoria coesa que possa barganhar benefícios com os controladores.

Quanto aos acordos sobre política de reinvestimento de lucros e distribuição de dividendos, além de suas disposições deverem ser anualmente informadas ao público (art. 118, § 5º), vale destacar que não podem tais pactos estabelecer um "regime" de reinvestimento ou repartição de lucros conflitante com o estatutário, mas apenas fixar uma "política". E se essa política prejudicar minoritários, pelo excesso ou escassez na distribuição dos resultados, a eficácia do acordo poderá ser argüida por qualquer acionista, posto que danosa ao interesse social (art. 115).[25]

9.2 Acordos de bloqueio

Acordo de bloqueio é aquele que tem por objeto a criação de restrições à livre negociabilidade das ações dos signatários, ou seja, estabelece regras sobre a compra e venda e a preferência para adquirir tais ações. O termo "bloqueio" vem justamente das limitações impostas às transferências, muitas vezes imprescindíveis ao funcionamento do próprio acordo de voto.

23. *Comentários à Lei das Sociedades Anônimas*, 1ª ed., v. 2, São Paulo, Saraiva, 1980, p. 263.

24. TJSP, 6ª C., Ap. cível 219.618-1/6, rel. Des. Melo Colombi, acórdão comentado por Haroldo Malheiros Duclerc Verçosa na *RDM* 96/97, São Paulo, Ed. RT, outubro-dezembro de 1994, concluindo sobre a impossibilidade de recusa, pelo conselho de administração, dos nomes indicados por signatários de acordo de acionistas para a diretoria de companhia fechada. Nas companhias abertas Modesto Carvalhosa pondera que "o acordo de acionistas não pode alcançar a eleição de membros da diretoria (art. 143), mas apenas os do conselho de administração. O fundamento de tal impossibilidade é a invasão de competência do conselho de administração" (*Comentários ...*, cit., v. 2, p. 463).

25. Modesto Carvalhosa, *Comentários ...*, cit., v. 2, p. 484.

Historicamente o bloqueio constituiu uma modalidade de acordo cuja licitude não foi questionada, tanto que o estatuto da companhia fechada pode conter restrições à circulação das ações, conforme admitido no art. 36 da Lei brasileira das S/A. A tal propósito vale registrar que no conflito entre as regras do acordo e as estatutárias sobre circulação de ações estas deverão prevalecer, por ser o estatuto a fonte normativa principal da companhia.

A finalidade do pacto de bloqueio é a manutenção ou o aumento das proporcionalidades acionárias dos signatários, evitando que a negociação irrestrita de ações modifique a participação dos contratantes ou permita o livre ingresso de terceiros na sociedade.

Um princípio básico, contudo, é o de que ninguém pode ser obrigado a comprar ou a vender ações pelo simples arbítrio de outro signatário, o que constituiria cláusula puramente potestativa, vedada pelo art. 115 do Código Civil. O que se pactua são as condições em que eventual compra e venda deva processar-se no que tange a preferência, prévio consentimento, opção, forma de pagamento etc. O acordo de bloqueio não pode vedar a negociabilidade das ações, nem submetê-la ao arbítrio dos controladores ou administradores (art. 36 da Lei das S/A), mas apenas regulá-la entre os signatários.

O acordo de bloqueio aplica-se à compra e venda de ações, bem como à eventual oneração dos títulos pelos acionistas por gravames como o usufruto, o penhor ou até a penhora. Nessa linha, podem ser previamente contratadas as condições para constituição de usufruto das ações vinculadas ao acordo, ou mesmo assegurar-se aos outros signatários o direito de substituírem ações oneradas ou constritas por depósito em dinheiro, assumindo sua propriedade, para se impedir o risco da alienação a terceiros.

Não se confundem o acordo sobre a preferência na compra de ações e o acordo sobre o direito de preferência na subscrição destas. Questiona-se na doutrina se seria possível o acordo de acionistas sobre esse direito de preferência na subscrição, que, a teor do art. 109, IV, da Lei das S/A, não pode ser excluído pela assembléia nem pelo estatuto.[26] A meu ver, como a própria lei admite a exclusão (art. 172) e a cessão (art. 171, § 6º) desse direito, nada impede seja ele objeto de acordo de acionistas. Na jurisprudência tende-se a aceitar acordos com tal objeto.[27] O que se repudia é a ampliação – e não a restrição – do direito de preferência para subscrição por força de acordo de acionistas. A propósito, o Superior Tribunal de Justiça julgou que "a preferência para o aumento de capital não pode ser levada além do seu raio de ação, para assim ampliar o privilégio legal e isso por força de simples acordo ou negócio feito entre acionistas".[28]

Os acordos de bloqueio aplicam-se também às companhias abertas, ao contrário do que se poderia inferir do texto do art. 36 da Lei das S/A. Entretanto, as ações a eles vinculadas não poderão ser negociadas em Bolsa ou no mercado de balcão (art. 118, § 4º). A sociedade não pode proceder à inscrição de gravames ou à transferência de ações com desobediência a acordo de bloqueio averbado em seus livros de registro de ações. Esse me parece o melhor exemplo do "dever de observância" do acordo pela companhia, previsto no *caput* do art. 118.

Os acordos de bloqueio podem estabelecer, basicamente:

• preferência na compra e venda de ações, obedecendo-se a um rito de oferta pactuado, sendo possível também, como

26. Fran Martins, *Comentários à Lei de Sociedades Anônimas*, 2ª ed., v. 2, t. I, Rio de Janeiro, Forense, 1984, p. 122.

27. Há notícia de acórdão nesse sentido do Tribunal de Justiça do Rio Grande do Sul, conforme se vê em Modesto Carvalhosa, conferência cit., in *I Ciclo de Conferências para Magistrados*, p. 241.

28. REsp 1-SP, rel. Min. Gueiros Leite, *DJU* 16.10.1989, p. 15.856; *RSTJ* 4/1.453, Brasília, 1989.

visto, o acordo sobre a cessão do direito de preferência na subscrição de novas ações;

• opção de compra de ações outorgada a algum signatário;

• prévio consentimento para alienação, condicionado a requisitos objetivos e rigorosos para a recusa de eventual adquirente, que não pode ser baseada exclusivamente no *intuitu personae*;

• promessa de compra ou de venda de ações, por preço preestabelecido, na ocorrência de determinadas hipóteses contratadas, como a perda do controle, a não-participação nos órgãos de administração etc.

A efetivação prática e a observância do acordo de bloqueio são mais simples, pois, estando o instrumento averbado nos livros de registro de ações da companhia, o signatário não conseguirá junto a esta proceder à transferências ou onerações em desobediência ao pactuado.

10. Forma do acordo de acionistas

A lei societária não exige expressamente qualquer forma para o acordo de acionistas. Entretanto, suas características e a disciplina que lhe impõe o art. 118 recomendam-lhe a forma escrita.

Com efeito, sendo uma avença de considerável complexidade e que deverá ser arquivada na sede da companhia, para lhe ser oponível, e averbada em seus livros de registro de ações, para valer contra terceiros, só um instrumento escrito constitui prova adequada da existência do acordo de acionistas. Se o acordo existir sem instrumento escrito e puder ser provado terá, em tese, até validade *inter partes*, mas não poderá ser oponível à companhia, nem a terceiros.

Uma vez adotada a forma escrita, o acordo deverá atender, como os negócios jurídicos em geral, aos requisitos do art. 135 do Código Civil, no que se refere ao reconhecimento de firma das partes e ao testemunho de duas pessoas.

Nomes de peso na doutrina[29] sustentam que qualquer documento suscetível de arquivamento – como cartas, declarações etc. – pode constituir acordo de acionistas. Contudo, considerando a natureza de contrato preliminar dessas convenções, que se sujeitam até a execução específica (art. 118, § 3º, da Lei das S/A), seu instrumento deve conter os requisitos mínimos do pré-contrato de declaração de vontade sobre o voto ou compra e venda para que, com base nele, se possa obter em juízo sentença que substitua a vontade não manifestada (arts. 639 e 641 do CPC).

De outro lado, como dito, só o acordo de acionistas formalizado por instrumento escrito pode submeter-se ao registro que lhe é próprio, realizado junto à companhia, em seus respectivos livros, gerando dever de observância pela sociedade e oponibilidade a terceiros.

Por tais razões, a lei deveria exigir a correta formalização e instrumentalização do acordo, para se evitar esse tipo de discussão.

Quanto ao registro do contrato, a própria lei prevê seus mecanismos de efetivação, que são o arquivamento na sede da companhia e a averbação nos livros de registro e certificados de ações. Por isso, revela-se ineficaz, para fins de produção de efeitos junto à sociedade, o registro do acordo de acionistas em cartório de títulos e documentos. É a companhia, por delegação legal de função pública, o local de registro de contrato.

As sociedades anônimas possuem, no âmbito de sua competência, função delegada de registro público para os atos que a lei lhes manda registrar, tendo que deles emitir certidões e assumir as responsabilidades respectivas, sendo que a negativa enseja recurso administrativo para a CVM nas

29. Modesto Carvalhosa, *Acordo de Acionistas*, 1ª ed., São Paulo, Saraiva, 1984, p. 80. No mesmo sentido: Fábio Konder Comparato, *Novos Ensaios e Pareceres de Direito Empresarial*, 1ª ed., Rio de Janeiro, Forense, 1981, p. 54.

companhias abertas e até mandado de segurança. Entretanto, conforme o vigente art. 100, § 1º, da Lei das S/A, a obrigação da companhia de fornecer certidões de seus assentamentos circunscreve-se àqueles constantes de seus livros de registro e transferência de ações e partes beneficiárias, "desde que se destinem a defesa de direitos e esclarecimentos de situações de interesse pessoal, dos administradores ou do mercado de valores mobiliários".

Assim, a sociedade é obrigada a emitir certidões relativas à existência de acordos de acionistas averbados em seus livros de registro de ações, quanto às eventuais restrições para circulação destas, mas não fica sujeita a fornecer a terceiros certidões de inteiro teor desses acordos, sob pena de se invadir a esfera privada dos signatários.

Ao mesmo tempo, como bem anota Modesto Carvalhosa, prevendo a lei, no art. 118, § 5º, a obrigação da companhia de informar, no relatório anual, sobre as disposições constantes dos acordos de acionistas quanto a política de reinvestimento de lucros e distribuição de dividendos, conclui-se, *a contrario sensu*, que quaisquer outras disposições constantes do acordo não precisam ser reveladas a terceiros,[30] exceto, como dito, as de circulação das ações.

Todavia, essa distinção não está clara no vigente texto da lei, e mereceria ser esclarecida em sua eventual reforma.

10.1 O arquivamento

O arquivamento destina-se a criar para a sociedade o dever de observar o acordo. Ele é o depósito, para guarda pela companhia, de uma via do acordo de acionistas, de modo a que ela se submeta à obrigação de observância do pacto, prevista em lei.

Na doutrina, em face da disposição literal do art. 118 da Lei das S/A, sustenta-se que o arquivamento destina-se apenas ao acordo de voto, cujo cumprimento deverá ser resguardado pela companhia, não se computando nas assembléias votos contrários à convenção. Seguindo tal diretriz de entendimento, o projeto de reforma da lei, em trâmite no Congresso Nacional, prevê um § 12 para o art. 118, estabelecendo que "à companhia será assegurado um prazo de 15 (quinze) dias, da data do arquivamento do acordo de acionistas em sua sede, para solicitar esclarecimentos sobre cláusulas e condições que não estejam suficientemente claras para efeito de observância do seu cumprimento". Na mesma linha, o projeto propõe também um § 11, dispondo que "os acionistas vinculados a acordo de acionistas deverão indicar, no ato de arquivamento do acordo, um representante para comunicar-se com a companhia, para prestar ou receber informações, quando solicitadas".

Essas alterações visam a que a companhia obtenha dos próprios acionistas a exegese sobre questões duvidosas do acordo, para então prestar-lhe observância. Embora a idéia seja válida, a questão pode não se solucionar tão simplesmente. Isso porque, havendo conflito entre os signatários do acordo durante a assembléia, se a matéria ensejar qualquer indagação não prévia e expressamente esclarecida pelos próprios acionistas, a sociedade não terá poder jurisdicional para decidir a controvérsia e deixar de computar votos que entenda "contrários" ao pactuado. Esse discutido dever de "observância" do acordo pela companhia carece ainda de maior maturação doutrinária e jurisprudencial, sendo talvez precoce uma mudança legislativa vertical tendente a defini-lo. Assim, como já dito, penso que, diante de eventual impasse, o presidente da Mesa deve suspender a deliberação, remetendo os interessados às vias conflituais próprias (Judiciário ou arbitragem), ou, no máximo, devolver o problema à assembléia, para que esta decida por maioria.

A efetiva atribuição implementadora que a companhia tem no acordo de acionistas é funcionar como órgão de registro do contrato. Dessa forma, o arquivamento

30. Modesto Carvalhosa, *Comentários ...*, cit., v. 2, p. 484.

está indissociavelmente ligado à averbação. Ele é uma providência básica para vinculação da sociedade aos termos do acordo; é o ato pelo qual a companhia toma ciência formal da convenção e promove, então, sua averbação nos livros de registro de ações. Não me parece que esse ato seja validamente substituído pela interveniência da sociedade no acordo, figura sem previsão no art. 118 da Lei das S/A.

Na jurisprudência há o entendimento de que se a companhia vem respeitando e fazendo cumprir o acordo considera-se que ele está nela arquivado, à falta de disciplina legal a respeito do arquivamento, que se tem, então, por presumido.[31] De outro lado, há também julgados concluindo que o acordo não arquivado pode ser válido entre as partes, mas não é oponível à companhia nem a terceiros.[32]

A forma de se efetivar o arquivamento não é prevista na lei. Por isso, deve-se utilizar como parâmetro a legislação de Registros Públicos. Logo, são órgãos competentes para arquivamento do acordo de acionistas o que cuida do registro das ações ou a diretoria. Se houver instituição financeira encarregada do registro de ações o arquivamento tem de ser no órgão que se relaciona com essa instituição, ou na diretoria, pois a lei fala que o arquivamento é na sede da sociedade.

Uma via do documento deve ser entregue à companhia, contra recibo, e esta se limitará ao exame dos aspectos formais do acordo, determinando sua eventual adequação. Em doutrina, Fábio Comparato sustenta que o arquivamento pode-se dar por simples notificação à sociedade, diante da ausência de outra forma legal.[33] Mas vale lembrar que nos tribunais já se decidiu que o mero recebimento do acordo de acionistas para custódia pela companhia não significa arquivamento do contrato no sentido legal.[34]

De modo a evitar essas discussoes, a lei deveria prever a forma do arquivamento do acordo, mediante entrega de uma via do respectivo instrumento, contra recibo, à diretoria da companhia, que procederá apenas à conferência dos seus requisitos formais.

10.2 A averbação

A averbação do acordo de acionistas – que, a meu ver, pressupõe seu prévio arquivamento na companhia – dá-se no livro de registro de ações nominativas (art. 100, I, “f”, da Lei das S/A) e certificados de ações, quando emitidos, como forma de se evitar a negociabilidade dos títulos vinculados ao acordo em desobediência ao nele previsto. Isso gera responsabilidade para a sociedade sobre as transferências realizadas e presunção de publicidade contra terceiros das restrições de circulação pactuadas, sujeitando ambos, sociedade e adquirente, a eventual ação judicial dos prejudicados caso haja transferência de ações em desrespeito ao contratado.

Pela averbação a companhia declara, à margem dos assentamentos de seu livro de registro de ações nominativas e certificados respectivos, a existência do acordo de bloqueio, representando tal declaração que um contrato entre os acionistas restringe a livre disponibilidade dos seus títulos. Podem ser solicitadas certidões da averbação por quaisquer terceiros interessados, “desde que se destinem à defesa de direitos e esclarecimentos de situações de interesse pessoal, dos acionistas ou do mercado de valores mobiliários” (art. 100, § 1º, da Lei das S/A).

A companhia é que tem obrigação de efetivar a averbação do acordo. Daí a con-

31. TJRS, Ap. cível 587.015.116, rel. Des. João Aymoré Barros Costa, *RDM* 70/82, São Paulo, Ed. RT, abril-junho de 1988.

32. STJ, REsp 1-SP (8900077341), rel. Min. Gueiros Leite, *DJU* 16.10.1989, p. 15.856; *RSTJ* 4/1.453, Brasília, 1989.

33. *Novos Ensaios* ..., cit., p. 62. No mesmo sentido: Modesto Carvalhosa, *Comentários* ..., cit., v. 2, p. 482.

34. STJ, REsp 23.668-3-MG, rel. Min. Eduardo Ribeiro, *DJU* 22.3.1993. No mesmo sentido parecer de Fran Martins nesse processo.

clusão de que o arquivamento do pacto constitui-lhe premissa, pois só a partir daquele ato nasce o dever de observância do acordo pela companhia, entre cujas conseqüências está a obrigação de averbar o pacto de bloqueio. Assim, existe até arquivamento sem averbação, quando o pacto for só sobre voto, mas não pode haver averbação sem prévio arquivamento.[35] A lei deveria prever isso expressamente, para se evitar polêmica a respeito.

Diferentemente do arquivamento, a averbação pode ser feita pela instituição financeira encarregada da escrituração das ações, pois a lei não exige sua efetivação na sede da sociedade. Mas a responsabilidade perante os acionistas pelas transferências efetuadas é sempre da companhia.

A averbação será dupla no caso das ações nominativas não-escriturais, devendo realizar-se simultaneamente no livro de registro de ações nominativas e certificados eventualmente emitidos, sob pena de não serem as restrições de circulação oponíveis a terceiros. Dado o pouco espaço existente nos livros de registro, as averbações se fazem "por simples referência ao contrato, à sua data e à espécie de restrição, se patrimonial ou de voto, ou ambas".[36]

A averbação gera presunção de publicidade perante terceiros, o que tem significativo efeito prático, pois ninguém adquire ações vinculadas a acordo de bloqueio, não podendo a companhia transferi-las, em face do seu dever de observância do pacto. E no caso do bloqueio esse dever de observância limita-se à verificação de cumprimento das exigências contratuais para a transferência dos títulos. Não há maiores indagações jurídicas, como pode ocorrer quanto ao voto. Eventuais controvérsias exclusivamente sobre o que seja ou não contrário ao acordo de bloqueio devem ser suscitadas ao juiz da Vara de Registros Públicos, onde houver, a menos que envolvam também questões atinentes ao voto, caso em que a competência fica atraída para juízo comum, onde tudo deve ser decidido.

Alienadas ações em desrespeito a acordo de acionistas averbado na companhia, o negócio é anulável, devendo os prejudicados postular a execução específica do pacto para fazerem valer sua preempção sobre as ações indevidamente alienadas, e até responsabilizar a companhia por eventual omissão.

11. Execução específica do acordo de acionistas

No processo civil brasileiro a execução compulsória das obrigações descumpridas pode ser por reparação ou específica. Na primeira o direito do credor é restaurado pela recomposição patrimonial, enquanto na segunda obtém-se especificamente a prestação que o devedor se recusou a cumprir.

A criação de meios para viabilizar a execução específica ou *in natura* das obrigações assumidas, dando mais efetividade ao processo, é preocupação crescente dos processualistas e do próprio legislador pátrio, haja vista a Reforma do Código de Processo Civil de 1994.

A execução por quantia certa é sempre específica, pois nela busca-se o cumprimento da obrigação de pagar um débito. Fora essa hipótese, a execução específica está basicamente ligada às obrigações de dar, fazer e não fazer.

A execução específica da obrigação de dar é em regra possível, desde que a coisa exista. A de não fazer viabiliza-se quando o ato ainda não tenha sido praticado. Já, a de fazer depende de a prestação ser fungível (exemplo: construir um muro), naturalmente infungível (exemplo: fazer um *show*) ou juridicamente infungível (exemplo: prestar uma declaração de vontade).

35. Em sentido contrário Fábio Konder Comparato (*Novos Ensaios* ..., cit., p. 61), entendendo que se o acordo é apenas de bloqueio não se faz necessário seu arquivamento na sede da companhia, bastando a averbação no livro de registro e certificados.

36. Modesto Carvalhosa, *Comentários* ..., cit., v. 2, p. 482.

As obrigações fungíveis podem ser executadas especificamente por terceiros, em procedimento regulado no Código de Processo Civil, correndo os custos a cargo do inadimplente. As naturalmente infungíveis só podem ser prestadas pelo próprio devedor, eventualmente persuadido mediante mecanismos de pressão da vontade, como multas etc., aprimorados na Reforma do Código de Processo Civil de 1994. Se mesmo assim o devedor permanecer inadimplente, só restam as perdas e danos.

Já, as obrigações juridicamente infungíveis têm mecanismo próprio para a execução específica, que é o suprimento judicial da vontade não manifestada voluntariamente. E são as obrigações de fazer juridicamente infungíveis, ou seja, prestar declaração de vontade (voto) e concluir contrato (compra e venda de ações), que interessam aos acordos de acionistas, cuja sede para execução específica está nos arts. 641 e 639 do Código de Processo Civil, respectivamente.

Nos acordos de acionistas antes da Lei 6.404, de 1976, era comum, em operações fomentadas pelo então BNDE, a prefixação de multas no montante igual ao investimento minoritário do acionista estrangeiro para o caso de descumprimento da convenção com ele firmada, além da obrigação de ressarcimento por outras perdas e danos.

Com a edição da lei o mecanismo principal de eficácia dos acordos passou a ser a execução específica das obrigações descumpridas, cuja reparação pecuniária não se revelava totalmente satisfatória. Assim, quanto aos acordos de voto, art. 641 do Código de Processo Civil, permite que a declaração de vontade (voto) não emitida seja substituída por sentença transitada em julgado. Já, nos acordos de bloqueio a obrigação relativa à compra e venda de ações pode ser executada mediante anulação judicial da transferência indevidamente efetuada, com prolação de sentença que supra a manifestação de vontade no contrato de compra e venda que se prometeu celebrar e se descumpriu, na forma do art. 639 do Código de Processo Civil.

A ação para se obter compulsoriamente esses atos de vontade é cognitiva, embora seja denominada de execução específica. Isso porquanto o que se busca é uma sentença que supra a vontade não manifestada. Daí por que se dizer que a ação tecnicamente não é *de* execução específica, mas *para* execução específica do acordo de acionistas.

O art. 118, § 3º, da Lei das S/A fala que as obrigações constantes dos acordos de acionistas têm execução específica, mas isso é uma redundância, de vez que elas já o teriam por força da lei processual. Assim, improcede o entendimento de que acordos com objetos extravagantes aos previstos no art. 118 não sejam passíveis de execução específica.

Outra redundância seria a alteração proposta pelo projeto em votação no Congresso Nacional quando acresce ao citado § 3º do art. 118 que a decisão "que condenar o acionista a proferir voto nos termos de acordo de acionistas produzirá todos os efeitos do voto não proferido". De fato, esse acréscimo apenas reproduz a regra do art. 641 do Código de Processo Civil, cuja aplicação aos acordos de acionistas, ao que se saiba, nunca foi recusada em doutrina e jurisprudência.

Caso um convenente descumpra sua obrigação de votar em determinado sentido, cabe ao prejudicado, com base no art. 641 do Código de Processo Civil, ingressar com ação judicial para obter sentença que supra o voto não manifestado. Se houver compra[37] ou venda de ações em desrespeito ao acordo, bem como recusa de sua alienação na forma contratada, o prejudicado deve propor ação para anular a venda feita e, depositando o preço, obter, com ba-

37. O Superior Tribunal de Justiça não admitiu execução específica da obrigação de repasse, a signatários de um acordo de acionistas, das ações adquiridas por outros convenentes em desobediência ao pactuado e à manutenção das posições acionárias (REsp 27.517-2-MG, rel. Min. Eduardo Ribeiro, *RDM* 107/212, São Paulo, Malheiros Editores, 1997, com comentários de Raphael Nehin Corrêa).

se no art. 639 do Código de Processo Civil, sentença que produza o efeito do contrato de compra e venda não firmado.

A companhia deve ser pelo menos citada na ação relativa ao exercício do direito de voto do acordo de acionistas nela arquivado, pois terá que suportar as conseqüências da sentença. Ademais, há prestações negativas e até positivas que competem à sociedade na observância desse acordo, cujo cumprimento pode ser obtido por meio das medidas judiciais coativas de tutela específica ou antecipada introduzidas com a Reforma Processual de 1994.[38] Na ação sobre a compra e venda violadora do acordo de bloqueio, junto ao acionista inadimplente, será também parte o terceiro que adquiriu indevidamente as ações.

Considerando que o resultado dessas ações judiciais pode demorar, e a dinâmica societária é rápida, indaga-se sobre o cabimento de medidas cautelares para se assegurar resultado útil às ações. Em tese a tutela cautelar é sempre possível, mas a questão tem que ser analisada caso a caso, porquanto uma providência acautelatória pode inverter os ônus do tempo no processo, que normalmente beneficiariam o réu e passam a beneficiar o autor.

De qualquer modo, por via cautelar não se pode obrigar ninguém a votar em determinado sentido. Mas seriam admissíveis providências liminares para liberação do voto compulsório; impedir-se a participação em assembléia (obrigação de não fazer); sustar-se o arquivamento da ata de assembléia na qual o pacto de voto foi desobedecido etc.

A meu ver, como já dito, a Mesa da assembléia não pode deixar de computar votos contrários ao acordo, pois para isso, em caso de controvérsia entre as partes, o presidente estaria interpretando o negócio, para o quê não tem poder jurisdicional. Cabe-lhe, no máximo, suspender a deliberação que entenda contrária ao acordo, de modo a que as partes submetam a questão ao Judiciário.

Quando a obrigação de não fazer refere-se a ato já praticado converte-se em obrigação de fazer, no sentido de desfazer tal ato, na forma dos arts. 642 a 645 do Código de Processo Civil e 883 do Código Civil. O prejudicado pode requerer ao juiz que desfaça o ato em determinado prazo, sob pena de pagamento de perdas e danos.

Analisei detidamente os efeitos da Reforma de 1994 no Código de Processo Civil quanto à execução específica do acordo de acionistas.[39] Minhas conclusões não foram pessimistas, mas realistas. A Reforma não atingiu o texto dos arts. 639 e 641 do Código de Processo Civil, evidenciando que o mecanismo de execução específica das obrigações de fazer consistentes em declaração de vontade, que mais interessam ao acordo de acionistas, continua a ser o suprimento judicial da declaração por sentença. Assim, os novos institutos de coerção da vontade previstos no art. 461 do Código de Processo Civil não se aplicam à execução específica do acordo de acionistas.[40] Já, no que tange à antecipação de tutela, seu provimento tem natureza de decisão interlocutória, pelo quê não se pode aplicá-la a um provimento substitutivo de vontade que exija expressamente sentença (arts. 639 e 641). A execução específica dos acordos societários continua, pois, sendo um procedimento cognitivo fundado naqueles dispositivos processuais, em que se busca o suprimento judicial de vontade por sentença.

Para Modesto Carvalhosa o mecanismo da execução específica evoluiu com a Reforma do Código de Processo Civil, ad-

38. Celso Barbi Filho, "Efeitos da reforma do CPC na execução específica do acordo de acionistas", *RT* 737/54, São Paulo, Ed. RT, 1997.

39. "Efeitos ...", cit., *RT* 737/34. Admitindo a antecipação de tutela em ação declaratória da nulidade de acordo de acionistas: Humberto Theodoro Júnior, "Antecipação de tutela em ações declaratórias e constitutivas", *Revista LTr* 62/1.317, São Paulo, LTr, outubro de 1998.

40. Édson Antônio Miranda, *Execução Específica dos Acordos de Acionistas*, São Paulo, Juarez de Oliveira, 2000, p. 71.

mitindo-se o cumprimento compulsório das obrigações com base no art. 632 do Código de Processo Civil, pelo uso de meios coercitivos, ou seu cumprimento por mandatário comum dos signatários (síndico), na forma do art. 634. O Mestre paulista, contudo, não detalha os motivos que o levaram a tais conclusões.[41] Na doutrina mais recente, Édson Antônio Miranda, em monografia sobre a execução específica dos acordos de acionistas, conclui, na mesma linha, que após a Lei 8.953, de 1994, reformadora do Código de Processo Civil, o acordo de acionistas adequadamente instrumentalizado pode ser título executivo extrajudicial e as obrigações nele contidas são, em princípio, passíveis de execução específica sem fase jurisdicional cognitiva preliminar.[42]

Sem embargo dessas opiniões, penso que só em relação à companhia houve avanços com a Reforma do Código, pois, como dito há pouco, é a sociedade quem pode submeter-se às medidas que visem a efetivar ou antecipar os efeitos da tutela específica em hipóteses como a proibição da transferência de ações, o cômputo de votos por ordem judicial, a proibição da presença ou a imposição da participação de acionistas signatários em assembléias, o cancelamento de certificados indevidamente emitidos, a sustação do registro de transferências realizadas etc.

Para se evitar os percalços e as dificuldades de uma execução específica judicial do acordo de acionistas, a prática societária tem consagrado a previsão contratual de meios de saída do pacto para os casos de inadimplemento, sistema que muitos advogados consideram o melhor instrumento de preservação da avença.

O projeto de reforma da lei em votação no Congresso prevê um § 10 para o art. 118, estabelecendo que "o não-comparecimento à assembléia ou às reuniões dos órgãos de administração da companhia, bem como as abstenções de voto de qualquer parte de acordo de acionistas ou de membros do conselho de administração eleitos nos termos de acordo de acionistas, assegura à parte prejudicada o direito de votar com as ações pertencentes ao acionista ausente ou omisso e, no caso de membro do conselho de administração, pelo conselheiro eleito com votos da parte prejudicada".

Parece-me que esse mecanismo, de autêntica execução específica privada, subverte perigosamente a tutela jurisdicional necessária a se aferir o efetivo direito das partes do acordo, devendo-se avaliar com cautela sua adoção irrestrita, tal como proposta no projeto.

Em suma, penso que para a execução específica do acordo de acionistas o que se deveria incluir utilmente no texto do art. 118 da Lei das S/A seria a previsão de obrigatória participação da companhia no pólo passivo da ação para execução específica do acordo nela arquivado. Com isso, todo o arsenal de medidas coercitivas hoje previstas no Código de Processo Civil teria efetiva influência no cumprimento forçado do acordo de acionistas, sob controle jurisdicional.

12. Vigência e rescisão do acordo de acionistas

Como todo negócio jurídico, o acordo de acionistas cumpre um ciclo vital, nasce do consentimento de vontades, sofre as vicissitudes de sua existência e termina com a desvinculação obrigacional das partes.

Mas, pelas suas peculiaridades, a vigência do acordo de acionistas é extremamente discutida. De um lado, pode haver a intenção das partes de estender, inclusive para os sucessores, pactos sobre voto e bloqueio. E, de outro, há o princípio da teoria geral dos contratos de que ninguém se obriga perpetuamente, nem por gerações sucessivas.

Considerando isso, deve-se examinar a matéria cogitando-se, separadamente, dos acordos de prazo determinado e indeterminado.

41. *Comentários* ..., cit., v. 2, p. 483.
42. Ob. cit., p. 71.

Nos acordos com prazo determinado cabe anotar que a longevidade do prazo pode caracterizar sua indeterminação. A tendência na doutrina sempre foi de repelir as longas vigências para as convenções de acionistas. Modesto Carvalhosa e Waldirio Bulgarelli pesquisaram o tema no Direito Estrangeiro e acabaram concluindo pela fixação máxima dos prazos em 10 anos para os acordos das companhias fechadas e 5 para as abertas.[43] Mas inexiste previsão na lei a respeito, e o próprio Carvalhosa admitiu, anos mais tarde, que sua proposta não vingou, por falta de amparo legal.

Meu pensamento é de que, inexistindo norma legal a respeito, vige o princípio geral de direito privado segundo o qual tem-se por permitido tudo aquilo que a lei não proíbe. E, assim sendo, há liberdade para fixação de prazo. Mas admito que tal constatação tem efeitos práticos danosos, pois tornou-se comum a celebração de acordos de acionistas por 30, 40 ou 50 anos, que acabam produzindo os mesmos efeitos da *holding*, ou seja, vinculam contratualmente as ações e o voto por toda a existência de seu titular, atingindo ainda os sucessores. Diante disso, a questão continua em aberto, merecendo ser contemplada em eventual reforma da Lei das S/A.

O projeto em votação no Congresso Nacional prevê a possibilidade de que o acordo de acionistas seja firmado em função de termo ou tenha seus efeitos subordinados a condição – hipóteses em que só poderá ser denunciado segundo as estipulações nele estabelecidas. Esse acréscimo proposto não me parece útil, porquanto apenas reproduz regras básicas do Código Civil sobre as modalidades dos atos jurídicos, cuja aplicação aos acordos de acionistas sempre me pareceu clara.

Os acordos com prazo indeterminado são aqueles que se omitem quanto ao tempo de vigência, ou que prevêem expressamente a indeterminação de prazo, como nos casos em que a duração é a mesma da sociedade. Devem-se incluir também nessa categoria aqueles acordos que se submetem a condição resolutiva, que tenham prazo excessivo ou que alcancem mais de uma geração.

No que se refere especificamente ao alcance de mais de uma geração, analisei o problema em outro trabalho, com base no fideicomisso e nas cláusulas de inalienabilidade e incomunicabilidade, para concluir ser inadmissível a oneração de direitos (voto) e bens (ações) além da geração seguinte à do estipulante – o que se aplica, a meu ver, tanto ao acordo de voto quanto ao de bloqueio.[44]

A rescisão do acordo, quando não consensual, é denominada resolução, se motivada, ou resilição unilateral, se imotivada.

Modesto Carvalhosa observa que, por terem os acordos de voto natureza plurilateral e parassocial, tal como o contrato de sociedade, não possuem cláusula resolutiva tácita, na medida em que a prestação de um convenente não está condicionada à do outro. Assim, esses pactos não se sujeitam a rescisão, mas sim a dissolução, mesmo que parcial, só realizável em juízo, na ausência de cláusula que a preveja.[45] Daí por que a prática tem induzido à intensa utilização das cláusulas de retirada nos acordos de acionistas.

Sendo o acordo por prazo determinado, durante sua vigência só cabe, em princípio, a resolução, que é motivada por justa causa superveniente. Em trabalho anterior sustentei que no curso desse prazo determinado se poderia admitir a resilição unilateral, considerando-a como forma de inadimplemento do ajuste e sujeitando a parte denunciante à penalidade contratualmente prevista para tanto ou, se inexistente, àquela estabelecida em ação judicial própria.[46]

43. Modesto Carvalhosa, *Acordo* ..., cit., p. 200.

44. Celso Barbi Filho, *Acordo* ..., cit., p. 197.

45. Modesto Carvalhosa, *Comentários* ..., cit., v. 2, pp. 465-467.

46. Celso Barbi Filho, *Acordo* ..., cit., p. 205.

Mas, como já visto, na própria concepção dogmática do acordo de acionistas o inadimplemento não pode resolver-se apenas em perdas e danos, devendo haver execução específica das obrigações desrespeitadas, como prevê o § 3º do art. 118 da lei. Assim, refletindo melhor sobre a questão, sou levado a concluir que durante o prazo determinado de vigência do acordo em que não haja cláusula de rescisão só será admissível a resolução, ou seja, a rescisão motivada em justa causa superveniente.

Já, o acordo de prazo indeterminado tem por pressuposto a livre denunciabilidade da avença por qualquer signatário, conforme admitia grande parte da doutrina,[47] amparada pelo princípio da teoria geral dos contratos que repele os vínculos eternos.[48] Na jurisprudência também se encontravam julgados na mesma linha, como aqueles proferidos pelos Tribunais de Justiça de São Paulo, em 1980,[49] e do Rio de Janeiro, em 1985.[50] E para se evitar essa livre denunciabilidade unilateral tornaram-se comuns os acordos por longos prazos, como 30, 40 ou até 50 anos.

Contudo, dita tendência modificou-se. A doutrina vem aderindo ao pensamento de que os acordos de acionistas por prazo indeterminado só podem ser unilateralmente denunciados por justa causa.[51] Nesse sentido, Alfredo Lamy Filho argumenta que as regras do Código Civil (arts. 1.399, V, e 1.404) e do Código Comercial (art. 335, 5) que admitem a denúncia vazia dos contratos societários por prazo indeterminado foram previstas em repúdio à vinculação eterna das pessoas naturais à sociedade. Assim, considerando que hoje os acordos de acionistas em grande parte são subscritos por pessoas jurídicas, justifica-se que "doutrina e jurisprudência comecem a dar-se conta do imperativo de uma interpretação na linha dessa evolução".[52]

E, com efeito, alguns autores mudaram suas opiniões originais. Modesto Carvalhosa, por exemplo, retificou seu ponto de vista, sustentando mais recentemente não haver "nesse contrato tipicamente parassocial e plurilateral a possibilidade de extinguir-se por resilição unilateral. A denúncia dependerá de justa causa, ou seja, a quebra da *affectio*, por conduta incompatível ou dissídio de vontades das partes, ou ainda de interpretação das cláusulas do pacto, e qualquer outra que configure materialmente a desavença, ou ainda a deslealdade em face dos pactuantes e do interesse social".[53]

Esse mesmo autor sustenta que a *affectio societatis* é elemento essencial aos acordos de voto, embora não o seja para os de bloqueio, que se fundam apenas no *animus tenendi* de manutenção ou aumento da participação acionária dos signatários. Assim, a relação entre os pactuantes do voto funda-se em fidelidade e confiança, cujo desaparecimento inviabiliza o cumprimento da finalidade da avença, justificando o pleito de sua rescisão em juízo, ainda que parcial, com saída do acionista descontente ou exclusão do desleal. E esse quadro caracteriza-se por fatos concretos, como a conduta dos signatários, a divergência sobre o

47. Theóphilo Azeredo Santos, "Acordo de acionistas" *Revista da Ordem dos Advogados*, ano 47, Lisboa, 1987, p. 189; Modesto Carvalhosa, *Acordo ...*, cit., p. 82; Celso Barbi Filho, *Acordo ...*, cit., p. 207; e Luiz Gastão Paes de Barros Leães, ob. cit., v. 2, p. 265.

48. Orlando Gomes, *Contratos*, 1ª ed., Rio de Janeiro, Forense, 1959, p. 141.

49. 6ª C., Ap. cível 7.795-1, cit. por Modesto Carvalhosa, *Acordo ...*, cit., p. 204.

50. Ap. cível 34.167, rel. Des. Émerson Parente, *RJTJRJ* 7/247.

51. Carlos Celso Orcesi Costa, "Da rescisão imotivada do acordo de acionistas por prazo determinado", *RDM* 60/39, São Paulo, Ed. RT, 1985; Darcy Bessone, parecer in *RF* 300/129, Rio de Janeiro, Forense; Arnoldo Wald, "Do descabimento de denúncia unilateral de pacto parassocial que estrutura grupo societário", *RDM* 81/13-21, São Paulo, Ed. RT, 1991.

52. Alfredo Lamy Filho, "Denúncia unilateral de acordo por prazo indeterminado", in *A Lei das S.A.*, v. II, Rio de Janeiro, Renovar, 1995, p. 315.

53. Modesto Carvalhosa, "Acordo de acionistas", *RDM* 106/21, São Paulo, Malheiros Editores, abril-junho de 1997, e *Comentários ...*, cit., v. 2, p. 481.

objeto do voto ou a interpretação das cláusulas do acordo,[54] e ainda a responsabilização (art. 159) de administrador eleito com base no acordo. Em suma, para o Mestre paulista a quebra da *affectio societatis* justificaria a rescisão do acordo, mesmo que consubstanciada em uma dissolução parcial. Nesse passo, a própria existência de cláusulas penais nos pactos configuraria a admissibilidade intrínseca da rescisão.

Luiz Gastão Paes de Barros Leães também atenuou sua visão inicial, argumentando em parecer posterior que, "embora revista também o caráter de contrato plurilateral, o acordo de acionistas não desfruta da natureza da sociedade. Por outro lado, é claro que a resilição unilateral dos contratos por prazo indeterminado é regra, mas que, como regra, comporta exceções e temperamentos".[55]

Na jurisprudência, o Tribunal de Justiça de São Paulo, em acórdão de dezembro de 1994, concluiu pela impossibilidade de resilição unilateral do acordo de acionistas celebrado por prazo indeterminado. A decisão mereceu comentários de Maria Isabel de Almeida Alvarenga, que se alinhou com os defensores desse entendimento, o qual, conforme noticia, "vem sendo ultimamente adotado pela maior parte da doutrina".[56]

A meu ver, sem embargo dos consistentes argumentos em contrário, não se pode condicionar a denúncia dos acordos de acionistas por prazo indeterminado à existência de motivo justificador. Acordo de acionistas, antes de mais nada, é contrato. E é princípio basilar do direito contratual o repúdio aos pactos perpétuos. Lembrando a lição de Pontes de Miranda, "nas relações jurídicas duradouras é preciso que possa ter ponto final o que se concebeu em reticência. Porque relação jurídica duradoura a que não se pusesse termo seria contrária às necessidades da livre atividade dos homens".[57]

Conforme já havia sustentado anteriormente, "o acordo de acionistas percorreu um longo caminho até que sua licitude fosse aceita, e dentre os principais argumentos contrários à sua validade estavam, justamente, a manutenção da unidade entre a propriedade da ação e o direito de voto dela decorrente, a proteção à liberdade de voto e a prevalência do método da assembléia-geral nas deliberações sociais. (...). Admitir-se que o acordo por prazo indeterminado não seja passível de resilição unilateral seria dar caráter de perpetuidade à vinculação contratual do voto, e devolver, por conseqüência, a razão àqueles que, em tempos idos, propugnavam pela ilicitude das convenções de acionistas".[58] Se as partes desejam assegurar o cumprimento das obrigações pactuadas, devem estipular prazo de vigência do acordo ou fixar as sanções pela denúncia.

O fato é que a questão, pela polêmica que causa, reclama solução legislativa na próxima reforma do vigente diploma societário.

Para encerrar a controvérsia a respeito, penso que a lei deveria prever um prazo máximo de vigência do acordo, sua denunciabilidade a qualquer momento, quando de duração indeterminada, bem como a prerrogativa de se pactuar a resilição unilateral, com as sanções respectivas.

13. Sugestão para nova redação do art. 118 da Lei das S/A

Diante de todo o exposto sobre esse panorama atual do acordo de acionistas no Direito Brasileiro, sugeriria, como propos-

54. Modesto Carvalhosa, *Comentários* ..., cit., v. 2, pp. 464-465 e 480.

55. Parecer in *RF* 297/168, Rio de Janeiro, Forense.

56. Jurisprudência comentada in *RDM* 108/190, São Paulo, Malheiros Editores, outubro-dezembro de 1997.

57. *Tratado de Direito Privado*, t. XXV, Rio de Janeiro, Borsói, p. 294.

58. Celso Barbi Filho, *Acordo* ..., cit., pp. 207-208.

ta para futura alteração da Lei 6.404, de 1976, o seguinte texto para o seu art. 118, que trata dos acordos de acionistas:

"**Art. 118.** Os acordos de acionistas, sobre o exercício regular de quaisquer direitos decorrentes da titularidade de suas ações, legitimamente firmados por quem detenha esses direitos, deverão ser observados pela companhia e por seus administradores, quando arquivados na sede da sociedade.

§ 1º. Os acordos de acionistas devem adotar forma escrita, com os requisitos da lei civil, podendo ser celebrados por prazo indeterminado, desde que admitida sua denúncia a qualquer tempo, ou pelo prazo determinado máximo de 10 (dez) anos.

§ 2º. O arquivamento dos acordos de acionistas efetiva-se mediante entrega, contra recibo, de uma via do respectivo instrumento à diretoria da companhia, a quem compete, após verificação dos requisitos formais desse instrumento, promover sua averbação nos livros de registro e transferência de ações, quando versarem sobre a compra, venda e oneração destas, ou preferência para adquiri-las.

§ 3º. As obrigações ou ônus decorrentes dos acordos de acionistas somente serão oponíveis a terceiros depois de averbados nos livros de registro e transferência de ações da companhia, que, na forma do art. 100, § 1º, desta Lei, só estará obrigada a fornecer certidões da existência dessas obrigações ou ônus, e da política de dividendos da companhia aberta, excluída a divulgação do conteúdo integral dos acordos nela arquivados.

§ 4º. As ações averbadas nos termos deste artigo não poderão ser negociadas em Bolsa ou no mercado de balcão.

§ 5º. Os acordos de acionistas não arquivados ou averbados, embora inoponíveis à companhia, a seus administradores e a terceiros, obrigam os signatários, por si e por seus representantes nos órgãos de administração da companhia.

§ 6º. Os acordos de acionistas não poderão ser invocados para eximir o acionista de responsabilidade no exercício do direito de voto (art. 115) ou do poder de controle (arts. 116 e 117).

§ 7º. Durante as assembléias-gerais, o presidente da Mesa deverá suspender as deliberações em que haja controvérsia entre os signatários de acordo de acionistas arquivado na companhia, ficando seu ato e o próprio cumprimento do acordo sujeitos a controle jurisdicional, a ser promovido pelos interessados.

§ 8º. Nas condições previstas nos acordos, os acionistas podem promover a execução específica das obrigações assumidas, a ser judicialmente postulada contra o(s) signatário(s) inadimplente(s) e, se o instrumento estiver arquivado e/ou averbado, também contra a companhia e, eventualmente, terceiros.

§ 9º. No relatório anual, os órgãos da administração da companhia aberta informarão à assembléia-geral as disposições sobre política de reinvestimento de lucros e distribuição de dividendos, constantes de acordos de acionistas arquivados na companhia.

§ 10. As disposições deste artigo aplicam-se, no que couberem e forem compatíveis, aos demais tipos societários do direito positivo brasileiro."

Doutrina

O PRINCÍPIO DA PROPORCIONALIDADE NO DIREITO ECONÔMICO

ALEXANDRE SANTOS DE ARAGÃO

1. Introdução. 2. Panorama do ordenamento jurídico brasileiro. 3. Proporcionalidade dos mecanismos de regulação econômica. 4. Princípios do direito econômico derivados do princípio geral da proporcionalidade. 5. Os aspectos comissivos da proporcionalidade. 6. Princípio da proporcionalidade e "supremacia do interesse público". 7. A proporcionalidade e as relações de sujeição especial. 8. As agências reguladoras como manifestação do princípio da proporcionalidade. 9. Proporcionalidade e serviços públicos. 10. Proporcionalidade e os monopólios estatais. 11. Proporcionalidade e atividades privadas de interesse público. 12. Proporcionalidade e atividades privadas sujeitas ao poder de polícia. 13. Conclusões.

1. Introdução

As regulações estatais da economia são dotadas de grande multifacetariedade. Seu dinamismo e a forma com que os mais diversos instrumentos de regulação e intervenção do Estado se sucederam ao longo do tempo não foi um processo substitutivo, mas acumulativo.

Em outras palavras, o surgimento de novos mecanismos regulatórios da economia em cada fase da história político-econômica do Estado não causou o fim dos instrumentos característicos das fases anteriores, com os quais passaram a conviver e mesmo a se mesclar.[1]

É assim que o corporativismo do feudalismo, o patrimonialismo e os privilégios regalianos do Estado Absolutista continuam a existir – naturalmente, não com a mesma intensidade – nos dias de hoje. Basta vermos, por exemplo, a autonomia das universidades e das entidades desportivas assegurada em nossa Constituição Federal (arts. 207 e 217, I, respectivamente) e as várias atividades econômicas e bens monopolizados pelo Estado (arts. 20, 176 e 177).

O mesmo se diga do poder de polícia, surgido no Estado Liberal-Burguês, mas que, malgrado as grandes mudanças pelas quais vem passando, persiste como um dos principais instrumentos de conformação das atividades econômicas privadas ao interesse público.

A concessão de serviços públicos, advinda da necessidade do Estado Liberal-Burguês de regular as atividades econômicas com intensidade superior à que o simples poder de polícia então lhe permitia, não

1. Com a eloqüência que lhe é peculiar, Gaspar Ariño Ortiz afirma que "as novas finalidades estatais, sem se substituírem às anteriores, a elas se superpuseram, constituindo-se hoje como sucessivos estratos superpostos na atuação do Estado" (*Principios de Derecho Público Económico*, Granada, Comares/ Fundación de Estudios de Regulación, 1999, p. 242).

apenas subsiste, como tem aumentado sua importância em função da desestatização dos serviços públicos. A concessão dos serviços desestatizados fez com que o instituto readquirisse seu caráter inicial, pelo qual não significa uma real intenção do Estado assumir a atividade como sua, mas apenas a de regulamentá-la com maior intensidade.[2]

A exploração direta de atividade econômicas pelo Estado, crescente desde o surgimento do Estado Democrático de Direito no início do século XX, apesar de se encontrar em declínio, subsiste, e é muito difícil que, pelos menos em algumas áreas e com algumas flexibilizações, o Estado se retire totalmente de todas as atividades econômicas que gere de per si.

São as relações da regulação estatal da economia em suas diversas modalidades com o princípio da proporcionalidade que constituem o objeto do presente ensaio.

Como têm elevado teor político-ideológico, as diferentes formas de regulação estatal são altamente variáveis em cada direito positivo, tanto espacialmente como temporalmente. Isso impõe que a análise a ser realizada, apesar de deles não poder em absoluto prescindir, tome com cautela os ensinamentos da doutrina estrangeira[3] e os conceitos formulados em outras circunstâncias jurídicas, políticas e ideológicas.

Cabe, neste sentido, trazer à baila a advertência de Carlos Ari Sundfeld de que a Constituição Federal não dá uma disciplina acabada para os diversos serviços públicos e atividades econômicas do Estado, deixando ao legislador um campo bastante largo de conformação. Sendo assim, o estudo da matéria deve mais ter em vista a "legislação de regência" de cada uma destas atividades do que recorrer-se "acriticamente às lições doutrinárias (umas, velhíssimas e desatualizadas; outras, copiadas sem reflexão de livros estrangeiros, muitas vezes mal-lidos; algumas ditadas por vinculações econômicas, partidárias ou pessoais), tentando encaixá-las à força na realidade, sem o menor respeito ao direito positivo vigente".[4]

Com efeito, se em alguns casos a Constituição predetermina o instrumento regulatório a ser adotado (por exemplo, define no art. 21, X-XII, algumas ativida-

2. Expondo o surgimento das concessões como conciliação entre os dogmas liberais não-intervencionistas e a necessidade do Estado de regular com maior intensidade novas atividades (ferrovias, gás, telefonia, eletricidade etc.), de complexidade técnica e de tendências monopolizadoras até então desconhecidas, o catedrático da Universidade Autônoma de Madri Gaspar Ariño Ortiz afirmou que "a tensão entre a urgência de satisfazer as novas necessidades públicas – exigências de uma sociedade progressivamente urbana e industrial – e as concepções ideológicas liberais imperantes será resolvida mediante um mecanismo genial: a *concessão administrativa.* Na concessão o Estado encontrará uma fórmula que lhe permitirá compatibilizar uma e outra postura; de uma parte, se entenderá que o Estado é titular de tais atividades, o *dominus* dos serviços públicos; de outra, se entenderá que o Estado não deve geri-los diretamente e se valerá da concessão como fórmula-ponte que os permite dirigir sem gerir. A concessão se configurará assim como uma transferência de funções e tarefas cuja titularidade corresponde primariamente ao Estado, atividades que não eram intrinsecamente públicas, que não faziam parte das finalidades históricas do Estado, de seus fins essenciais, mas que acabaram sendo 'publicizadas'" (ob. cit., pp. 483-484).

3. Afirmando a importância e utilidade do emprego do direito administrativo comparado, o mestre Eduardo García de Enterría observa que, apesar de devermos partir do nosso próprio Direito, o Direito Comparado não constitui "disciplina de adorno", "mas um considerável instrumento de formação de um jurista completo e maneira, muitas vezes indispensável, de ampliação das perspectivas do próprio Direito, para enfrentar um determinado problema análogo a problemas conhecidos em outros Direitos, rompendo 'ciclos de racionalidade' ou de apequenamento de soluções disponíveis, inércias doutrinárias ou jurisprudenciais, menosprezos de valores jurídicos substanciais de consistência" ("Prefácio" à obra *La Participación Pública en el Procedimiento de Elaboración de los Reglamentos en los Estados Unidos de América*, de Juan José Lavilla Rubira, Madri, Civitas, 1991, p. 18).

4. Carlos Ari Sundfeld, "A regulação de preços e tarifas dos serviços de telecomunicações", na obra coletiva *Direito Administrativo Econômico*, coordenada pelo próprio Carlos Ari Sundfeld, São Paulo, Malheiros Editores, 2000, p. 318.

des que devem ser prestadas como serviços públicos), em outros deixa largo espaço ao legislador para definir mais concretamente o seu perfil e a escolha por esta ou aquela modalidade regulatória. Em ambos os casos, todavia, o legislador não tem liberdade absoluta, devendo se pautar por todas as normas da Constituição, notadamente pelo princípio da proporcionalidade.

Iniciaremos, destarte, com a colocação do panorama constitucional em que a regulação da economia se desenvolve entre nós. Como conseqüência, exploraremos a maneira com que o princípio da proporcionalidade – em seus aspectos negativos/omissivos e positivos/comissivos – e os princípios dele oriundos devem inspirar as escolhas públicas por esta ou aquela modalidade regulatória e a intensidade com que cada uma delas deve ser desempenhada. Colocados os balizamentos teóricos, adentraremos em algumas aplicações do princípio da proporcionalidade na seara econômica.

2. *Panorama do ordenamento jurídico brasileiro*

A Constituição Brasileira, como Constituição compromissória, não poderia deixar de refletir o persistente conflito entre público e privado; entre o livre caminhar da economia e a intervenção estatal; entre os interesses individuais e os coletivos.

Tanto é assim que as reformas que sucederam à promulgação da Constituição de 1988 tiveram como um dos seus principais focos justamente o direito econômico.[5] Vejamos, portanto, como este se encontra balizado constitucionalmente.

Ao contrário do que ocorre em outros direito positivos, a nossa Constituição estabelece uma nítida distinção entre serviço público[6] e atividade econômica. Na verdade, contudo, não podemos torcer a realidade a ponto de sustentar que os serviços públicos não sejam atividades econômicas. Os serviços públicos são atividades econômicas qualificadas como tais – qualificação, esta, que visa a permitir a prestação direta pelo Estado ou uma forte regulação e ingerência estatal na atividade quando gerida por particulares delegatários. O serviço público revela-se, então, como uma das mais intensasformas de intervenção do Estado na economia.

É desta forma que Eros Roberto Grau considera que a Constituição Brasileira de 1988 subdividiu a atividade econômica *lato sensu* em serviço público e atividade econômica *stricto sensu*.[7] Tanto é assim que o art. 175, que disciplina a prestação dos serviços públicos pelo próprio Estado ou por concessionários e permissionários privados, está contido no capítulo destinado aos "Princípios Gerais da Atividade Econômica".

A Constituição também prevê no art. 21 a prestação de serviços públicos pela União, mas, desta feita, não apenas diretamente, por concessão ou por permissão, mas também mediante autorização: art. 21,

5. As reformas à Constituição de 1988 não chegaram a alterar a classificação das diversas modalidades de regulação estatal da economia, atribuindo, contudo, maior relevo a algumas em detrimento de outras, sem retirar do Texto Maior qualquer uma delas. Em sua maior parte, as reformas permitiram que determinados serviços públicos, que só podiam ser prestados indiretamente por empresas da Administração indireta, passassem a ser prestados por delegatários privados.

6. Naturalmente que não estão incluídas em nosso conceito de serviço público as funções públicas soberanas, indelegáveis, como a defesa nacional, a tributação etc. (Ramón Parada, *Derecho Administrativo*, 11ª ed., v. I, Madri, Marcial Pons, 1999, pp. 473-474). Seguindo a melhor doutrina, nosso conceito também não contempla "as atividades que não correspondam a uma específica prestação aos usuários, como, por exemplo, as obras públicas" (Elio Casetta, *Manuale di Diritto Amministrativo*, Milão, Giuffrè Editore, 2000, p. 605).

7. *A Ordem Econômica na Constituição de 1988 (Interpretação e Crítica)*, 6ª ed., São Paulo, Malheiros Editores, 2001, pp. 135 e ss. Alguns autores utilizam a expressão "serviços públicos econômicos" ou "industriais" para denominar as atividades econômicas *stricto sensu* exploradas pelo Estado (*v.g.*: *Droit Public et Vie Économique*, Paris, PUF, 1949, p. 136). Preferimos, no entanto, não fazer uso destas expressões, para não misturar os conceitos de atividade econômica (em sentido estrito) explorada pelo Estado e os serviços públicos propriamente ditos.

X (postal e correio), XI (telecomunicações), XII, "a"-"f" (serviços de radiodifusão sonora e de sons e imagens; serviços e instalações de energia elétrica e o aproveitamento energético dos cursos de água; a navegação aérea, aeroespacial e a infra-estrutura aeroportuária; os serviços de transporte ferroviário e aquaviário; os serviços de transporte rodoviário interestadual e internacional de passageiros; os portos marítimos, fluviais e lacustres), e XIII (nucleares).[8]

Estes são os serviços expressamente nomeados pela Constituição, que também os estabelece implicitamente ao fixar a competência subsidiária dos Estados-membros no art. 25, § 1º (por exemplo, os serviços de transporte intermunicipal), e ao prever a competência dos Municípios para prestar os serviços públicos de interesse local (art. 30, V). Questão controvertida, a ser abordada mais adiante, é saber se é possível a criação pelo legislador de serviços públicos não previstos constitucionalmente.

Os princípios das atividades econômicas fixados no art. 170 devem inspirar a exploração de todas as atividades econômicas, sejam elas serviços públicos ou atividades econômicas *stricto sensu.*

Em relação à atividade econômica *stricto sensu* a Constituição estabelece o monopólio em favor da União (arts. 20, 176 e 177) de uma série de bens e atividades a eles correlatas, com destaque para os bens minerais, inclusive o petróleo e seus derivados.

A exploração pelo Estado de outras atividades econômicas *stricto sensu*, isto é, além daquelas que são objeto de monopólio, é permitida apenas em regime de concorrência com a iniciativa privada e desde que seja necessária aos imperativos da segurança nacional ou ao atendimento de relevante interesse coletivo (art. 173).

8. Também há o art. 25, § 2º, prevê o serviço público de distribuição de gás canalizado. Há também competência comum para a prestação dos serviços públicos de assistência social e de educação (arts. 23, II, e 211).

Vige para estas atividades o princípio da liberdade de iniciativa, observadas as regras de polícia econômica geral que as conformem aos princípios e valores fundamentais da República Federativa do Brasil (arts. 1º e 3º) e aos princípios setoriais da ordem econômica (art. 170), exigida, quando for o caso, autorização prévia para seu exercício (art. art. 170, parágrafo único).

Estes são, em apertada síntese, os dispositivos que regem cada uma das modalidades regulatórias que veremos mais adiante: serviços públicos (art. 175), atividades econômicas monopolizadas (arts. 176 e 177), atividades econômicas de interesse público (art. 170, parágrafo único) e atividades econômicas sujeitas ao poder de polícia (art. 170, que, malgrado sua aplicação a todas as atividades econômicas, constitui também o fundamento da regulação mediante o exercício do poder de polícia geral).

A realidade, no entanto, está longe de possuir a aparente serenidade que a letra da Constituição parecer ter – o que impõe a apreciação dos valores fundamentais em jogo, valores e princípios que balizam a sujeição das atividades econômicas às diferentes modalidades regulatórias e a intensidade com que estas devem ser exercidas.

3. Proporcionalidade dos mecanismos de regulação econômica

Nos termos das sempre precisas lições de Tércio Sampaio Ferraz Júnior, "a ordem econômica autônoma introduz uma aceleração dos processos sociais, que não podem ser resolvidos à luz de mecanismos de controle como, por exemplo, os direitos individuais. Estes mecanismos foram concebidos como instrumentos capazes de regular relações até certo ponto estáveis ou de reduzida velocidade mutacional. Trata se de princípios genéricos, com conceitos abertos, cujo controle é remetido a princípios ideológicos que a práxis confirma ou desconfirma. Com isto, na prática da ordem econômica, que exige decisões rápidas e imediatas, revela-se relativamente fácil dizer qual o fundamento da intervenção, mas extremamente difícil apontar os casos em que ela não cabe. (...). *A mobilidade econômica de hoje está a reclamar novos mecanismos de inventividade do constitucionalista. Pois, sem eles, permaneceremos nesta curiosa situação em que os verdadeiros limites constitucionais da intervenção estatal no domínio econômico são deslocados para a própria práxis do Estado, no sentido de que somos obrigados a ver como ele age para, então, saber o que dele se pode exigir*".[9]

Para evitar que isto aconteça – o que constitui o escopo deste nosso estudo –, a regulação estatal da economia deve refletir a necessária convivência de princípios constitucionais[10] que ora se somam, ora entram em conflito: de um lado temos os valores da livre iniciativa (art. 1º, IV, da CF), a propriedade privada (art. 170, II, da CF) e a livre concorrência (art. 170, IV, da CF); de outro temos que procurar realizar a soberania e o desenvolvimento nacional (arts. 1º, I, 3º, II, e 170, I, da CF); a cidadania (art. 1º, II); a dignidade da pessoa humana (art. 1º, III, da CF); os valores sociais do trabalho (art. 1º, IV, da CF); construir uma sociedade livre, justa e solidária (art. 3º, I, da CF); erradicar a pobreza e a marginalização, assim como reduzir as desigualdades sociais e regionais (arts. 3º, III, e 170, VII, da CF); promover o bem de todos, sem preconceitos de origem, raça, sexo, cor (art. 3º, IV, da CF); a função social da propriedade (art. 170, III, da CF); a defesa do consumidor (art. 170, V, da CF); a defesa do meio ambiente (art. 170, VI, da CF); e a busca do pleno emprego (art. 170, VIII, da CF).

Note-se que, com base nestes princípios constitucionais, já foi diversas vezes afirmada pelo Supremo Tribunal Federal a constitucionalidade da regulação estatal de atividades econômicas privadas. Em uma destas decisões o Min. Sepúlveda Pertence, tratando da constitucionalidade do controle estatal sobre as mensalidades escolares, afirmou: "Sr. Presidente, temos, ao menos desde 1934, e marcadamente no texto de 1988, uma típica Constituição compromissória, como, de resto, sói serem quase todas as Constituições contemporâneas. De tal modo que é sempre arbitrário que a afirmação de um dos valores, de um dos vetores axiológicos do projeto de sociedade veiculado pela Constituição, se faça com a abstração de outros valores, de outros vetores axiológicos (...). Um instrumento constitucional de concretização desta função permanente de ponderação de valores que, em termos absolutos, se contradiriam, Sr. Presidente, é precisamente, na ordem econômica, a competência do Estado para intervir como agente normativo e regulador da atividade econômica".

A ementa do acórdão foi assim redigida: "Em face da atual Constituição, para conciliar o fundamento da livre iniciativa e do princípio da livre concorrência com os da defesa do consumidor e da redução das desigualdades sociais, em conformidade com os ditames da justiça social, pode o Estado, por via legislativa, regular a política de preços de bens e serviços, abusivo que é o poder econômico que visa ao aumento arbitrário de lucros. Logo, determinada lei não é inconstitucional pelo só fato de dispor sobre critérios de reajuste de mensalidades das escolas particulares".[11]

O julgado, como se vê, foi calcado exclusivamente em princípios. Mas, afinal, o que são os princípios?

As "normas" são gênero do qual são espécies as regras e os princípios. Eros Roberto Grau, sintetizando as lições de Dworkin, afirma que "as regras jurídicas, não comportando exceções, são aplicáveis de

9. "Fundamentos e limites constitucionais da intervenção do Estado no domínio econômico", *RDP* 47-48/270-271, São Paulo, Ed. RT (grifamos).

10. Aludimos a "princípios" em seu sentido geral, tal como usado por Ronald Dworkin à p. 72 da obra *Los Derechos en Serio*, trad. de Marta Guastavino, Barcelona, Ariel, 1999.

11. ADIn 319-DF, *RTJ* 149/666-692.

modo completo ou não, de modo absoluto, não se passando o mesmo com os princípios"; "os princípios jurídicos possuem uma dimensão – a dimensão do peso ou importância – que não comparece nas regras jurídicas".[12]

Dentre as várias definições de princípio jurídico, podemos aludir à clássica formulação de Celso Antônio Bandeira de Mello, que o considera como "mandamento nuclear de um sistema, verdadeiro alicerce dele, disposição fundamental que se irradia sobre diferentes normas compondo-lhes o espírito e servindo de critério para sua exata compreensão e inteligência, exatamente por definir a lógica e a racionalidade do sistema normativo, no que lhe confere a tônica e lhe dá sentido harmônico".[13]

As meras regras jurídicas, apesar de genéricas e abstratas, dizem respeito a situações hipotéticas específicas que, concretizando-se na vida prática, acarretam determinadas conseqüências jurídicas. Trata-se do conhecido esquema "preceito/sanção", pelo qual, ocorrendo o fato previsto na regra, a ele devem suceder os efeitos jurídicos nela também, já de antemão, estabelecidos.

O mecanismo de aplicação dos princípios é muito mais complexo do que o esquema binário característico das regras. Não prevêem situações determinadas, e muito menos efeitos jurídicos específicos que delas decorreriam. É óbvio que normatizam situações e que podem acarretar efeitos jurídicos; mas, devido ao seu caráter fluido, suas conseqüências, além de não poderem ser previamente estabelecidas, dependem das características de cada situação e dos demais princípios que forem pertinentes.

12. Ob. cit., p. 99.

13. *Apud* José Afonso da Silva, *Curso de Direito Constitucional Positivo*, 16ª ed., São Paulo, Malheiros Editores, 1999, p. 95. Para uma ampla exposição dos diversos critérios definidores dos princípios v. Robert Alexy, *Teoria de los Derechos Fundamentales*, Madri, Centro de Estudios Constitucionales, pp. 82-87.

O objetivo dos princípios não é estabelecer uma normatização objetiva e previsível. Sua grande riqueza está exatamente na maleabilidade que propiciam em relação às demais normas do ordenamento jurídico e diante das situações complexas da vida, insuscetíveis de serem resolvidas pela singela aplicação de regras lógico-subsuntivas.

Os princípios não estabelecem que, ocorrendo tal fato, será aplicada determinada sanção ou concedido certo benefício. Possuem um papel estruturante da ordem jurídica e da organização estatal como um todo; estabelecem os pensamentos diretores do ordenamento das instituições, inclusive do próprio Estado, de uma disciplina legal ou de um instituto jurídico.[14]

São os princípios que, pela abstração semântica em que são formulados, podem dar liga e unidade ao sistema jurídico, permeando todas as demais normas jurídicas, consubstanciando valioso elemento de interpretação e integração do Direito.

A importância dos princípios constitucionais é ainda maior, vez que espraiam a sua força não apenas na própria Constituição, como também, pela supremacia desta, em todo o ordenamento jurídico estatal, inquinando de inconstitucionalidade os atos que os contrariarem.

É comum que mais de um princípio seja aplicável à mesma situação concreta. O hermeneuta, todavia, deverá adotar metodologia diferente da que emprega quando diante de (meras) regras contraditórias, em que a aplicação de uma deve necessariamente implicar a exclusão da outra.

Tratando-se de conflitos entre princípios, devem eles ser ponderados, buscando-se, sempre que possível, alcançar solução que não exclua por completo qualquer deles. "Assim, é possível que um princípio seja válido e pertinente a determinado caso con-

14. Karl Larenz, *Derecho Justo – Fundamentos de Ética Jurídica*, trad. de Luiz Díez-Picazo, Madri, Civitas, 1985, p. 14.

creto, mas que suas conseqüências jurídicas não sejam deflagradas naquele caso, ou não o sejam inteiramente, em razão da incidência de outros princípios também aplicáveis. Há uma 'calibragem' entre os princípios, e não a opção pela aplicação de um deles."[15]

Nas palavras de Recaséns Siches, um dos maiores filósofos que a América Latina já deu à Ciência do Direito, "uma relação jurídica supõe uma situação participante de múltiplos sentidos ou conexões estimativas, que são pertinentes ao Direito. Os elementos de uma vinculação social contêm (positiva ou negativamente) vários valores: a justiça exige que o Direito regule essa situação de maneira tal, que entre as concretizações de valores contidas em cada sujeito se dê a proporcionalidade[16] que existe objetivamente entre os valores".[17]

Pois bem, retornando aos princípios e valores da ordem econômica constitucional, podemos facilmente constatar que no exercício da atividade regulatória estatal muitas vezes eles entrarão em choque. Podem, todavia, somar-se, isto é, a livre iniciativa pode, em alguns casos, ser o instrumento mais adequado para promover os valores sócio-políticos igualitários contemplados na Constituição.[18] Quanto melhor; mas não podemos supor que isso sempre se verifique.

A experiência histórica demonstra, inclusive através da análise das razões do *débâcle* do Liberalismo oitocentista, que o Estado deve atuar sobre e na economia para assegurar valores que não podem ser satisfeitos, e vez por outra são, mesmo, agredidos, pela liberdade dos agentes do mercado.[19] Quanto a isto, ressalvadas algumas correntes liberais mais ortodoxas,[20] não há divergências. *A questão é: qual deve ser a abrangência e a intensidade da atuação do Estado sobre e na economia?*

A possibilidade de regulação estatal da economia "não pode confundir-se com a entrega aos poderes públicos de uma faculdade onímoda, que possa ser exercitada de qualquer modo. A reserva à lei das regulações que afetam a liberdade de empresa e, sobretudo, *os limites substanciais que o princípio da igualdade e o da proporcionalidade implicam para o legislador são o instrumento que permite dotar de "conteúdo" a liberdade de empresa*".[21]

15. Daniel Sarmento, "Os princípios constitucionais e a ponderação de bens", in Ricardo Lobo Torres (org.), *Teoria dos Direitos Fundamentais*, Rio de Janeiro, Renovar, 1999, p. 52.

16. Para uma configuração da proporcionalidade não como princípio, mas como postulado normativo, v. o interessante e erudito artigo de Humberto Bergmann Ávila, "A distinção entre princípios e regras e a redefinição do dever de proporcionalidade", *RDA* 215/151-179.

17. *Los Temas de la Filosofía del Derecho*, Barcelona, Bosch, 1934, pp. 102-103.

18. "A delimitação de fronteiras Estado/sociedade ou, se se quiser, interesse público/interesse privado, e de todas as que lhe surgem como conseqüência, não exclui, porém, que o conceito de direito subjectivo, como o de autonomia negocial, surjam no Direito Moderno como não completamente desvinculados da noção de interesse público. (...). Quer isto significar, portanto, que a posição abstencionista do Estado face aos modos de tutela dos interesses privados operados pelos respectivos titulares não significa que o interesse público seja ignorado; traduz, isso sim, uma dada concepção do interesse público, isto é, a de que este coincide com o somatório dos interesses privados, ou seja, a de que a sua prossecução corresponde à melhor prossecução daqueles interesses privados e a de que esta é por definição obtida quando os seus titulares o fazem em liberdade. Mas também quer significar que, à conclusão de que o interesse público não tem a mesma natureza do interesse privado, isto é, a reformulação da concepção do papel do Estado na sociedade, se há de seguir – e se pode seguir – uma intervenção do Estado na vida jurídica privada" (Ana Prata, *A Tutela Constitucional da Autonomia Privada*, Coimbra, Almedina, pp. 18-20).

19. "A constatação de que o livre exercício da livre iniciativa econômica privada, ao nível da produção, e da autonomia privada, ao nível da circulação dos bens e serviços, não assegura a satisfação de todas as necessidades humanas, nem sequer daquele conjunto de necessidades primárias e vitais, indispensáveis à sobrevivência em termos de garantia de um mínimo de dignidade humana" (Ana Prata, ob. cit., p. 38).

20. Por exemplo; Robert Nozick, *Anarquia, Estado e Utopia*, trad. de Ruy Jungmann, Rio de Janeiro, Jorge Zahar Editor, 1991.

21. Sebastián Martín-Retortillo Baquer, "Derecho administrativo económico-I", *Revista Española de Derecho Administrativo* 63 (grifos nossos).

Todavia, o princípio da proporcionalidade, além de, como veremos, possuir aspectos comissivos, não pode servir de biombo para a inércia da Administração Pública. "Da mesma forma que a Administração não pode deixar de pautar sua atuação pelo princípio da proporcionalidade, também não poderá ela ir além das exigências deste postulado. A Administração, portanto, também age de forma antijurídica quando o princípio da proporcionalidade acaba por ser superestimado e a Administração, em virtude disso, deixa de tomar medidas necessárias."[22]

A resposta à questão acima colocada deve, portanto, recorrer ao vetusto – mas redescoberto – princípio da proporcionalidade,[23] cuja aplicação dos seus três elementos[24] ao direito econômico[25] pode ser dissecada da seguinte forma:

(a) A restrição à liberdade do mercado deve ser apropriada à realização dos objetivos sociais perquiridos – *elemento adequação* dos meios aos fins. Exemplo: o tabelamento interno de preços não é o meio adequado para controlar o aumento de preços de produtos encarecidos em razão da alta do valor da matéria-prima importada.

(b) O Estado deve impor a menor restrição possível, de forma que, dentre as várias medidas aptas a realizar a finalidade pública, opta pela menos restritiva à liberdade de mercado – *elemento necessidade*. Exemplo: se o Estado pode assegurar o bem-estar da coletividade simplesmente ordenando determinada atividade privada, não deve titularizá-la como serviço público, excluindo-a do âmbito da iniciativa privada.[26]

Heinrich Scholler observa que as restrições à liberdade econômica devem "operar apenas em um degrau (ou esfera)", passando para a fase seguinte "tão-somente quando uma restrição mais intensa se fizer absolutamente indispensável para a consecução dos fins almejados".[27]

Este é o elemento do princípio da proporcionalidade que leva à tendência atual da Administração de dar preferência a mecanismos consensuais, indutivos, e, portanto, menos constritivos, de regulação da economia. "O poder de império da Administração deixou de ser um dos seus principais (se não o único) dos seus poderes, para passar a figurar como um (e não o mais importante deles) dos aspectos das ações do Estado."[28] Se for possível alcançar o interesse público visado de maneira consensual, os instrumentos coercitivos deverão ser descartados, por desproporcionais. Esta

22. Heinrich Scholler, "O princípio da proporcionalidade no direito constitucional e administrativo da Alemanha", trad. de Ingo Wolfgang Sarlet, *Revista Interesse Público* 2/105.

23. José Maria Rodríguez de Sampaio observa que a Administração Pública deve, ao intervir na economia, ponderar proporcionalmente não apenas o interesse privado (genericamente considerado) com o interesse público, mas também os diversos interesses privados entre si (*La Ponderación de Bienes e Intereses en el Derecho Administrativo*, Madri, Marcial Pons, 2000, pp. 31-39).

24. Partimos da exposição de Luís Roberto Barroso acerca do princípio da proporcionalidade, constante da obra *Interpretação e Aplicação da Constituição*, São Paulo, Saraiva, 1996, p. 209.

25. "A aplicação do princípio de proporcionalidade, que deve presidir toda medida intervencionista, junto com o de 'paridade de trato' e o da igualdade (visto agora como interdição da arbitrariedade), obriga sempre a justificar adequadamente toda intervenção pública sobre as liberdades dos cidadãos no campo econômico" (Alberto Alonso Ureba, "La empresa pública. Aspectos jurídico-constitucionales y de derecho económico", *Revista Española de Derecho Administrativo* 50). Também F. Dreyfus afirma que a proporcionalidade das medidas administrativas no domínio econômico é "uma garantia para o particular, vez que, ao contrapor o princípio da liberdade ao da ordem pública, reduz os casos em que o primeiro deve render-se ao segundo" ("La liberté du commerce et de l'industrie", *Revista Española de Derecho Administrativo* 8).

26. No dizer de Vittorio Ottaviano, "uma coisa é proibir uma actividade porque prejudica a utilidade social, e outra prescrever que só se pode desenvolver uma certa actividade se de tal forma se prosseguir a utilidade social" (*apud* Ana Prata, ob. cit., p. 204).

27. Artigo cit., *Revista Interesse Público* 2/102-105.

28. Maria Alessandra Stefanelli, *La Tutela dell'Utente di Publici Servici*, Pádua, CEDAM, 1994, p. 4.

assertiva revela-se ainda mais forte quando a regulação vertical não for urgente – hipóteses em que a Administração Pública deverá tentar alcançar seus objetivos consensualmente, e em caso de insucesso, aí, sim, partir para a adoção de instrumentos coercitivos de regulação da economia (princípio do *trial and error* das políticas públicas).

Nesta perspectiva constata-se que o maior âmbito da regulação estatal, atualmente estendida a quase todos os setores das atividades humanas, legitimou-se por um afrouxamento, pelo caráter menos constritivo dos instrumentos regulatórios, dando lugar ao que Charles-Albert Morand chamou de "direito público mais extenso, mas menos coativo";[29] ou, nas palavras de Delmas-Marty, "esta fluidez proporciona ao Direito a possibilidade de se estender a domínios que, até então, em grande parte lhe escapavam".[30]

(c) A restrição imposta ao mercado deve ser equilibradamente compatível com o benefício social visado, isto é, mesmo que aquela seja o meio menos gravoso, deve, tendo em vista a finalidade pública almejada, "valer a pena" – *proporcionalidade em sentido estrito*. O Estado não pode, por exemplo, qualificar determinada atividade relativamente supérflua como serviço público mesmo que, suponhamos, esta seja a forma menos gravosa para realizar a finalidade pública. Os benefícios a serem obtidos "não compensariam" a restrição que a qualificação como "serviço público" imporia aos particulares interessados em explorar livremente a atividade.

Hoje pouco se discute a respeito da incorporação ao nosso Direito do princípio da proporcionalidade. Discute-se apenas quanto ao seu fundamento: se é um princípio implícito, ou um preceito de direito natural, se integra o cânone do Estado Democrático de Direito (art. 1º, *caput*, da CF), se advém do devido processo legal (art. 5º, LIV, da CF) ou se é um dos "outros direitos constitucionais" previstos no § 2º do art. 5º da Constituição Federal.

No direito econômico a discussão não é muito importante, porque ele é facilmente inferível de diversos dispositivos setoriais específicos (por exemplo, art. 170, parágrafo único, art. 173, *caput*, e art. 174, *caput*, *in fine*, todos da CF).

4. *Princípios do direito econômico derivados do princípio geral da proporcionalidade*

Inserto no princípio da proporcionalidade, mais especificamente em seu elemento necessidade (supra, letra "b"), está o *princípio da subsidiariedade*,[31] que, na seara do direito econômico, impõe ao Estado que se abstenha de intervir e de regular as atividades que possam ser satisfatoriamente exercidas ou auto-reguladas pelos particulares em regime de liberdade.[32]

29. *Le Droit Néo-Moderne des Politiques Publiques*, Paris, LGDJ, 1999, pp. 59-62. V., por exemplo, que para exercer atividades econômicas o Estado teve que valer-se das sociedades de economia mista, desprovidas de *jus imperii*. A extensão da regulação estatal sobre atividades privadas até então deixadas inteiramente ao arbítrio privado acarretou, segundo Vital Moreira, a "*transplantação do centro de gravidade da ordem jurídica da economia*: do direito privado pára o direito público. Na medida em que a economia era juridicamente relevante, era-o para o direito privado. Ao que se assiste, a partir de certo momento, é ao deslocamento de domínios econômicos que anteriormente relevavam ao direito privado para o direito público, ou a complementarização de institutos daquele por institutos deste. Por outros lado, a cobertura pelo Direito de domínios até aí ajurídicos ou 'livres do direito' faz-se predominantemente por meio do direito público" (*A Ordem Jurídica do Capitalismo*, p. 75).

30. *Trois Défis pour un Droit Mondial*, Paris, Éditions du Seuil, 1998, p. 79.

31. No mesmo sentido: José Ignacio López Gonzáles, *El Principio General de Proporcionalidad en el Derecho Administrativo*, Instituto García Oviedo/Universidade de Sevilha, 1988, p. 81.

32. "O núcleo deste princípio consiste em reconhecer a prioridade da atuação dos corpos sociais sobre os corpos políticos no atendimento de interesses gerais, só passando o cometimento a estes depois que a sociedade, em seus diversos níveis de organização, demandar sua atuação subsidiária" (Diogo

Ou seja, na medida em que os valores sociais constitucionalmente assegurados não sejam prejudicados, o Estado não deve coarctar a liberdade dos agentes econômicos; e, caso seja necessário, deve fazê-lo da maneira menos restritiva possível.[33]

Cumpre destacar a afinidade do princípio da subsidiariedade com o Estado Pluralista Democrático:[34] "Se é certo que o bem-estar envolve um conceito de Estado social e este, por seu lado, pressupõe intervencionismo público, isto não significa, por si só, todavia, exclusão de um princípio de subsidiariedade do entendimento da intervenção econômica, social e cultural do Estado".[35]

Por outras palavras, a persecução do bem-estar social, apesar de determinar sempre um certo grau de intervenção dos poderes públicos, não é incompatível com uma intervenção norteada pela idéia de subsidiariedade enquanto princípio normativo. Se o Estado Democrático impõe a garantia das condições básicas de dignidade da pessoa humana, a verdade é que isto não significa necessariamente que tenha de ser apenas o próprio Estado a realizar este objetivo. Não havendo mais a separação absoluta entre Estado e sociedade, desde que seja concretizado o fim do bem-estar, pode dizer-se que estão abertos todos os caminhos, do absenteísmo do Estado à sua intervenção direta na economia.[36]

Ainda digno de nota é o *princípio da razão pública*,[37] também inerente ao princípio da proporcionalidade, pelo qual os problemas não podem ser resolvidos por razões ou interesses inerentes a grupos parciais. Por mais respeitável que seja a minoria ou mesmo a maioria interessada, seus interesses só podem ser atendidos não em virtude deles em si, mas por razões públicas atinentes à coletividade como um todo.

Por derradeiro, no âmbito dos elementos adequação e necessidade do princípio da proporcionalidade se encontra ainda o *princípio da diferença*,[38] pelo qual as liberdades econômicas e desigualdades existentes na sociedade são admissíveis se gerarem vantagens para os mais desfavorecidos. Assim, a ausência de regulação será admissível apenas se beneficiar os membros da sociedade como um todo, de forma que estariam em pior situação se fosse imposta a regulação estatal.

A grande vantagem da conjunção dos princípios acima enumerados é que, se, por um lado, impede que o Estado Democrático se invista de um dirigismo totalitário e abrangente, por outro, faz-nos ver que, ao contrário do que apregoa o entusiasmo neo-

de Figueiredo Moreira Neto, *Mutações do Direito Administrativo*, Rio de Janeiro, Renovar, 2000, p. 153). Sobre o princípio da subsidiariedade v. também a obra de Chantal Millon-Delsol, *Le Principe de Subsidiarité*, Paris, PUF, 1993.

33. José Alfredo de Oliveira Baracho afirma que o princípio da subsidiariedade aparece como "forma alternativa para os embates entre o Estado Liberal e o Estado Mínimo e o Estado Intervencionista ou Providencial. Desse dualismo de desencontros, aparece o Estado Subsidiário" (*O Princípio da Subsidiariedade – Conceito e Evolução*, Rio de Janeiro, Forense, 2000, p. 95).

34. O princípio da subsidiariedade é muitas vezes arvorado pelos opositores da regulação estatal como ligado apenas às suas idéias liberais. Todavia, não há como se conceber um monopólio ideológico sobre tal princípio, tão relevante quanto antigo: "L'idée d'autorité subsidiaire sourd comme une evidence dans la société décrite par Aristote, à travers une comprehension sociale qui se donne pour naturelle, en realité unique en son genre face aux cultures proches de l'époque. Plus tard, Thomas d'Aquin reprend à son compte cette vision et lui prête des justifications suplémentaires" (Chantal Millon-Delsol, ob. cit., p. 9).

35. Paulo Otero, *Vinculação e Liberdade de Conformação Jurídica do Sector Empresarial do Estado*, Coimbra, ed. Coimbra, 1998, pp. 18-19.

36. Paulo Otero, ibidem.

37. As considerações aqui expendidas derivam dos ensinamentos de John Rawls, *O Liberalismo Político*, trad. de Dinah de Abreu Azevedo, São Paulo, Ática, 2000, Capítulo VI. O autor, apesar de admitir a incidência da razão pública sobre todas as regulações sociais – perspectiva por nós adotada –, centra sua análise sobre a aplicação do princípio aos elementos constitucionais essenciais.

38. *Teoria da Justiça*, trad. de Almiro Pisetta e Lenita M. R. Esteves, São Paulo, Martins Fontes, 1997, pp. 79-89.

liberal, a plena liberdade empresarial e a auto-regulação privada da economia são admissíveis, mas com parcimônia, devendo-se criteriosamente aferir, caso a caso, se são melhores para a sociedade do que a regulação estatal, que também, por sua vez, será mais ou menos rígida de acordo com os mesmos princípios.

5. Os aspectos comissivos da proporcionalidade

O princípio da proporcionalidade e os princípios dele derivados são geralmente abordados apenas em seus aspectos negativos – nas limitações que impõem ao Poder Público –, olvidando-se dos aspectos positivos que também possuem, que obrigam o Estado a atuar sobre a economia quando os agentes do mercado não satisfazerem ou agredirem as necessidades públicas que devem ser protegidas pela regulação estatal.[39]

A este respeito, José Ignacio López Gonzáles afirma que "o *favor libertatis* e a dignidade da pessoa humana, enquanto parâmetros determinantes do princípio da proporcionalidade da atividade administrativa, não se configuram apenas como limites substanciais ao exercício dos poderes da Administração – segundo vimos, impondo o dever de adotar as soluções menos restritivas para os particulares –, tendo que operar também como exigência positiva (no plano das prestações positivas que a Constituição garante) de intervenções administrativas a serviço destes valores do nosso ordenamento jurídico. Neste sentido o princípio da proporcionalidade pode e deve desempenhar o papel de critério funcional determinante de intervenções públicas em distintos setores sociais ou econômicos, na medida que a liberdade e a dignidade da pessoa assim o exijam".[40]

Também o princípio da subsidiariedade, normalmente associado apenas à ideologia abstencionista, não é exclusivo deste ou daquele pensamento político, podendo ser utilizado pelas diversas vertentes ideológicas como estratégias para o alcance das suas finalidades, observados os marcos da Constituição. Assim é porque possui não apenas um aspecto negativo, omissivo, consistente na vedação da regulação estatal nas searas em que a iniciativa privada esteja atuando compativelmente com os interesses sociais, como também um aspecto positivo, comissivo, que – nas palavras de Juan Carlos Cassagne – "vincula o Estado e lhe impõe o dever de intervir, na hipótese de insuficiência da iniciativa privada, na medida em que a sua ingerência seja socialmente necessária e não suprima ou impeça a atividade dos particulares".[41]

Também Jaime Rodríguez-Arana Muñoz observa que "a subsidiariedade não equivale a um Estado fraco, bem ao contrário, uma vez que a fraqueza de qualquer Estado não é mensurável pelo tamanho do setor público, mas pela sua sensibilidade em relação ao bem-estar dos seus cidadãos".[42]

Entre nós, Édson Ricardo Saleme, de forma associada ao elemento *necessidade* do princípio da proporcionalidade, destacou o aspecto comissivo do princípio da subsidiariedade: "como desdobramento do próprio conceito de subsídio, a Administração deveria levar a cabo todas as atividades que os particulares não queiram, não

39. A preferência doutrinária pelos aspectos negativos, inibidores da atuação estatal, do princípio da proporcionalidade talvez se explique pela maior eficácia que possuem se comparada com a eficácia dos seus aspectos positivos. Trata-se da conhecida questão da plena eficácia dos direitos individuais de proteção frente ao Estado e da eficácia limitada (limitada, mas existente) dos direitos a prestações do Estado. Aprofundar em Luís Roberto Barroso, *O Direito Constitucional e a Efetividade de suas Normas*, Rio de Janeiro, Renovar, 1990, e José Afonso da Silva, *Aplicabilidade das Normas Constitucionais*, 3ª ed., São Paulo, Malheiros Editores, 1998.

40. Ob. cit., pp. 80-81.

41. *La Intervención Administrativa*, 2ª ed., Buenos Aires, Abeledo-Perrot, pp. 22-23.

42. "Crisis in the Welfare State", *Rivista Trimestrale di Diritto Pubblico* 4/1.173, 1997.

saibam ou não possam executar por sua conta. O Estado somente agiria em caráter temporário e cessaria tão logo houvesse a disponibilidade do particular em realizar a atividade".[43]

6. Princípio da proporcionalidade e "supremacia do interesse público"

O "princípio da supremacia do interesse público" não pode ter um papel necessariamente prevalente na ponderação entre os diversos valores econômicos constitucionais. Este princípio, oriundo de uma época em que a Administração tinha poderes genéricos de ingerência na vida dos cidadãos para assegurar um metafísico "interesse público", se não deve ser abandonado, deve ao menos ser adequado ao Estado Democrático de Direito e à sua formação pluralista.[44]

Não existe um interesse público abstratamente considerado que deva prevalecer sobre os interesses particulares eventualmente envolvidos. A tarefa regulatória do Estado é bem mais complexa do que a singela formulação de uma "supremacia do interesse público".

"O interesse privado e o interesse público estão de tal forma instituídos pela Constituição que não podem ser separadamente descritos na análise da atividade estatal e de seus fins. (...). Em vez de uma relação de contradição entre os interesses privado e público há, em verdade, uma 'conexão estrutural'. (...). A verificação de que a Administração deve orientar-se sob o influxo de interesses públicos não significa, nem poderia significar, que se estabeleça uma relação de prevalência entre interesses públicos e privados. Interesse público como finalidade fundamental da atividade estatal e supremacia do interesse público sobre o particular não denotam o mesmo significado. O interesse público e os interesses privados não estão principialmente em conflito, como pressupõe uma relação de conflito. Daí a afirmação de Häberle: 'Eles comprovam a nova, aberta e móvel relação entre ambas as medidas'".[45]

E mais: em uma sociedade complexa e pluralista não há apenas um interesse público, mas muitos (melhoria e ampliação dos serviços, modicidade das tarifas, atração de investidores estrangeiros, regras preestabelecidas para propiciar maior segurança jurídica, possibilidade de adaptação das regras a circunstâncias supervenientes etc.)[46] – o que leva Odete Medauar a observar que "a uma concepção de homogeneidade do interesse público segue-se, assim, uma situação de heterogeneidade; de uma idéia de unicidade, passou-se à concreta existência de multiplicidade de interesses públicos. A doutrina contemporânea refere-se à impossibilidade de rigidez na prefixação do interesse público, sobretudo pela relatividade de todo padrão de com-

43. *Formas de Desestatização: Aspectos Jurídicos*, mimeo, p. 104 (fonte: Biblioteca da Faculdade de Direito da USP).

44. Sobre a origem do princípio da supremacia do interesse público no Estado absoluto, onde de fato era necessário para que fosse alcançada uma mínima coesão social, v. Maria Alessandra Stefanelli, ob. cit., pp. 43-44.

45. Humberto Bergmann Ávila, "Repensando o 'princípio da supremacia do interesse público sobre o particular'", constante da obra coletiva, organizada por Ingo Wolfgang Sarlet, *O Direito Público em Tempos de Crise*, Porto Alegre, Livraria do Advogado, pp. 111-112.

46. "Não é incomum a prática de atos administrativos por estes entes sob a fundamentação do 'interesse público'. *É possível, porém, identificar um interesse público universal, essencial? Curvar-se à retórica do interesse público, sem atentar para a existência de uma multiplicidade de interesses públicos, é submeter-se a um discurso político perverso e dissimulador*. Podemos visualizar, sob esse enfoque, ao menos três 'interesses públicos em jogo dentro do processo decisório das agências reguladoras: o interesse do próprio Estado, o interesse das empresas concessionárias e os interesses dos usuários. Identificar qual destes está sendo atendido numa decisão concreta da agência é de fundamental importância para se aferir qual a legitimidade democrática do ente específico'" (Conrado Hübner Mendes, "Refoma do Estado e agências reguladoras", in Carlos Ari Sundfeld (coord.), *Direito Administrativo Econômico*, cit., p. 104 – grifos nossos).

paração. Menciona-se a indeterminação e dificuldade de definição do interesse público, a sua difícil e incerta avaliação e hierarquização, o que gera crise na sua própria objetividade".[47]

O Estado, ao regular as atividades econômicas, deve buscar satisfazer os interesses públicos fixados no ordenamento jurídico – não um "interesse público" geral e metafísico –, compondo os interesses do próprio Estado; dos produtores de serviços; da coletividade em geral; das diversas categorias de consumidores (grandes consumidores industriais, consumidores domiciliares e consumidores virtuais que ainda não gozam dos serviços[48]); os interesses públicos setoriais e pontuais,[49] por vezes em conflito entre si; os interesses difusos e coletivos etc.[50]

Como afirma Eduardo García de Enterría, "todo o direito público está protagonizado simultaneamente por entes públicos e por sujeitos privados. Em todos os âmbitos do Direito, que é sempre intersubjetivo, se produz um enfrentamento, seja no sentido mais formal da expressão, ou no sentido de que cada um dos sujeitos persegue fins ou interesses próprios. Mas é missão do Direito articular, sobre esse enfrentamento entre os distintos sujeitos, um ponto de equilíbrio em que cada qual há de receber 'o seu'. No direito público esse ponto de equilíbrio é especialmente comprometido e dramático. O sujeito público é, por sua própria essência, uma *potentior persona*, uma pessoa mais poderosa, que tende naturalmente à supremacia e à imposição. Todavia, se o direito público há de ser efetivamente Direito, não pode renunciar a essa meta de obter e de conseguir um equilíbrio".[51]

Não se está "a negar a importância jurídica do interesse público. Há referências positivas em relação a ele.[52] O que deve ficar claro, porém, é que mesmo nos casos em que ele legitima uma atuação estatal restritiva específica deve haver uma ponderação relativamente aos interesses privados e à medida de sua restrição. *É essa ponderação para atribuir máxima realização aos interesses envolvidos o critério decisivo para a atuação administrativa.* E antes que esse critério seja delimitado não há cogitar sobre a referida supremacia do interesse público sobre o particular".[53]

No mesmo sentido, Odete Medauar observa que contemporaneamente se impõe a modificação do "entendimento de sacrifício de interesse em benefício de outro, ou de primazia de um sobre outro interesse. Cogita-se hoje da função atribuída à Administração de *ponderação dos interesses* em confronto; o princípio é da não-sacrificabilidade *a priori* de nenhum interesse; o objetivo dessa função está na busca do estatuto da compatibilidade entre os interesses. (...). Pode-se associar a orientação ora exposta, de necessidade de completa apreciação de todos os fatores e interesses,

47. *O Direito Administrativo em Evolução*, São Paulo, Ed. RT, 1992, p. 182.

48. V., por exemplo, que a modicidade da tarifa pode beneficiar os consumidores que já usufruem o serviço, mas pode prejudicar os investimentos necessários para beneficiar os moradores das áreas ainda não alcançadas pelos serviços.

49. Para uma classificação dos diversos interesses públicos v. Massimo Severo Giannini, *Diritto Amministrativo*, 3ª ed., Milão, Giuffrè Editore, 1993, pp. 113-117. Denotando a conjunção que às vezes se dá entre o interesse público e privado, o autor dá como exemplo a instalação de indústria em área que necessita desenvolver-se. Trata-se no caso de um interesse público pontual, ou seja, que diz respeito a atividade que não pode ser genericamente considerada como de interesse público, que apenas pode sê-lo diante da análise de cada caso concreto.

50. A doutrina destaca a importância do procedimento administrativo como a sede apropriada para que se proceda a uma adequada e pluralista ponderação entre os diversos interesses públicos e privados envolvidos (Maria Alessandra Stefanelli, ob. cit., p. 56).

51. "Actuación pública y actuación privada en el derecho urbanístico", *Revista Española de Derecho Administrativo* 1.

52. Devemos destacar, sobretudo, a sua dimensão ética (Odete Medauar, ob. cit., p. 179).

53. Humberto Bergmann Ávila, "Repensando ...", in Ingo Wolfgang Sarlet (org.), ob. cit., p. 127 (grifamos).

com vista à sua conciliação e sacrifício mínimo, à previsão do princípio da impessoalidade, para todos os setores da Administração Pública, na Constituição Federal, art. 37, *caput*".[54]

7. *A proporcionalidade e as relações de sujeição especial*

As relações de sujeição especial constituem instituto regulatório comum a uma série de relações do Poder Público com particulares mas que, todavia, muitas vezes é manejado como artifício de mitigação dos princípios da legalidade e da proporcionalidade – equívoco que deve ser evitado.

Com efeito, as relações de sujeição especial são um dado comum às regulações das atividades privadas de interesse geral, da exploração de serviços públicos e das atividades econômicas monopolizadas (o mesmo se diria dos servidores públicos, contratados em geral etc.). Nos termos da teoria de Otto Mayer,[55] estas regulações consubstanciam uma "relação de sujeição especial", e não de supremacia geral, exercida apenas mediante o poder de polícia em seu sentido tradicional, pelo qual "a Administração figura no vínculo jurídico como autoridade pública, utilizando-se do seu poder de império, da sua supremacia perante todos os cidadãos, enquanto exercente de uma função pública, voltada a curar os interesses da coletividade".[56] Nestes casos, como não há uma relação prévia entre o administrado e a Administração, para a qual o primeiro teria assentido, o princípio da legalidade não incide com os seus rígidos contornos tradicionais.

"As relações de supremacia especial são relações específicas travadas pela Administração com o particular, que, por meio delas, insere-se material ou juridicamente na esfera da Administração, justificando o manejo, por parte desta, de poderes inerentes à relação. (...). Assim, ao receber determinada concessão ou permissão de serviço público, o particular, por inserir-se em campo específico da Administração, passa a submeter-se a poderes administrativos mais intensos, decorrentes da titularidade ou da natureza da atividade a ser desempenhada. Por meio deles a Administração poderá realizar injunções, estipular obrigações, criar deveres, que sejam necessários ao cumprimento da finalidade a que serve a atividade, restritos, porém, ao âmbito da referida relação, sem, todavia, ofender o cânone da legalidade. Ao contrário, nesta seara temos implícita autorização legal para a criação de outras regras jurídicas necessárias ao desenvolvimento da relação jurídica"[57] – que, acrescentaríamos, são decorrentes da adesão consensual do particular ao ordenamento setorial em questão através da autorização, da permissão ou da concessão.

A lei e a anuência do particular somam-se para conferir amplos poderes regu-

54. Ob. cit., p. 183.

55. *Derecho Administrativo Alemán*, t. I, Buenos Aires, Depalma, 1982, pp. 144-145.

56. José Roberto Pimenta Oliveira, "A ANEEL e serviços de energia elétrica", in Carlos Ari Sundfeld (coord.), *Direito Administrativo Econômico*, cit., pp. 339-341.

57. "A consideração da vontade dos particulares como habilitadora de potestades administrativas foi formulada pelos tratadistas da evolução conceitual sofrida por uma das instituições-chaves do sireito administrativo: a autorização. Assim, Franchini dizia que 'parece claro que o particular, através do ato de autorização, vem a renunciar, a fim de ver removida a proibição (...) a uma parte de sua liberdade. Este ato de submissão voluntária em geral resulta implicitamente contido na própria solicitação de autorização'. Em termos muito semelhantes, Manzanedo escrevia que 'a solicitação de autorização tem a ela implícito o consentimento do interessado a esta submissão especial, que é, definitivamente, o preço que paga para consegui-la. (...). Não se trata de uma espécie de negociação entre entidades de crédito (empresas em geral) e a Administração, pela qual as primeiras cederiam parte da sua liberdade de empresa. Do que há de se falar propriamente é da configuração do conteúdo de tais direitos individuais pela atuação de poderes administrativos suficientemente habilitados em normas legais, cuja razão última é a garantia do interesse social situado em uma atividade tão relevante para todo o conjunto de cidadãos'" (José María Michavila Núñez, "Relación especial de sujeción en el sector crediticio y Estado de Derecho", *Revista Española de Derecho Administrativo* 54).

latórios ao Estado,[58] que, de qualquer forma, não se isenta da necessária observância do princípio da proporcionalidade: "A extensão dos direitos fundamentais a todos os cidadãos, como direitos inerentes à própria personalidade, exige que as limitações ao seu exercício, baseadas na 'relação de sujeição especial', em que se encontram certas categorias de pessoas, só sejam admissíveis na medida em que resultarem estritamente indispensáveis para o cumprimento da missão ou da função derivada da situação especial".[59]

8. *As agências reguladoras como manifestação do princípio da proporcionalidade*

Verificada a necessidade de retração da intervenção estatal em vastos setores da vida econômica, teve-se, por outro lado, a consciência de que o Estado não poderia deixar apenas ao bom senso empresarial a gestão de atividades de indubitável interesse público, que devem, portanto, ficar sob o seu poder regulatório.

Apesar da sua origem relativamente antiga, que tem como principal marco a *Interstate Commerce Commission*, criada nos Estados Unidos da América do Norte em 1887 para regulamentar os serviços interestaduais de transporte ferroviário,[60] as agências reguladoras constituem, cada vez mais, um importante mecanismo de diálogo entre o Direito, que não pode abrir mão do seu caráter normativo, e a Economia, que não cessa de aumentar a capacidade de impor sua própria lógica.[61]

Juan Carlos Cassagne[62] observa que os poderes conferidos a estes órgãos e entidades são de "variada natureza e extensão". O panorama é amplíssimo, abrangendo os clássicos poderes administrativos relacionados com a fiscalização das atividades desenvolvidas pelos particulares, cumprimento das regras estabelecidas nos contratos de concessão, nas licenças ou nas autorizações, incluindo o estabelecimento de eventuais tarifas, poderes disciplinares, sancionatórios e preventivos de condutas prejudiciais aos interesses coletivos tutelados.

Sendo assim, as agências reguladoras são entidades "atípicas em relação ao tradicional aparato administrativo, com acentuada característica de independência decisória e alta competência técnica, normalmente colegiadas,[63] que ditam regras de

58. "As chamadas relações de sujeição especial não são um âmbito em que os sujeitos ficam despojados dos seus direitos fundamentais ou em que a Administração possa ditar normas sem habilitação legal prévia. Estas relações não se dão à margem do Direito, mas dentro dele, e portanto também nelas têm vigência os direitos fundamentais, de forma que a Administração não goza nestas relações de sujeição especial de um poder normativo carente de habilitação legal, ainda que esta possa ser outorgada em termos que não seriam aceitáveis em relações de sujeição geral" ("El principio *non bis in idem* y su aplicación a las relaciones de sujeción especial de la policia gubernativa", *STC* 234/1991, de 10.12.1991, *Revista Española de Derecho Administrativo* 79).

59. Rafael Gómez-Ferrer Morant, "Derecho a la tutela judicial y posición jurídica peculiar de los poderes públicos", *Revista Española de Derecho Administrativo* 33.

60. Bernard Schwartz, *American Administrative Law*, Londres, Sir Isaac Pitman & Sons, 1950, pp. 6-7.

61. "O Direito Moderno mantém elevada interdependência com os demais sistemas (por exemplo, econômico, político, científico etc.), e é sensível às demandas que lhe são formuladas por este ambiente (abertura cognitiva); entretanto, só consegue processá-las nos limites inerentes às estruturas, seleções e operações que diferenciam o Direito dos demais sistemas (fechamento operativo). Dessa perspectiva, o sistema jurídico é um só, pouco importando se as cadeias normativas são múltiplas, não-hierarquizadas, informais ou produzidas em diferentes contextos. Essa unicidade decorre da função do Direito e não da arquitetura do sistema normativo. *A globalização demanda novas diferenciações no interior do sistema jurídico, mas não é capaz de corromper sua função*" (Celso Fernandes Campilongo, "Teoria do Direito e globalização econômica", in *Direito Global*, São Paulo, Max Limonad, 1999, p. 80 – grifamos).

62. "Los nuevos entes tegulatorios", integrante da obra coletiva *El Derecho Público Actual*, Buenos Aires, Depalma, 1994, pp. 45-46.

63. Quanto à instituição de órgãos de natureza colegiada como forma de controle v. R. Zippelius

comportamento aos operadores, os fiscalizam, aplicam-lhes sanções e formulam propostas ao Parlamento e ao Governo".[64]

Neste sentido, podemos afirmar que, além da atribuição de receitas próprias, é fundamental para a garantia da independência das agências reguladoras a nomeação dos seus dirigentes por termo certo e mediante procedimento especial, normalmente com a prévia aprovação das indicações pelo Poder Legislativo e a vedação de exoneração *ad nutum*.

Ambas as restrições ao poder de livre nomeação e exoneração pelo Chefe do Poder Executivo foram consideradas constitucionais pelo Supremo Tribunal Federal no julgamento da medida cautelar pedida na ADIn 1.949-0. A primeira em virtude de o art. 52, III, "f", da Constituição Federal admitir a prévia aprovação do Senado Federal da escolha de "titulares de outros cargos que a lei determinar". Quanto à constitucionalidade da vedação da exoneração *ad nutum* dos dirigentes das agências reguladoras o Supremo entendeu que não viola as competências do Chefe do Poder Executivo, admitindo a exoneração apenas por justa causa e mediante prévio procedimento administrativo, assegurados o contraditório e a ampla defesa, ou se advier a mudança da lei criadora da agência independente.[65]

Cathérine Teitgen-Colly,[66] ao analisar as autoridades administrativas independentes francesas, equivalentes às nossas agências reguladoras, observa que têm a função de regulação social em determinados setores – função à qual o respectivo grupo social adere. São estas funções que justificam a estrutura e os poderes, inclusive de fixar regras jurídicas, destas instituições, que "não são subordinadas ao Poder Executivo, nem são prolongamentos do Poder Legislativo ou Judiciário, e que são dotadas de poderes que lhes permitem exercer de forma independente uma missão de regulação setorial".

As apontadas características das agências reguladoras[67] – quais sejam, *(a)* a especialização técnica e setorial, *(b)* os amplos poderes decisórios, notadamente de natureza normativa, e *(c)* a elevada autonomia frente ao Poder Executivo central – não fazem com que sejam instituições homogêneas entre si, havendo, contudo, em todas elas os traços comuns de autonomia em face do Poder Executivo central.[68]

É possível denotar que o nosso Direito, na senda dos países ocidentais como um todo, tem buscado realizar a regulação da economia através de órgãos ou entidades especializados tecnicamente e freqüentemente dotados de especial autonomia fren-

(in J. J. Gomes Canotilho (coord.), *Teoria Geral do Estado*, 3ª ed., trad. de Karin Praefke-Aires Coutinho, Lisboa, Fundação Calouste Gulbenkian, 1997, p. 410): "Mesmo a estruturação interna de um órgão estatal segundo o princípio colegial tem uma função de controlo".

64. Elisabetta Bani, "Stato regolatore e autorità indipendenti", constante da obra coletiva *Le Trasformazioni del Diritto Amministrativo*, Milão, Giuffrè Editore, 1995, pp. 22-23.

65. Dissonantemente, o Relator, Min. Sepúlveda Pertence, entendeu aplicável à espécie a Súmula 25, que dispõe: "A nomeação a termo não impede a livre demissão, pelo Presidente da República, de ocupante de cargo de dirigente de autarquia" (fonte: *www.stf.gov.br*). Note-se, contudo, que, apesar de não ser muito notado pela doutrina, a Súmula 25 nunca foi tomada em termos absolutos, tendo sido, por exemplo, excepcionada em relação aos reitores das universidades públicas, geralmente de natureza autárquica, conforme o que dispõe a Súmula 47: "Reitor de universidade não é livremente demissível pelo Presidente da República durante o prazo de sua investidura".

66. "Les autorités administratives indépendantes: histoire d'une institution", in Claude-Albert Colliard e Gerard Timsit (coords.), *Les Autorités Administratives Indépendantes*, Paris, PUF, 1988, pp. 23-24.

67. Antonio la Spina e Giandomenico Majone, *Lo Stato Regolatore*, Bolonha, Il Molino, 2000, p. 62.

68. Há, de fato, uma grande heterogeneidade das agências reguladoras: algumas são dotadas de considerável extensão de poderes autônomos, outras nem tanto, havendo ainda as que sequer podem ser consideradas como "independentes" ou autônomas, descaracterizando-se, desta forma, como verdadeiras agências.

te ao Poder Executivo central, valendo-se, para tanto, das agências reguladoras.

A instituição de agências reguladoras tende a atender ao princípio da proporcionalidade, à medida que, ao retirar da esfera preponderantemente política a regulação de vastos setores da atividade econômica, busca assegurar a não-imposição de regulações de cunho eminentemente político, às vezes mesmo de cunho político-eleitoral, e, desta forma, desnecessárias ou desvirtuadas para os fins públicos aos quais a regulação estatal visa a atender.

Estas instituições também são "macroemanações" da proporcionalidade da relação entre o Estado e a economia, por "caracterizarem a composição entre um Estado produtor, encarregado diretamente da gestão de unidades econômicas, e um Estado regulador, que não mais se substitui aos agentes econômicos, se limitando a impor-lhes certas regras e se esforça em harmonizar-lhes as ações (...). Esta característica não é, no entanto, denotadora de absenteísmo: O Estado regulador é, desta forma, um Estado presente na economia como uma instância tutelar encarregada de assegurar a manutenção dos grandes equilíbrios".[69]

9. Proporcionalidade e serviços públicos

O conceito de *serviços públicos* é, ao mesmo tempo, uma das mais nucleares e controversas noções do direito público. A variação que possui em cada direito positivo e em cada momento sócio-econômico em muito contribui para a dificuldade da sua conceituação.[70]

Universalmente vem ocorrendo a ampliação do âmbito de regulação estatal com a correspectiva redução da sua intensidade. Noutras palavras, é característica do que alguns denominam de Estado Regulador[71] ou Estado Árbitro,[72] ou seja, do Estado que se retirou das atividades de prestação direta ao público, a ampliação da extensão da regulação por ele exercida sobre as atividades dos particulares – regulação, esta, que passa, todavia, a ser exercida de forma menos constritiva.

A redução da intensidade regulatória permitiu que o poder regulatório estatal se espraiasse, observado o princípio da proporcionalidade, por esferas privadas anteriormente menos ou nada reguladas. Há uma tendência à diminuição da intensidade regulatória nos setores onde a intervenção estatal era bastante forte; e, por outro lado, um aumento desta intensidade onde a regulação era menos intensa.

Sob esta perspectiva merece citação a interessante observação de Jean Clam[73] de que a liberalização de atividades tradicionalmente consideradas como públicas, longe de representar uma subtração à regulamentação exógena da atividade, demonstra como os atores privados se tornaram vítimas de sua própria emancipação, ocorrendo uma "potencialização da existência pessoal e social".

69. Jacques Chavalier, *apud* Dominique Bureau, "La réglementation de l'économie", in *Archives de Philosophie du Droit*, t. 41, "Le privé et le public", Paris, Sirey, 1997, p. 334.

70. Segundo Laurent Richer o grande influxo da política e das ideologias sobre a noção de serviço público é uma das causas da sua permanente crise ("Service public et interêt privé", constante dos *Archives de Philosophie du Droit*, t. 41, cit., p. 293). Caio Tácito, lembrando a ironia de Marcel Waline, afirma que a noção de serviço público "é fugidia e variável, assemelhando-se, na disparidade de critérios e definições, a um *diálogo* de surdos, em que não se entendem os interlocutores" ("O conceito de serviço público", in *Temas de Direito Público*, v. 1º, Rio de Janeiro, Renovar, 1997, p. 637). Para um histórico da crise da noção do serviço público no direito administrativo francês v. François Burdeau, *Histoire du Droit Administratif*, Paris, PUF, 1995, pp. 473-481.

71. Por exemplo, Antonio la Spinta e Giandomenico Majone, ob. cit., pp. 168-169.

72. Adotando esta denominação: Dominique Bureau, artigo cit., in *Archives de Philosophie du Droit*, t. 41, cit., p. 330.

73. "Qu'est-ce qu'un bien public? Une enquête sur le sens et l' ampleur de la socialisation de l'utilité dans les societés complexes", in *Archives de Philosophie du Droit*, t. 41, cit., p. 216.

Neste contexto, o conceito de *serviço público*, tradicionalmente o mais forte mecanismo de regulação social, tem passado por grandes desafios: se mantido seu conceito tradicional de atividade exclusiva da esfera pública, cujo mero exercício poderia ser delegado a particulares, terá sua esfera bastante reduzida; se ampliado seu conceito para todas as atividades, ainda que não exclusivas do Estado, em que este exerça uma regulação ordenadora, o serviço público alcançará uma amplitude tal que dispersará seu conceito, abrangendo realidades bastante díspares.

Certa feita José Manuel Sala Arquer reparou que "a experiência recente de outros países – em especial das privatizações inglesas – demonstra que a velha concepção da *publicatio* ou reserva ao Estado de todo um setor se tornou superada, na mesma medida em que também estão sendo superados os chamados 'monopólios naturais'. Cada vez são mais numerosas as atividades consideradas tradicionalmente como 'serviços públicos' que se transformam em atividades do mercado".[74]

A questão é de grande relevância, uma vez que a maior discussão que se trava hoje a respeito dos serviços públicos é exatamente se devem ser considerados como tais apenas os serviços titularizados com exclusividade pelo Estado em razão do bem-estar da coletividade, ou se sua noção deve abranger também as atividades privadas, não titularizadas pelo Estado, que tenham grande importância para a coletividade e que, por esta razão, estão sujeitas a uma rígida e constante conformação pelo Poder Público, notadamente através da exigência de autorizações prévias.

O que distinguiria estas autorizações das autorizações do poder de polícia no sentido tradicional é que são muito mais do que atos que apenas levantam impedimentos ao desempenho de atividade que poderia prejudicar a coletividade, mas que não atende diretamente a um interesse coletivo. As atividades econômicas que estamos abordando atendem diretamente à coletividade, estando sujeitas a uma autorização prévia ordenadora que, além de possibilitar ao particular o exercício da atividade, investe o Poder Público de uma série de poderes de direção sobre a atividade sem que a titularize (exemplo: a atividade dos táxis, em que o Município pode mudar os requisitos de qualidade dos serviços, fixar os preços etc.).

A dificuldade de distinção entre os serviços públicos concedidos e as atividades privadas de interesse público autorizadas é um exemplo da aplicação do princípio da proporcionalidade no direito econômico, tanto em seus aspectos omissivos como comissivos. Vejamos, respectivamente: *(a)* a rigidez da titularidade estatal exclusiva do serviço público (*publicatio*) em muitos setores tornou-se desnecessária, por exemplo, em razão da evolução tecnológica, que possibilitou a existência de concorrência em atividades que antes eram monopólios naturais (exemplo: alguns serviços de telecomunicações); *(b)* o aumento da complexidade da sociedade de massa, por sua vez, impôs a regulamentação ordenadora de atividades privadas de prestação ao público até então sujeitas apenas ao poder de polícia genérico.[75] É assim que, proporcionalmente, não é necessária a titularidade pública para que uma atividade atenda ao interesse público, bastando que esteja sujeita a uma intensa e constante regulação estatal.

74. "Huida al derecho privado y huida del Derecho", *Revista de Derecho Administrativo Español – REDA* 75/412-413, e *La Comisión del Mercado de las Telecomunicaciones*, Madri, Civitas, 2000, p. 40.

75. "Os ganhos de contingência, de elasticidade, de mobilidade, o aumento de opções propiciado pela diferenciação funcional se dão paralelamente a uma extrema densificação. Podemos, desta forma, observar o paradoxo dos mundos das pessoas privadas, a tal ponto dinamizadas que são a irrupção umas das outras, condicionando-se mutuamente" (Jean Clam, artigo cit., in *Archives de Philosophie du Droit*, t. 41, cit., p. 217).

Diante disto, podemos perquirir se a Constituição de 1988, com as reformas que a sucederam, contempla um conceito de serviço público estrito (apenas as atividades de utilidade pública titularizadas pelo Estado), ou se, ao revés, inclui no conceito também as atividades de titularidade privada sujeitas à conformação estatal.

O art. 175 da Constituição Federal parece afirmar a titularidade estatal sobre as atividades econômicas *lato sensu* qualificadas como serviços públicos, ao estabelecer que devem ser prestados diretamente pelo Poder Público ou pelas empresas privadas, concessionárias ou permissionárias, que dele recebam a competente delegação. Não alude o art. 175 às atividades privadas ordenadas pelo Estado mediante autorização. Mas os incisos XI e XII do art. 21 tratam da prestação direta pela União ou indireta, mediante autorização, concessão ou permissão, dos serviços de telecomunicações, de radiodifusão sonora e de sons e imagens; serviços e instalações de energia elétrica e o aproveitamento energético dos cursos de água; a navegação aérea, aeroespacial e a infra-estrutura aeroportuária; os serviços de transporte ferroviário e aquaviário; os serviços de transporte rodoviário interestadual e internacional de passageiros; e os portos marítimos, fluviais e lacustres.

Ao se referir à prestação de serviços mediante autorização a Constituição incluiu entre os serviços públicos atividades não titularizadas pelo Poder Público. Como sabemos, apenas a concessão e a permissão transferem a particulares a execução de serviços públicos de titularidade estatal. As autorizações são instrumentos de ordenação pública de atividades de titularidade privada.

Destarte, em razão do contexto inegavelmente liberalizante em que nos encontramos e da disciplina constitucional que trata de atividades meramente autorizadas como serviços públicos, seria sustentável que em nosso Direito os serviços públicos possuem conceito amplo, identificando-se com todas as atividades de interesse da coletividade sujeitas aos princípios da continuidade e universalidade, sejam elas titularizadas pelo Estado ou pela iniciativa privada.

Isso não nos impede, todavia, de ver as grandes diferenças de regime jurídico entre as atividades titularizadas pelo Poder Público, em que a competição não é a regra, mas sim uma forte regulamentação e *jus variandi* nos casos em que tenha havido concessão ou permissão, e as atividades privadas de interesse coletivo, sujeitas a autorização, em que a competência e a abertura do mercado são a regra, sem embargo das normas editadas pelo Poder Público, cujo descumprimento pode levar à cassação da autorização. No primeiro caso temos uma relação endógena entre a regulação pública e o prestador privado concessionário ou permisionário – ou seja, o Estado edita normas sobre seu serviço. No segundo caso a relação é exógena: o Estado edita normas de regência de atividades da iniciativa privada para que atinjam as finalidades públicas a que se destinam.

Para não tratar conjuntamente realidades diversas, abordaremos em distintos tópicos as duas modalidades de serviços públicos – quais sejam, os serviços públicos propriamente ditos, exclusivos do Estado, sujeitos à *publicatio* e de execução transferível apenas através de concessão ou permissão, e as atividades privadas de interesse coletivo regidas pelos princípios do serviço público, exercidas por autorizatários e sujeitas à *ordenatio*, também chamadas de serviços públicos impróprios ou virtuais.[76]

Ressalto, no entanto, que sempre que atendido o interesse da coletividade se im-

76. Caio Tácito, apesar de afirmar as diferenças entre as duas espécies de serviços públicos, ressalta que "a unidade *substancial* do serviço público possibilita, no entanto, que, em benefício dos interesses gerais nele representados, subsistam pressupostos e condições comuns, quanto aos objetivos e os resultados da prestação jurídica" ("O preço público nos serviços concedidos", in *Temas de Direito Público*, cit., v. 1º, p. 786).

põe a adoção da modalidade regulatória menos constritiva, ou seja, a *ordenatio*, em detrimento da *publicatio*. Todas as atividades designadas pela Constituição como serviço público podem, observado o princípio da proporcionalidade, deixar de ser exclusivas do Poder Público – exclusividade em função da qual só poderiam ser exercidas por particulares mediante concessão ou permissão –, para ter sua titularidade transferida à iniciativa privada, ficando sujeitas apenas à ordenação pública autorizativa.

A transformação de uma atividade até então sob a égide da livre iniciativa em serviço público propriamente dito – o que implica a titularidade exclusiva do Poder Público (*publicatio*) – terá que ter um juízo de proporcionalidade bastante eficaz; noutras palavras: a *publicatio* terá que ser realmente necessária, para ser constitucional. É por esta razão que se impõe a *ordenatio* (não a *publicatio*) sempre que se tratar de atividade que não comporte uma limitação de acesso aos agentes econômicos que queiram desempenhá-la.

A dificuldade na *publicatio* de atividades que não são previamente qualificadas pela Constituição como serviços públicos deve-se ao fato de que, sendo atividades econômicas, a transformação em serviço público implica sua monopolização pelo Estado – e os monopólios públicos são, como vimos, estabelecidos pela Constituição *numerus clausus*. É esta a razão para que parte da doutrina considere que só existem os serviços públicos previstos na Constituição, ou seja, que o legislador não tem competência para criá-los.[77]

Parece-nos que esta corrente doutrinária não dá a devida atenção à linha divisória que a Constituição traça entre as atividades econômicas *stricto sensu* e os serviços públicos.[78] Nos casos em que determinada atividade econômica *lato sensu* for de tal forma sensível ao interesse coletivo que as necessidades dos cidadãos não possam ser atendidas em regime de livre iniciativa a lei pode publicizá-la, transformando-a em serviço público.

Também discordamos dos que admitem a *publicatio* pelo exclusivo juízo do legislador: além da lei formal publicizadora devem haver o interesse coletivo na atividade e a impossibilidade de este ser atendido por outra modalidade regulatória menos constritiva.

O princípio da proporcionalidade também exige que somente possam ser publicizadas as atividades de cada setor que sejam mais sensíveis ao interesse coletivo, ou seja, em princípio os setores não devem ser totalmente publicizados, devendo sempre se aferir quais das atividades do setor podem permanecer com a iniciativa privada, ficando sujeitas apenas a autorização e ordenação estatal.[79] Assim, já decidiu o Conselho de Estado Francês que as atividades lucrativas acessórias aos serviços universais não-rentáveis só podem ser subtraídas à iniciativa privada se forem necessárias ao cumprimento do interesse coletivo que o serviço público visa a atender – por exemplo, para torná-lo economicamente viável.[80]

77. Fernando Herren Aguillar, por exemplo, afirma: "O regime de privilégio, típico dos serviços públicos, supõe o exercício de atividade econômica pelo Estado com exclusividade em relação aos particulares (...). Opera verdadeiro monopólio de uma dada atividade econômica. Daí que o mesmo regime imposto ao Estado para o fim de monopolizar uma determinada atividade econômica é também aplicável para as hipóteses de criação de novo serviço público" (*Controle Social de Serviços Públicos*, São Paulo, Max Limonad, 1999, p. 133. Das pp. 117-162 desta obra consta preciosa análise das diversas correntes existentes na matéria).

78. Nesta senda Celso Antônio Bandeira de Melo, *Curso de Direito Administrativo*, 11ª ed., São Paulo, Malheiros Editores, 1999, pp. 487-488.

79. Esta diretriz foi adotada, por exemplo, em relação aos serviços de telecomunicações e de produção e fornecimento de energia elétrica, em que os serviços em rede, diretamente atinentes à coletividade, são serviços públicos propriamente ditos, e as atividades concernentes mais a certos particulares que à coletividade como um todo são submetidas apenas a autorização (arts. 5º e 7º da Lei 9.074, de 1995, e arts. 83-144 da Lei 9.472, de 1997).

80. Laurent Richer, artigo cit., *Archives de Philosophie du Droit*, t. 41, cit., p. 297.

E mais, mesmo quando publicizada, os princípios da proporcionalidade e da subsidiariedade exigem que a atividade tenha a execução delegada ao maior número possível de concessionários e permissionários.

Tratando do marco regulatório dos serviços públicos delegados à iniciativa privada, Sabino Cassese observou que "a liberalização dos serviços públicos não determina apenas a sua sujeição à disciplina da concorrência, mas também a uma ampla intervenção regulatória, inspirada em princípios e regras comuns aos diversos setores".[81]

Em toda hipótese as agências reguladoras devem observar o princípio da proporcionalidade das normas impostas aos delegatários, buscando sempre uma fina ponderação entre os direitos e interesses dos concessionários, dos usuários, em suas diversas espécies, e dos objetivos da política pública para o setor.

Nesta senda, a mais recente tendência da regulação de serviços públicos é, em atendimento ao princípio da proporcionalidade, a combinação dos mecanismos regulatórios coercitivos com os instrumentos do mercado, caracterizando o que vem sendo denominado de "regulação para a concorrência".[82] Os reguladores, tendo consciência de que tanto o mercado como a regulação não são perfeitos, trazem, favorecidos pelas evoluções tecnológicas, para o âmbito da regulação estatal elementos do mercado: aumentam o número de delegatários; facultam o acesso às infra-estruturas do serviço a todos eles; separam os diversos seguimentos do serviço (produção, transporte, distribuição ...); combinam na mesma atividade regimes jurídicos públicos (concessionários) e privados (meros autorizatários) etc.[83] O Estado cria, então, um marco jurídico-institucional adequado para que as delegatárias possam desenvolver as suas atividades dentro da maior concorrência e da menos constrição possível.

Com efeito, nos serviços em que for viável, a regulação para a concorrência se afigura, entre os meios de eficaz concretização das políticas públicas, o menos oneroso para a liberdade de empresa.

10. Proporcionalidade e os monopólios estatais

Vimos que os serviços públicos se distinguem das atividades econômicas *stricto sensu* monopolizadas pelo Estado por visarem à satisfação de interesses da coletividade, enquanto que estas atendem a interesses fiscais e/ou estratégicos, com reflexos apenas mediatos no bem-estar da coletividade. Vimos também que os monopólios públicos são estabelecidos de forma taxativa pela Constituição em relação a uma série de bens e atividades, principalmente de natureza mineral, inclusive a água, o petróleo e seus derivados (arts. 20, 176 e 177 da CF).

Nestes casos os poderes derivados não têm margem de discricionariedade para, mesmo que supostamente atendendo ao princípio da proporcionalidade, desmonopolizar a atividade. O princípio da proporcionalidade deverá, no entanto, reger a regulamentação a ser dada à sua eventual exploração pela iniciativa privada, que deve, sempre que possível, ser privilegiada.

11. Proporcionalidade e atividades privadas de interesse público

As atividades ora abordadas são por muitos denominadas de serviços públicos

81. *La Nuova Costituzione Economica*, 2ª ed., Roma/Bari, Laterza, 2000, pp. 90-94.

82. Gaspar Ariño Ortiz, ob. cit., pp. 555-556.

83. Tratando especificamente da disciplina legal da nossa Lei Geral de Telecomunicações, Floriano Azevedo Marques Neto observa: "O serviço de interesse coletivo pode ser prestado por um concessionário (prestador em regime público), competindo com alguém que seja autorizado a prestar este serviço em regime privado. Este é um dos núcleos centrais do modelo, pois a formatação jurídica (que rompe com a idéia de coincidir serviço público com monopólio) permite a introdução da competição sem inviabilizar a universalização e a continuidade do serviço" ("Direito das telecomunicações e ANATEL", in Carlos Ari Sundfeld (coord.), *Direito Administrativo Econômico*, cit., p. 312).

impróprios ou virtuais, atividades da iniciativa privada às quais a lei, em face da sua relação com o bem-estar da coletividade, ou por gerarem desigualdades e assimetrias informativas para os usuários,[84] impõe a observância dos princípios da universalidade e continuidade, exigindo ainda autorização prévia para que a atividade possa ser explorada.[85]

O poder de polícia administrativa não tem mais os contornos que possuía nos oitocentos,[86] sendo, inclusive, mais exato tecnicamente aludir a "atividade administrativa conformadora", "poder de polícia/autorização funcionalizada", "operativa", "de trato sucessivo" ou "de efeito continuado", apenas para utilizar algumas das denominações utilizadas pela mais moderna doutrina administrativista.

Eduardo García de Enterría e Tomás-Ramón Fernández chamam a atenção para o fato de que "o conceito de autorização em sentido estrito que chegou até nós se formou no final do século passado (...). A crise do esquema tradicional se deu mais agudamente a partir do momento em que, ultrapassando o campo próprio da ordem pública, em sua tríplice dimensão compreensiva da tranqüilidade, segurança e salubridade, em função da qual foi pensado dito esquema, *a autorização foi transplantada ao complexo campo das atividades econômicas, nas quais desempenha um papel que não se reduz ao simples controle negativo do exercício de direitos, mas que se estende à própria regulação do mercado, com o explícito propósito de orientar e conformar positivamente a atividade autorizada* no sentido da realização de uns objetivos previamente programados ou ao menos implicitamente definidos nas normas aplicáveis".[87]

Note-se que a mera exigência de autorização prévia não é suficiente para caracterizar uma atividade privada como serviço público virtual ou impróprio, fazendo-se ainda mister que esteja sujeita à direção do Poder Público nos aspectos que, atendido o princípio da proporcionalidade, afetem a coletividade.

O mestre Massimo Severo Giannini observa que "para qualificar uma atividade se deve aferir qual é o interesse que envolve. Ora, as atividades que envolvem apenas interesses privados são, no mundo contemporâneo, pouquíssimas. Entre estas e as atividades objetivamente públicas se situam atividades que envolvem ao mesmo tempo interesses públicos e privados.[88] Elas são 'privadas' em sentido subjetivo, isto é, no sentido de que o ordenamento jurídico deixa as respectivas iniciativas aos particulares; objetivamente, ao contrário, podem apresentar pertinência, mais ou menos ampla, ao interesse público".[89]

84. Gaspar Ariño Ortiz, ob. cit., p. 503. O autor dá como exemplo as farmácias, os serviços de táxi, os transportes não-regulares, a atividade bancária, de seguros, as atividades sanitárias, a indústria turístico-hoteleira etc.

85. "A essas instâncias da Administração Pública são cometidas tarefas de programação e de orientação das actividades privadas, que, para salientar a dimensão de interesse público que lhes está subjacente, passam a ser qualificadas como actividades de serviço universal ou actividades privadas com obrigações de serviço público. O serviço universal ou as obrigações de serviço público são assim um fator que aproxima o regime do exercício destas actividades do tradicional regime do serviço público" (Pedro Gonçalves, *A Concessão de Serviços Públicos*, Coimbra, Almedina, 1999, pp. 16-17).

86. Jean-Michel de Forges, *Droit Administratif*, 3ª ed., Paris, PUF, 1995, p. 172.

87. *Curso de Derecho Administrativo*, 6ª ed., t. II, Madri, Civitas, 1999, pp. 133-134 (grifamos). Os autores mantêm a distinção entre as autorizações e as concessões, e, conseqüentemente, entre atividades privadas de interesse geral e serviços públicos, vez que as concessões "operam a partir de uma prévia *publicatio* ou reserva formal do setor aos entes públicos, que, deste modo, ostentam sobre a atividade uma titularidade primária (...)" (ob. cit., t. II, p. 135).

88. "Sendo certo que as actividades privadas de interesse público ou geral estão num degrau ou categoria intermédia, visto que está nelas implicada uma responsabilidade administrativa (responsabilidade-garantia), a verdade é que se trata de actividades privadas que, na maior parte dos casos, foram objeto de um processo de privatização" (Pedro Gonçalves, ob. cit., p. 35).

89. Ob. cit., pp. 21-22.

Gaspar Ariño Ortiz afirma que sobre as atividades privadas de interesse público incide o que denomina de "regulação econômica", que incide sobre setores inteiros, sobre a entrada e saída da atividade, e afeta as condições econômicas em que a atividade se deve desenvolver: o *quantum* de produção, as zonas e mercados em que as empresas operarão, os preços que poderão cobrar – em suma, diz respeito ao próprio negócio em que consiste a atividade. Esta regulação econômica incide, pois, sobre atividades especialmente disciplinadas e submetidas ao Poder Público, a ponto de a regulação não apenas limitar ou condicionar o exercício da atividade, como a configurar internamente.[90]

Com esta modalidade regulatória o princípio da livre iniciativa permanece incólume, mas a liberdade é, todavia, canalizada para a realização dos interesses coletivos sociais e econômicos.[91]

Entendermos que, em virtude de a nossa Constituição (art. 21, XI e XII) se referir expressamente a serviços públicos prestados mediante autorização, estas atividades autorizadas poderiam como tais ser consideradas.[92] A questão é, sobretudo, de nomenclatura, vez que a distinção de regime jurídico, quer as considere como serviço público ou não, é evidente e inquestionável. Considerando esta profunda diferença que guardam com os serviços públicos reservados ao Estado, preferimos tratá-las à parte, como atividades da iniciativa privada mas sob uma especial regulação estatal.[93]

Malgrado a letra da Constituição afirmar que a União prestará o serviço mediante autorização, não se trata de delegação de serviço público – o que levaria a uma aproximação um tanto forçada com a técnica concessional –, pois na concessão e na permissão temos uma atividade reservada com exclusividade ao Poder Público delegante, ao passo que mediante a autorização não há o traspasse de atividade pública aos particulares, mas sim o condicionamento de uma atividade privada.[94]

O que podemos constatar, então, é que a Constituição Federal deu certa margem de discricionariedade ao legislador em relação às atividades que nomeia como serviços públicos para, diante principalmente das evoluções tecnológicas propiciadoras da concorrência e por força do princípio da proporcionalidade, enquadrá-las como serviços públicos propriamente ditos – e, portanto, de titularidade exclusivamente estatal – ou como serviços públicos impróprios ou virtuais – ou seja, como atividades privadas sujeitas a uma regulação de natureza operacional.[95]

Sob determinada perspectiva, os autorizatários destas atividades sofrem mais restrições que os concessionários ou permisssionários de serviços públicos, tendo em vista a ausência de previsão expressa

90. Gaspar Ariño Ortiz, ob. cit., p. 243.

91. "A atividade ordenadora do Estado, nas mãos do órgão regulador, não elimina o necessário espaço de liberdade individual, eis que todos os condicionamentos que imporá, fundados na lei, terão estreita vinculação com uma finalidade pública real, concreta e poderosa" (excerto da *Exposição de Motivos* da Lei 9.472 – Lei Geral de Telecomunicações, constante de Messod Azulay Neto e Antônio Roberto Pires, *O Novo Cenário das Telecomunicações no Direito Brasileiro*, Rio de Janeiro, Lumen Juris, 2000, p. 165).

92. Celso Antônio Bandeira de Melo, em uma posição correta mas talvez um pouco simplista, considera ter havido apenas uma "insuficiência técnica" do Constituinte, vez que a autorização necessariamente remete a "poder de polícia", não a "serviço público" (ob. cit., p. 486).

93. Massimo Severo Giannini, ao se perguntar a respeito de qual das concepções de *serviço público* está correta, responde: "Por mais que a resposta possa parecer estranha, as duas concepções de serviço público estão corretas. O que estamos chamando de diversas 'concepções', na verdade, são diversos conceitos. Se existisse termos distintos para indicá-los a questão ficaria claríssima" (ob. cit., p. 24).

94. José María Souvirón Morenilla, *La Actividad de la Administración y el Servicio Público*, Granada, Colmares, 1998, pp. 598-599.

95. A classificação dos diferentes serviços de telecomunicação, com variados índices de publicização, realizada pela Lei Geral de Telecomunicações é um exemplo eloqüente do exercício desta discricionariedade legislativa.

de proteção do equilíbrio econômico-financeiro e o caráter unilateral da regulação estatal – não calcada em um prévio contrato de concessão.

Por outro lado, não podemos olvidar o feitio menos constritivo que a modalidade regulatória da autorização operativa possui, por não retirar a atividade da esfera da livre iniciativa privada. Não sendo serviços concedidos – e, portanto, de titularidade administrativa –, "não são precedidos de um pacto modal, mas sim de um ato habilitante operativo", o que faz com que os poderes administrativos incidentes sobre eles sejam alheios à idéia de titularidade estatal sobre a atividade, deixando de ser internos a um serviço da própria Administração, para passarem a ser de natureza policial (operacional) e externa aos titulares privados dos serviços, sendo-lhes (aos poderes administrativos) vedado afetar a livre concorrência tal como tenha sido definida no setor.[96]

Na regulação destas atividades econômicas de interesse geral o Poder Público deve se limitar a expedir as normas que digam respeito ao interesse coletivo a ser atendido, não podendo se imiscuir em assuntos intestinos das empresas, mesmo que atinentes a outros interesses públicos (exemplo: ao regular os serviços de táxis, pode estabelecer a tarifa, o meio de identificação, a velocidade máxima, a obrigação de parar sempre que chamados etc., mas não poderá impor a obrigação de os carros serem do ano, para fomentar a produção nacional de veículos).

Também não poderá o Poder Público impor regulação que faça a autorização equivaler à concessão, a uma *publicatio*, ou seja, não poderá o poder autorizante ter poderes correspondentes aos que existiriam se a atividade fosse um serviço público propriamente dito, sob pena de incidir em fraude à Constituição.[97] Se o legislador considera que o interesse público só pode ser atendido pela *publicatio* da atividade, deve, se constitucionalmente legitimado para tanto, qualificá-la legalmente como serviço público reservado, não podendo fazê-lo pela via transversa da autorização ordenadora, que deve possuir perfil menos rígido.[98]

A grande gama regulatória incidente sobre as atividades privadas de interesse público é evidenciada pelo fato de, após uma primeira geração de agências reguladoras de serviços públicos desestatizados, terem surgido as agências reguladoras de atividades econômicas mediante o mecanismo das autorizações funcionais ou ordenadoras, principalmente na área da saúde – a Agência Nacional de Vigilância Sanitária – ANVISA (Lei 9.782, de 1999) e a Agência Nacional de Saúde Complementar – ANSP (Lei 9.961, de 2000). Dentro da mesma perspectiva poderíamos também colocar as atividades sujeitas à ação regulatória do Banco Central do Brasil – BACEN (Lei 4.595, de 1964).

12. Proporcionalidade e atividades privadas sujeitas ao poder de polícia

Neste tópico abordaremos as atividades privadas sujeitas ao poder de polícia tradicional, oitocentista, as autorizações de mero funcionamento, de cunho genérico, não-funcional, em que o Poder Público não direciona, a exemplo do que faz em relação às atividades econômicas de interesse geral, a atividade privada para o atendimento de interesses coletivos, mas apenas zela para que não agrida o interesse público genericamente considerado, a saúde, a segurança e os direitos de terceiros.

96. José María Souvirón Morenilla, ob. cit., pp. 643-644.

97. Alguns autores chegam a se referir a "concessões encobertas" (Pedro Gonçalves, ob. cit., p. 21).

98. "Às vezes o título de intensa intervenção do Estado se apoia em uma referência subjetiva, isto é, em uma titularização em seu favor, e outras vezes o Estado fundamenta esta intervenção na importância social daquelas atividades, que lhe autoriza regulamentá-las intensamente sem necessidade de serem declaradas como sendo de sua titularidade" (Gaspar Ariño Ortiz, ob. cit., p. 499).

Exemplo do poder de polícia que incide sobre as atividades econômicas é a regulação da concentração econômica, exercida pelo Conselho Administrativo de Defesa Econômica- CADE. Há ainda os poderes de polícia mais específicos exercidos pelo Instituto Nacional da Propriedade Industrial – INPI, pelo Instituto Nacional de Metrologia – INMETRO, pela Comissão de Valores Mobiliários – CVM, pelos órgãos administrativos de proteção do meio ambiente, pelo Ministério do Trabalho etc.

É de se destacar também a necessidade de incidência do poder de polícia (autorizações prévias, fiscalização etc.) sobre grande parte dos serviços (privados) *ao público*.[99]

Destarte, as atividades econômicas estão, por força do art. 170 da Constituição Federal, sujeitas ao poder de polícia administrativa, exercido, eventualmente, através da exigência de autorização prévia de funcionamento.

Este é o mínimo de constrição a que pode chegar a regulação estatal da economia, denominada por Gaspar Ariño Ortiz de "regulação externa",[100] uma vez que, ainda que potencialmente, sempre incidirá o poder de polícia que assegure que nenhuma atividade humana, ainda mais se de caráter econômico, seja exercida contrariamente ao interesse público. Devemos, inclusive, notar que "o recuo da ordem pública de caráter dirigente não significa o desaparecimento de restrições aos agentes do mercado. Em nome da liberdade de concorrência, pesadas sujeições têm sido impostas à liberdade contratual, não sem um certo paradoxo. Estas restrições tomam cada vez mais importância, à medida que o direito da concorrência tem um caráter marcadamente expansionista".[101]

Sendo o poder de polícia a modalidade regulatória menos constritiva, o princípio da proporcionalidade impõe que, sempre que atenda ao interesse visado e a matéria tenha sido deixada pela Constituição à discricionariedade do legislador, o Estado deva, antes de considerar a atividade como serviço público ou como atividade econômica de interesse público, buscar aperfeiçoar os mecanismos regulatórios de polícia administrativa tradicional, para que não tenha que lançar mão de meios mais constritivos.

E, mesmo no exercício do poder de polícia, "os princípios que regem a coação administrativa direta devem atender às particularidades do princípio da legalidade (com cláusulas de habilitação geral, metamorfose funcional e competencial ...) e à incidência que sobre o mesmo adquire o princípio da oportunidade, junto com os de congruência ou idoneidade e proporcionalidade *sensu stricto* ou proibição do excesso, que obriga tanto à eleição do meio mais suave entre os idôneos ou adequados, como a ponderar a salvaguarda do interesse público com a conseguinte restrição da liberdade afetada".[102]

13. Conclusões

Podemos ver que o universo da regulação estatal da economia possui uma complexidade que exige parâmetros fluidos e dinâmicos, mas ao mesmo tempo seguros, de forma que as tensões entre a liberdade econômica e os anseios e valores sociais da Constituição possam ser compostas da maneira menos gravosa para ambos.

O princípio da proporcionalidade é, assim, o guia por excelência das escolhas públicas a serem feitas, que, se, por um lado, devem atender ao interesse público, por outro, devem fazê-lo da maneira me-

99. Gaspar Ariño Ortiz, ob. cit., p. 502.

100. Gaspar Ariño Ortiz, ob. cit., p. 243.

101. Dominique Bureau, artigo cit., in *Archives de Philosophie du Droit*, t. 41, cit., p. 331.

102. Iñaki Agirreaskuenaga, "La coacción administrativa directa en el ámbito de la inspección de consumo. Límites en el acceso a locales a inspeccionar", *Revista Española de Derecho Administrativo* 69.

nos constritiva à livre iniciativa, e mesmo nas modalidades regulatórias em que esta esteja em princípio excluída (monopólios e serviços públicos) devem buscar propiciar o acesso à atividade ao maior número possível de agentes econômicos privados (concessionários e permissionários).

Não se trata, sob qualquer hipótese, de colocar o interesse público em segundo plano, mas, outrossim, de zelar para que não se busque alcançá-lo por meios desnecessariamente onerosos aos valores da livre iniciativa, também albergados na Constituição Federal.

Atualidades

O CARÁTER OBRIGACIONAL DA RELAÇÃO TRIBUTÁRIA

João Luiz Coelho da Rocha

Não conseguimos concordar com nosso amigo e ex-colega Aurélio Pitanga Seixas Filho, que, em erudita dissertação ("Natureza jurídica da relação tributária", *RT* 29/92), pretende excluir do campo obrigacional o liame tributário.

Baseando-se já em Beviláqua, que retiraria "da raias da Theoria das Obrigações" as obrigações de matriz familiar e as de "concorrer por meio de impostos para as despesas do Estado e do Município", já em opinamento da doutrina européia (Rafael Bielsa, Heinz Paulick) e ainda em estudos de Marçal Justen Filho (*Sujeição Passiva Tributária*, CEJUP, 1986), assevera o professor Pitangas Seixas: "O credor da relação jurídica obrigacional é dono de sua vontade, podendo dela dispor, livremente, inclusive para perdoar o devedor do cumprimento de sua obrigação ou dever jurídico, enquanto a relação tributária nasce e se forma sem depender diretamente da vontade dos sujeitos participantes dela, que devem cumprir, isto sim, a vontade da lei".

Bem se sabe que na "ponta credora" da relação tributária não se acha um simples direito do ente político, mas o exercício de um poder/dever ínsito à gestão pública.

Nada disso impede, contudo, que a estrutura da relação entre o Fisco (qualquer Fisco) e o contribuinte seja uma estrutura obrigacional.

Há ali um sujeito passivo, há ali o requisito essencial do vínculo, compelindo aquele a uma prestação, e há enfim um sujeito ativo, pouco importando para tal efeito de estrutura jurídica que esse sujeito ativo não tenha disponibilidade sobre seu crédito, derivado que é de um *munus* estatal.

Não nos impressiona o socorro teórico de Marçal Justen Filho (ob. cit., p. 71): "olvida-se que se trata de instituto peculiarmente de direito privado, dentro de cujos quadros se justifica sua existência. Fora desses limites, porém, não há como prestar-se a algo porque perde a sua referência conceptual e sua utilidade classificatória".

Not really: no direito administrativo, por exemplo, é genericamente reconhecida a existência de relações obrigacionais, nitidamente obrigacionais, jungindo administrados e a gestão pública, ou derivadas tais obrigações de atos unilaterais negociais (licença, permissão, autorização, visto etc.) ou de contratos administrativos, tudo como bem explica Hely Lopes Meirelles (*Direito Administrativo Brasileiro*, 21ª ed., São Paulo, Malheiros Editores, pp. 169 e 210).

Não há por que se excluir do âmbito do direito público a constatação de ligações basicamente obrigacionais entre o cidadão e o Príncipe, ainda que se conceda a superveniência de qualidades próprias que o espectro da ordem pública vai conferir àquele vínculo.

Em matéria de direito público vige, como se sabe, o princípio da legalidade estrita, pois que ali só é permitido aquilo que a lei assim o contempla, e esta já é uma contenção clara à amplitude obrigacional.

Não se permite ao Poder Público ajustar com o particular senão nos caos estipulados em lei; só nessas hipóteses, pois, poderão nascer obrigações administrativas, mas essas, ao nascerem, vão desfrutar das mesmas características básicas do vínculo obrigacional comum. Elas nascem de contratos (contratos administrativos), de atos jurídicos unilaterais (atos negociais, como autorizações, licenças, vistos etc.), mesmo de atos ilícitos, e, enfim, nascem diretamente da própria lei, como na hipótese das obrigações tributárias.

Não deixa o ente político de ser credor obrigacional típico, em relação ao tributo de sua competência, pelo fato de que até mais do que o direito potestativo de exigir tal tributo dos sujeitos passivos, tem ele na verdade o poder/dever de exigi-lo.

O que se mostra inconsistente é a conclusão de que por força de tais qualidades, todas próprias do crédito por tributos, não tenha a relação Fisco/contribuinte a natureza obrigacional.

Bernardo Ribeiro de Moraes (*Compêndio de Direito Tributário*, 3ª ed, v. 2º, Rio de Janeiro, Forense, p. 264) percebe bem o fenômeno: "As transformações operadas no direito privado levaram à convicção de que o conceito jurídico de obrigação não se acha indissociavelmente ligado a uma autonomia da vontade. Ao contrário, o conceito de obrigação do direito privado é adaptável a situações que se constituem independentemente de qualquer vontade das partes, admitindo-se causas diferentes, *v.g.*, a situação decorrente da responsabilidade objetiva. Assim, a idéia de vínculo obrigacional civil acabou tendo penetração na esfera jurídica em que predomina o interesse público, embora em relação jurídica de direito privado. Por outro lado, o conceito de obrigação penetrou em outros ramos do Direito, tanto no direito privado como no direito público".

E mais adiante conclui (p. 267): "o direito tributário, não tendo criado, para si, um conceito específico de obrigação, aceita assim o conceito jurídico de obrigação oferecido pelo direito civil, de caráter geral, adaptável aos demais ramos do Direito".

Também Sacha Calmon Navarro Coêlho (*Curso de Direito Tributário Brasileiro*, Rio de Janeiro, Forense, 1999, p. 580), louvando-se em clássicos ensinos de Kelsen sobre a fonte da lei como única originária de deveres jurídicos, ou diretamente, ou indiretamente via contratos, declarações unilaterais etc., confere sua percepção clara ao fenômeno: "o dever de indenizar, *v.g.*, pela prática de ato ilícito decorre da lei que imputa efeito civil ao ato ilícito. O dever de pagar tributos, igualmente, somente surge porque a lei elege determinados eventos como geradores de obrigações tributárias se e quando ocorrem no mundo".

Diretamente derivada da ocorrência de um fato jurídico (o fato gerador), nasce então no campo do Direito, por força da lei tributária, uma obrigação, uma teia obrigacional, envolvendo um crédito do sujeito ativo (o credor estatal) e que diz com o pagamento de tributo e/ou multa pecuniária pelo sujeito passivo (art. 113 e § 1º do CTN).

Convergindo a essa obrigação tributária principal, ocorre ainda um vetor obrigacional acessório que objetiva prestações ligadas à arrecadação ou à fiscalização dos tributos (art. 113, § 2º).

Do direito obrigacional clássico a ordem tributária vai retirar os mesmos institutos que qualificam esse elemento jurídico tão básico nas relações humanas. A solidariedade obrigacional (art. 124 do CTN), a compensação (art. 170), a transação (art. 171), a remissão (art. 172), a decadência e a prescrição (arts. 173 e 174). É claro que nos domínios tão estritamente legalistas do direito público, no campo da indisponibilidade dos bens públicos, a lei é requisito básico para aqueles modos extintivos não-ortodoxos da obrigação tributária.

Mas não será por isso que se estará tratando de uma outra coisa que uma obrigação, com princípio (origem legal), meio (exigibilidade) e fim (pagamento ou extinção autorizada por lei).

A Fazenda Pública dispõe do *privilége du préalable* de constituir ela mesma, credora, mediante a operação de *accertamento*, o seu título, líquido e certo, qualificado, de exigência do tributo.

Aurélio Pitanga Seixas (artigo cit., *RT* 29/101) considera tal fenômeno incompatível com a situação de um credor obrigacional. Não concordamos.

O privilégio do Príncipe é relativo, pois que o lançamento tributário é, como se sabe (art. 143 do CTN), um procedimento vinculado, mandatório, onde não necessariamente vão prevalecer ao fim a palavra e a intenção inicial da autoridade credora.

Pois certo que, sendo a matéria envolvida um crédito público por essência, confere-se ao credor obrigacional uma presunção inicial de certeza no seu acertamento, mas que pode ser elidida pelas evidências contrárias mesmo antes de sua exigência judicial (no curso do procedimento administrativo-fiscal).

Nada que se contraponha à idéia obrigacional e seus salutares, democráticos, clássicos, princípios, que asseguram uma segurança básica, tão centenária, a tantas ordens jurídicas.

Pretender o contrário nos parece abrir as portas a perigosas noções jurídicas que só tendem a fortalecer o arbítrio e o desmando nessa eternamente tormentosa questão entre as pretensões estatais e os direitos dos cidadãos.

Aponta Bernardo Ribeiro de Moraes (ob. cit., v. 2º, p. 265), abonando a tese obrigacional do vínculo tributário, que não existiriam grandes distinções práticas entre esta posição e as do que vêem inexistente ali uma estrutura obrigacional.

Entendemos de modo diverso. O arquétipo da obrigação, estrutura tão simples quanto quase-genial, elaborada pelo pensamento jurídico clássico vale muito como uma âncora de clareza, definição e garantia de direitos básicas a uma parte (credora) e a outra (devedora).

A um ângulo – o credor –, institutos como a solidariedade aparecem com funções protetoras; a outro canto – o devedor –, soluções como a imputação em pagamento (CC, art. 991) asseguram a este direito à solução escolhida de vários débitos em aberto.

Há um imenso seio de conquistas e elaborações jurídicas no instituto das obrigações, tudo sedimentado em anos e anos de observação e experiência, e que são perfeitamente aplicáveis ao eixo relacional Fisco/contribuinte.

O CADE E O CONTROLE PREVENTIVO DOS ATOS DE CONCENTRAÇÃO EMPRESARIAL

MARCELO GAZZI TADDEI

1. Introdução. 2. O CADE – Conselho Administrativo de Defesa Econômica. 3. Controle preventivo dos atos de concentração na Lei 8.884, de 1994. 4. A delimitação do mercado relevante e a atuação do CADE. 5. O caso AmBev. 6. O caso Kolynos. 7. Conclusão.

1. Introdução

Recentemente a atuação do CADE – Conselho Administrativo de Defesa Econômica ficou bastante conhecida em todo o país em razão da criação da *Cia. de Bebidas da América – AmBev*. A fusão da *Antarctica* e da *Brahma* como todos os demais atos que possam limitar ou prejudicar a livre concorrência ou resultar no domínio de mercados, para se aperfeiçoarem, devem ser submetidos à apreciação e respectiva aprovação do CADE, autarquia federal responsável pela defesa da livre concorrência no país.

No Brasil a Constituição Federal, ao dispor sobre a exploração das atividades econômicas, fundamenta a ordem econômica na valorização do trabalho humano e no princípio da livre iniciativa, elencando no art. 170, entre os princípios gerais da atividade econômica, o princípio da livre concorrência. De acordo com a previsão constitucional, vigora no país o regime econômico neoliberal, pelo qual a intervenção do Estado no desenvolvimento das atividades econômicas deve ser mínima, justificando-se apenas nas hipóteses previstas em lei e quando as condutas dos agentes econômicos causarem ou forem suscetíveis de causar lesões às estruturas do livre mercado.

Para assegurar a defesa da livre concorrência o § 3º art. 174 da Constituição Federal dispõe que a lei reprimirá o abuso do poder econômico que vise à eliminação da concorrência, domínio de mercado e ao aumento arbitrário dos lucros. Em atendimento ao dispositivo constitucional vigora atualmente no país a Lei 8.884, de 11.6.1994, conhecida como Lei Antitruste Brasileira (LAB), que tem por finalidade a defesa da livre concorrência por meio da prevenção e repressão às infrações à ordem econômica.

Na Lei 8.884, de 1994, predominam dispositivos de caráter repressivo (arts. 15-53) em detrimento dos de natureza preventiva (arts. 54-58). Entretanto, Fábio Ulhoa Coelho destaca que a aplicação da lei, em razão das alterações na economia, inverteu essa equação. Atualmente o CADE tem-se dedicado muito mais à apreciação dos atos de concentração do que ao julgamento dos processos administrativos sobre condutas infracionais (Coelho 1999:233). Essa predominante atuação preventiva da autarquia justifica-se pela atual política econômica desenvolvida no país, fundada na abertura econômica, que expôs o Brasil à concorrência internacional e fez com que os agentes econômicos se fortalecessem por meio de fusões, incorporações e outras formas de concentração para enfrentar os fortes competidores internacionais nos mercados nacional e mundial.

Diante da atual conjuntura e da grande relevância da atuação do CADE na defesa da livre concorrência no país, vale destacar os principais aspectos legais relacionados ao controle preventivo dos atos de concentração, previstos na legislação antitruste de 1994.

2. *O CADE – Conselho Administrativo de Defesa Econômica*

A Lei 8.884, de 1994, transformou o CADE em autarquia federal vinculada ao Ministério da Justiça com o escopo de proporcionar maior agilidade na sua atuação em juízo. O CADE possui jurisdição administrativa em todo o território nacional. Trata-se de jurisdição administrativa, e não judicial, porque o CADE integra o Poder Executivo.

O Plenário da autarquia, sediada em Brasília-DF, é composto por um Presidente e seis Conselheiros, escolhidos dentre cidadãos com mais de 30 anos de idade, de notório saber jurídico ou econômico e reputação ilibada, nomeados pelo Presidente da República, após aprovados pelo Senado Federal. O mandato do Presidente e dos Conselheiros é de dois anos, sendo permitida uma recondução.

Junto ao CADE funciona uma Procuradoria que presta assessoria jurídica à autarquia, defende-a em juízo, emite pareceres nos processos de competência do órgão e, além das demais atribuições previstas no art. 10, promove a execução judicial das decisões e julgados do CADE, comunicando, em seguida, o Ministério Público Federal que oficia junto à autarquia, para as demais medidas legais cabíveis.

No desenvolvimento de suas funções o CADE é auxiliado por um órgão da Administração direta federal, integrante da estrutura administrativa do Ministério da Justiça, denominado Secretaria de Direito Econômico (SDE). Entre as funções da SDE, previstas pelo art. 14 da LAB, destaca-se sua atuação como instância administrativa auxiliar do CADE. Compete à SDE instaurar processo administrativo para apuração e repressão das infrações à ordem econômica, remetendo ao CADE esses processos quando entender configurada a infração, ou recorrer de ofício à autarquia na hipótese de decidir pelo arquivamento das averiguações preliminares ou do processo administrativo. A SDE também atua como órgão de fiscalização das práticas de mercado e do cumprimento das decisões do CADE, além de exercer o papel de órgão orientador em matéria de infração à ordem econômica.

Ao CADE, entre as funções previstas no art. 7º da LAB, compete decidir os processos administrativos instaurados pela SDE; decidir sobre a existência de infração à ordem econômica e aplicar as penalidades previstas na lei, considerando a gravidade da conduta caracterizadora da infração; apreciar os atos e condutas que possam limitar ou prejudicar a livre concorrência ou resultar no domínio de mercado, fixando compromisso de desempenho quando aprová-los.

Atendendo aos dispositivos previstos na lei, o CADE atua de forma preventiva e repressiva, ora proibindo certas negociações e intervindo nos possíveis efeitos prejudiciais da atuação empresarial, ora fiscalizando e punindo os responsáveis por comprovadas infrações à ordem econômica. O CADE supervisiona os atos e atividades empresariais orientando-se pela defesa da concorrência, não lhe competindo estimulá-la, pois não é órgão formulador de política de fomento à concorrência.

O CADE é instrumento da promoção da política econômica do Poder Executivo. Nesse contexto, devem ser consideradas as hipóteses em que a prática empresarial, embora tipificada como infração à ordem econômica ou restritiva à livre concorrência, repercute favoravelmente em outros aspectos da economia (desenvolvimento econômico e tecnológico, redução da taxa de desemprego, geração de tributos, melhoria na qualidade dos produtos ou serviços, aumento da produtividade). Ao decidir pela aplicação da sanção e aprovação do ato de concentração a autarquia não pode ignorar eventuais reflexos positivos da prática empresarial. A Lei Antitruste permite ao CADE aprovar com restrições ato de concentração lesivo à livre concorrência ou atenuar ou mesmo não aplicar penalidade à conduta caracterizadora de infração à ordem econômica (Coelho 1995:26).

A natureza dos atos do CADE é idêntica à dos atos dos demais órgãos administrativos. Os pronunciamentos da autarquia, embora revestidos de formalidades semelhantes às dos órgãos judiciais, não fazem coisa julgada e estão sempre sujeitos à revisão do Poder Judiciário, da mesma forma que todos os demais atos administrativos. A possibilidade de revisão judicial dos atos do CADE é assegurada pelo princípio da inafastabilidade do Poder Judiciário, previsto no inciso XXXV do art. 5º da Constituição Federal.

3. Controle preventivo dos atos de concentração na Lei 8.884, de 1994

O controle preventivo dos atos é previsto no art. 54 da Lei 8.884, de 1994. De acordo com este dispositivo, os atos que possam limitar ou prejudicar a livre concorrência, ou resultar no domínio de mercados relevantes de bens ou serviços, deverão ser submetidos à apreciação do CADE. O § 3º do art. 54 determina que os atos que visem a qualquer forma de concentração econômica, seja por meio de fusão ou incorporação de empresas, constituição de sociedade para exercer o controle de empresas ou agrupamento societário, que implique participação de empresa ou grupo de empresas resultante em 20% de um mercado relevante, ou em que qualquer dos participantes tenha registrado faturamento bruto anual no último balanço equivalente a 400 milhões de Reais, devem ser submetidos à aprovação do CADE.

Quando presentes os requisitos previstos na lei torna-se obrigatória a apreciação do ato pelo CADE, cuja aprovação é condição para seu aperfeiçoamento. De acordo com o § 4º do art. 54 da LAB o ato deverá ser apresentado para análise previamente ou no prazo máximo de 15 dias úteis contados de sua realização, mediante encaminhamento da respectiva documentação em três vias à SDE, que enviará, imediatamente, uma via ao CADE e outra à Secretaria de Acompanhamento Econômico do Ministério da Fazenda – SEAE.

Conforme previsto na Lei Antitruste (§ 4º do art. 54), não é necessário que o ato seja submetido à análise da autarquia previamente à assinatura dos respectivos instrumentos. As partes têm o prazo de 15 dias úteis seguintes à realização da operação para submeter o ato à apreciação do CADE (a *AmBev* foi constituída em 1º de julho de 1999 e o pedido de análise protocolado no dia 2 de julho de 1999), podendo, assim, concretizar o negócio jurídico antes do pronunciamento da autarquia. Se o ato for rejeitado pelo órgão governamental o § 9º do art. 54 determina sua desconstituição, total ou parcial.

A inobservância do prazo de apresentação, segundo o § 5º do art. 54, será punida com multa pecuniária de valor não inferior a 60 mil UFIRs nem superior a 6 milhões de UFIRs, a ser aplicada pelo CADE, sem prejuízo de abertura de processo administrativo. Já foi decidido no CADE (Ato de Concentração 119/97, de 22.10.1997) que a data da realização da operação tratada pelo § 4º do art. 54 da Lei 8.884, de 1994, é aquela a partir da qual se efetivam as obrigações entre as partes contratantes, e o prazo não é suspenso pelo recesso do CADE, que não alcança a SDE, onde a documentação é protocolada (Franceschini 1998:713).

A apreciação do ato de concentração pelo CADE é informada por manifestações técnicas de dois órgãos da Administração Federal – a Secretaria de Acompanhamento Econômico do Ministério da Fazenda (SEAE) e a Secretaria de Direito Econômico do Ministério da Justiça (SDE) –, sendo que cada uma possui o prazo de 30 dias para se manifestar. Entretanto, a decisão da autarquia não se encontra vinculada aos pareceres emitidos por esses órgãos, podendo o CADE decidir de forma contrária aos entendimentos manifestados.

Na sua decisão o CADE orienta-se de acordo com os dispositivos legais, podendo autorizar o ato se entender que este atende às seguintes condições, previstas no § 1º do art. 54 da Lei 8.884, de 1994: aumentar a produtividade, melhorar a qualidade de bens ou serviços ou propiciar a eficiência e o desenvolvimento tecnológico ou econômico (inciso I); os benefícios decorrentes sejam distribuídos eqüitativamente entre seus participantes e os consumidores ou usuários finais (inciso II); não impliquem eliminação da concorrência de parte substancial de mercado relevante de bens e serviços (inciso III); sejam observados os limites estritamente necessários para atingir os objetivos visados (inciso IV). Todas essas condições referem-se à defesa e não ao estímulo da concorrência, o que afasta das decisões do CADE a incidência de teorias como a da concorrência potencial, que são aplicadas para estimular e não defender a concorrência.

Segundo o § 2º do art. 54, são considerados legítimos os atos de concentração econômica desde que atendidas pelo menos três das condições previstas nos incisos do § 1º, quando necessários por motivos preponderantes da economia nacional e do bem comum, e desde que não impliquem prejuízo ao consumidor ou usuário final. Assim, de acordo com o referido § 2º, o CADE não poderá impugnar os atos de concentração se três das quatro condições do § 1º estiverem presentes, desde que – vale ressaltar – demonstrada a necessidade da concentração por motivos preponderantes da economia nacional e do bem comum, além da ausência de prejuízo ao consumidor ou usuário final.

Nessa hipótese, a atuação do CADE na apreciação do ato de concentração deve considerar os fatores que o inspiraram (motivos preponderantes da economia nacional e do bem comum). A avaliação desses fatores, de competência exclusiva do Poder Executivo, trata-se de um poder exercido dentro de certos limites estabelecidos por lei, que, uma vez ultrapassados, podem caracterizar desvio de poder. Esses limites encontram-se estabelecidos no § 2º do art. 54, pelo qual o ato de concentração é admitido e legítimo, mesmo que possa ser prejudicial à livre concorrência ou resultar no domínio de mercado relevante de bem ou serviço, se estiverem presentes pelo menos três das quatro condições previstas no § 1º do art. 54.

Se apenas uma ou duas das condições previstas forem atendidas o CADE não poderá considerar regular o ato submetido à sua apreciação, ainda que invoque motivo preponderante da economia nacional e do bem comum, pois não se encontram presentes os pressupostos legais para sua admissão. Por outro lado, o CADE não pode rejeitar o ato de concentração se três das quatro condições forem preenchidas e existir motivo preponderante da economia nacional e do bem comum, desde que não haja prejuízo ao consumidor.

A lei não esclarece se compete exclusivamente ao CADE decidir sobre a existência de motivo preponderante da economia nacional e do bem comum para justificar determinados atos, ou se referida competência estende-se a outros órgãos do Estado. Diante da lacuna tem-se afastado o monopólio da autarquia como o único órgão do Estado com a incumbência para a definição desses fatores. Nesse aspecto deve-se destacar o pedido realizado pela Conselheira do CADE e Relatora do processo da *AmBev*, Hebe Romano, à Secretaria de Política Industrial, requerendo um parecer sobre o motivo de preponderante interesse da economia nacional e do bem comum alegado pelas requerentes em seu pedido de aprovação do ato.

Na hipótese de o CADE aprovar o ato submetido à sua apreciação na forma do art. 54, definirá os termos do compromisso de desempenho a ser firmado pelos interessados, de forma a assegurar o cumprimento das condições estabelecidas no § 1º do art. 54. No compromisso de desempenho são estabelecidas metas qualitativas ou quantitativas em prazos predefinidos, sendo o cumprimento dessas metas acompanhado pela SDE e pelo CADE. O § 3º do art. 58 prevê que o descumprimento injustificado do compromisso de desempenho implicará a revogação da aprovação do CADE e a abertura de processo administrativo para adoção das medidas cabíveis.

Quanto à previsão de multa pelo descumprimento dos termos firmados no compromisso de desempenho cumpre destacar que a Lei 8.884, de 1994, não apresenta disposição específica a respeito, o que afasta a possibilidade de sua imposição, com base no princípio da legalidade. Entretanto, o CADE tem previsto multa diária no valor mínimo de 5 mil UFIRs pelo descumprimento dos termos de compromisso de desempenho, com fundamento no art. 25 da LAB, que não autoriza expressamente essa possibilidade. Se não, vejamos: "Art. 25. Pela continuidade de atos ou situações que configurem infração da ordem econômica, após decisão do Plenário do CADE determinando sua cessação, ou pelo descumprimento de medida preventiva ou compromisso de cessação previstos nesta Lei, o responsável fica sujeito a multa diária de valor não inferior a 5.000 (cinco mil) Unidades Fiscais de Referência – UFIRs, ou padrão superveniente, podendo ser aumentada em até 20 (vinte) vezes se necessário para garantir sua eficácia em razão da situação econômica do infrator".

4. A delimitação do mercado relevante e a atuação do CADE

A expressão "mercado relevante" foi introduzida na LAB pela Lei 8.884, de 1994. *Mercado relevante* é aquele em que se travam as relações de concorrência ou atua o agente econômico cujo comportamento está sendo analisado. A delimitação do mercado relevante é fundamental para a atuação do CADE tanto no julgamento dos processos administrativos referentes às infrações à ordem econômica como na análise dos atos de concentração. A partir da delimitação do mercado relevante é possível verificar se a conduta causa ou pode causar a eliminação da concorrência, o domínio de mercados e o aumento arbitrário dos lucros.

Os percentuais de participação no mercado de cada empresário possuem relevância e ganham expressão na medida em que são conferidos em função dos segmentos específicos em que atuam. Essas participações se reduziriam e diluiriam se a referência fosse alargada para maiores parcelas ou mesmo para toda a economia do país. Assim, a definição de *mercado relevante* é feita em dois níveis: o geográfico e o material.

Mercado relevante geográfico é a área onde ocorre a concorrência relacionada à prática que está sendo considerada como restritiva. O mercado relevante geográfico considerado pode ser uma região, um Estado, todo o território nacional e até mesmo o internacional, na hipótese de ausência de barreiras alfandegárias. No caso da *AmBev* o mercado relevante geográfico considerado foi o nacional, dividido em cinco regiões, apresentando cada uma percentual de concentração diferente.

O *mercado relevante material* (ou mercado do produto) é aquele em que o agente econômico enfrenta a concorrência, considerado o bem ou serviço que fornece. A delimitação do mercado relevante material é feita a partir da perspectiva do consumidor; se este pode substituir um produto ou serviço por outro igual ou semelhante, ambos pertencem ao mesmo mercado relevante material. Assim, a fungibilidade dos produtos para o consumidor faz com que integrem idêntico mercado relevante material. Se a mercadoria ou o serviço podem ser perfeitamente substituídos, conforme a avaliação do consumidor médio, por outros de igual qualidade, oferecidos na mesma localidade ou região, então o mercado relevante compreenderá também todos os outros produtos ou serviços potencialmente substitutos.

Paula Forgioni destaca que produtos aparentemente semelhantes normalmente não fazem parte de um mesmo mercado relevante: uma caneta de plástico e outra de metal precioso certamente não satisfazem idêntica necessidade do consumidor e não se encontram em relação de concorrência. A intercambialidade do produto não é fácil de ser constatada. Assim, deve-se valer da presunção de que dois ou mais produtos são fungíveis quando o aumento no preço de um deles conduz ao aumento da procura do outro, o que os coloca no mesmo mercado relevante material (Forgioni 1998:207).

A ampliação dos limites do mercado relevante material é estratégia comum nas defesas antitruste, e segundo Forgioni seguramente será bastante utilizada pelos agentes econômicos brasileiros para se desvencilharem da necessidade de autorização do CADE para práticas concentracionistas (Forgioni 1998:209). No caso da *AmBev* o mercado relevante material proposto foi o das bebidas em geral, sendo que o CADE, adotando a tendência mundial de cada vez mais limitar a extensão da delimitação dos mercados relevantes, considerou três mercados relevantes materiais: os das águas engarrafadas, dos refrigerantes carbonatados e das cervejas.

Sobre a delimitação do mercado relevante material vale destacar a observação de Ernest Gelhorn (*Antitrust Law and Economics*:97-98): "Se a definição for feita de maneira muito restrita e determinados produtos forem excluídos, então a capacidade da empresa de influir nos preços e no volume terá sido superestimada; se produtos não-substitutos forem incluídos, o *market share* da empresa (e inferencialmente o seu poder de mercado) terá sido subestimado, uma vez que alguns dos produtos incluídos terão um impacto insignificante sobre o poder da empresa de fixar os seus preços" (Schuartz 1995:67).

Encontrado o mercado relevante, é necessário verificar se o fornecedor, intermediário, adquirente ou financiador do produto ou serviço controla o respectivo segmento da atividade econômica – ou seja, se as operações e negócios que desenvolve repercutem consideravelmente nas decisões adotadas pelos demais agentes econômicos que operam no mesmo mercado. Existe a presunção desse controle quando a participação do empresário é de 20% (§ 3º do art. 20 da Lei 8.884, de 1994).

5. O caso AmBev

Recentemente foi submetida à apreciação do CADE a fusão (operação pela qual duas ou mais sociedades se unem para formar uma nova sociedade, que lhes sucederá em todos os direitos e obrigações – art. 228 da Lei 6.404, de 1976) da *Antarctica* e da *Brahma*, que originou a *AmBev*. O pedido de análise do ato de concentração foi protocolado na data de 2.7.1999 e foi aprovado pelo CADE em 30.3.2000, após 9 meses de análise. A SEAE demorou 132 dias analisando o ato, a SDE gastou 84 dias e o CADE, dentro do prazo previsto na Lei Antitruste, aprovou o ato após 55 dias de análise.

A criação da *AmBev* foi submetida à apreciação do CADE porque o ato de concentração representou mais de 20% do mercado relevante de bebidas. A união da *Brahma* e da *Antarctica* representa 72% do mercado de cerveja no Brasil e 40% do mercado de bebidas em geral. Referente ao caso, a SEAE emitiu parecer em novembro de 1999 propondo a venda da *Skol*, parte integrante da *Brahma*. No seu parecer, elaborado posteriormente, a SDE entende que, para evitar prejuízos aos consumidores, a *AmBev* deve vender os ativos de uma das três cervejarias (*Brahma*, *Skol* ou *Antarctica*).

Na 161ª Sessão Ordinária, de 29.3.2000, o CADE aprovou, após 14 horas de julgamento, sem restrições, a fusão da *AmBev* no ato referente aos mercados relevantes águas engarrafadas e refrigerantes carbonatados e outras bebidas não-alcoólicas e, sob condições, no mercado de cerveja.

As condições foram as seguintes: viabilização de novo concorrente mediante a alienação da marca *Bavaria*, assim como a transferência dos contratos de fornecimento e distribuição relacionados à marca e a alienação de uma unidade fabril para a produção da cerveja, localizada em cada uma das cinco regiões do mercado relevante geográfico (Sul, Sudeste, Centro-Oeste, Nordeste e Norte); acesso a distribuição para o mercado (a *AmBev* deverá compartilhar sua rede de distribuição com o comprador, em todas as regiões do país, pelo prazo de quatro anos, prorrogável por mais dois); a *AmBev* deverá providenciar a oferta pública das unidades fabris de cerveja que pretender desativar nos próximos quatro anos (não pode fechar fábrica sem oferecer ao mercado antes); deve promover programa de retreinamento e recolocação de trabalhadores que perderam emprego em razão da fusão nos próximos quatro anos; desobrigação da exclusividade no ponto de venda; entre outras. A alienação da marca *Bavaria* deve ser realizada para empresa independente, nacional ou estrangeira, sem qualquer vínculo com a *AmBev*, que não detenha, na data da decisão, mais de 5% da participação do mercado relevante brasileiro de cerveja.

O termo de compromisso terá a duração de cinco anos e o descumprimento de quaisquer de suas disposições implicará a imediata aplicação de multa mínima de 5 mil UFIRs diárias, que poderá ser aumentada em até 20 vezes, sem prejuízo das demais providências cabíveis. Conforme exposto, a imposição de multa pelo descumprimento dos termos do compromisso de desempenho não se encontra expressamente prevista na Lei 8.884, de 1994.

6. O caso Kolynos

Outro ato de concentração analisado pelo CADE de grande repercussão no país foi a aquisição realizada no Exterior de parte dos negócios mundiais de saúde bucal da *American Home Products* pela *Colgate*. O ato de concentração foi apreciado pelo CADE em 1996 a pedido da *Colgate-Palmolive Company* e da *Kolynos do Brasil S/A*.

A operação apresentou efeitos nos quatro produtos relevantes da área de higiene bucal: creme dental, escova dental, fio dental e enxaguante bucal. Apenas no mercado relevante de creme dental é que se entendeu haver ameaça substantiva à concorrência, em razão do *market share* de 78,1% (*Colgate* 25,6% e *Kolynos* 52,5%). O mercado relevante geográfico foi o nacional, haja vista o baixo grau de contestabilidade das importações constatado.

A principal barreira à entrada detectada refere-se à diferenciação do produto a partir da marca, decorrente, principalmente, da forte lealdade do consumidor. Seriam necessários substanciais gastos de propaganda para introduzir uma nova marca no mercado. Assim, a relatoria entendeu que qualquer medida de intervenção no mercado deveria focar a própria marca. Foram oferecidas três alternativas: suspensão temporária do uso da marca *Kolynos*, licenciamento exclusivo para terceiros da marca *Kolynos*, alienação da marca *Kolynos*.

Em qualquer uma das opções o objetivo foi abrir espaço para novos concorrentes, atenuando temporariamente a barreira representada pela marca. A opção adotada pela *Colgate* foi a suspensão, pelo período de quatro anos, do uso da marca *Kolynos*. A *Colgate* também assumiu a obrigação de oferecer publicamente às empresas concorrentes contratos de produção de creme dental no segmento ocupado pela marca *Kolynos Super Branco*, por encomenda, e dar assistência necessária para varejistas/distribuidores de grande porte lançarem suas próprias marcas no mercado. O termo de compromisso de desempenho foi assinado em 19.3.1997.

7. Conclusão

A abertura econômica verificada na maioria dos países participantes do comércio internacional em atendimento aos objetivos previstos da Rodada Uruguai do GATT, que originou a Organização Mundial do Comércio em 1994, motivou a concentração de empresas para enfrentar no âmbito nacional e internacional a concorrência dos grandes grupos de empresas. O Brasil, seguindo a tendência mundial de abertura econômica, na primeira metade da década de 90 expôs de forma corajosa o mercado nacional aos efeitos da concorrência internacional.

Essa exposição, se por um lado trouxe melhorias à qualidade dos produtos ou serviços fornecidos no país e aumentou a produtividade em muitos setores, por outro lado submeteu as empresas estabelecidas no país aos efeitos danosos das condutas desleais praticadas no comércio mundial. Para a proteção contra as práticas desleais internacionais o país possui as leis de defesa comercial (lei anti-*dumping*, lei anti-subsídio), e para permitir o desenvolvimento das empresas estabelecidas no Brasil e assegurar-lhes condições de enfrentar a acirrada concorrência internacional no mercado nacional e internacional existe a Lei Antitruste.

O CADE, como principal aplicador da Lei Antitruste, assume papel fundamental na adequação das imperfeições do mercado, não podendo fugir à realidade econômica. Na sua função, a autarquia não repele o processo de concentração empresarial em si, apenas previne os efeitos anticoncorrenciais que dele possam resultar. Como destaca José Júlio Borges da Fonseca (Fonseca 1997:27), cada situação concreta merece exame, a fim de se avaliarem as vantagens e desvantagens decorrentes do ato, considerando que nem todo ajuste ou concentração são anticoncorrenciais, e, ainda que o sejam, podem ser admitidos em razão dos benefícios que proporcionem à coletividade.

O Brasil apresenta um número crescente de fusões e aquisições de empresas realizadas com o objetivo de adquirir competitividade local ou internacional. Os atos de concentração são apreciados sob os critérios previstos no art. 54 da Lei 8.884, de 1994, e têm sido aprovados pelo CADE dentro de padrões aceitáveis, não se registrando, como destacam José Carlos de Magalhães e Onofre Carlos de Arruda Sampaio, casos de abuso de poder econômico mesmo em situações em que se constatou ampliação expressiva da participação das empresas envolvidas em determinado mercado relevante (Magalhães/Sampaio 1999:39).

Nesse contexto, a aprovação da *AmBev* constitui um importante marco para o direito antitruste brasileiro. A criação da *AmBev*, por mais controvérsias que enseje, encontra-se em consonância com o processo de formação de grandes grupos econômicos verificado no âmbito internacional, que se justifica como um meio adequado de fortalecimento das empresas nacionais para enfrentar a concorrência externa e disputar o mercado mundial. A *AmBev*, partindo do quinto maior mercado mundial que é o Brasil, será a terceira maior empresa mundial na produção de cervejas (atrás apenas da *Budweiser* e da *Heineken*). Com um patrimônio líquido de R$ 2,8 bilhões, a *Cia. de Bebidas da América* surge como uma gigante com força para disputar com as maiores companhias mundiais do setor.

Referências bibliográficas

COELHO, Fábio Ulhoa (1999). *Curso de Direito Comercial*. 2ª ed., v. 1. São Paulo, Saraiva (475 pp.).

———— (1995). *Direito Antitruste Brasileiro: Comentários à Lei n. 8.884/94*. São Paulo, Saraiva (171 pp.).

FONSECA, José Júlio Borges da (1997). *Direito Antitruste e Regime das Concentrações Empresariais*. São Paulo, Atlas (184 pp.).

FORGIONI, Paula A. (1998). *Os Fundamentos do Antitruste*. São Paulo, Ed. RT (435 pp.).

FRANCESCHINI, José Inácio Gonzaga (1998). *Lei da Concorrência conforme Interpretada pelo CADE*. São Paulo, Singular (865 pp.).

MAGALHÃES, José Carlos de, e SAMPAIO, Onofre Carlos de Arruda (1999). "A concentração de empresas e a competência do CADE". *RDM*. 133. São Paulo, Malheiros Editores (pp. 30-44).

RELATÓRIO ANUAL 1996 – CONSELHO ADMINISTRATIVO DE DEFESA ECONÔMICA/CADE (1996). Brasília, Imprensa Nacional (133 pp.).

ROSA, José Del Chiaro Ferreira da, e SCHUARTZ, Luís Fernando (1995). "Mercado relevante e defesa da concorrência". *Revista de Direito Econômico – CADE* 21. Brasília, Imprensa Nacional.

SAMPAIO, Onofre Carlos de Arruda, e MAGALHÃES, José Carlos de (1999). "A concentração de empresas e a competência do CADE". *RDM*. 133. São Paulo, Malheiros Editores (pp. 30-44).

SCHUARTZ, Luís Fernando, e ROSA, José Del Chiaro Ferreira da (1995). "Mercado relevante e defesa da concorrência". *Revista de Direito Econômico – CADE* 21. Brasília, Imprensa Nacional.

VENDA DE VEÍCULOS NOVOS ATRAVÉS DA INTERNET: REFLEXOS NO CAMPO DA EXCLUSIVIDADE INERENTE À CONCESSÃO DE VEÍCULOS AUTOMOTORES

MARCEL QUEIROZ LINHARES

1. Introdução: importância e delimitação do tema. 2. O Estado regulador. 3. A tutela da concorrência por meio da intervenção do Estado na economia. 4. Os papéis das normas antitruste. 5. O regime jurídico da livre concorrência. 6. A concessão de veículos automotores. 7. A comercialização de veículos automotores através da Internet. 8. Reflexos no campo da exclusividade em face do concedente. 9. Reflexos no campo da exclusividade em face dos demais concessionários. 10. Conclusão.

1. Introdução: importância e delimitação do tema

Dentre as inúmeras transformações que a Internet vem promovendo na sociedade contemporânea assume particular interesse a revolução que este sistema tem ensejado em face dos instrumentos tradicionais de comercialização de produtos. Novas oportunidades surgiram e muitas ainda se apresentarão, o que demandará uma revisão nas regras tradicionais referentes à produção, venda e distribuição de mercadorias. Vale recordar, por exemplo, que a Internet permite ao consumidor escolher junto aos fornecedores de todo o país e até mesmo do Exterior os produtos que deseja adquirir, obtendo acesso a informações sobre os preços praticados no mercado.

O fenômeno repete-se no campo da comercialização de veículos novos. Surgem inúmeros *sites* que oferecem serviços relacionados à venda de automóveis, seja prestando informações a respeito de modelos, equipamentos, preços e disponibilidade em estoque para pronta entrega, seja recebendo pedidos de compra *on line*, que são repassados às concessionárias que possuam o automóvel solicitado pelo consumidor.

Ocorre que o regime jurídico atinente à concessão de veículos automotores, definido pela Lei 6.729, de 1979, a denominada "Lei Ferrari", contém regras que podem obstar a algumas das modalidades de comercialização pela Internet que atualmente se apresentam. Assim, e por exemplo, a concessão de automóveis é marcada pela cláusula de exclusividade. De um lado, isto significa dizer que a comercialização de veículos novos é, em regra, reservada à rede de distribuidores, não cabendo tal faculdade aos fabricantes. De outro lado, a exclusividade também se refere ao direito da concessionária de se insurgir contra a venda de veículos realizada pelas demais concessionárias a consumidor domiciliado na área reservada àquele.

Quanto ao tema vale recordar matéria publicada no jornal *Gazeta Mercantil*[1] em que se destacou a preocupação das concessionárias, manifestada no X Congresso da Federação Nacional da Distribuição de Veículos Automotores – Fenabrave, a respeito do impacto que as vendas de automóveis pela Internet já estão promovendo no campo da proteção territorial daquelas revendedoras.

O que se pretende é exatamente verificar em que medida tais serviços podem eventualmente configurar ofensa à aludida cláusula de exclusividade. Todavia, a questão não pode ser integralmente compreendida apenas em face dos dispositivos da Lei Ferrari. Também os princípios constitucionais relacionados à atividade econômica, bem como as regras constantes da Lei 8.884, de 1994, que previnem e reprimem as infrações à ordem econômica, devem ser tomados em conta.

Com esta finalidade, primeiramente o presente estudo enfrentará algumas questões relacionadas à regulação do mercado por parte do Estado, já que as normas relativas à liberdade de concorrência são instrumentos de que este se vale para desempenhar tal papel. Também se observará que as regras da defesa da concorrência assumem diversas funções, de acordo com a orientação constitucionalmente assumida no campo econômico em determinado momento, destacando-se as peculiaridades inerentes ao regime jurídico da livre concorrência tal como configurado pela Constituição Brasileira de 1988. Após tais considerações poderá ser enfrentada a questão da exclusividade na venda de veículos automotores, bem como dos reflexos que eventualmente a venda por meio da Internet possa ensejar neste campo.

2. O Estado regulador

A estipulação, por parte do Estado, de parâmetros de conduta oponíveis aos agentes do mercado está intimamente ligada à noção de Estado-programador ou conformador da vida social. No campo econômico tal poder regulador manifesta-se através da imposição aos particulares de normas gerais ou de condutas específicas que restringem ou condicionam as decisões a serem tomadas pelos agentes do mercado no curso de suas atividades.[2] Nestas situações, a regulação econômica refere-se principalmente à fixação de condições para a entrada e saída dos agentes econômicos em determinada atividade, bem como às condições em que tal atividade se desenvolve – vale dizer, refere-se às decisões envolvendo o *quantum* de produção, as zonas ou mercados em que cada empresa atua, os preços ou retribuições que são recebidos em remuneração pela prestação da atividade etc.[3]

Quanto ao âmbito do presente tema,[4] Eduardo J. Rodrigues Chirillo observa que, no que se refere à imposição de regras de

1. Ed. de 24.8.2000, p. C-1.

2. Também se pode aludir a *regulação econômica* no sentido de intervenção direta do Estado, ou seja, na condição de agente econômico, o que se dá quando este evoca para si o desempenho de tarefas de natureza econômica, assumindo atividades de cunho empresarial. Por isso, Fernando Herren Aguillar faz distinção entre as figuras da concentração regulatória *(a)* normativa e *(b)* operacional para distinguir as situações em que o Estado apenas fixa normas que pautarão a conduta dos agentes econômicos (letra "a") daquelas outras em que o Estado atua diretamente na condição de empresário (letra "b") (*Controle Social de Serviços Públicos*, pp. 211-212). Distinção semelhante, ainda que sem se reportar à aludida nomenclatura, faz Eduardo J. Rodrigues Chirillo, referindo-se a Argadoña (*La Privatización de la Empresa Pública y Post-Privatización*, p. 449). Como já se antevê, tem interesse para o presente estudo apenas a regulação econômica destinada a impor balizas à atuação dos agentes que atuam no campo econômico, vez que a atuação direta do Estado-empresário não guarda pertinência com o tema ora enfrentado.

3. Eduardo J. Rodrigues Chirillo, ob. cit., p. 97.

4. Vale desde já observar que será abordada tão-somente a regulação das atividades submetidas ao regime de mercado, ou seja, à esfera das atividades econômicas em sentido estrito, desconsiderando-se, por impertinentes, questões atinentes ao controle e fiscalização de serviços públicos.

comportamento aos agentes econômicos, a atividade reguladora do Estado no domínio econômico deverá ser *conforme ao mercado* e observar o *princípio da subsidiariedade da atuação estatal*.[5]

Chirillo destaca que a intervenção estatal será *conforme ao mercado* quando atender aos princípios fixados na constituição econômica baseada em uma economia de mercado. Já, ao revés, serão desconformes as intervenções que puserem em perigo os fundamentos do regime liberal, inerentes ao sistema de mercado, alterando artificialmente a mecânica da formação dos preços e da concorrência. Em outras palavras, a intervenção estatal deverá atender ao princípio da livre concorrência, de forma a tornar mais efetiva tal liberdade. O princípio refere-se – como destaca o mencionado autor – à situação em que "qualquer sujeito pode livremente, em igual condição legal que seus competidores e em qualquer mercado, iniciar o exercício de uma atividade econômica, fixando livremente os preços e as circunstâncias de exercício daquela atividade".[6]

Isto porque – como observa Chirillo – é por meio da competição múltipla e rival que se obtêm a melhor rentabilidade dos investimentos realizados, a incorporação de mudanças tecnológicas, bem como o atendimento dos interesses dos consumidores, já que um mercado livre garante preços mais ajustados aos bens produzidos. Portanto, através da regulação econômica o Estado deverá atuar na promoção e proteção da concorrência, o que fará afastando acordos conlusórios, monopolísticos ou abusivos,[7] de forma a proteger os interesses dos consumidores nas situações em que a concorrência seja de difícil ou impossível verificação. Em suma, a função reguladora de um Estado fundado na economia de mercado deverá ser desempenhada de modo a incrementar a concorrência sempre que seja possível, mas nunca pretendendo substituir o próprio mercado.[8]

De outro lado, pode-se dizer que tal entendimento é manifestação do *princípio da atuação subsidiária do Estado*, segundo o qual o Estado deve, de um lado, abster-se de desempenhar atividades que os particulares têm condições de exercer por sua própria iniciativa e com seus próprios recursos e, de outro, também deve fomentar, coordenar, fiscalizar, a iniciativa privada, possibilitando aos particulares sucesso na condução de seus empreendimentos.

Gaspar Ariño Ortiz esclarece que o princípio da subsidiariedade da atuação estatal decorre do fato de que, ainda que se atribua ao Estado a missão de declarar quais os objetivos que deverão ser considerados como de utilidade pública, isto não implica dizer que caiba exclusivamente àquele promover tais interesses. Em verdade, o Estado é um instrumento a serviço da sociedade, cabendo-lhe estimular, coordenar e incrementar a atuação da iniciativa privada.[9]

No campo econômico a subsidiariedade da atuação estatal revela-se em dois planos. De uma parte, o Estado deverá atuar apenas diante da inércia ou ineficiência da iniciativa privada, de forma a corrigir suas deficiências. Por isso, Eduardo J. Rodrigues Chirillo observa que, por imposição do aludido princípio, caberá a atuação do Estado, no sentido de promover uma ordem concorrencial em que a liberdade de empresa não seja eliminada, apenas diante das situações em que a atividade privada seja remissa ou se encontre ausente ou, ainda, não esteja suficientemente protegida contra a manipulação da livre concorrência.[10]

De outra parte, tal subsidiariedade também deverá ser observada quanto à intensidade da medida interventiva necessária à satisfação do interesse visado. O princípio exige que a atuação estatal adote o

5. Ob. cit., pp. 449 e ss.
6. Chirillo, ob. cit., pp. 465-466.
7. Chirillo, ob. cit., p. 461.
8. Idem, pp. 449 e ss.
9. Gaspar Ariño Ortiz, *Economía y Estado*, p. 283.
10. Ob. cit., p. 139.

modo menos restritivo à liberdade econômica dos particulares: demanda proporcionalidade no uso dos poderes públicos, de forma que tais medidas sejam adotadas com a intensidade que permita, de um lado, a satisfação do interesse que por meio delas se busca tutelar e, de outro, promover, na medida do possível, a realização da liberdade econômica privada.

Deste protagonismo privado na consecução de fins comuns decorre a atribuição ao Estado da tarefa de proporcionar aos particulares técnicas e promover estímulos que orientem os setores privados da economia, segundo as linhas traçadas em determinado plano. Trata-se do aludido papel programador, por meio do qual ao Estado já não mais interessa tanto assumir o papel de produtor de bens e serviços. Ao revés, este novo Estado busca promover a coordenação e cooperação com as empresas privadas, de forma a estimular a atividade dos particulares e lhes permitindo levar adiante os programas nacionais. Como já se anteviu, trata-se de intervenção do Estado no domínio econômico, tal como será melhor observado a seguir.

3. *A tutela da concorrência por meio da intervenção do Estado na economia*

Javier Viciano observa que, em decorrência das revoluções burguesas dos séculos XVIII e XIX, os sistemas jurídicos ocidentais adotaram uma corrente de pensamento que proclama, ainda que apenas formalmente, a igualdade e a liberdade dos indivíduos. Todavia, o autor ressalta que tais princípios não são absolutos. E foi exatamente o relativismo destes princípios que propiciou a intervenção estatal na esfera dos direitos e liberdades individuais. Tal intervenção destina-se a evitar os malefícios decorrentes dos abusos dos particulares no exercício de seus direitos e liberdades.

O mencionado autor recorda que o fenômeno se repetiu no plano econômico: de acordo com o entendimento clássico, uma economia de mercado, também fundada na liberdade e na igualdade formais, somente poderia realizar-se em um ambiente de livre concorrência e sem intervenções estatais. Ainda de acordo com este entendimento, a liberdade de acesso ao mercado permitiria a multiplicidade de operadores em um mesmo mercado, que, diante da escassez de bens e de potenciais consumidores dos produtos e serviços, lutariam entre si para obtê-los em benefício próprio e em prejuízo dos demais. Como nesta luta apenas sobreviveriam os melhores, o resultado desta competição seria o progresso econômico e técnico.

Ocorre que a liberdade absoluta revelou-se incapaz de proporcionar uma efetiva igualdade entre os competidores. Vale recordar que o sistema de produção industrial em massa ensejou a saturação dos mercados, que se tornaram incapazes de proporcionar demanda suficiente para o escoamento de tamanha quantidade de bens. Isto acirrou a disputa entre os competidores, que, na luta para vencer seus concorrentes, passaram a se valer de todos os meios disponíveis a fim de garantir sua própria subsistência. E o exercício da liberdade empresarial em condições econômicas difíceis e submetida a desigualdades financeiras ensejou o abuso de poder de mercado, uma maior concentração de poder econômico, uma maior desigualdade e, em conseqüência, o possível desaparecimento da própria liberdade. Nas palavras de Javier Viciano, recordando Gomes Segade, "pode-se dizer que o regime da liberdade – e, portanto, da livre concorrência – leva em si o germe de sua própria destruição".[11]

A fim de evitar tais conseqüências indesejáveis, adotaram-se normas e formaram-se entendimentos jurisprudenciais destinados a garantir a livre concorrência, mantendo o mercado a salvo de formações monopolísitcas. Javier Viciano recorda que esta atuação configura verdadeira intervenção estatal na economia, uma vez que mo-

11. Javier Viciano, *Libre Competencia e Intervención Pública en la Economía*, p. 59.

difica a livre atuação dos operadores no mercado. Porém, adverte que isto não prejudica a liberdade de empresa, já que tem por finalidade exatamente manter as regras do mercado, de forma a garantir a liberdade e a igualdade dos operadores econômicos. O que se pretende é evitar a tendência de todo sistema de livre concorrência de eliminar a competição por meio de acordos entre empresas, abuso de poder econômico e de práticas monopolísticas. Busca-se restaurar as condições ideais de mercado, vale dizer, a multiplicidade de operadores, a liberdade de acesso, a competência pelo esforço despendido.[12]

Todavia, vale destacar que as normas antitruste não se prestam a tutelar apenas o direito de liberdade empresarial. Também outros papéis são conferidos a tais regras, de acordo com a orientação constitucionalmente assumida no campo da atividade econômica, como se observará adiante.

4. Os papéis das normas antitruste

A garantia de efetiva liberdade e, em certa medida, de igualdade no campo econômico foi a primeira função desempenhada pelas normas antitruste. Todavia, as funções atribuídas a esta disciplina sofreram evolução, como observa Javier Viciano.[13] De fato, as intervenções do Estado na economia, baseadas na constatação da inexistência de um sistema de concorrência perfeita, já não mais atuam apenas como instrumento de tutela da liberdade empresarial. Busca-se, igualmente, instaurar uma ordem público-econômica e alcançar um interesse geral, informado por objetivos de ordem político-econômica e político-social, tais como o incremento da oferta de emprego, a melhoria da qualidade de vida, a promoção do desenvolvimento econômico etc. Dito de outra forma, em muitas situações o objetivo inicial das normas antitruste – ou seja, a liberdade de empresa – cede espaço diante de novos objetivos também atribuídos às intervenções promovidas pelos poderes públicos na economia.

O autor destaca que é deste multifuncionalismo atribuído às normas antitruste que decorre a adoção de normas que implicam verdadeira eliminação do princípio da livre concorrência, determinado o afastamento da incidência das normas destinadas à defesa do regime concorrencial. Este novo enfoque reconhece que muitas vezes os mecanismos tradicionais de proteção da concorrência não são suficientes para atingir determinados interesses gerais cuja tutela cabe ao Estado, os quais transcendem os meros interesses subjetivos dos operadores de mercado, cristalizados no direito de livre empresa. Disto decorre a possibilidade de que em determinadas circunstâncias o regime jurídico destinado à garantia da liberdade empresarial abra espaço para a incidência de verdadeiras exceções ao aludido regime, destinadas a proporcionar a satisfação dos mencionados interesses gerais.[14]

Reconhece-se a ocorrência de exceções ao princípio da livre concorrência. Isto em função da necessidade de satisfação de objetivos outros por parte das normas de intervenção na economia, e não apenas daqueles pertinentes à liberdade de empresa. Sendo assim, Javier Viciano adverte que a correta compreensão dos limites à fixação de tais exceções à regra geral – regime, este, configurado pela incidência das normas que tutelam a livre concorrência – demanda o reconhecimento das verdadeiras funções atribuídas às normas interventivas em cada sistema jurídico.[15]

Assim, e por exemplo, o autor observa que nos Estados Unidos a edição do *Sherman Act* em 1890, que proibia de forma absoluta todos os atos individuais ou coletivos que pretendessem restringir ou monopolizar o comércio entre os Estados da União, tinha por objetivo apenas a pro-

12. Javier Viciano, ob. cit., pp. 61-62.
13. Idem, pp. 62-64.
14. Javier Viciano, ob. cit., p. 64.
15. Ob. cit., p. 65.

teção da liberdade de empresa, ameaçada pelo poder econômico que os conglomerados econômicos haviam adquirido à época. Pretendia-se afastar a indesejável eliminação de competidores que a concorrência desleal e a concentração de poder econômico ensejaram.

Todavia, já em 1898 os Tribunais norte-americanos adotaram princípio conhecido como "regra da razão", ou *rule of reason*, segundo o qual somente seriam contrários ao *Sherman Act* aqueles atos dos quais resultava uma desarrazoada limitação à liberdade de comércio ou de empresa para uma das partes ou para um terceiro. Como observam Eros Roberto Grau e Paula A. Forgioni, ainda que o texto do art. 1º do *Sherman Act* não tenha sofrido alteração, por força da regra da razão promoveu-se verdadeira modificação no suporte fático do dispositivo, razão pela qual o texto passou a ser compreendido de forma a que "todo e qualquer contrato, combinação sob a forma de truste ou qualquer outra forma ou conspiração em *(desarrazoada)* restrição do tráfico ou comércio entre os Estados, ou com as nações estrangeiras, é declarado ilícito pela presente Lei".

Ao lado disso, os Tribunais passaram a considerar, quando do julgamento dos atos de concorrência desleal – vale dizer, atos restritivos da concorrência –, não apenas os interesses inerentes às relações travadas entre as empresas. Também são observados os efeitos que tal restrição poderia trazer sobre a estrutura do mercado, ou seja, sobre a eficiência deste sistema. Portanto, ultrapassa-se o âmbito estrito da liberdade e igualdade empresariais, questionando-se também a eficiência do sistema, que poderia eventualmente ser melhor alcançada permitindo-se determinada atuação, ainda que esta promova uma certa restrição à liberdade de empresa. Isto porque muitas vezes o benefício do consumidor – representado pelo acesso a preços baixos, diversidade de bens ofertados, incremento da qualidade dos produtos etc. – será melhor alcançado por meio de condutas que eventualmente produzam uma restrição da liberdade empresarial. De toda forma, os Tribunais somente tutelavam a eficiência econômica quanto isto fosse compatível com os demais fins do direito antitruste.

Atualmente Javier Viciano ressalta o intenso debate mantido entre as duas principais correntes americanas, representadas pelas Escolas de *Harvard* e *Chicago*, a respeito dos princípios que devem nortear a apreciação da legalidade da atuação dos operadores privados no mercado. A despeito da influência exercida pela Escola de *Chicago* no sentido de se priorizar a eficiência do sistema em detrimento do direito de liberdade de empresa, defende-se cada vez mais que o objetivo de eficiência do mercado deve ser completado por outros, de natureza política e social.

Também na Europa as regras de tutela contra os abusos no campo da concorrência tinham inicialmente por objetivo apenas a proteção aos direitos subjetivos de liberdade empresarial. Eram normas de proteção dos operadores econômicos contra os ataques produzidos por indivíduos de sua própria classe, com o quê se pretendia a defesa de interesses inerentes à propriedade industrial. Foi apenas em um segundo momento que o enfoque sofreu alteração, de forma a se promover também a tutela de interesses dos consumidores e da economia como um todo.

Na Alemanha, por exemplo, prevaleceu entendimento no sentido de que a concorrência é um sistema voltado à promoção tanto da eficiência do mercado como da liberdade empresarial. Também em outros países europeus tal idéia é compartilhada. Assim, o direito da concorrência deixou de ser apenas um direito de classe, ou seja, dos empresários, assumindo o papel de um direito voltado à ordenação do mercado, em que se tutelam não apenas os interesses dos competidores, como também os interesses dos consumidores e o interesse público geral.

Todavia, Javier Viciano adverte que, em nome da eficiência econômica, os poderes públicos europeus muitas vezes têm autorizado práticas de restrição da concorrência que representam verdadeira ofensa ao direito subjetivo de liberdade de empresa, constitucionalmente assegurado, ainda que de forma não absoluta. E para o mencionado autor, ao menos diante da Constituição Espanhola, as normas de defesa da concorrência, ao tutelar direitos subjetivos não-absolutos frente aos poderes públicos e aos demais competidores – tais como os direitos de liberdade de acesso ao mercado e de livre determinação do exercício da atividade –, buscam primordialmente resguardar a liberdade individual e, em conseqüência, estimular a concorrência entre as empresas.

Por tudo, Javier Viciano observa que o sistema antitruste europeu em regra proíbe práticas restritivas de concorrência, com exceção daquelas que melhoram a própria concorrência, beneficiam os consumidores, não supõem restrições desnecessárias ou que não eliminam completamente a concorrência entre as empresas. Assim, diante de determinados comportamentos que em tese seriam considerados ilegais procede-se a um juízo antitruste multifuncional, a fim de se verificar a ocorrência de uma das exceções que eventualmente possam autorizar tal prática. Isto ocorrerá caso a restrição de liberdade enseje um incremento na produção ou distribuição de bens, mesmo assim desde que isto represente vantagens também ao consumidor. Assim, a restrição poderia ser autorizada tendo-se em vista a busca de maior eficiência econômica. Porém, há outra condição, esta ligada à proteção da liberdade de empresa: tal restrição também não deverá revelar-se desnecessária, com o quê se pretende dizer que não poderá eliminar completamente a concorrência, nem produzir limitação desproporcional ao benefício que a medida restritiva pretende trazer. Em outras palavras, ainda que a limitação à concorrência seja potencialmente benéfica sob o enfoque da eficiência econômica, não será tolerada caso esvazie por inteiro o direito de liberdade dos operadores econômicos.[16]

16. Javier Viciano, ob. cit., pp. 90-92.

Como observam Eros Roberto Grau e Paula A. Forgioni, de fato, o item 3 do art. 85 do Tratado da União Européia prevê a possibilidade de isenção de acordos restritivos de concorrência pela Comissão Européia. De uma parte, o *caput* do dispositivo determina que "são incompatíveis com o mercado comum e proibidos todos os acordos entre empresas, todas as decisões de associações de empresas e todas as práticas concertadas que sejam suscetíveis de afectar o comércio entre os Estados-membros e que tenham por objecto ou por efeito impedir, restringir ou falsear a concorrência no mercado comum".

Porém, e de outra parte, o item 3 destaca que tal proibição poderá ser declarada inaplicável desde que os atos acima descritos "contribuam para melhorar a produção ou distribuição dos produtos ou para promover o progresso técnico ou econômico, contanto que aos utilizadores se reserve uma parte do lucro daí resultante e que *(a)* não imponham às empresas em causa quaisquer restrições que não sejam indispensáveis à consecução desses objetivos e *(b)* não dêem a essas empresas a possibilidade de eliminar a concorrência relativamente a uma parte substancial dos produtos em causa".[17]

As considerações a respeito das diversas funções atribuídas ao sistema antitruste no direito comparado são úteis à medida que permitem fornecer subsídios para a melhor compreensão do tema ora enfrentado. Todavia, Eros Roberto Grau e Paula A. Forgioni advertem que, ainda que o recurso à doutrina e à jurisprudência estrangeiras sejam úteis na compreensão do regime jurídico que disciplina a concorrência, estas não podem ser adotadas de forma absoluta. Em outras palavras, tais fontes não podem ser transplantadas para a realidade brasileira sem que se considerem as peculiaridades do mercado e do sistema jurídi-

17. Eros Roberto Grau e Paula A. Forgioni, "Restrição à concorrência, autorização legal e seus limites. Lei 8.884, de 1994, e Lei 6.729, de 1979 ('Lei Ferrari')", *RDM* 114/264-265.

co brasileiro, com princípios próprios que o informam, sob pena de se atingir resultados incompatíveis com o Direito Pátrio.[18]

É exatamente com o objetivo de apontar alguns traços característicos do regime antitruste brasileiro que se promovem as considerações lançadas adiante.

5. O regime jurídico da livre concorrência

Em seu art. 1º, IV, a Constituição Federal de 1988 enuncia como fundamento da República Federativa do Brasil o *valor social da livre iniciativa.* De outra parte, ao arrolar os princípios gerais da atividade econômica, o texto constitucional afirma, em seu art. 170, *caput*, que a ordem econômica está fundada na *livre iniciativa*, observando-se, nos termos de seus incisos IV e V, os princípios da *livre concorrência* e da *defesa do consumidor*, dentre outros. Portanto, mereceram tutela constitucional os princípios da livre iniciativa, da livre concorrência e da proteção ao consumidor.

Eros Roberto Grau observa que no campo da ordem econômica o *princípio da livre iniciativa* manifesta-se como liberdade de iniciativa econômica, o qual se desdobra em liberdade de indústria e comércio, de um lado, e liberdade de concorrência, de outro. Enquanto liberdade de indústria e comércio, do princípio se pode extrair a não-ingerência do Estado no domínio econômico. Isto equivale a dizer que *(a)* se reconhece o direito dos particulares de explorar atividade econômica a título privado e que *(b)* somente serão admitidas restrições estatais à atividade privada em virtude de lei.[19]

De outra parte, a livre iniciativa também reclama *liberdade de concorrência*, com o quê se pretende evitar a prática de comportamentos que possam *(a)* limitar ou *(b)* falsear a igualdade de condições mínimas de acesso e permanência no mercado. Como destaca Calixto Salomão Filho, dá-se a *limitação* da liberdade de acesso por meio da imposição de barreiras à entrada de novos competidores no mercado. Serão *falseadoras* da liberdade de permanência as práticas predatórias, tendentes a excluir artificialmente os participantes do mercado.[20]

No que se refere à *defesa dos consumidores* o que se tutela é a eficiência econômica, ou seja, a habilidade de produzir a custos menores e, conseqüentemente, reduzir os preços para o consumidor. Isto de forma a promover a distribuição, entre produtores e consumidores, dos benefícios ensejados pela aludida eficiência.[21]

Vale advertir que estes princípios não são excludentes entre si. Isto porque a proteção exclusiva da competição poderia obstar a toda e qualquer concentração econômica – leia-se "restrição de concorrência" –, desconsiderando-se que algumas práticas restritivas poderiam eventualmente proporcionar consideráveis ganhos de produtividade e eficiência, com benefícios aos consumidores. De outra parte, a tutela apenas dos interesses dos consumidores poderia levar à aprovação de concentrações que ensejem forte dominação de certos agentes sobre o mercado, o que seria extremamente prejudicial aos concorrentes.

Ocorre que – como ressalta Massimo Severo Giannini – em uma democracia pluralista o ordenamento jurídico não pode assumir como conteúdo apenas os interesses de um determinado grupo. Deverá assumir interesses de várias categorias, ou seja, heterogêneos. E com a multiplicação dos interesses públicos setoriais, refletindo anseios de todas as instâncias sociais, a legislação acaba adotando interesses conflitantes. Sendo assim, a dinâmica de um Estado pluriclasse consiste em um complexo de mecanismos de composição dos vários in-

18. Idem, *RDM* 114/259.

19. Eros Roberto Grau, *A Ordem Econômica na Constituição de 1988 (Interpretação e Crítica)*, pp. 225-226.

20. Calixto Salomão Filho, *Direito Concorrencial: as Estruturas*, pp. 32-33.

21. Cf. Calixto Salomão Filho, ob. cit., p. 33.

teresses setoriais reconhecidos. Em outras palavras, o Estado torna-se uma sede predisposta ao desenvolvimento de processos de composição dos vários interesses públicos gerais e setoriais.[22]

Neste contexto assume relevância o princípio da proporcionalidade, verdadeiro critério de interpretação da Constituição,[23] cujo papel, como recorda Marçal Justen Filho, é o de realizar, de modo mais intenso possível, a satisfação de todos os valores consagrados pelo ordenamento jurídico. Para tanto, o princípio demanda hierarquizar e ponderar valores, tanto no plano teórico como no caso concreto. Diante de determinada situação caberá ao aplicador do Direito identificar os valores a serem realizados e com que intensidade isto se dará. E, em face de valores de diferente hierarquia, caberá a adoção da conduta que trouxer menor sacrifício ao valor de hierarquia inferior. Somente assim será possível compatibilizar os valores, permitindo que todos sejam realizados.[24]

Portanto, o que se exige é a aplicação equilibrada e ponderada destes princípios caso eventualmente se apresentem em conflito. Seja como for, tais valores não poderão ser desconsiderados tanto pelo aplicador do Direito como pelo legislador infraconstitucional. Isto porque, como adverte José Afonso da Silva, os princípios contidos nos dispositivos constitucionais atinentes à ordem econômica constituem "princípios políticos constitucionalmente conformadores",[25] uma vez que se prestam a explicitar as valorações e opções políticas fundamentais adotadas pelo Constituinte. Em conseqüência, a criação e a aplicação das regras jurídicas infraconstitucionais referentes à ordem econômica deverão prestar atendimento a tais princípios.

A fim de garantir a aplicação de tais princípios, o art. 173, § 4º, da Constituição determinou que por meio de lei ordinária se promovesse a repressão ao "abuso de poder econômico que vise à dominação dos mercados, à eliminação da concorrência e ao aumento arbitrário dos lucros". Em decorrência, sobreveio a Lei 8.884, de 1994, que, na esfera civil, dispõe sobre a "prevenção e a repressão às infrações contra a ordem econômica, orientada pelos ditames constitucionais de liberdade de iniciativa, livre concorrência, função social da propriedade, defesa dos consumidores e repressão ao abuso de poder econômico", tal como prevê em seu art. 1º.

Indo avante, os incisos do art. 21 da aludida Lei 8.884, de 1994, arrolam diversas condutas passíveis de configurar "infração da ordem econômica", tais como: "III – dividir os mercados de serviços e produtos (...)"; "IV – limitar ou impedir o acesso de novas empresas ao mercado"; "V - criar dificuldades à constituição, ao funcionamento ou ao desenvolvimento de empresa concorrente ou de fornecedor, adquirente ou financiador de bens ou serviços"; e "X – regular mercados de bens e serviços, estabelecendo acordos para (...) dificultar investimentos destinados à produção de bens ou serviços ou à sua distribuição".

Vale advertir que tais condutas somente serão reprováveis quando tiverem por objetivo produzir um dos efeitos apontados no art. 20 do mencionado diploma legal, ou seja, *(a)* limitar ou prejudicar a livre concorrência ou a livre iniciativa, *(b)* dominar mercado relevante de bens e serviços por meios que não sejam decorrentes da maior eficiência do agente econômico em relação a seus competidores, *(c)* aumentar arbitrariamente os lucros e *(d)* exercer de forma abusiva posição dominante.

Por fim, recorde-se que nada há de ilícito na eliminação de concorrente em ra

22. Cf. Sabino Cassese, "Lo 'Stato pluriclasse'", in Massimo Severo Giannini, *L'Unità del Diritto*, p. 18.

23. Por todos, cf. Paulo Armínio Tavares Buechele, *O Princípio da Proporcionalidade e a Interpretação da Constituição*, 1999.

24. Marçal Justen Filho, *Comentários à Lei de Licitações e Contratos Administrativos*, pp. 65-67.

25. *Aplicabilidade das Normas Constitucionais*, p. 143.

zão de vantagem competitiva, ou seja, de superioridade de um dos agentes econômicos em relação aos demais. É por isso que o § 1º do art. 20 da Lei 8.884, de 1994, ressalta que "a conquista de mercado resultante de processo natural fundado na maior eficiência de agente econômico em relação a seus competidores não caracteriza" a dominação de mercado relevante de bens e serviços.

Como se viu, o ordenamento jurídico brasileiro oferece tutela à livre concorrência. Todavia, a condenação absoluta de todas as práticas restritivas de concorrência poderia produzir resultado diverso daquele pretendido pela Constituição. Como já se disse, a ordem econômica é fundada não apenas na proteção à livre concorrência, mas também na busca de valores outros, tais como a promoção dos interesses dos consumidores.

É por isso que o art. 54 da Lei 8.884, de 1994, permite ao Conselho Administrativo de Defesa Econômica – CADE autorizar a prática de atos que, em tese, possam limitar ou prejudicar a livre concorrência, desde que tais atos tenham por objetivo *(a)* aumentar a produtividade, *(b)* melhorar a qualidade de bens e serviços ou *(c)* ensejar a eficiência e o desenvolvimento tecnológico ou econômico. Mesmo assim, os comportamentos submetidos ao CADE somente serão admitidos quando *(a)* os benefícios deles decorrentes também sejam sentidos de forma eqüitativa pelos consumidores, *(b)* não impliquem eliminação da concorrência relativamente a parte substancial do mercado de bens ou serviços e *(c)* as medidas restritivas da concorrência sejam adotadas de forma estritamente proporcional ao objetivo visado.

Eros Roberto Grau e Paula A. Forgioni observam que a autoridade antitruste brasileira somente pode autorizar a prática de atos restritivos da concorrência diante da efetiva presença de uma das chamadas "eficiências" enunciadas nos parágrafos do aludido art. 54. Isto equivale a dizer que no Direito Brasileiro o afastamento da regra geral da proibição de condutas anticoncorrenciais demanda a verificação de condições bem definidas, de hipóteses expressamente reguladas pela lei, e que vinculam, portanto, o controle exercido pela autoridade antitruste. Sendo assim, os aludidos autores advertem que o Direito Brasileiro não comportaria uma regra da razão, nos moldes da *rule of reason* norte-americana, capaz de modificar a hipótese de incidência do art. 20 da Lei 8.884, de 1994, o qual arrola os efeitos dos atos reputados prejudiciais à prática concorrencial.[26]

Demais disso, ressalte-se que, como as hipóteses de autorização para a prática de atos restritivos da concorrência são excepcionais, afastando a incidência da regra geral, tais situações deverão ser interpretadas restritivamente. Como recorda Carlos Maximiliano, as disposições de caráter excepcional são estabelecidas em razão de motivos ou considerações particulares, em confronto com o quanto disposto nas demais regras jurídicas. Por isso, "não se estendem além dos casos e tempos que designam expressamente". Sendo assim, são interpretadas restritivamente as disposições legais que limitam a liberdade, adotado o termo em quaisquer de suas acepções, tal como a liberdade de trabalho, profissão, indústria ou comércio, por exemplo. E esta interpretação restritiva é aplicável ainda que a limitação a direito fundamental seja estabelecida em benefício do interesse geral.[27]

De outra parte, na esfera criminal a tutela à concorrência é promovida pelo art. 195 da Lei 9.279, de 1996, que define os comportamentos tipificados como concorrência desleal, tais como divulgar falsa afirmação em detrimento de concorrente, empregar meio fraudulento para desviar, em proveito próprio, clientela alheia, utilizar-se de marca, nome comercial, título de estabelecimento, insígnia ou sinal de propa-

26. Eros Roberto Grau e Paula A. Forgioni, artigo cit., *RDM* 114/266.

27. Carlos Maximiliano, *Hermenêutica e Aplicação do Direito*, pp. 227 e ss.

ganda alheio, por exemplo. Seja como for, o art. 207 do mesmo diploma legal permite ao prejudicado haver indenização por perdas e danos decorrentes da prática dos atos tipificados no mencionado art. 195, ao passo que o art. 209 permite-lhe obter indenização por outros atos de concorrência desleal não previstos expressamente no texto daquela lei.

Em suma, o sistema concorrencial brasileiro tutela tanto os interesses dos competidores como a eficiência econômica em benefício dos consumidores. Pode-se dizer, portanto, que o direito antitruste brasileiro é multifuncional, no sentido de que não se presta apenas a resguardar a eficiência econômica como também os direitos subjetivos de liberdade de empresa. É por isso que Calixto Salomão Filho observa que "o constituinte e o legislador brasileiro claramente encamparam a tese do reconhecimento e representação dessa pluralidade de interesses na legislação antitruste",[28] razão pela qual "livre concorrência e proteção do consumidor convivem como objetivos da legislação brasileira".[29]

Também Eros Roberto Grau e Paula A. Forgioni ressaltam que o sistema antitruste brasileiro é um instrumento a serviço da realização não apenas de interesses da classe empresarial, mas também e principalmente é um meio de se promover a existência digna de todos, conforme os ditames da justiça social. Os mencionados autores recordam que José Alexandre Tavares Guerreiro igualmente compartilha de tal entendimento, pois que a tutela da livre concorrência sempre foi posta a serviço de um bem maior: o interesse coletivo, de ordem pública.[30]

O que se pretende dizer é que os princípios constitucionais da ordem econômica – tais como o da livre iniciativa, livre concorrência e proteção aos consumidores –, também tutelados no plano legal, deverão pautar toda a interpretação e aplicação das demais normas relativas à atividade econômica – e, dentre estas, as atinentes à Lei de Concessões de Veículos Automotores, de n. 6.729, de 1979.

6. A concessão de veículos automotores

A figura da concessão mercantil é reflexo de uma nova técnica de comercialização e de organização do mercado distribuidor de produtos. Observa P. R. Tavares Paes, recordando Claude Champaud, que a concessão se manifesta-se por meio de uma "convenção pela qual um comerciante coloca sua empresa de distribuição a serviço de um comerciante ou industrial, para assegurar exclusivamente, sobre um território determinado, durante um período limitado e sob fiscalização do concedente, a distribuição de produtos cujo monopólio de revenda lhe é concedido".[31]

Waldírio Bulgarelli também recorda que a concessão mercantil é resultado de novas técnicas operacionais no campo de distribuição e vendas de bens, por meio da qual se promove a criação de uma rede de distribuidores encarregados do processo de intermediação de produtos, de forma a que estes possam chegar às mãos dos consumidores.[32]

O mencionado autor observa que uma das características marcantes desta figura é a cláusula de exclusividade, cujo conteúdo essencial *(a)* impõe ao concessionário o dever de não comercializar ou fabricar outro produto do mesmo tipo daquele indicado no contrato e *(b)* impõe ao concedente o dever de não vender a terceiro na zona de exclusividade estipulada em favor do concessionário.[33]

Luiz Gastão Paes de Barros Leães recorda que, à medida que se alargavam os

28. Ob. cit., p. 31.

29. Calixto Salomão Filho, ob. cit., p. 32.

30. Eros Roberto Grau e Paula A. Forgioni, artigo cit., *RDM* 114/261.

31. P. R. Tavares Paes, *Obrigações e Contratos Mercantis*, p. 241.

32. *Contratos Mercantis*, p. 446.

33. Waldirio Bulgarelli, ob. cit., p. 451.

mercados e se impunha a prestação de assistência técnica aos consumidores dos produtos vendidos, mostraram-se desaconselháveis tanto a venda direta ao consumidor pelo fabricante, que passaria a se valer integralmente dos recursos em benefício da produção, como também a colaboração das agências distribuidoras, eis que, ainda que formalmente autônomas, atuam por conta do produtor das mercadorias a serem comercializadas. Em face disso surgiu a nova figura da concessão mercantil. Como destaca o autor, o concessionário é o agente que superou sua função de mediador, passando a comprar para revender, em nome e por conta próprios, a mercadoria produzida. Ainda que as notas conceituais da concessão encontrem suas fontes no contrato de agência, naquela avença adquire especial ênfase a exclusividade, que assume um conteúdo bem mais amplo do que nas demais figuras negociais, de forma a se tornar seu traço essencial.[34]

Barros Leães também destaca que no âmbito do contrato de concessão a aludida exclusividade adquire uma maior amplitude semântica, não se limitando apenas ao privilégio de vender com caráter de exclusividade, que é outorgado pelo fabricante em benefício de determinada empresa. Na verdade, o conceito significa um benefício conferido a toda uma rede de distribuidores. Além disso, atribui esse privilégio de exclusividade de venda a uma determinada área geo-econômica, denominada *área demarcada*, que passaria a constituir uma espécie de zona reservada de mercado, inacessível aos demais concessionários.[35]

No campo da distribuição de veículos automotores – tema a que se dedica o presente estudo – o contrato de concessão mercantil é tipificado pela Lei 6.729, de 1979, sob o título de *concessão comercial de veículos automotores de via terrestre*. Como recorda Waldirio Bulgarelli, tal modalidade contratual representa o instrumento jurídico utilizado pelos fabricantes de veículos para a distribuição de seus produtos. Por meio das denominadas concessionárias – ou seja, empresas que se obrigam a revender os veículos, prestar assistência técnica aos seus compradores e propagar a marca do fabricante – as montadoras de veículos constituem sua rede de distribuição, valendo-se das aludidas concessionárias como suas revendedoras, já que estas compram os veículos produzidos pelo fabricante para posteriormente revendê-los. Desta forma, os fabricantes eximem-se dos gastos inerentes à manutenção de uma rede própria de distribuição, tais como encargos fiscais e trabalhistas e os custos de uma estrutura própria de manutenção e assistência técnica.[36]

Nos termos do art. 1º da Lei 6.729, de 1979, a distribuição de veículos automotores efetiva-se por meio de concessão comercial entre produtores e distribuidores, cujo conteúdo deriva da disciplinada fixada pela aludida lei, por convenções coletivas e por disposições contratuais fixadas entre concedente e concessionário. De um lado, o inciso I do art. 2º define como produtor a empresa industrial que realiza a fabricação ou montagem de veículos automotores. De outro, o inciso II do aludido art. 2º esclarece que o distribuidor é a empresa comercial que realiza a venda de veículos automotores novos e presta assistência técnica a esses produtos.

Nas relações entre *concedente e concessionário* a exclusividade *(a)* impõe ao concedente o dever de não promover vendas diretas de automóveis na área reservada ao concessionário, ressalvadas algumas exceções, e *(b)* impõe ao concessionário o dever de não promover a venda de veículos novos produzidos por outros fabricantes que não o concedente.

De fato, o art. 15 da aludida lei destaca que o concedente apenas poderá efeti-

34. Luiz Gastão Paes de Barros Leães, "O conceito de área demarcada na concessão comercial de veículos", *RDM* 110/17.

35. Barros Leães, artigo cit., *RDM* 110/18.

36. Waldirio Bulgarelli, "Concessão de veículos automotores terrestres", in *Problemas de Direito Empresarial Moderno*, p. 29.

var venda direta de veículos *(a)* independente de atuação ou pedido do concessionário quando se tratar de venda à Administração Pública, a Corpo Diplomático e a outros compradores especiais, assim definidos pelo concedente juntamente com sua rede de distribuidores, e *(b)* a pedido dos concessionários, que receberão do concedente valor referente à margem de comercialização correspondente à mercadoria por este vendida, quando se tratar de Administração Pública, Corpo Diplomático, frotistas de veículos automotores e outros compradores especiais.

De outra parte, o art. 3º, § 1º, "b", permite ao concedente vedar a comercialização de veículos novos fabricados por outro produtor.

No que atina às relações entre os *próprios concessionários* a exclusividade confere a cada um daqueles uma área de sua responsabilidade a fim de que exerçam suas atividades, sendo-lhes vedado atuar fora desta área delimitada. Todavia, permite-se ao consumidor adquirir veículos junto ao concessionário que lhe aprouver.

Neste sentido, o art. 5º, em seu inciso I e § 2º, determina que será conferida ao concessionário uma área operacional de sua responsabilidade, onde desempenhará as atividades de comercialização de veículos automotores e prestação de serviços inerentes aos mesmos, sendo-lhe defesa a prática dessas atividades, diretamente ou por intermédio de prepostos, fora de sua área demarcada.

Porém, caberá ao consumidor a faculdade de adquirir os produtos e serviços em qualquer concessionário, como permite o § 3º do art. 5º, bem como se assegura ao concedente a contratação de nova concessão se as condições do mercado na área demarcada assim justificarem ou se houver necessidade de prover vaga de concessão extinta, nos temos do art. 6º.

Estas são as principais características apresentadas pela exclusividade inerente à concessão de veículos automotores. A seguir, o que se pretende é verificar em que medida a venda de automóveis por meio da Internet pode representar violação a esta cláusula, tanto nas relações entre concedente e sua rede de concessionárias como nas relações travadas entre os próprias concessionárias.

7. A comercialização de veículos automotores através da Internet

Conforme matéria publicada na revista *Em Rede*, da Associação Brasileira das Concessionárias *Chevrolet* – ABRAC, cada vez mais os consumidores estão se valendo da Internet para obter informações acerca dos automóveis disponíveis no mercado, consultar os preços praticados, tomar referências das concessionárias e até mesmo realizar a compra de um automóvel. Isto porque a comercialização de veículos pela Internet permite um preço ao consumidor final de 6 a 7% inferior aos métodos tradicionais de venda. O texto destaca que ao longo do ano de 1997 16% dos compradores de carros novos nos Estados Unidos consultaram um dos serviços de vendas *on line* antes de adquirir seus produtos. Demais disso, 2% do total de vendas realizadas naquele ano resultaram de pedidos repassados às concessionárias através de serviços disponíveis na Internet. O que se prevê é que atualmente mais da metade dos compradores de carros novos deverão utilizar a Internet no processo de compra. De fato, segundo o Diretor de Vendas da *General Motors*, 60 a 70% dos consumidores norte-americandos já se utilizam da Internet no processo de escolha ou aquisição de veículos.[37]

A matéria divulgada pela ABRAC destaca que a utilização da Internet provocará um profundo impacto sobre concessionárias e fabricantes de carros. Isto porque, de posse de informações obtidas na *Web*, os compradores adquirem um poder de bar-

37. Revista *Em Rede* 28, maio-junho de 2000.

ganha maior junto aos revendedores, forçando uma redução nos preços de venda. Nos Estados Unidos da América as margens de lucro tendem a ser reduzidas de 6,4%, em média, para algo próximo a um ponto percentual. Em decorrência, crescem as fusões entre as concessionárias menores, que não possuem volume suficiente de vendas para suportar margens de lucro menores.

No Brasil a Federação Nacional da Distribuição de Veículos Automotores – FENABRAVE estima que a partir de 2005 mais de 20% dos compradores de veículos no mercado brasileiro deverão recorrer à Internet antes de concluir o negócio.[38]

Basicamente, os *sites* relacionados à venda de automóveis prestam serviços de informação ou de compra. Os primeiros apenas fornecem informações a respeito dos preços de tabela dos carros, dos opcionais disponíveis e das condições de financiamento. Já, os segundos repassam aos concessionários, mediante o pagamento de uma taxa, pedidos de compra realizados *on line*. Mais próximos da primeira modalidade parecem se encontrar os *sites* norte-americanos *GM Buy Power* (*www.gmbypower.com*) e *Chrysler Get a Quote* (*www.chrysler.com*), os quais permitem ao consumidor especificar modelos, pesquisar qual revendedor tem o veículo disponível em estoque e obter informações sobre preços. Já, no segundo grupo encontra-se o *site Auto-by-Tel* (*www.autobytel.com*), que possui convênio com 2.700 concessionárias, cobrando de cada uma destas uma taxa mensal de US$ 2,500.00, repassando àquelas os pedidos de compra *on line* que recebe dos consumidores. É responsável por vendas mensais no montante de US$ 500,000,000.00. No mesmo grupo pode ser localizado o *site Autoweb.com* (*www.autoweb.com*), que congrega 2.100 concessionárias, transferindo-lhes as consultas que recebe mediante o pagamento de US$ 25.00 a cada contato. No Brasil os *sites Automovel.com* (*www.automovel.com.br*), *CarSale* (*www.carsale.com.br*) e *AutoPlaza* (*www.autoplaza.com.br*) parecem também se enquadrar nesta segunda hipótese. Como se vê de editorial de responsabilidade do serviço *CarSale*, no aludido *site* é possível consultar modelos nacionais e importados de 35 marcas, pesquisar preços, cores e equipamentos, de forma a definir a opção de compra. O serviço acompanha todo o processo de compra até a conclusão do negócio, tendo convênio com uma rede de 200 concessionárias cadastradas, que deverá chegar a 400 até o final do ano 2000.[39]

Adiante pretende-se apontar se a prestação de tais serviços pode eventualmente configurar violação da cláusula de exclusividade inerente à concessão de veículos. Primeiramente serão abordados os reflexos produzidos em face das relações entre concedente e concessionária. Após tratar-se-á do impacto que tais vendas podem trazer à exclusividade sob o aspecto das relações entre as próprias concessionárias.

8. *Reflexos no campo da exclusividade em face do concedente*

Eros Roberto Grau e Paula A. Forgioni destacam que o relacionamento estabelecido entre o fabricante de veículos automotores e seus distribuidores configura típico acordo vertical, na terminologia consagrada pela prática antitruste. A figura refere-se ao acordo celebrado entre agentes econômicos que não são diretamente concorrentes, mas se encontram em mercados situados em uma linha vertical imaginária que conduz, desde a extração da matéria-prima, passando pelas várias fases de produção e comercialização, até o consumidor final do produto. São considerados típicos acordos verticais os contratos de distribuição, fornecimento, franquia e concessão comercial, por exemplo.[40]

38. Informação obtida no *site* do jornal *O Estado de S. Paulo* (*www.estadao.com.br*).

39. Informações obtidas junto ao *site* cujo endereço é *www.carsale.com.br*.

40. Eros Roberto Grau e Paula A. Forgioni, artigo cit., *RDM* 114/267.

Ainda que tais acordos tenham sido inicialmente vistos com reservas por parte das autoridades antitruste e pelo Poder Judiciário, essa posição tem sido alterada nas últimas décadas, em razão do incremento da eficiência na distribuição de produtos proporcionado pelos aludidos ajustes.[41]

Como se disse mais acima, em regra caberá apenas aos concessionários a venda de veículos ao consumidor final, sendo vedado ao concedente a venda direta, ressalvadas as exceções arroladas no art. 15 da Lei 6.729, de 1979. Recorde-se que o mencionado dispositivo permite ao concedente promover venda direta quando o adquirente for *(a)* pessoa jurídica integrante da Administração Pública, *(b)* Corpo Diplomático, *(c)* frotista de veículos automotores ou *(d)* comprador especial, assim definido de comum acordo com a rede de concessionários, ainda que caiba ao concessionário o valor da margem de comercialização correspondente à mercadoria vendida quando a venda direta ocorrer por indicação do concessionário.

Quanto ao tema vale recordar matéria publicada na revista *Veja*[42] informando que a *General Motors* pretende valer-se da Internet para alavancar as vendas de seu novo modelo *Celta*. A matéria destaca que atualmente as páginas oficiais das montadoras na Internet se limitam a descrever carros, calcular preços e receber encomendas por *e-mail*. Todavia, a comercialização de veículos é sempre feita por intermédio de uma revendedora, a qual conclui o negócio junto ao consumidor final. A matéria restringe-se a afirmar que a estratégia da *General Motors* será diferente da realizada até então, mas não esclarece de que forma se pretende promover as vendas do *Celta* na Internet.

A notícia é confirmada pela Agência Estado,[43] segundo a qual a *General Motors do Brasil* pretende promover a venda de seu novo modelo *Celta* também por meio da Internet. A matéria vai mais adiante ao esclarecer que a comercialização, ainda que promovida por meio da Internet, terá a participação da rede de concessionários, tal como observou o Presidente da Associação Brasileira de Concessionárias *Chevrolet* – ABRAC. A matéria informa que os veículos assim comercializados serão faturados diretamente em nome do consumidor final, sem que ocorra o processo de revenda inerente às vendas tradicionais promovidas pelos concessionários. Assim, disto se infere que provavelmente o mecanismo a ser adotado pela *General Motors* será o de venda direta, todavia mediante agenciamento ou participação nas vendas por parte dos concessionários – o que garantiria a estes um valor referente à margem de comercialização.

Vale destacar que o regime jurídico decorrente da Lei 6.729, de 1979, não veda a venda direta de veículos por parte dos fabricantes. Todavia, tais hipóteses são muito restritas e se limitam àquelas revistas nos incisos I e II do art. 15 da mencionada lei. Recorde-se, uma vez mais, que o inciso I permite ao fabricante promover venda direta à Administração Pública, aos Corpos Diplomáticos e a outros compradores especiais, nos limites previamente ajustados com a rede de distribuidores, sem que caiba qualquer remuneração aos concessionários em decorrência de tais vendas. Já, o inciso II permite ao fabricante promover venda direta – porém mediante requerimento de determinada concessionária nesse sentido, a quem caberá o valor referente à margem de comercialização – às pessoas indicadas no inciso I e aos frotistas de veículos automotores.

Disto se extrai que há apenas duas hipóteses de venda direta por parte do fabricante sem que caiba qualquer valor aos concessionários: *(a)* venda em favor da Administração Pública e Corpos Diplomáticos e *(b)* venda em favor de compradores especiais, mesmo assim nas situações e nos li-

41. Cf. Eros Roberto Grau e Paula A. Forgioni, idem, *RDM* 114/267.

42. Edição 1.658, de 19.7.2000, p. 126.

43. Notícia divulgada em 5.7.2000 (*www.estadao.com.br/agestado/*).

mites ajustados com os revendedores. Nas demais situações de vendas diretas, que se processam mediante pedido dos concessionários, caberá a estes o valor da margem de comercialização. Desta forma, ressalvada a hipótese de venda direta à Administração Pública e a Corpos Diplomáticos, as demais situações ou demandarão consenso por parte dos concessionários ou estes farão jus ao valor da margem de comercialização.

Portanto, excluindo-se a hipótese de venda direta em favor da Administração Pública[44] ou de Corpo Consular sem que ocorra a participação de concessionária – situação em que se faculta tal venda sem maiores restrições –, a venda de veículos pela Internet realizada diretamente por parte do fabricante deverá observar as seguintes condições: *(a)* nos casos de compradores especiais, em que não haja intermediação dos revendedores, tal venda demandará acordo prévio com a rede de distribuidores, em que se fixarão as hipóteses e os limites a tais vendas; *(b)* nas demais hipóteses autorizadas pela Lei 6.729, de 1979, tais como vendas aos frotistas ou a compradores especiais, à Administração Pública e aos Corpos Consulares, porém desde que tais vendas sejam agenciadas pelos concessionários, caberá aos concessionários o valor referente à margem de comercialização.

9. Reflexos no campo da exclusividade em face dos demais concessionários

Mais acima ressaltou-se que o inciso I do art. 5º da Lei 6.729, de 1979, exige como inerente à concessão a fixação de uma "área operacional de responsabilidade do concessionário para o exercício de suas atividades". Por sua vez, em seu § 2º o mencionado art. 5º destaca que ao concessionário caberá a "comercialização de veículos automotores, implementos, componentes e máquinas agrícolas, de via terrestre, e a prestação de serviços inerentes aos mesmos, nas condições estabelecidas no contrato de concessão comercial, sendo-lhe defesa a prática dessas atividades, diretamente ou por intermédio de prepostos, fora de sua área demarcada".

Aparentemente, o dispositivo impede qualquer concorrência entre concessionárias de uma mesma marca, já que proíbe ao concessionário a comercialização de veículos fora de sua área de atuação, seja diretamente, seja através de prepostos. Neste sentido, o dispositivo poderia configurar ofensa às normas constitucionais que tutelam a iniciativa privada, em especial ao art. 170, IV, que alberga a livre concorrência, e ao art. 173, § 4º, que impõe ao legislador ordinário o dever de afastar os abusos de poder econômico que levem à dominação de mercados e à eliminação da concorrência.

De fato – e como adverte Luiz Gastão Paes de Barros Leães, "a cláusula de exclusividade, aplicada em vários contratos (venda, fornecimento, mandato, agência ou representação comercial, concessão comercial), é obviamente um pacto de limitação à concorrência, pelo quê sempre suscitou dúvidas a respeito de sua legitimidade".[45]

Vale recordar que o egrégio Supremo Tribunal Federal já reconheceu a inconstitucionalidade de lei que impunha restrição geográfica ao estabelecimento de farmácias, por infração ao princípio da livre concorrência. Do julgado extrai-se que: "A limitação geográfica à instalação de drogarias cerceia o exercício da livre concorrência, que é uma manifestação do princípio constitucional da liberdade de iniciativa econômica privada (CF/88, art. 170, inciso IV e parágrafo único, c/c o art. 173, § 4º)".[46] Do voto do eminente Min. Maurício Corrêa extrai-se que "a limitação geográfica im-

44. Tal situação perde relevo diante das peculiaridades inerentes à aquisição de bens por parte da Administração Pública, que, como se sabe, se submete ao regime jurídico imposto pela Lei 8.666, de 1993.

45. Artigo cit., *RDM* 110/17.

46. RE 199.517-SP, rel. Min. Carlos Velloso, j. 4.6.1998, *DJU* 13.11.1998, p. 608.

posta à instalação de drogarias somente conduz à assertiva de concentração capitalista, assegurando, no perímetro, o lucro da farmácia já estabelecida. Dificulta o acesso do consumidor às melhores condições de preço, e resguarda o empresário alojado no local pelo cerceamento do exercício da livre concorrência, que é uma manifestação do princípio da liberdade de iniciativa econômica privada garantida pela Carta Federal (...)".

Novamente se manifestando sobre tema idêntico ao do aludido julgado, o egrégio Supremo Tribunal Federal uma vez mais decidiu pela inconstitucionalidade de dispositivo legal que gerava limitação territorial ao estabelecimento de farmácias, por "redundar em reserva de mercado, ainda que relativa, e, conseqüentemente, em afronta aos princípios da livre concorrência, da defesa do consumidor e da liberdade do exercício das atividades econômicas, que informam o modelo de ordem econômica consagrado pela Carta da República (art. 170 e parágrafo da CF)".[47]

No plano infraconstitucional, limitação à concorrência dessa natureza também poderia encontrar óbices na Lei 8.884, de 1994, que dispõe sobre a prevenção e repressão às infrações à ordem econômica. Uma interpretação literal do § 2º do art. 5º da Lei 6.729, de 1979, poderia levar à conclusão de que se pretende dividir mercados de produtos e serviços por meio da demarcação de áreas restritas para atuação, impedindo o acesso de outras empresas concorrentes àquela área. E tais imposições são incompatíveis com o regime jurídico imposto pela Lei 8.884, de 1994, especialmente tendo em vista o disposto em seu art. 21, III, IV e V.[48]

Ocorre que, como se viu mais acima, o sistema antitruste brasileiro excepcionalmente permite a restrição da concorrência quando disto decorram maior produtividade, maior qualidade de bens e serviços e maior eficiência tecnológica e econômica, desde que tais benefícios também sejam compartilhados pelos consumidores, não impliquem eliminação de concorrência de parte substancial do mercado e sejam observados os limites estritamente necessários para atingir os objetivos visados, conforme determinam os incisos do § 1º do art. 54 da Lei 8.884, de 1994.

Isto porque o sistema concorrencial brasileiro é multifuncional, no sentido de que, além da tutela da concorrência enquanto manifestação da liberdade empresarial, também resguarda interesses outros, como os dos consumidores. Assim, determinado ato restritivo da concorrência não ofenderia o ordenamento jurídico desde que atendesse aos parâmetros definidos pelo aludido art. 54.

Sendo assim, resta verificar se a limitação de concorrência imposta pela Lei Ferrari resguarda os interesses dos consumidores. Uma interpretação literal do § 2º do art. 5º, em destaque, levaria à conclusão de que o dispositivo também representa ofensa a interesses desta categoria, tutelados tanto no plano constitucional, pelo art. 170, V, como na esfera legal, por meio da Lei 8.078, de 1990, uma vez que lhes restringe a liberdade de escolher o fornecedor dos produtos que desejem adquirir.

Como se sabe, a industrialização e a massificação das relações contratuais tornaram a liberdade contratual mais aparente do que real: a desigualdade substancial entre as partes permitiu que a autonomia contratual de uma das partes – do consumidor, no caso

47. RE 203.909-SC, rel. Min. Ilmar Galvão, j. 14.10.1997, *DJU* 6.2.1998, p. 2.720.

48. A redação do dispositivo é a seguinte: "Art. 21. As seguintes condutas, além de outras, na medida em que configurem hipótese prevista no art. 20 e seus incisos, caracterizam infração da ordem econômica: (...) III – dividir os mercados de serviços ou produtos, acabados ou semi-acabados, ou as fontes de abastecimento de matérias-primas ou produtos intermediários; IV – limitar ou impedir o acesso de novas empresas ao mercado; V – criar dificuldades à constituição, ao funcionamento ou ao desenvolvimento de empresa concorrente ou de fornecedor, adquirente ou financiador de bens ou serviços; (...)".

– fosse tolhida pelo poderio econômico da outra. O fenômeno também se manifestou quanto à liberdade de escolha do outro contratante. De fato, Cláudia Lima Marques recorda que "a concentração das empresas e os monopólios, estatais ou privados, reduziram a liberdade de escolha do parceiro".[49]

Disto surgiu a necessidade de intervenção estatal nas relações obrigacionais – o que se deu através da edição de normas de natureza cogente que tutelam a liberdade contratual da parte mais frágil e restauram o equilíbrio substancial das posições de poder contratual das partes.[50] Uma das mais expressivas manifestações desta figura foi a edição do Código de Defesa do Consumidor. Tal diploma, reconhecendo a vulnerabilidade do consumidor no mercado,[51] determina a harmonização dos interesses dos participantes das relações de consumo, por meio da compatibilização da proteção do consumidor com a necessidade de desenvolvimento econômico.[52]

No que atina à aquisição de veículos automotores, a primitiva redação do art. 5º, I, da Lei 6.729, editada ainda em 1979, restringia a liberdade do consumidor quanto à escolha do concessionário contratado, vez que lhe vedava adquirir veículos fornecidos por revendedor localizado fora de seu domicílio. Ocorre que tal postura feria os princípios básicos que, a partir da Constituição Federal de 1988, passaram a fundamentar a ordem econômica, dentre os quais o da defesa do consumidor. Sendo assim, em 1990 sobreveio a Lei 8.132, que, alterando o disposto no aludido art. 5º, consignou que "o consumidor, à sua livre escolha, poderá proceder à aquisição dos bens e serviços a que se refere esta Lei em qualquer concessionário".[53]

49. *Contratos no Código de Defesa do Consumidor*, p. 119.

50. Enzo Roppo, *O Contrato*, p. 327.

51. Art. 4º, I, do Código de Defesa do Consumidor.

52. Art. 4º, III, do Código de Defesa do Consumidor.

53. Lei 8.132, de 1990, art. 5º, § 3º.

Por estas razões, Luiz Gastão Paes de Barros Leães destaca que as mudanças operadas na Lei 6.729, de 1979, por força da mencionada Lei 8.132, de 1990, reconfiguraram a noção de área de exclusividade ou área demarcada.[54] A questão envolve a distinção entre duas situações de fato, bem definidas pelo direito antitruste norte-americano: *(a)* os *closed territories*, que são considerados ilícitos, e *(b)* as *areas of primary responsability*, em regra lícitas.

Como destaca o aludido professor da USP, a primeira orientação (*closed territories*) está relacionada com a idéia de um privilégio, de um direito de exclusividade a uma determinada área geo-econômica (área demarcada), que constituiria uma "zona reservada de mercado", inviolável e impenetrável pelos demais concessionários de uma mesma marca. Este entendimento foi o inicialmente adotado pela Lei 6.729, de 1979, ao estabelecer uma "área demarcada" como elemento inerente à concessão – área, esta, em que o concessionário tinha o direito exclusivo de negociar com os consumidores ali domiciliados. Tanto é verdade que na hipótese de violação desta área, destinada com exclusividade a determinada concessionária, esta teria direito de exigir parte da margem de comercialização das vendas ali realizadas por terceiros, tal como dispunha o antigo § 2º do art. 5º da Lei 6.729, de 1979.

Ocorre que – como adverte Barros Leães – esta idéia de exclusividade como um direito absoluto representa ofensa a princípios básicos da ordem econômica, tais como os da livre iniciativa e da livre concorrência. Sendo assim, em oposição ao conceito de *closed territories* a Lei 8.132, de 1990, instituiu a idéia de "área operacional de responsabilidade do concessionário", ligada à noção de *areas of primary responsability*, mencionada mais acima. De fato, e como se viu, o diploma em apreço permite ao consumidor adquirir bens e serviços em qualquer concessionária.

54. Barros Leães, artigo cit., *RDM* 110/16-21.

Por isso, o mencionado autor conclui que "as modificações introduzidas pela Lei n. 8.231/90 no art. 5º da Lei n. 6.729/79 produziram significativa alteração no conceito de exclusividade, concebido na legislação anterior de maneira cerrada, em rigorosa correlação com a idéia de zona territorial, assegurada, numa espécie de monopólio, ao titular da respectiva concessão comercial. Com a inserção da idéia de área operacional de responsabilidade do concessionário para o exercício de suas atividades, a exclusividade, embora inerente ao contrato de concessão comercial, deixa de privilegiar os interesses do concessionário para atender aos interesses concertados do concedente, dos consumidores e dos demais concessionários".[55]

Assim, o direito a uma área demarcada deixou de ser absoluto, sujeitando-se à liberdade de escolha assegurada aos consumidores tanto no plano constitucional como no legal.

Portanto, caberá sempre ao consumidor a faculdade de adquirir seus produtos por meio do concessionário que preferir, restaurando sua liberdade de escolher a pessoa com quem contratará. Isto lhe permite optar pelo fornecedor que lhe apresente os melhores preços e condições de pagamento – regras básicas de uma economia de mercado fundada na livre concorrência e na livre iniciativa, tal como previsto nos arts. 170, IV, e 1º, IV, da Constituição Federal.

Por tudo, Waldirio Bulgarelli destaca que, ainda que a tendência da Lei 8.132, de 1990, não tenha sido de efetivamente proteger o consumidor, ao menos não ofende os direitos deste. Isto em decorrência da nova redação que o diploma atribuiu ao art. 5º da Lei Ferrari. Seja como for, o mencionado autor observa que o aludido diploma legal resguarda os interesses dos consumidores, à medida que não permite a superposição dos interesses de concedentes e concessionários sobre os interesses dos consumidores.[56]

Assim, a interpretação do § 2º do art. 5º da Lei 6.729, de 1979, deve ser efetivada de modo sistemático, levando-se em consideração os demais dispositivos daquela mesma lei e, principalmente, os dispositivos constitucionais atinentes à ordem econômica. Ao permitir aos consumidores adquirir produtos e serviços nas concessionárias que lhes ofereçam as melhores condições de preço, prazo e atendimento, a nova redação do art. 5º da Lei 6.729, de 1979, atribuída pela Lei 8.132, de 1990, tornou possível uma interpretação compatível com os novos ditames da ordem econômica insculpidos pela Constituição Federal de 1988. De fato, mais acima restou claro que o art. 170 da Constituição, em seus incisos IV e V, determina que a ordem econômica, fundada na livre iniciativa, deverá observar os princípios da livre concorrência e da defesa do consumidor. Ora, a anterior redação conferida ao art. 5º da aludida lei expressamente vedava qualquer concorrência no setor de venda de automóveis de uma mesma marca, afrontando o interesse dos consumidores, que eram obrigados a se submeter aos preços e condições impostos pelo revendedor de seu domicílio.

Destaque-se – como o faz José Afonso da Silva – que os princípios previstos no art. 170 da Constituição deverão orientar a interpretação das normas infraconstitucionais no âmbito da esfera econômica. De fato, os princípios informadores do regime econômico oferecem os valores que deverão nortear a correta compreensão do ordenamento jurídico. O autor destaca que tais princípios constituem os "critérios hierárquicos de valor sobre os quais está fundada e pelos quais se inspira a ordem jurídica positiva, de que deve servir-se o juiz para resolver o caso

55. Barros Leães, artigo cit., *RDM* 110/19-20.

56. Waldirio Bulgarelli, "O sistema de área demarcada no regime de distribuição de veículos automotores de via terrestre, perante as Leis 6.729, de 28.11.1979, e 8.132, de 26.12.1990", in *Questões Atuais de Direito Empresarial*, p. 51.

submetido à sua jurisdição, como todo intérprete e aplicador do direito objetivo".[57]

Assim, a correta interpretação dos aludidos dispositivos será aquela que, atendendo aos princípios constitucionais da ordem econômica, permita ao consumidor adquirir o veículo que desejar perante a concessionária que lhe aprouver. Quando muito, o que restaria vedado seria a atuação direta de determinada concessionária, através da criação de filiais ou envio de vendedores à área de concessão de outra revendedora autorizada. Esta última hipótese configura o que a jurisprudência denomina de *venda ativa*.

De fato, a jurisprudência do egrégio Superior Tribunal de Justiça esclarece que o art. 5º da Lei 6.729, de 1979, não veda "a simples venda de mercadoria a consumidor domiciliado além dos limites fixados, que procura a concessionária em sua base de comercialização". O que restaria afastado seria a postura ativa, configurada pelo "estabelecimento de filial, agência ou escritório de vendas" ou "envio de vendedores ao setor de outra igual, a fim de ofertar seus veículos".[58] Portanto, a jurisprudência do egrégio Superior Tribunal de Justiça destaca que a incidência do disposto no § 2º do art. 5º da Lei Ferrari exige a comprovação de que a venda foi realizada por intermédio de representantes comerciais, filiais, escritórios de vendas ou por meio do envio de vendedores à área reservada a outra concessionária. Em outras palavras, deve restar demonstrada a postura ativa da concessionária desenvolvida na área de outras concessionárias, no sentido de promover a captação de clientela alheia.

Nesse sentido tem reiteradamente julgado o egrégio Superior Tribunal de Justiça ao observar que "a proibição contida nos arts. 5º, § 2º, e 17, II, da Lei 6729/79 não veda que a concessionária realize vendas a clientes residentes fora da sua área de atuação, mas apenas que adote uma postura ativa nesse sentido".[59] Ou quando esclarece que "a vedação contida no art. 5º, *caput* e § 2º, da Lei n. 6.729/79 diz respeito ao exercício de atividades tendentes à captação da clientela dentro da área reservada a outra concessionária. Está fora se seu alcance, portanto, a aquisição de veículo por consumidor domiciliado em outra área".[60] Por tudo, já se decidiu que "está fora do alcance da vedação contida no art. 5º da Lei n. 6.729/79 a aquisição de veículo por consumidor domiciliado em outra área".[61] Por todos, confiram-se também os REsp 88.585-SP[62] e 83.678.[63]

Também o egrégio Tribunal de Justiça do Paraná já se manifestou sobre o tema, destacando que os consumidores "não estão obrigados a portar atestado de residência para exibir no ato de aquisição do veículo, nem podem ser forçados a adquiri-los nesta ou naquela revendedora".[64]

Comentado o regime jurídico do contrato de franquia na Comunidade Européia, Miguel Maria Tavares da Cunha destaca que, a despeito de a cláusula de exclusividade territorial ter por efeito uma repartição de mercados – o que é vedado pelo art. 85, n. 1, alínea "c", do Tratado da Comunidade Européia, o Regulamento 4.087, de 1988,[65] da Comunidade isenta em seu art. 2-a os acordos que contenham tais cláusulas, devido às vantagens que promovem para os diversos agentes envolvidos: franqueador, franqueado e consumidores.[66]

57. Ob. cit., p. 158.

58. STJ, REsp 3.836, rel. Min. Sálvio de Figueiredo.

59. REsp 167.100-SP, rel. Min. Eduardo Ribeiro, j. 12.5.1998, *DJU* 31.8.1998, p. 79.

60. REsp 37.822-SP, rel. Min. Torreão Braz, j. 27.6.1994, *DJU* 22.8.1994, p. 21.266.

61. REsp 31.088-SP, rel. Min. César Rocha, j. 18.12.1997, *DJU* 27.4.1998, p. 165.

62. Rel. Min. Carlos Alberto Menezes Direito, j. 8.9.1997, *DJU* 17.11.1997, p. 59.517.

63. Rel. Min. Eduardo Ribeiro, j. 5.12.1997, *DJU* 23.3.1998, p. 88.

64. Acórdão 3.978, 4ª C. Cível, Ap. 1.245, rel. Des. Jorge Adriguetto, j. 12.11.1986.

65. O diploma disciplina a figura da franquia.

66. Miguel Maria Tavares da Cunha, *Da Restrição da Concorrência na Comunidade Européia: a Franquia de Distribuição*, p. 317.

Todavia, a admissibilidade de uma cláusula nestes termos nos contratos de franquia não é incondicional, "porquanto não se pode estabelecer a proibição para os franqueados de venderem os bens ou prestarem os serviços objecto da franquia a utilizadores finais, pelo facto de estes (não) residirem em certos locais. Se uma cláusula desta índole for inserida num contrato de franquia, então a isenção concedida pelo Regulamento 4.087/88 não será aplicável (art. 5º, alínea 'g'), e a liberdade contratual das partes cederá perante o valor da liberdade de concorrência".[67]

Indo até mais adiante, a Suprema Corte Norte-Americana considerou indevida indenização exigida em face de um distribuidor da *Sony* que promoveu a venda de produtos fora de sua área territorial, em detrimento dos interesses de determinado distribuidor a quem havia sido concedida exclusividade relativamente à região onde o consumidor se localizava.[68]

Por tudo, não é vedado à concessionária vender seus produtos para fora de sua área de concessão. O que se evita é que determinada revendedora promova a instalação de filiais, agências ou envie vendedores seus para a área de outra concessionária, de forma a praticar venda ativa.

Portanto, a questão que se põe é saber se os serviços oferecidos através da Internet, que auxiliam ou promovem a venda de veículos, quando tais vendas sejam realizadas por concessionárias em favor de consumidores localizados além da área de responsabilidade reservada àquelas[69] restariam vedados pelo regime jurídico decorrente da Lei Ferrari e do sistema antitruste brasileiro.

Pode-se dizer que os *sites* que apenas promovem informações aos consumidores a respeito das características dos veículos, dos preços praticados pelos revendedores, bem como das disponibilidades de estoque destes distribuidores, sem que haja a formalização de pedido *on line* de compra, não representam maiores problemas. Nesta hipótese o serviço apenas fornece informações ao consumidor que lhe permitirão entrar em contato com o revendedor que dispuser do veículo pretendido e oferecer o melhor preço. Trata-se de venda passiva, já que será o consumidor que procurará a concessionária que disponha do produto e do preço por ele desejados, ainda que tais informações tenham sido obtidas junto à Internet. Aliás, tal modalidade de informação não difere muito da publicidade promovida pelas concessionárias em jornais de ampla circulação, que levam aos consumidores localizados nas mais diversas regiões do país informações a respeito dos produtos, dos preços, das condições de pagamento que ofereçam, bem como os meios através dos quais o consumidor poderá entrar em contato com tais revendedoras. A iniciativa de compra, nestes casos, caberá sempre ao consumidor.

Tal entendimento também promove a aplicação do art. 6º, II, do Código de Defesa do Consumidor, o qual destaca que ao consumidor é assegurado o direito à educação e divulgação sobre o consumo, de forma a assegurar sua liberdade de escolha e a igualdade nas contratações.

Em comentários sobre o dispositivo José Geraldo Brito Filomeno traz exemplo que destaca o benefício trazido ao público consumidor pelas pesquisas realizadas pela Secretaria de Defesa do Consumidor de São Paulo a respeito dos produtos da chamada *cesta básica*, com divulgação diária, por meio das quais comparam-se os preços dos aludidos produtos nos diversos supermer-

67. Miguel Maria Tavares da Cunha, ob. cit., p. 321.

68. Cf. Miguel Maria Tavares da Cunha, ob. cit., p. 321.

69. As vendas realizadas pela Internet a consumidores localizados dentro da área de responsabilidade da própria concessionária que promoveu tais vendas perdem interesse para efeitos do presente estudo, já que certamente não representam ofensa à cláusula de exclusividade territorial imposta pela Lei Ferrari.

cados da Grande São Paulo. Desta forma informa-se o consumidor a respeito dos preços mais baratos, de forma a melhor exercer sua liberdade de escolha.[70]

Situação diversa refere-se aos *sites* que recolhem pedidos de compra *on line*, repassando-os aos concessionários conveniados. Nestas situações o consumidor opta por determinado produto que apresente as características, inclusive de preço, que lhe interessem. Tal informação é repassada à concessionária conveniada que disponha do produto, a fim de que esta entre em contato com o aludido consumidor.

O confronto desta situação com a interpretação tradicionalmente conferida, tanto pelos tribunais como pela doutrina, ao art. 5º da Lei Ferrari poderia levar à conclusão de que esta modalidade de comercialização representaria venda ativa, uma vez que o concessionário promoveria venda de veículos a consumidores localizados fora de sua área de responsabilidade valendo-se de terceiros que realizam a captação de propostas de compra, nos moldes aproximados do contrato de agência ou representação comercial.

Tal posição é assumida pela Associação Brasileira de Distribuidores *Volkswagen*, que em nota referente ao *site CarSale* destacou que tal serviço representaria ofensa às normas da Lei Ferrari, já que permitiria a venda de veículos fora da área demarcada dos concessionários através da intermediação de terceiros.[71]

Todavia, ao que se infere, as situações fáticas que ensejaram a interpretação tradicional emprestada ao tema são diversas da que ora se discute. O desenvolvimento tecnológico e os mecanismos de promoção de vendas existentes ao tempo da formação desta corrente hermenêutica não tinham em mente esta nova realidade. Assim, talvez a solução da questão demande não apenas o confronto desta nova situação com a tradicional interpretação conferida ao art. 5º da Lei Ferrari – cuja aplicação à presente situação talvez se revele insatisfatória –, mas exija o enfrentamento do tema à luz dos princípios que informam o regime concorrencial brasileiro.

Sendo assim, vale recordar que a delimitação de áreas de responsabilidade em favor dos concessionários representa, em certa medida, restrição à concorrência. É verdade que o sistema antitruste brasileiro permite excepcionalmente a prática de atos dos quais resulte uma certa limitação à concorrência. De fato, mais acima pretendeu-se apontar que o sistema concorrencial brasileiro é multifuncional, no sentido de que se reconhece a tutela não apenas do direito de liberdade de concorrência, como também interesses outros como os dos consumidores. Portanto, em tese e excepcionalmente se admite a restrição da concorrência com vistas a tutelar direitos dos consumidores. Resta saber quais interesses estão sendo efetivamente buscados quando se proíbe a venda de veículos por meio de *sites* que repassam às concessionárias pedidos de compra realizados *on line*.

Como reiteradamente noticiado nos meios de comunicação, a Internet tem proporcionado novas formas de comercialização, com inegáveis benefícios para o consumidor. No campo da comercialização de veículos tal sistema permite ao consumidor localizar o automóvel com as exatas características que deseja, não mais restando obrigado a se contentar com os veículos disponíveis no concessionário de seu domicílio. Também lhe proporciona acesso aos melhores preços praticados pelas concessionárias de todo o país. Certamente há benefícios ao consumidor e também ao mercado, eis que permite o acesso a um mecanismo de vendas que traz maior eficiência econômica ao sistema.

De outro lado há o interesse de alguns concessionários que resistem a tal modali-

70. Ada Pellegrini Grinover e outros, *Código Brasileiro de Defesa do Consumidor Comentado pelos Autores do Anteprojeto*, pp. 114-115.

71. Comunicado ASB-0109/00, de 17.5.2000.

dade de venda. Isto porque, com a difusão deste sistema, as concessionárias que desejarem se manter no mercado deverão reduzir suas margens de lucro, de forma a acompanhar o preço praticado pelas mais competitivas. O que não é interessante para as concessionárias acostumadas a praticar preços mais elevados. Nestas situações, o argumento da observância quanto à área de exclusividade é utilizado como escudo contra um sistema de vendas que se revela benéfico aos consumidores, ainda que não o seja integralmente para alguns revendedores.

E tal pretensão não se encontra entre os objetivos buscados pelo sistema antitruste brasileiro. Já se disse mais acima que o art. 54 da Lei 8.884, de 1994, somente autoriza atos restritivos da concorrência quando disto decorram benefícios também aos consumidores ou se proporcione maior eficiência e desenvolvimento tecnológico ou econômico.

Portanto, o que se pretende dizer é que tal modalidade de venda de automóveis pela Internet representa situação nova, para além das hipóteses já enfrentadas pela doutrina e jurisprudência, e que, portanto, também demanda soluções novas. Em outras palavras, talvez o deslinde da questão não deva se ater à possibilidade ou não de subsunção da presente situação às hipóteses já enfrentadas pela jurisprudência quando da aplicação do art. 5º da Lei Ferrari. É necessária a análise do tema em face dos dispositivos constitucionais e legais que definem o regime jurídico da livre concorrência.

Por fim, vale recordar – como o fazem Eros Roberto Grau e Paula A. Forgioni – que a imposição de exclusividade territorial para a venda de veículos é uma exceção, uma restrição à regra geral da livre concorrência e da livre iniciativa, cujos limites e possibilidades encontram-se estritamente definidos na Lei 6.729, de 1979. Tratando-se de uma exceção, os dispositivos da Lei 6.729 que importarem restrição de concorrência não admitirão interpretação extensiva. É por isso que os autores esclarecem que a interpretação extensiva do preceito levaria à violação dos princípios da livre iniciativa e da livre concorrência.[72]

10. Conclusão

Uma posição mais tradicional quanto ao significado da área de responsabilidade atribuída aos concessionários permitiria concluir pela possibilidade de prestação de alguns serviços de vendas pela Internet apontados acima. Assim, e por exemplo, pode-se cogitar de venda direta ao consumidor final promovida pelo fabricante que, mediante prévio acordo com sua rede de distribuidores, realizaria o pagamento do valor da margem de comercialização ao revendedor do domicílio do consumidor adquirente, nos termos do art. 15 da Lei 6.729, de 1979. Soluções que representassem vendas diretas sem prévio ajuste com a rede de concessionários ou que desconsiderassem a necessidade de pagamento de uma margem de comercialização poderiam configurar tanto violação das regras fixadas no mencionado art. 15 como também abuso de poder econômico.

Já, no plano das vendas realizadas pelos concessionários também seriam admissíveis os *sites* que se limitassem a prestar informações sobre os veículos, tais como sobre os preços praticados e sobre os modelos disponíveis em estoque nas concessionárias, porém sem que se permitisse a formalização de pedidos de compra *on line*. Isto poderia configurar uma conduta ativa do concessionário no sentido de captar clientela alheia, ainda que por meio de terceiros.

Situação diversa é a dos serviços prestados pelos *sites* que aceitam pedidos *on line*, repassando-os para as concessionárias cadastradas, as quais entrarão em contato com o consumidor. Tal hipótese parece não encontrar respaldo na atual interpretação atribuída ao art. 5º da Lei 6.729, de 1979, eis que tais serviços poderiam ser assimi-

72. Eros Roberto Grau e Paula A. Forgioni, artigo cit., *RDM* 114/271.

lados à atuação de prepostos das concessionárias que estariam promovendo a captação de clientela na área reservada com exclusividade a outrem.

Ocorre que os princípios e regras que fundamentam o regime jurídico antitruste brasileiro não permitem atos restritivos de concorrência que não levem à maior eficiência econômica ou ao desenvolvimento tecnológico ou, ainda, que não permitam repartir os benefícios daí decorrentes com os consumidores. Trata-se de restrição à livre concorrência que parece não encontrar respaldo diante da sistemática antitruste.

Recorde-se que o regime jurídico antitruste brasileiro busca tanto a garantia da liberdade de concorrência como a tutela dos interesses dos consumidores e a maior eficiência econômica. Não há espaço para o mero interesse econômico, e não jurídico, dos agentes do mercado, no sentido de garantir maiores lucros às custas da eficiência do sistema, da concorrência e dos interesses dos consumidores.

Como se viu, a Constituição Federal de 1988 expressamente tutela os princípios da livre iniciativa, da liberdade de concorrência e da defesa do consumidor. No plano infraconstitucional, a Lei 8.884, de 1994, visa a prevenir e reprimir as infrações à ordem econômica, o que se fará tendo em vista os aludidos princípios constitucionais, tal como exige seu art. 1º. Por fim, o art. 54 do diploma legal em destaque não autoriza práticas restritivas da concorrência que não representem maior eficiência econômica na produção e distribuição de produtos e que não proporcionem benefícios aos consumidores.

Por fim, vale lembrar – como o faz Fran Martins – que o direito comercial é um direito elástico, no sentido de que a consagração de novos usos e práticas nas transações comerciais demanda a adaptação e aceitação por parte desse ramo do Direito. É por essa razão que o direito comercial é capaz de renovar-se constantemente.[73] No mesmo sentido, observa Alfredo de Assis Gonçalves que as normas do direito comercial não podem embaraçar a atuação do empresário. Em verdade, devem permitir a realização imediata dos negócios empresariais.[74]

Não resta descartada a hipótese de que, mediante uma análise mais aprofundada sobre o tema, talvez se possa chegar à conclusão de que também o regime jurídico imposto pelos princípios constitucionais atinentes à ordem econômica e as regras constantes da Lei 8.884, de 1994, vedariam a prestação de tais serviços em que há o repasse de pedidos formulados *on line*. Todavia, mesmo assim esta nova realidade não deve ser interpretada à luz das situações passadas que levaram ao atual posicionamento doutrinário e jurisprudencial a respeito da exclusividade inerente à concessão de veículos automotores.

Em verdade, a situação ora enfrentada demanda uma manifestação do papel regulador do Estado no sentido de, ponderando os diversos objetivos buscados pelo sistema de defesa de concorrência brasileiro, separar com maior precisão as condutas que verdadeiramente representam tutela de interesses legítimos em face do ordenamento jurídico daquelas que transbordam para o campo da concorrência desleal ou da restrição indevida da concorrência.

Enquanto isto não ocorre, caberá à jurisprudência verificar quais os comportamentos que não guardam consonância com os fundamentos do sistema concorrencial.

Referências bibliográficas

ABRAC – ASSOCIAÇÃO BRASILEIRA DAS CONCESSIONÁRIAS *CHEVROLET*. Revista *Em Rede* 28. Maio-junho de 2000 (*www.abrac.com.br*).

73. Fran Martins, *Curso de Direito Comercial*, p. 37.

74. Alfredo de Assis Gonçalves, *Direito Comercial – Apontamentos*, p. 100.

AGUILLAR, Fernando Herren. *Controle Social de Serviços Públicos*. São Paulo, Max Limonad, 1999.

ANTUNES VARELA, João de Matos. *Das Obrigações em Geral*. v. I. Coimbra, Almedina, 1998.

BARROS LEÃES, Luiz Gastão Paes de. "O conceito de área demarcada na concessão comercial de veículos". *RDM* 110. São Paulo, Malheiros Editores, 1998.

BUECHELE, Paulo Armínio Tavares. *O Princípio da Proporcionalidade e a Interpretação da Constituição*. Rio de Janeiro, Renovar, 1999.

BULGARELLI, Waldirio. "Concessão de veículos automotores terrestres". In: *Problemas de Direito Empresarial Moderno*. São Paulo, Ed. RT, 1989.

————. *Contratos Mercantis*. São Paulo, Atlas, 1998.

————. "O sistema de área demarcada no regime de distribuição de veículos automotores de via terrestre, perante as Leis 6.729, de 28.11.1979, e 8.132, de 26.12.1990". In: *Questões Atuais de Direito Empresarial*. São Paulo, Malheiros Editores, 1995.

CORREIA, José Manuel Sérvulo. *Legalidade e Autonomia Contratual nos Contratos Administrativos*. Coimbra, Almedina, 1987.

CASSESSE, Sabino. "Lo 'Stato pluriclasse'". In GIANNINI, Massimo Severo. *L'Unità del Diritto*. Bolonha, Il Mulino, 1994.

CHIRILLO, Eduardo J. Rodrigues. *La Privatización de la Empresa Pública y Post-Privatización*. Buenos Aires, Abeledo-Perrot, 1995.

CUNHA, Miguel Maria Tavares Festas Gorjão-Henriques da. *Da Restrição da Concorrência na Comunidade Européia: a Franquia de Distribuição*. Coimbra, Almedina, 1998.

FORGIONI, Paula A., e GRAU, Eros Roberto. "Restrição à concorrência, autorização legal e seus limites. Lei 8.884, de 1994, e Lei 6.729, de 1979 ('Lei Ferrari')". *RDM* 114. São Paulo, Malheiros Editores, 1999.

GIANNINI, Massimo Severo. *L'Unità del Diritto*. Bolonha, Il Mulino, 1994.

GONÇALVES NETO, Alfredo de Assis. *Direito Comercial. Apontamentos*. Curitiba, Juruá, 1998.

GRAU, Eros Roberto. *A Ordem Econômica na Constituição de 1988 (Interpretação e Crítica)*. São Paulo, Malheiros Editores, 1998.

————, e FORGIONI, Paula A. "Restrição à concorrência, autorização legal e seus limites. Lei 8.884, de 1994, e Lei 6.729, de 1979 ('Lei Ferrari')". *RDM* 114. São Paulo, Malheiros Editores, 1999.

GRINOVER, Ada Pellegrini, e outros. *Código Brasileiro de Defesa do Consumidor Comentado pelos Autores do Anteprojeto*. Rio de Janeiro, Forense Universitária, 1998.

JUSTEN FILHO, Marçal. *Comentários à Lei de Licitações e Contratos Administrativos*. São Paulo, Dialética, 1999.

MARQUES, Cláudia Lima. *Contratos no Código de Defesa do Consumidor*. São Paulo, Ed. RT, 1999.

MARTINS, Fran. *Curso de Direito Comercial*. Rio de Janeiro, Forense, 1996.

MAXIMILIANO, Carlos. *Hermenêutica e Aplicação do Direito*. Rio de Janeiro, Forense, 1997.

MOTTA PINTO, Carlos Alberto da. *Teoria Geral do Direito Civil*. Coimbra, Coimbra Editora, 1996.

ORTIZ, Gaspar Ariño. *Economóa y Estado*. Madri, Marcial Pons, 1993.

————. *La Regulación Económica*. Buenos Aires, Depalma (p. 99).

PAES, P. R. Tavares. *Obrigações e Contratos Mercantis*. Rio de Janeiro, Forense, 1999.

ROPPO, Enzo. *O Contrato*. Coimbra, Almedina, 1988.

SALOMÃO FILHO, Calixto. *Direito Concorrencial: as Estruturas*. São Paulo, Malheiros Editores, 1998 (pp. 32-33).

SILVA, José Afonso da. *Aplicabilidade das Normas Constitucionais*. São Paulo, Malheiros Editores, 1999.

VICIANO PASTOR, Javier. *Libre Competencia e Intervención Pública en la Economía*. Valência, Tirant lo Blanch, 1995 (p. 59).

Atualidades

EFEITOS DA TRIBUTAÇÃO SOBRE O DIREITO CONCORRENCIAL

Uma visão harmônica do ordenamento

MARCEL BRAGANÇA

I — Introdução. II — A livre concorrência e o direito brasileiro. III — A neutralidade concorrencial do direito societário. IV — A neutralidade concorrencial do direito tributário. V — Conclusões. Referências bibliográficas.

I — Introdução

O Direito, entendido como prudência ou técnica de solução de conflitos,[1] deve ser concebido na sua unicidade. Contudo, a atomização pela qual passou e vem passando, muitas vezes traduz aparentes incongruências de forma a dispor, em pólos opostos, certos ramos do Direito. Assim, apenas de maneira ilustrativa, é possível cogitar de conflito, ou "choque de princípios" entre o direito do trabalho e o direito processual civil,[2] ou mesmo em relação ao direito societário, mormente quando se trata da execução dos créditos trabalhistas, em que comum é o atropelo de certos preceitos processuais, societários e até constitucionais, para a satisfação do direito do hipossuficiente.[3]

1. Eros Roberto Grau, in *O Direito Posto e o Direito Pressuposto*, p. 30, aduz: "O direito é normativo. O Direito não descreve; o direito prescreve. Ainda quando um texto normativo descreve uma coisa, estado ou situação, é prescritivo. Ele descreve para prescrever que aquela é a descrição do que cogita. A ciência que o estuda e descreve não é, no entanto, normativa. É, enquanto ciência, descritiva.

"Impõe-se distinguirmos, assim, a ciência do direito e seu objeto, o direito. A primeira descreve — indicando como, por quê e quando — este último". À p. 32, obtempera o autor: "Como o direito reclama interpretação — na medida em que apenas desde que interpretado ele se realiza como jurisprudência prática (pois ele é a jurisprudência prática) — e a interpretação é uma prudência, devo necessariamente concluir que o direito é uma prudência". Hans Kelsen, in *Teoria Pura do Direito*, p. 41, sustenta: "O Direito é uma ordem de coerção e, como ordem de coerção, é — conforme o seu grau de evolução — uma ordem de segurança, quer dizer, uma ordem de paz".

2. Tendo em vista o disposto no art. 769 da CLT que elege o direito processual comum como fonte subsidiária do direito processual do trabalho. Como é cediço, tendo em vista a escassez de normas processuais do trabalho, o processo civil é aplicado impreterivelmente, dosado, todavia, por princípios do direito laboral.

3. Visível a afronta ao princípio constitucional que garante o direito de propriedade, *v.g.*, quando ocorre o desligamento de linhas telefônicas em virtude de constrição judicial (ressalte-se, instituto de direito processual), em virtude de créditos trabalhistas, sob a justificação de se estar cumprindo os primados da celeridade processual e da proteção ao hipossuficiente. Ainda que se defenda que a propriedade deva cumprir sua função social, não se justifica o óbice ao direito do livre uso, gozo e disposição do bem em virtude de penhora, ainda mais quando

O operador do direito, assim, vê-se envolto por conjunto normativo de extensão assustadora, com princípios próprios de cada ramo e infindáveis diplomas legais, circulares, resoluções, portarias, decretos, instruções etc. Esse contexto, todavia, agrava-se na medida em que os ramos são considerados, seja pela doutrina, seja pela jurisprudência, como compartimentos estanques, voltados aos seus próprios princípios, o que atrapalha não apenas a aplicação do já complexo ordenamento jurídico, mas também o equilíbrio social. Não bastasse, a teia de normas (aqui entendidas no sentido amplo), na medida em que se alastra, no infindável intento do legislador (aqui também entendido de forma ampla) de tudo regulamentar/normatizar, distancia-se, o mais das vezes, dos princípios fundamentais do ordenamento jurídico.

Não há como se olvidar, entretanto, por mais que se criem novos ramos e por mais que surjam, dentro desses mesmos ramos, novos princípios, que o Direito deve ser visto na sua unicidade, de forma que a visão do todo alicerçada em princípios mestres possibilite a mínima interferência prejudicial de um ramo sobre o outro.

Assim, *v.g.*, cotejando o direito societário e o concorrencial, é possível, com a visão do todo, procurar atingir a harmonização do ordenamento. A necessidade da neutralidade concorrencial do direito societário já foi alvo de estudos empreendidos pelo Professor da Faculdade do Largo de São Francisco, Calixto Salomão Filho.[4] Ainda que não se admita mais o atingimento de finalidades típicas do direito concorrencial, por meio do direito societário, a neutralidade deste, em relação àquele, é o mínimo exigível.

Dessarte, o presente trabalho é dividido em duas partes. A primeira, tem por escopo apenas discorrer algumas linhas a respeito da neutralidade concorrencial do direito societário. A segunda parte, que em verdade consiste no cerne do presente estudo, tem por fim demonstrar a necessidade da mínima neutralidade concorrencial do direito tributário, mormente em se considerando a presente fase da realidade nacional, marcada pela tentativa de retirada do "Estado Providência" de diversos setores da economia e a necessidade dos ajustes fiscal e orçamentário.

Pretende esse estudo permanecer centralizado na análise dos setores antes controlados de algum modo pelo Estado, como o setor elétrico, de telecomunicações e de petróleo.

II — A livre concorrência e o direito brasileiro

A intervenção do Estado no domínio econômico, resultante da consciência da imperfeição da teoria que defendia a automática regulação dos mercados, fomentada, entre outros fatores, pela revolução soviética de 1917 e pelo *New Deal*, nos EUA, restou contestada a partir da década de 70, com o esgotamento da economia planificada e a fragilidade econômica decorrente da crise do petróleo de 1973. A Inglaterra, como nação pioneira, por meio de sua primeira-ministra Margaret Thatcher, buscando resgatar a enfraquecida economia inglesa, empenhou-se em proceder a uma contínua transferência de ativos públicos para o setor privado, concretizando o que se chamou de *privatization*.

Desde então e, entre nós, a partir do governo Collor, tem-se acompanhado a verdadeira *onda de privatizações* que tem marcado a realidade nacional, paralelamente à mundial, até mesmo em setores antes inconcebíveis como os de petróleo, energia e telecomunicações.

esse uso não esteja se desvirtuando em abuso, na tentativa da diluição do valor econômico do bem, por meio de sua pródiga utilização. Em suma, transformou-se instituto de garantia processual (penhora) em meio expropriatório que visa forçar o executado a pagar seu débito, ainda que seu montante seja passível de discussão.

4. Dois estudos devem ser mencionados, *O Novo Direito Societário*, pp. 201-253 e *Direito Concorrencial — As estruturas*, pp. 232-266.

Simultaneamente a essa realidade, o surgimento da grande empresa transnacional (considerados também os grupos de empresa), como forma organizacional da produção,[5] trouxe ao mundo jurídico o reconhecimento do poder econômico[6] e sua conseqüente institucionalização.[7] Deixou-se de lado a velha concepção tradicional que considerava os agentes econômicos de médio e pequeno portes, sem poder para exercer influência nas regras de mercado.[8]

O direito antitruste, velho conhecido dos EUA, procura encontrar seu definitivo espaço no ordenamento jurídico nacional. Não apenas como mero preceito programático,[9] mas como instrumento de prevenção da difusão do poder econômico e como forma de renovação do capitalismo.

A preocupação com o abuso do poder econômico restou consagrada na Constituição de 1946 e foi assim traduzida pelo deputado Agamenom Magalhães: "Os trustes, cartéis, entendimentos ou ajustes de qualquer organização, grupo, empresa ou indivíduo, seja de que natureza forem, para dominar os mercados internos, eliminar os concorrentes e explorar os consumidores pelos preços ou qualquer outra força de opressão serão declarados fora da lei e dissolvidos de acordo com a legislação especial que for votada pelo Congresso".[10]

Aos 10 de setembro de 1962 foi promulgada a Lei 4.137, com forte espeque na legislação antitruste norte-americana, mas dela diferindo em alguns aspectos. Benjamin Shieber obtempera:[11] "A lei antitruste brasileira, ainda que valendo-se do direito antitruste norte-americano, é diferente. Para apontar uma das diferenças mais importantes, referimo-nos ao fato de que a lei brasileira permite legitimação de acordos cuja função normal é restringir a concorrência, *v.g.*, acordos entre concorrentes para fixação de preços, enquanto tais acordos são

5. Resta plenamente evidenciado o fenômeno da revolução da sociedade anônima, como previsto por Berle e Means, in *A Moderna Sociedade Anônima e a Propriedade Privada*.

6. Eros Roberto Grau, in *A Ordem Econômica na Constituição de 1988*, p. 231, aduz: "Deveras, não há oposição entre o princípio da livre concorrência e aquele que se oculta sob a norma do § 4º do art. 173 do texto constitucional, princípio latente, que se expressa como princípio da repressão aos abusos do poder econômico e, em verdade — porque dele é fragmento — compõe-se no primeiro. É que o poder econômico é a regra e não a exceção. Frustra-se, assim, a suposição de que o mercado esteja organizado, naturalmente, em função do consumidor". No mesmo sentido, Fábio Konder Comparato, in *O Poder de Controle na Sociedade Anônima*, 3ª ed., p. 395: "Na concepção tradicional, o mercado é tecnicamente organizado em função do consumidor, cujas decisões fundamentam, em última análise, a correspondência entre ofertas e demandas, num regime de produção essencialmente concorrencial. A situação de monopólio é considerada excepcional e combatida como autêntica aberração. Hoje, reconhece-se que o mercado de bens, de serviços e de força-trabalho é formado pelas decisões do conjunto de empresas dotadas de poder econômico, ao qual se submetem todas as demais unidades, pequenas e médias (...) O poder econômico, portanto, é a regra e não a exceção. Ora, a finalidade última desse poder, do qual todos nós dependemos, não pode ser apenas, nem principalmente, a produção e partilha de lucros entre proprietários ou capitalistas; não deve ser, tampouco, assegurar ao empresário um nível de elevada retribuição econômica e social. O poder econômico é uma função social, de serviço à coletividade".

7. Na ob. cit., p. 278, obtemperam Berle e Means: "O surgimento da moderna sociedade anônima efetivou uma concentração de poder econômico que pode competir em pé de igualdade com o Estado moderno — poder econômico *versus* poder político, cada um forte em seu setor. O Estado procura, de certo modo, regulamentar a sociedade anônima, enquanto esta, que se torna rapidamente mais poderosa, faz todo o possível para impedir essa regulamentação. No tocante a seus próprios interesses, procura até mesmo dominar o Estado (...)".

8. O estudo citado sobre o assunto é, sem dúvida, *A Riqueza das Nações*, do escocês Adam Smith.

9. José Afonso da Silva, in *Aplicabilidade das Normas Constitucionais*, 3ª ed., p. 137, invoca Pontes de Miranda, que assim define as regras jurídicas programáticas: "(...) são aquelas em que o legislador, constituinte ou não, em vez de editar regra jurídica de aplicação concreta, apenas traça linhas diretoras, pelas quais se hão de orientar os Poderes Públicos. A legislação, a execução e a própria Justiça ficam sujeitas a esses ditames, que são como programas dados à sua função".

10. Benjamin Shieber, in *Abusos do Poder Econômico*, p. 9.

11. Ob. cit., p. 19.

injustificáveis no direito antitruste norte-americano".

A Constituição de 1967, alterada com a Emenda Constitucional 1/69, dispunha em seu art. 160, inc. V, que a ordem econômica e social tinha por fim realizar o desenvolvimento nacional e a justiça social, com base, entre outros, no princípio da repressão ao abuso do poder econômico, caracterizado pelo domínio dos mercados, a eliminação da concorrência e o aumento arbitrário dos lucros.

A mesma Carta dispunha, no art. 163, que eram facultados a intervenção no domínio econômico e o monopólio de determinada indústria ou atividade, mediante lei federal, quando indispensável por motivo de segurança nacional ou para organizar setor que não pudesse ser desenvolvido com *eficácia* no regime de competição e de liberdade de iniciativa.

A Constituição de 1988, por sua vez, dispõe no art. 173 que a exploração direta de atividade econômica pelo Estado só será permitida quando necessária aos imperativos da segurança nacional ou a relevante interesse coletivo, conforme definidos em lei.[12] O artigo supra, conjugado com o 174 da Carta, evidencia que somente é permitida a atuação supletiva do Estado na atividade econômica. A CF/88 elenca, ademais, como fundamentos da ordem econômica brasileira, a valorização do trabalho humano e a livre iniciativa, com observância de vários princípios, dentre eles, a livre concorrência. O art. 173, § 4º reza que: "A lei reprimirá o abuso do poder econômico que vise à dominação dos mercados, à eliminação da concorrência e ao aumento arbitrário dos lucros".

Eros Roberto Grau,[13] analisando os dispositivos constitucionais retro e com fulcro no entendimento de Canotilho, defende que o *caput* do art. 170 da CF encerra um princípio político constitucionalmente conformador, ao passo que o consagrado no inc. IV do mesmo artigo (livre concorrência) encerra princípio constitucional impositivo.

Por outro lado, o cotejo dos dois artigos demonstra que o poder econômico foi institucionalizado pela CF/88. Com efeito, a livre concorrência (frise-se, não a concorrência livre, que pressuporia a inexistência de poder econômico) significa liberdade de concorrência, caracterizada pelo elemento comportamental da competitividade. Não bastasse, a livre iniciativa implica desigualdade entre os agentes econômicos gerando a rivalidade.

Aos 11 de junho de 1994 foi promulgada a Lei 8.884, que em seu art. 1º aduz: "Essa lei dispõe sobre a prevenção e a repressão às infrações contra a ordem econômica, orientada pelos ditames constitucionais de liberdade de iniciativa, livre concorrência, função social da propriedade, defesa dos consumidores e repressão ao abuso do poder econômico".

Nesse prisma, elucidativa a lição de Eros Roberto Grau:[14] "A expressa referência aos 'ditames constitucionais de liberdade de iniciativa, livre concorrência, função social da propriedade, defesa dos consumidores e repressão ao abuso do poder econômico' e a afirmação de que 'a coletividade é a titular dos bens jurídicos protegidos por esta lei' definem a amplitude do conteúdo da Lei 8.884/94. Ela não é meramente uma nova lei antitruste; assim, seu fundamento constitucional não se encontra apenas, exclusivamente, no § 4º do art. 173 da Constituição de 1988 — trata-se de lei

12. Hely Lopes Meirelles, in *Direito Administrativo Brasileiro*, 21ª ed., p. 551, aduz: "A Constituição de 1988 restringiu a possibilidade de interferência do Estado na ordem econômica, não mais falando de *intervenção*, mas sim de *atuação*, dispondo que 'ressalvados os casos previstos nesta Constituição, a exploração direta da atividade econômica pelo Estado só será permitida quando necessária aos imperativos da segurança nacional ou a relevante interesse coletivo, conforme definidos em lei' (art. 173)".

13. Ob. cit., pp. 221 e ss.

14. Ob. cit., p. 233.

voltada à preservação do modo de produção capitalista".

Os princípios constitucionais exercem relevância e supremacia sobre as próprias normas da Constituição.[15] O desrespeito a esses princípios — que pode ocorrer também pelo descaso, omissão — é fator de perturbação institucional, trazendo a insegurança social em virtude da ofensa à segurança jurídica. O primado da livre concorrência deve ser, portanto, respeitado. Não é princípio que encerra fim em si mesmo, mas tido como instrumento que permite a continuidade do modo de produção capitalista. Visa pôr freio à ameaça devastadora do poder econômico e suas maléficas influências em todas as áreas da comunidade.[16] A idéia de Marx, no sentido de que o desenvolvimento do capitalismo tenderia à sua própria aniquilação, é preocupação latente do direito concorrencial. Por outro lado, o poder econômico, em si, não encerra ilicitude.[17] O que o ordenamento jurídico não admite é a disfunção desse poder.

Como corolário, tem a sociedade brasileira, em respeito aos princípios encartados na Constituição Federal, a tarefa de fazer com que o poder econômico seja democratizado.[18]

III — A neutralidade concorrencial do direito societário

Como salienta Calixto Salomão Filho, não se busca a substituição do direito concorrencial pelo direito societário. Ao contrário, pretende-se seja mantido o equilíbrio social para que possa se efetivar o equilíbrio das forças de mercado. Fala-se, assim, nos efeitos internos do direito societário em relação ao concorrencial. Este equilíbrio interno é alcançado, principalmente, por meio do sistema protetivo das minorias acionárias.[19] A concessão de instrumentos para o insurgimento efetivo das minorias implica no estabelecimento de um contrapoder no sentido de evitar (ou, ao menos, fornecer os instrumentos para coibir) que haja eliminação da concorrência em virtu-

15. Agustín Gordillo, in *Introducción al Derecho Administrativo*, pp. 176-177.

16. Sobre a influência desse poder e evidenciando seu ceticismo a respeito da intervenção estatal no âmbito concorrencial, Stigler, in "The theory of economic regulation", *The Bill Journal of Economics and Management Science*, v. 2, n. I, 1971, pp. 4-5, defende que: This question, why does na industry solicit the coercive powers of the state rather than its cash, is offered only to illustrate the approach of the present paper. We assume that political systems are rationally devised and rationally employed, which is to say that they are appropriate instruments for the fulfillment of desires of members of the society. This is not to say that the state will serve any person's concept of the public interest: indeed the problem of regulation is the problem of discovering when and why an industry (or other group of likeminded people) is able to use the state for its purposes, or is singled out by the state to be used for alien purposes (...) We propose the general hypothesis: every industry or occupation that has enough political power to utilize the state will seek to control entry. In addition, the regulatory policy will often be so fascioned as to retard the rate of growth of new firms". Entre nós, essa influência da grande empresa sob os Poderes Instituídos já foi anotada por Modesto Carvalhosa, in *Comentários à Lei de Sociedades por Ações*, 2ª ed., v. 1, p. LI, em comentários a respeito da Lei Lobão (Lei n. 7.958/89), que suprimiu o direito de retirada nas hipóteses de cisão, fusão, incorporação e participação em grupo de sociedades. Discorre o autor: "Conhecida como Lei Lobão, de caráter grotescamente casuístico — porque fruto da demanda de uma única companhia de grande porte que desejava incorporar sua controlada, sem o questionamento eventual do recesso pelos minoritários — não logrou ela o seu intento supressivo de vários direitos de retirada, garantidos como essenciais".

17. Cf. Fábio Konder Comparato, ob. cit., p. 383.

18. Nesse sentido, ressalta Calixto Salomão Filho, in "Direito empresarial público", *RDM* 112/16: "(...) Esse novo ativismo antitruste é apenas uma socialização das preocupações empresariais. O que se está reconhecendo, em poucas palavras, é que em certos setores é imperativo manter os competidores pequenos ou, pelo menos, limitar-lhes estruturalmente o poder econômico. Ora, sócio-politicamente, isso significa que o direito antitruste está atento e temeroso ao famoso postulado de Marx, segundo o qual o capitalismo tenderia à autodestruição exatamente em função da concentração de poder econômico".

19. Calixto Salomão Filho, *O Novo Direito Societário*, ob. cit., p. 204.

de de aquisições de competidores, em prejuízo do crescimento interno da empresa.[20]

Um dos pontos mais controvertidos na Lei 6.404/76 e cuja discussão foi revivida com a Lei 9.457/97[21] foi o pertinente à alienação de controle da companhia aberta e o tratamento igualitário aos minoritários que era obrigatório. O ordenamento pátrio distinguiu em duas hipóteses a matéria referente à transferência do controle: aquela prevista no já revogado art. 254[22] e a do art. 257 da Lei 6.404/76. Enquanto o primeiro visava assegurar tratamento igualitário aos minoritários quando da alienação do controle, o segundo trata de técnica de aquisição do controle (*take over bid*).

Tendo como corolário a situação criada pela revogação do artigo supra, a CVM (Comissão de Valores Mobiliários) editou a Instrução 299/99, que dispõe sobre a divulgação de informações, especialmente com relação às operações de que resultem a alienação do controle e o aumento de participação acionária; disciplina também a negociação de ações de emissão da própria companhia, inclusive vedando aos administradores e membros do Conselho Fiscal qualquer negociação com ações de emissão da sociedade quando estiver em curso a aquisição ou alienação de ações pela companhia emissora, suas controladas, coligadas ou outra sociedade sob controle comum.[23]

A revogação do art. 254 da Lei 6.404/76 teve óbvio intento de conferir ao governo todo o sobrepreço advindo da alienação do controle acionário das empresas estatais, sem a necessidade de reparti-lo com os demais acionistas com o direito de voto,[24] tampouco o de lhes proporcionar as mesmas oportunidades na alienação do controle.

Considerando a tendência do legislador nacional de fomentar o crescimento concentracionista, evidenciada pelos termos da Lei 6.404/76,[25] vê-se o empresário

20. Salienta o autor supra que a proteção das minorias pode ser entendida como um meio de igualar o "preço da aquisição" de uma empresa ao preço do crescimento interno.

21. Com a promulgação da Lei 9.457/97, foi revogado o art. 254 e os §§ do art. 255, ambos da Lei 6.404/76. O primeiro conferia tratamento igualitário aos minoritários quando da alienação de controle da companhia aberta, sujeitando-a à aprovação da CVM; o segundo, cuida da alienação de controle de companhia aberta que dependa de autorização do governo para funcionar. O § 1º dispunha que a autoridade competente para autorizar a alienação deveria zelar para que fosse assegurado tratamento eqüitativo aos acionistas minoritários, mediante simultânea oferta pública para a aquisição das ações, ou o rateio, por todos os acionistas, dos intangíveis da companhia.

22. Encontra-se, no momento, tramitando na Câmara dos Deputados, Projeto de Lei (n. 3.115/97) de relatoria do Deputado Emerson Kapaz, em que se pretende seja estabelecido o comando contido nesse artigo.

23. A despeito de algumas regras de importância, como a obrigatoriedade de oferta pública para a aquisição de ações de qualquer espécie ou classe por acionista controlador que já tenha elevado a sua participação na classe que pretende adquirir, em dez por cento; a obrigação de compra das ações de acionistas minoritários, sempre que mais de um terço das ações em circulação acolherem a oferta etc., a legalidade de muitas disposições da Instrução 299/99 já tem sido questionada pela doutrina. Nesse sentido, Tavares Borba, in *Direito Societário*, 5ª ed., p. 477, aduz: "Verifica-se que a CVM, através dessa Instrução, embora imbuída do propósito de tutelar os acionistas minoritários, arrogou-se a posição de legislador, indo muito além de suas funções regulamentares".

24. Considerando a Resolução Bacen 401/76, que limitou a obrigatoriedade de tratamento igualitário aos titulares de ações ordinárias com direito de voto.

25. Como exemplo do ambiente propício à concentração empresarial, cita-se possibilidade de emissão de ações preferenciais sem direito a voto até o limite de 2/3 do total das ações emitidas (art. 15, § 2º da Lei 6.404/76), mecanismo esse que permite o exercício do controle com relativamente pequena participação acionária. Cf. Modesto Carvalhosa, in *Comentários à Lei de Sociedades Anônimas*, 2ª ed., 1º v., p. 125. Fora a lei das sociedades por ações, entre outros diplomas legais, pode-se citar, com evidente cunho concentracionista, o Decreto 75.247, de 21 de janeiro de 1975, que regulamentou dispositivos do Decreto-lei 1.346, de 26 de setembro de 1974. O Decreto, em seu art. 1º aduz que: "Para fins do que dispõe o art. 1º parágrafo único do Decreto-lei 1.346, de 25 de setembro de 1974, serão consideradas de interesse para a economia nacional as fusões, incorporações ou outras formas de combinação ou associação de empresas, cujos objetivos atendam, isolada ou cumulativamente, às seguintes diretrizes: a) inte-

muito mais seduzido pela expansão externa de suas atividades por meio da aquisição de concorrentes, que à promoção do aumento da capacidade produtiva da empresa.[26]

Doutrinadores há, inclusive, que sustentam que a expressão *acionista minoritário* não pode ser utilizada no sentido de abranger somente os titulares de ações ordinárias. Como já salientaram Calixto Salomão e Mário Stella Richter,[27] "(...) em um sistema que, como visto, tenta reduzir o interesse do sócio minoritário ao valor adicional a ser recebido no momento da oferta pública, excluir do favor legal exatamente aqueles acionistas que por definição têm apenas um interesse patrimonial imediato na sociedade (daí o recebimento preferencial dos dividendos) parece revelar, no mínimo, uma análise superficial dos interesses envolvidos na alienação de controle e dos órgãos mais capazes de tutelá-los".[28]

A doutrina acima invocada elenca os interesses envolvidos na alienação do controle, quais sejam, o interesse público e o interesse interno, este subdividido nos interesses dos acionistas e trabalhadores.[29] Entre os *acionistas minoritários* estabelecem a diferença entre os investidores e especuladores, os primeiros interessados na mantença de suas posições acionárias e nos dividendos que a sociedade pode lhes proporcionar a longo prazo; os segundos, interessados nos lucros a curto prazo. Desta forma, considerando os interesses envolvidos na alienação do controle, pode-se concluir que as duas expectativas envolvidas na operação são: a maximização dos lucros e a manutenção da empresa, daí a tutela aos *minoritários* investidor e especulador, aquele interessado na mantença da sua situação anterior e preocupado com o lucro a longo prazo, e este, interessado no lucro a curto prazo, como o recebimento do sobrepreço obtido pela alienação do controle.

Ao lado do "controle" exercido pela *minoria*,[30] cumpre ressaltar o papel dos em-

gração de atividades econômicas complementares que resultem em economia de escala através da redução de custos e ganhos de produtividade, com repercussões favoráveis no nível de preços internos; b) desenvolvimento do poder competitivo das empresas, em razão de maior economia de escala, com aprimoramento dos métodos administrativos, gerenciais ou tecnológicos; c) (...)."

26. Calixto Salomão Filho, in *Direito Concorrencial — As estruturas*, cit., p. 233, discorre: "Como visto no capítulo 2, o direito concorrencial tem uma preferência explícita pelo crescimento interno. Essa preferência explica-se. Só no caso de crescimento interno pode-se ter certeza de que os ganhos de eficiência foram repartidos com os consumidores. Pelos mesmos motivos, apenas no caso de crescimento interno, pode-se ter certeza da criação líquida de riqueza, o que não ocorre em conseqüência da concentração, que importa apenas na transferência de poder de uso e disposição dessa riqueza".

27. In "Interesse social e poderes administrativos na alienação de controle", *RDM* 89/67.

28. Nesse sentido também pronuncia-se Modesto Carvalhosa, *Oferta Pública de Aquisição de Ações*, IBMEC, 1979, p. 127: "A lei, ao instituir duas espécies de ações — ordinárias e preferenciais — possibilitou que se suprimissem, para estas últimas, direitos políticos — direito de voto — em troca de vantagens patrimoniais. Ora, excluir as ações preferenciais das vantagens patrimoniais na alienação do controle seria infligir aos seus titulares dano patrimonial que contraria frontalmente o próprio fundamento da criação dessa espécie de ações, que é exatamente a referida vantagem patrimonial em troca da supressão total ou parcial do direito de voto".

29. A legislação trabalhista deixa evidente o efeito potencial que a alteração do controle pode acarretar sobre o corpo laboral. Assim, reza o art. 448 da CLT: "A mudança na propriedade ou na estrutura jurídica da empresa não afetará os contratos de trabalho dos respectivos empregados".

30. É clássico o entendimento de Dominique Schmidt no sentido de que a minoria é um órgão subsidiário de controle, cf. *Les Droits de la Minorité dans la Société Anonyme*, 1970, p. 225: "La minorité exerce dans la société une function de contrôle. Elle est chargée de veiller au fonctionnement régulier de l'organisme social. Elle intervenient ainsi soit pour faire sanctionner une irrégularité, soit pour pallier l'inaction des organes sociaux. Mais là s'arrête son pouvoir d'agir; c'est pourquoi il n'est que subsidiaire. La minorité, parce qu'elle est organe de contrôle, n'est qu'organe subsidiaire". A despeito de ser órgão subsidiário, Schmidt não desconhece o poder concorrente exercido pela minoria, ob. cit., p. 136: "Au contraire, les conditions d'exercice des droits permettant à la minorité de contester la volonté exprimée par la majorité posent des problémes nouveaux et particuliers: il ne s'agit plus ici de contribuer à la bonne marche d'un organisme, mais d'en rectifier

pregados no que pertine à disfunção do poder majoritário e aos efeitos desse poder no âmbito do direito concorrencial.

Por meio do disposto no parágrafo único do art. 116 da Lei das S/A, restaram estabelecidos os deveres e responsabilidades do controlador em relação aos demais acionistas, os empregados e a comunidade em que atua a companhia.

A Constituição de 1967 assegurava, em seu art. 165, inc. V, a integração do empregado na vida e no desenvolvimento da empresa, com participação nos lucros e, excepcionalmente, na sua gestão, conforme fosse estabelecido em lei.

Com base nesse comando constitucional foi editada a Lei Complementar 7/70 que instituiu o Programa de Integração Social, financiado por meio da contribuição social conhecida como PIS. O art. 1º da indigitada lei estabelece que o PIS tem por escopo a promoção da integração do empregado na vida e no desenvolvimento das empresas.

Malgrado tenha a Constituição pretérita aludido à participação do empregado na gestão da empresa, certo é que esse fato é realidade distante. Tampouco destinou-se o PIS, com a Constituição de 1988, à promoção da integração do empregado na vida, desenvolvimento e gestão da empresa.[31]

O exemplo da participação do empregado na vida e gestão da empresa é fornecido pelo ordenamento alemão, por meio do sistema chamado *Mitbestimmung*, que confere ao representante dos empregados um assento no Conselho de Administração (*Aufsichtsrat*). Trata-se do mecanismo de co-gestão, criado pela lei de 21 de maio de 1951, recepcionada pela Lei das Sociedades por Ações de 1965.[32]

Ainda que se revogue por um Conselho enxuto, parece ser uma alternativa interessante e que se coaduna com a Lei das S/A brasileira, a hipótese da participação de representante dos empregados no órgão, a fim de que haja maior interação entre ambos, com o estreitamento da distância que separa os dois pólos, fazendo com que haja maior diálogo propiciador do atingimento de um denominador comum entre os anseios dos empregados e as possibilidades do empregador.[33] Longe de ser tema superado, vê-se que a co-gestão é alvo de debates novamente, por meio do estudo dos princípios da *Corporate Governance*.

O sistema de co-gestão[34] parece atender aos anseios da vida empresarial moder-

le cours. En cela, l'exercice du contrôle s'oposse directement à l'autorité du pouvoir majoritaire qui définit souverainement la politique de la société. Deux pouvoirs sont ainsi en lutte, l'un de décision, l'autre de contrôle, chacun se réclamant de l'intérêt supérieur de la collectivité".

31. Como é cediço, o PIS financia o programa de seguro desemprego e o abono salarial, nos termos do art. 239 da CF/88.

32. Para uma análise detalhada da estrutura do Conselho de Administração e o tratamento conferido por cada ordenamento, v. Paulo Fernando Campos Salles de Toledo, in *O Conselho de Administração na Sociedade Anônima*, 1997.

33. Brian R. Cheffins, *Corporate Law*, p. 574, analisando a realidade inglesa, aduz: "At present, under English law the part which workers play is minor one. An important limitation is that a company's employees do not have any legal right to be represented on the board of directors. Section 309 of the companies Act 1985 does stipulate that a company's directors must, as past of their duty to the company, have regard to the interests of the employees as well as the members. Because of ambiguous wording and the lack of effective means of enforcement, however, section 309 probably does little to indece company directors to focus on the workforce when they formulate and review corporate policies".

34. Ao lado do sistema de co-gestão, hoje é muito comum, em alguns países, que os empregados e diversas entidades sociais exerçam pressão sobre a companhia de modo a conseguir um equilíbrio social interno, colocando limites ao poder econômico. Assim dispõe Modesto Carvalhosa, ob. cit., p. 123: "O voto é, com efeito, o instrumento fundamental de participação comunitária na vida e no comportamento das empresas revestidas da forma societária, a ponto de, nos Estados Unidos, ser hoje, muitas vezes, o modo escolhido de obtenção de melhoria salarial dos próprios empregados — via participação acionária dos sindicatos. Também por meio do voto, nos Estados Unidos, os grupos comunitários têm atuado para a preservação dos recursos naturais e da

na, eis que propicia um método de cooperação entre empregador e empregado, capaz, inclusive, de melhorar a produtividade da empresa e, via reflexa, provocar aumento no valor das ações. Dessa forma, a prática da consulta aos empregados, quando se tratar de questões que afetarão a relação de trabalho e a participação destes na gestão empresarial, criam um ambiente de maior confiabilidade.[35] Outrossim, o sistema de co-gestão estimula a participação do empregado na vida da empresa, não apenas como receptor de ordens, mas também de forma a estimular sua criatividade e capacidade produtiva, além de, muitas vezes, evitar movimentos que parem a produção, como as greves, por exemplo.[36]

Não se olvida a tensão entre empregados e empregadores, até porque capital e trabalho sempre foram vistos de forma antagônica. Todavia, o sistema de co-gestão adotado por grandes empresas poderia, inclusive, acarretar maior flexibilidade na aplicação da Norma Consolidada (CLT), que já dá sinais de superação devido à sua rigidez. Também não se olvida os argumentos em contrário, no sentido de que a estabilidade do empregado que é adotada nos modelos alemão e japonês, e a necessidade de consulta às comissões formadas por estes, pode vir a provocar o engessamento da atividade produtiva, bem como a impossibilidade de renovação do corpo de funcionários, quando este se mostra contraproducente. Entretanto, a aceitação desses argumentos implica desprezar um potencial que pode ser bem aproveitado, por falta de comunicação, ou de boa vontade[37] e por aversão à idéia, sentimento esse que muito se aproxima do preconceito.

A falta de neutralidade do direito societário resta evidenciada pelos singelos exemplos supra-referidos, que implicam tanto no fomento concentracionista por meio de aquisições de concorrentes, como falta de diálogo entre o corpo diretivo da empresa e a força laboral, sem que haja qualquer preocupação com os empregados quando ocorre a venda do controle acionário, a despeito de, como visto, estes sofrerem diretamente os efeitos do negócio.

IV — A neutralidade concorrencial do direito tributário

A tão esperada reforma tributária talvez sejaum dos temas mais complexos da atualidade. Complexo, pois esbarra em questões políticas e propriamente jurídicas, refletindo a tensão existente entre os entes da federação, os Estados, Municípios e Distrito Federal, pois não querem perder a autonomia já obtida em relação à União e esta, como reflexo da tradição brasileira, não quer perder sua posição paternalista.

Por outro lado, passa o Brasil por momento crucial no que tange à busca do aquecimento de sua economia, seja por meio da transferência de ativos públicos ao setor privado, de um lado, e, de outro, da efetivação de princípios esculpidos na Carta de 1988, como a defesa do consumidor, a livre concorrência, a redução das desigualdades sociais etc., seja por meio da tentativa de criação de um mercado de capitais

vida urbana, pressionando as companhias a observarem os interesses maiores da vida natural e social, colocando-se, portanto, acima dos objetivos imediatos de maximização dos seus lucros".

35. Brian Cheffins, ob. cit., pp. 582-583: "According to the chairman of Siemens, a large German electronics group, codetermination 'means that we create a relationship of trust, that one talks to the people, that one tells the truth, that one builds up a reserve of trust, not only if you are in difficulties, but over a long time'. In such an environment, employees can in turn make a strong commitment to the companies they work for and employers can count on having a motivated, skilled, and adaptable staff".

36. Brian Cheffins, ob. cit., pp. 578-579: "Under such circunstances, the employee will have successfully engaged the hearts and minds of the staff. The workers in turn will have a strong commitment to the employer and an affirmative job attitude. As well, they will adapt readily to new tasks and will be willing to take the initiative to solve problems".

37. V. Brian Cheffins, ob. cit., pp. 578-583 a respeito da teoria do jogo entre empregadores e empregados e a escolha de proceder segundo *high cost* e *low cost*.

solidificado,[38] mormente quanto ao mercado primário de ações, preocupação latente desde a promulgação da Lei 6.404/76.

No entanto, percebe-se que, a despeito de uma série de progressos visando a atingir e respeitar os comandos dos princípios supra,[39] em matéria tributária, as discussões demonstram que o atingimento de um ordenamento racional ainda está opaco.

As linhas que seguem trazem alguns exemplos que evidenciam a necessidade de se buscar, por meio da elaboração de leis lastreadas em bases racionais e que consideram o ordenamento como um todo, a harmonia do sistema normativo.

a) A limitação contida no § 1º do art. 89 da Lei 8.212/91

O instituto da compensação de "tributos" recolhidos indevidamente (indébito)[40] está prevista no art. 170 do Código Tributário Nacional.[41] Com espeque nesse disposto foi editada a Lei 8.383/91, que em seu art. 66 conferiu ao contribuinte que efetuar o pagamento indevido ou a maior que o devido de tributos, inclusive contribuições federais e receitas patrimoniais, a possibilidade de compensar o indébito com tributo a ser recolhido em período subseqüente. Seu § 1º limita a compensação entre tributos, contribuições e receitas com exações da mesma espécie.

Em face desse direito conferido ao contribuinte, foi promulgada a Lei 9.032/95 que alterou o art. 89 da Lei 8.212/91. De acordo com a sua nova redação, aduz o art. 89: "Somente poderá ser restituída ou compensada contribuição para a Seguridade Social arrecadada pelo Instituto Nacional do Seguro Social — INSS na hipótese de pagamento ou recolhimento indevido. § 1º. Admitir-se-á apenas a restituição ou a compensação de contribuição a cargo da empresa, recolhida pelo INSS, que, por sua natureza, não tenha sido transferida ao custo de bem ou serviço oferecido à sociedade (...)".

É notório não somente no meio jurídico mas também na vida empresarial que as contribuições sociais em geral, entre elas as destinadas à previdência, consistem em pesado ônus a ser arcado pelo setor produtivo. Contribuições essas que têm por base de cálculo o lucro, o faturamento, a folha de pagamentos e, recentemente, com a Emenda Constitucional 20/98, também a receita.[42]

38. A implementação de um mercado primário de ações solidificado, que, em verdade, foi a principal preocupação da Lei 6.404/76, na tentativa de revigoramento do setor privado, por meio da capitalização da poupança popular. Cf. Lamy Filho e Bulhões Pedreira, in *A Lei das S/A*, v. I, 3ª ed., p. 143.

39. A elevação da relação de consumo à relação jurídica, de forma a proteger os consumidores das práticas comerciais de fornecimento de produtos e serviços em massa, no mercado de consumo, foi efetivada com a promulgação da Lei 8.078/90. Da mesma forma, a Lei 9.472/97, que dispõe sobre a organização dos serviços de telecomunicações, a criação e funcionamento de um órgão regulador (Anatel) e outros aspectos institucionais, acrescidos das preocupações com a universalização e continuidade dos serviços, bem como a obrigatoriedade de interconexão de redes, trazem ínsito o respeito à livre concorrência e à busca da redução das desigualdades sociais.

40. Em verdade, o tributo não é indevido, sendo equivocado falar-se em recolhimento indevido de tributo. O que se recolhe indevidamente não é tributo, mas indébito.

41. O artigo dispõe: "A lei pode, nas condições e sob as garantias que estipular, ou cuja estipulação em cada caso atribuir à autoridade administrativa, autorizar a compensação de créditos tributários com créditos líquidos e certos, vencidos ou vincendos, do sujeito passivo contra a Fazenda Pública".

42. Interessante, nesse caso, levantar importante precedente jurisprudencial. O PIS, contribuição destinada à seguridade social, conforme o art. 239 da CF/88, que lhe alterou radicalmente a destinação, tem como bases de cálculo, o faturamento e parcela do lucro, conforme dispõe a Lei Complementar 7/70. Em 1988 dois decretos-leis, especificamente, 2.445 e 2.449, alteraram as bases de cálculo elegendo, somente, a receita operacional bruta, englobando, assim, além do faturamento, também as receitas financeiras e correções monetárias ativas. O STF entendeu que os decretos-leis mencionados padeciam do vício de inconstitucionalidade formal, tendo em vista a inadequação do veículo usado (decreto-lei) para o tratamento de matéria estranha às finanças públicas e ao direito tributário, já que, o PIS, perante a CF/67 com a EC 1/69, não tinha natureza

Como exemplo do reflexo da tributação de setores que se pretende expandir e que antes eram controlados de alguma forma pelo Estado, toma-se o de telecomunicações. Um relatório elaborado pela Superintendência de Serviços Públicos da Anatel (agência reguladora das telecomunicações) evidencia a voracidade fiscal nesse setor. Dessa forma, tem-se que, enquanto nos EUA, Alemanha, Reino Unido e França, a carga tributária atinge percentuais de, respectivamente, 3%, 16%, 17,5% e 20,60%, no Brasil a tributação atinge 40,10%.[43]

Considerando essa realidade, não se pode olvidar a importância dos custos decorrentes da tributação, a evidenciar que a regra trazida pelo § 1º do art. 89 da Lei 8.212/91 alterado pela Lei 9.032/95, merece análise sobre outro ângulo que não apenas tributário, mas também concorrencial.

É cediço que a formação dos preços dos produtos e serviços leva em conta, entre outros fatores, os custos[44] da produção. A própria Lei 8.884/94, em seu art. 21, incs. XVIII, XIX, XXII e XXIV, é expressa ao tomar o custo como parâmetro para a verificação da ocorrência de infração à ordem econômica.[45] É da boa prática do mercado, dessarte, possa o empresário fixar seus preços com base nos custos[46] decorrentes da produção dos bens. Apenas em situações de concorrência imperfeita, ou em casos de monopólio e oligopólio, verifica-se o descompasso entre custos e preços, com o auferimento de lucros extraordinários, ou a tentativa da imposição de barreiras à entrada de novos competidores.

Grande influência exerceu e exerce no direito concorrencial norte-americano a Escola de Chicago. Pregam os estudiosos de Chicago que a existência de monopólios e as restrições à concorrência não são perniciosos, desde que tenham como resultado a maximização da eficiência. Eficiência, por sua vez e *grosso modo*, significa a possibilidade de produzir a *custos* menores, em benefício dos consumidores. Tem o direito antitruste, portanto, segundo a Escola de

tributária. (v. José Eduardo Soares de Melo, in *Contribuições Sociais no Sistema Tributário*, 2ª ed., pp. 153-158.

O legislador, dessa forma, já tinha tentado, sem sucesso, tributar mais o setor produtivo por meio da ampliação da base de cálculo (frise-se, embora a alíquota do PIS tenha sofrido redução de 0,75% para 0,65%, a base de cálculo fora ampliada — de faturamento e parcela do lucro para receita operacional bruta —, além da supressão à semestralidade esculpida no parágrafo único do art. 6º da LC 7/70). Agora, no entanto, essa voracidade ganhou tamanhos foros que a ampliação da base de cálculo foi alçada a nível constitucional com a EC 20, de 15 de dezembro de 1998, que elegeu a receita, ao lado das demais, como possível base de cálculo das contribuições previstas no art. 195 (destinadas à seguridade social).

43. Cf. reportagem veiculada pela *Gazeta Mercantil* de 23.11.1999, p. A-10.

44. Calixto Salomão Filho, in *Direito Concorrencial — As estruturas*, cit., pp. 151-152, analisando a importância da natureza dos produtos e a estrutura dos custos em relação ao oligopólio, mostra bem a relação entre custo e preço ao discorrer: "Outro aspecto que dificulta em muito o comportamento paralelo dos oligopolistas é a existência de diferenças importantes nas estruturas de custos dos agentes econômicos. O motivo para isso é bastante simples. Em presença de diferentes estruturas de custos, o ponto de equilíbrio dos agentes econômicos em que cada um deles maximiza receita é diverso (...). Portanto, na maioria das situações em que a estrutura de custos é bastante diversa não se verificará o oligopólio. Naqueles casos particulares em que ambos conviverem, ela será indício da instabilidade de acordos tácitos de preços".

45. Os incisos têm, respectivamente, a seguinte redação: "vender, injustificadamente mercadoria abaixo do preço de custo"; "importar quaisquer bens abaixo do custo no país exportador, que não seja signatário dos Códigos *Antidumping* e de Subsídios do GATT"; "reter bens de produção ou de consumo, exceto para garantir a cobertura dos custos de produção"; "impor preços excessivos, ou aumentar sem justa causa o preço de bem ou serviço". "Parágrafo único. Na caracterização da imposição de preços excessivos ou do aumento injustificado de preços, além de outras circunstâncias econômicas e mercadológicas relevantes, considerar-se-á: (...) IV — a existência de ajuste ou acordo, sob qualquer forma, que resulte em majoração do preço de bem ou serviço ou dos respectivos custos".

46. Ronald Coase define custo, in *The Firm, The Market, and The Law*, p. 16: "The cost of the factors used in marking a products is the value of what they would otherwise produce".

Chicago, a primordial preocupação com o bem-estar do consumidor.[47]

A salvaguarda dos direitos dos consumidores, por sua vez, depende da criação de um ambiente propício para que as decisões de consumir sejam tomadas após um processo de descoberta, de escolha no sentido da verificação da melhor opção de consumo (seja consumo intermédio, seja final). Ora, esse ambiente pressupõe a disponibilidade de informação transparente para que, apenas dessa forma, possa o consumidor escolher racionalmente entre os bens e serviços postos no mercado e não fazê-lo tendo por base informações distorcidas.[48]

A importância dos custos, portanto, na formação dos preços parece evidente. Não tem mera função parametral, mas também informacional.

Do ponto de vista estritamente tributário, a norma em comento também gera distorções. Utilizando uma expressão já consagrada pela lei complementar,[49] a norma em comento traz consigo uma ilogicidade implícita. A pergunta que logo emerge segue no sentido de saber qual é a contribuição previdenciária que, por sua natureza, é transferível ao custo do bem do serviço oferecido à sociedade?

A norma complementar, quando aduz ao repasse do encargo tributário a terceiro, refere-se a tributos que, por sua natureza, permitam tal repasse. É norma voltada aos tributos cujo fato gerador vincula dois sujeitos em função de relações civis, ou comerciais subjacentes.[50] Aplica-se, *v.g.*, aos tributos indiretos, em que se pode distinguir entre o contribuinte de fato e de direito, aquele, posto que venha a arcar efetivamente com o encargo, este, pois eleito pela norma, como ocorre com o ICMS e o IPI.[51]

47. Calixto Salomão Filho, in *Direito Concorrencial — As estruturas*, ob. cit., pp. 19-20: "A eficiência é associada diretamente ao bem-estar do consumidor. O único princípio norteador do direito antitruste passa, então, a ser a prestação do bem-estar do consumidor, no sentido específico definido pelos economistas neoclássicos. Segundo esses teóricos, basta que o direito antitruste se preocupe com a eficiência. A distribuição eqüitativa dos benefícios com o consumidor é presumida, derivando, necessariamente, da 'racionalidade' monopolista. Como se verá, esta última afirmação é o ponto mais contestável dessa teoria, já que não é de modo algum certo que o monopolista queira 'dividir seus lucros' com o consumidor, baixando os preços na mesma proporção do ganho de 'eficiência' ocorrido". Essa "democratização do poder econômico" com os consumidores, com efeito, não pode ser presumida. Como demonstra a história, há de ser imposta.

48. Calixto Salomão Filho, in "Direito Empresarial Público", *RDM* 112/15-16, obtempera: "(...) Assim é que uma formação conjunta de conhecimento só é aceitável quando não puder desandar em um cartel de preços. Condição essencial, entre outras, para que isso aconteça é que as referidas informações sobre preços e quantidades produzidas sejam divididas com o consumidor. A razão é clara. O repasse das informações coletadas aos consumidores enfraquece o poder dos participantes do mercado. Os consumidores saberão qual produtor está vendendo a preços mais baixos e onde há maior disponibilidade de produto.

"O nível de informação dos consumidores, tanto quanto o grau de concentração, indica o grau de poder dos produtores no mercado. Como foi visto no primeiro capítulo, na definição da Hayek, concorrência nada mais é do que informação. Nada há de errado com uma informação coletivamente formada desde que ela possa ser posta em xeque ou discutida pelos demais participantes do mercado.

"A repartição e discussão das informações que nada mais é que o reflexo do princípio democrático na vida econômica, permite e até sugere a necessidade de formação coletiva (ainda que não estatal) do conhecimento".

49. Dispõe o art. 166 do CTN: "A restituição de tributos que comportem, *por sua natureza*, transferência do respectivo encargo financeiro somente será feita a quem prove haver assumido referido encargo, ou, no caso de tê-lo transferido a terceiro, estar por este expressamente autorizado a recebê-la" (grifo nosso).

50. Para utilizar a expressão de Marco Aurelio Greco, "Repetição de indébito: contribuição ao INSS sobre pagamentos a administradores, autônomos e avulsos", in *Revista Dialética de Direito Tributário* 52/101.

51. Marco Aurelio Greco, ob. cit., pp. 94-95, comentando o disposto no art. 166 do CTN aduz que: "Nesse sentido, por exemplo, Aliomar Baleeiro, ao comentar o dispositivo o faz como se ali estivesse escrito 'impostos e o dispositivo regulasse apenas o tema dos chamados *impostos indiretos*. Apesar destas ponderações, creio que o sentido do termo, tal como inserido no dispositivo é genérico, abrangendo o gênero tributário como um todo, e não simplesmente os impostos'".

A norma complementar, portanto, refere-se a tributos que, em virtude da natureza que a legislação lhes atribuiu, importem a transferência do referido encargo financeiro.

A norma em comento, por outro lado, não comporta essa distinção. Refere-se a tributos (contribuições previdenciárias) que não são "repassados"[52] aos preços em virtude de sua natureza, mas por meio da livre formação dos preços no mercado, que, como visto, tomam os custos como importante parâmetro.[53] Não há translação jurídica, mas meramente econômica![54] Sob a análise dos princípios constitucionais, pode-se dizer que a norma em comento implica intransponível óbice à efetivação do princípio da livre iniciativa e, conseqüentemente, da livre concorrência.[55] Portanto, mais do que infringir o disposto nos arts. 165 e 166[56] do CTN, a norma sob enfoque afronta princípios da ordem econômica, sendo fator de perturbação institucional, pois se choca com norma de alto escalão. Choca-se com princípios constitucionais.[57]

A problemática que essa norma encerra se traduz em mero debate acadêmico,

52. Ressalte-se que a distorção trazida pela norma é de tal monta que se distancia até mesmo do mundo dos fatos. Como é notório, a formação dos preços pode dar-se considerando apenas uma fração do encargo e não seu repasse total.

53. Ricardo Mariz de Oliveira, em artigo entitulado "Compensação e restituição de contribuições para a Seguridade Social — Transferência de encargos e limites", in *Contribuições Sociais: Questões Polêmicas*, Valdir de Oliveira Rocha (coord.), Dialética, 1995, pp. 59-72, comentando o § 1º do art. 89 da Lei 8.212/91, aduz: "O grave na disposição legal é a conseqüência que gera: nenhuma contribuição para a seguridade social arrecadada pelo INSS pode ser objeto de restituição ou de compensação porque todas elas integram os custos suportados pela sociedade, já que nenhuma empresa suporta ela própria os seus encargos tributários, assim como todos os demais custos e despesas em que incorre, sem repassá-los para seus preços. Realmente, se não integrar todas as suas despesas e todos os seus custos na formação dos preços das utilidades que fornece, para serem pagos pelos adquirentes dessas utilidades, a pessoa jurídica necessariamente terá que debitá-los ao seu próprio capital, não havendo outra via para suportar esses encargos. Entretanto, se assim fizer, a empresa acabará por esgotar seu capital, indo à falência ou exigindo a contínua e interminável reposição do capital por seus sócios, os quais então irão até a insolvência, tudo isto contrariando a vocação natural da empresa para o lucro, que é sua razão social de existir, ademais baseada na garantia constitucional do desenvolvimento da livre iniciativa. Tanto é assim que a única forma de evitar a conseqüência do estado falimentar seria para a atividade empresarial. Vale recordar que a doutrina e a jurisprudência, mesmo muitas vezes tendo manifestado opinião contrária à conveniência do art. 166 do CTN, já concluíram pacificamente que seu alcance não abrange os tributos repassados de forma meramente embutida nos preços dos bens e serviços vendidos a terceiros (...). É de toda evidência, portanto, a inadequabilidade lógica do § 1º do art. 89 da Lei 8.212, redigido pela Lei 9.032, além de sua absoluta invalidade jurídica, não somente por contrariar o que dispõe o art. 166 do CTN, mas especialmente por contrariar também o art. 165 que já impõe obstáculo a toda e qualquer restituição. Mais do que contrariar esses dispositivos legais, aquele parágrafo contraria o próprio princípio inicialmente exposto, de que o indevidamente recolhido deve ser devolvido".

54. Nesse sentido a lição de Marco Aurelio Greco, ob. cit., p. 107.

55. Eros Roberto Grau, ob. cit., p. 231, concluindo a respeito do significado e da amplitude da expressão "livre concorrência", aduz: "Assim, como 'la concurrence tue la concurrence' (Proudhon), a feição de livre concorrência, que enseja a competição aberta, na linha do que se tem referido como 'capitalismo selvagem', assume novos traços. Livre concorrência, então — e daí porque não soa estranho nem instigante a sua consagração como princípio constitucional, embora desnecessária (bastava, nesse sentido, o princípio da livre iniciativa) —, significa liberdade de concorrência, desdobrada em liberdades privadas e liberdade pública, tais como aludidas (...)".

56. O § 1º do art. 89 da Lei 8.212/91 afronta o art. 166 do CTN pois pretende introduzir a figura da repercussão econômica do tributo, enquanto a norma complementar refere-se à translação jurídica do encargo.

57. Celso Antônio Bandeira de Mello, in *Ato Administrativo e Direito dos Administradores*, 1981, Ed. RT, p. 88, discorre: "Violar um princípio é muito mais grave que transgredir uma norma. A desatenção ao princípio implica ofensa não apenas a um específico mandamento obrigatório, mas a todo o sistema de comandos. É a mais grave forma de ilegalidade ou de inconstitucionalidade, conforme o escalão do princípio violado, porque representa insurgência contra todo o sistema, subversão de seus valores fundamentais, contumélia irremissível a seu arcabouço lógico e corrosão de sua estrutura mestra".

mas tem desdobramentos fáticos, como se colhe de algumas decisões do Superior Tribunal de Justiça.[58]

A conclusão inarredável a que se chega converge no sentido de se reconhecer o vício intransponível que acomete esse dispositivo, fulminando-o da maior ilegalidade que pode conter uma norma, qual seja, sua incompatibilidade com a Constituição Federal. Por outro lado, esta análise sucinta serve para ressaltar que a discussão a respeito da legalidade dessa norma tem relegado questão de maior importância, consubstanciada na perniciosa interferência de regras do direito tributário no direito concorrencial, bem como a afronta a princípios sobre os quais se sustenta a ordem econômica nacional, evidenciando a análise compartimentalizada que se confere ao Direito.

b) A imunidade trazida pelo § 3º do art. 155 da CF/88[59]

Reza o § 3º do artigo supra: "À exceção dos impostos de que tratam o inc. II do

58. Em acórdão da lavra do Ministro Demócrito Reinaldo (1ª Turma), no REsp 188.973/SP, recorrente o Instituto Nacional de Seguro Social e recorrido Discomp Computadores e Sistemas Ltda., *DJU* 1 de 20.9.99, p. 38, assim restou decidido: "Tributário. Compensação. Cabimento. Violação ao art. 66 da Lei 8.383/91 não configurada. Prescrição qüinqüenal e correção monetária. Insatisfação dos requisitos de admissibilidade. Limites legais ao direito de compensar. Necessidade da prova da não repercussão.

"1. Descabe analisar as questões que não restaram devidamente prequestionadas, ou cuja divergência jurisprudencial não foi comprovada satisfatoriamente.

"2. Não é suficiente a simples menção genérica à lei, sem especificar quais dispositivos dela restaram violados.

"3. Ambas as Turmas de Direito Público deste Tribunal têm decidido pela compensação do pró-labore com outras contribuições da espécie, independentemente da comprovação de liquidez e certeza do crédito (art. 170 do CTN).

"4. A partir da vigência das Leis 9.032 e 9.129 de 1995, não mais se admite a compensação total de contribuição. Com o advento dessas leis passam a incidir os limites por elas estabelecidos, quais sejam, de 25% a 30%, respectivamente.

"5. Aplicação do disposto no art. 89, § 1º da Lei 8.212/91, com alterações dadas pelo art. 2º da Lei 9.032/95, admitindo a compensação desde que não tenha havido a transferência ao custo de bem de serviço ofertado à sociedade.

"6. Recurso parcialmente provido. Decisão unânime."

No mesmo sentido ver acórdão proferido no julgamento do REsp 212.526-RS, recorrente Instituto Nacional do Seguro Social e recorridos Distribuidora de Bebidas Choppinho Ltda. e Outros, sendo Relator o Ministro Garcia Vieira, 1ª Turma, *DJU* 1 de 20.9.1999, p. 41.

Um provimento recente (14.10.1999), todavia, consistente em despacho denegatório de seguimento de REsp (n. 220.835-RS), recorrente o INSS e recorridos Francisco César Ledur e Outros (in *Revista Dialética de Direito Tributário* 51/167), está assim fundamentado: "Trata-se de recurso especial interposto pelo Instituto Nacional do Seguro Social — INSS, com fundamento no art. 105, III, alínea *a*, do permissivo constitucional, contra acórdão do Tribunal Regional Federal da 4ª Região que reconheceu o direito do contribuinte à repetição dos valores indevidamente recolhidos a título de contribuição social sobre o pagamento a administradores, autônomos e avulsos.

"Sustenta o Instituto recorrente, em síntese, que:

"— a restituição só é cabível mediante prova de que o contribuinte não tenha repassado o ônus financeiro da contribuição ao custo do bem ou serviço...

"(...) Quanto à alegada repercussão, não merece acolhida.

"*É questão relativa ao não repasse da contribuição aos custos dos bens e serviços decidida em conformidade com a jurisprudência desta colenda Corte, que firmou entendimento no sentido de que a contribuição para a seguridade social, exigida sobre pagamentos efetuados a autônomos, avulsos e administradores, não comporta, por sua natureza, transferência do respectivo ônus financeiro, uma vez que confundem-se, na mesma pessoa, o contribuinte de direito e de fato.* Saliento que compartilho da mesma orientação supratranscrita, ou seja, que a contribuição em destaque não comporta transferência do respectivo encargo financeiro, pois sua exigência está atrelada a uma única pessoa, o contribuinte de fato e de direito, adequando-se, *ipso facto*, à legislação de regência para a compensação.

"Com estas considerações, com arrimo no art. 557, *caput*, do CPC, nego seguimento ao presente recurso (...)" (grifo nosso).

59. Neste ponto, não se olvida que a distorção criada pela norma ocorreu não por um efeito direto do texto constitucional mas via interpretação judicial.

caput deste artigo e o art. 153, I e II, nenhum outro tributo poderá incidir sobre operações relativas a energia elétrica, serviços de telecomunicações, derivados de petróleo, combustíveis e minerais do País".

O imposto de que trata o inc. II do *caput* do art. 155 é o ICMS. Os incs. I e II do art. 153 tratam dos impostos aduaneiros (impostos de importação e exportação).

O comando constitucional é de clareza ímpar. Em termos simples, fora o ICMS e os impostos aduaneiros, nenhum outro tributo incidirá sobre operações relativas a energia elétrica, serviços de telecomunicações, derivados de petróleo, combustíveis e minerais. Mister que se frise, hoje, o entendimento de que as contribuições sociais são tributos é, ao menos na jurisprudência, pacífico.

A jurisprudência, no entanto, analisando a incidência do PIS sobre as operações com minerais, passou a proceder a uma diferenciação entre "operações" e "faturamento", entendendo que a imunidade tributária atinge somente as primeiras, não abrangendo o segundo.[60]

Sob o ângulo de análise do direito tributário, mister algumas ponderações.[61] Por primeiro, parece óbvio o intento do dispositivo constitucional. Os setores ali referidos (telecomunicações, petróleo, energia etc.) são estratégicos ao desenvolvimento nacional. Nesse sentido, a doutrina se manifesta:[62] "(...) Na presente hipótese, há pertinência lógica entre o fator de discriminação — efetuar operações com petróleo, combustíveis, energia elétrica, telecomunicações e minerais — e a distinção estabelecida — não incidirem tributos sobre o faturamento decorrente dessas operações, uma vez que o que se busca com a norma constitucional de não incidência é

Entretanto, como não se pode dissociar a norma da interpretação que lhe é dada e, também, a redação das normas nacionais, mormente tributárias, que muitas vezes enseja exegeses dúbias, entendemos por bem analisar o § 3º do art. 155 da CF/88.

60. Nesse sentido o TRF da 4ª Região, por meio de sua 2ª Turma, Rel. Paim Falcão, julgado em 7.8.1997, *DJU* II de 28.8.1997, AMS 96.04.52630-8-RS, decidiu: "Tributário. Imunidade objetiva (art. 155, § 3º da CF). Faturamento. Inaplicabilidade. Recepção da legislação pretérita não colidente.

"1. A imunidade do art. 155, § 3º da Constituição Federal diz respeito exclusivamente às operações ali referidas, não se estendendo ao faturamento.

"2. O regime de substituição tributária instituído pela Portaria n. 238/84-MF, em consonância com o Decreto-lei 2.052/83, não foi afetado pela inconstitucionalidade dos Decretos-leis 2.445/88 e 2.449/88.

"3. Apelo improvido."

Ver, no mesmo sentido, acórdão proferido no AMS 95.04.37550-2, *DJU* II 8.8.1996, Rel. Gilson Dias, TRF da 4ª Região; acórdão proferido no AMS 95.05.12617-6, Rel. Petrúcio Ferreira, 2ª Turma, julgado aos 8.10.1996, *DJU* II de 25.10.1996; acórdão proferido no AMS 95.05.30053-0-PE, Rel. Petrúcio Ferreira, Tribunal Pleno, julgado em 14.5.1997, *DJU* II de 25.7.1997, p. 56.788; acórdão proferido em sede de agravo 97.03.029179-1, Rel. Marli Ferreira, 6ª Turma, TRF da 3ª Região, *DJU* 4.9.1997, p. 71.107. Nesse mesmo sentido, vale transcrever parte do voto prolatado pelo Ministro Carlos Velloso, quando do julgamento do RE 144971-3-DF, publicado na *Revista Dialética de Direito Tributário* 15/118 a 120, *verbis*: "(...) Em verdade, a incidência do PIS dá-se sobre o faturamento, que, por constituir resultado global, abrangente de inúmeras operações (vendas de mercadorias, venda de serviços, venda de bens que não configuram mercadorias ou serviços e etc.) distingue-se das operações que constituem hipótese de incidência do imposto único sobre combustíveis (...) Registro, entretanto, que os fundamentos postos na primeira parte deste voto, para o fim de reconhecer a legitimidade constitucional do PIS, sob a Constituição de 1967, no ponto em que examina fatos geradores do PIS e do imposto único, são aplicáveis aqui: o fato gerador do PIS não se identifica com o fato gerador do ICMS, tampouco a hipótese de incidência do PIS se constitui, conforme vimos, em operações relativas a minerais, de forma específica, mas sobre o faturamento, que é abrangente de inúmeras operações (...)".

61. A respeito do tema, ver artigo da lavra de Ives Gandra da Silva e Fátima F. Rodrigues de Souza, entitulado "A interpretação do § 3º do art. 155 da CF e a jurisprudência do Supremo Tribunal Federal", in *Grandes Questões Atuais do Direito Tributário*, coord. Valdir de Oliveira Rocha, Dialética, pp. 181-188.

62. Gabriel Lacerda Troianelli, "As contribuições incidentes sobre o faturamento e a não incidência prevista no art. 155, § 3º da Constituição Federal", in *Grandes Questões Atuais do Direito Tributário*, Valdir de Oliveira Rocha (coord.), Dialética, p. 104.

justamente diminuir o custo dessas operações, tendo em vista o imenso impacto desses custos em todos os processos produtivos, que gera, conseqüentemente, efeitos nocivos à economia nacional".

Em outro momento do artigo,[63] aduz Gabriel Lacerda Troianelli: "Além disso, tendo o objetivo da Constituição Federal, no art. 155, § 3º, sido a redução do impacto, no mercado consumidor, dos significativos custos que sempre envolvem as operações com derivados de petróleo, combustíveis, energia elétrica, comunicações e minerais, não há nenhum sentido em se excluir dessa não incidência a tributação do faturamento decorrente dessas operações, que, como quaisquer outros tributos sejam diretos ou indiretos, ou quaisquer outras despesas, irão, de algum modo, ser levados em conta na formação dos custos dos bens e serviços oferecidos ao consumo".

Não bastasse, a discussão a respeito da incidência do tributo sobre o faturamento ou sobre as operações não parece ensejar maior dúvida. Parece óbvio que o faturamento nada mais é do que o resultado de uma série de operações e não algo distinto, como se surgisse por um passe de mágica.[64] O faturamento, portanto, é o elemento quantitativo, a base de cálculo e não o próprio fato gerador.[65]

Ocorre que alguns Tribunais Regionais, na mesma trilha aqui esposada, entendem que a imunidade trazida no parágrafo em comento abrange também o faturamento.[66] Essa divergência jurisprudencial acabou gerando uma situação de desestabilização do mercado. No setor de petróleo e combustíveis, a Esso Brasileira de Petróleo obteve, perante o Judiciário, decisão já transitada em julgado que lhe conferiu o direito de não recolher a Cofins, com base na imunidade de que se trata. Essa companhia, assim, passou a conceder descontos aos postos de gasolina de até 3%, acarretando o descontentamento dos demais concorrentes do setor.[67]

A Procuradoria-Geral da Fazenda Nacional já veiculou publicamente a intenção do órgão de cassar cerca de 280 liminares concedidas a empresas que operam na distribuição e revenda de combustíveis, que propiciaram o não pagamento de PIS e

63. Ob. cit., p. 109.

64. Contra, no sentido de que o § 3º do art. 155 da CF/88 não alcança contribuições como PIS e COFINS, v. Marco Aurélio Greco, ob. cit., pp. 110-111.

65. Em sentido análogo, o voto do Ministro Néri da Silveira tratando da inconstitucionalidade da taxa de conservação rodoviária, quando do julgamento do ADIn 447/DF (*RTJ* 145/15), cujo trecho merece transcrição: "É certo que não se trata de tributo incidente sobre a venda de combustíveis, mas a venda de combustíveis é fato necessário — e direi, fato suficiente também — para a ocorrência da obrigação tributária. Sem a venda de combustíveis, não incide a taxa, porque o fato gerador não se configura em sua plenitude. Não nasce a obrigação tributária, tão-só e exclusivamente, da circunstância de existir um serviço público de conservação de rodovias. Esse serviço é um *prius*, mas que se complementa, no caso, para o surgimento da obrigação tributária: é um pressuposto primeiro e necessário mas há outro fato, também necessário, que complementa o anterior, qual seja, a venda de combustíveis é um fato indispensável para verificar-se a obrigação (...)". Dessa forma, embora tratar-se de taxa, que, como é cediço, tem por fato gerador a prestação de serviço público específico e divisível ou o exercício do poder de polícia, entendeu o STF que a incidência do § 3º do art. 155 da CF/88 impedia a cobrança tributária, já que a venda de combustível era elemento necessário para a incidência do tributo. Da mesma forma, as operações — seguindo o raciocínio daqueles que defendem a incidência das contribuições sobre as operações de que tratam o § 3º do art. 155 da CF/88 — são elementos indispensáveis à incidência do tributo, o que, portanto, levaria à conclusão de que as operações de que trata o parágrafo estariam imunes.

66. Entre outros ver os acórdãos proferidos no julgamento da apelação em mandado de segurança 96.04.44607-0-RS, apelante Sidney Ivan Nagel, apelada União Federal, 2ª Turma do TRF da 4ª Região, Rel. Teori Albino Zavascki, julgado aos 20.2.1997, *DJU* 2 30.2.1997, p. 29.546; apelação em mandado de segurança 53.528-AL, apelante Ceal Cia. Energética de Alagoas, apelado Fazenda Nacional, 3ª Turma do TRF da 5ª Região, Rel. Geraldo Apoliano, julgado aos 9.5.1996, *DJU* 2 16.8.1996, pp. 58.454-5.

67. Cf. veiculado pela *Gazeta Mercantil* de 11.2.1999, Caderno Legislação e 15.4.1999, p. A-12.

Cofins, "desviando" cerca de R$ 600 milhões anuais dos cofres públicos.[68]

O mercado de distribuição de combustíveis é disputado milimetricamente. Descontos obtidos em virtude de brechas abertas no ordenamento tributário, nesse setor, podem ser suficientes para colocar óbice à livre concorrência, a despeito da ingerência estatal. Essa eliminação, no entanto, não ocorre em virtude de melhoria do produto, de inovações etc., mas sim de forma muito utilizada pelas empresas, por meio da conhecida elisão fiscal, facilitada pela existência de um ordenamento tributário complexo, anacrônico e repleto de lacunas que propiciam contestação perante o Judiciário.

c) O setor de telecomunicação

c.1) Breve evolução do setor no Brasil

Os serviços de telecomunicações no Brasil passaram a ser difundidos a partir da segunda metade do século passado. A despeito disso, até a década de 60 deste século, o setor passou por uma evolução lenta. Nessa época, o quadro do setor de telecomunicações apresentava-se ineficiente no que pertine à expansão exigida pelo desenvolvimento industrial.[69]

A partir da promulgação da Lei 4.117/62, a importância do Estado no setor de telecomunicações cresceu bastante, com a criação de um programa de ação que teve as seguintes diretrizes: criação do Conselho Nacional de Telecomunicações e constituição do princípio do Sistema Nacional de Telecomunicações; fundação da Embratel, responsável pelos serviços de telecomunicações interurbanos e internacionais; instituição do Fundo Nacional de Telecomunicações (FNT). A intervenção estatal consolidou-se em 1967 com a criação do Ministério das Comunicações que baixou regulamento ao Código Brasileiro de Telecomunicações, estabelecendo o monopólio das empresas estatais e federais, deixando a radiodifusão a cargo da iniciativa privada. Em 1972 o Ministério das Comunicações criou a Telebrás,[70] cujos objetivos estavam voltados à expansão da telefonia básica, local e de longa distância; integração da rede de telefonia básica em todo o País; a avaliação da demanda por serviços de telefonia e a coordenação da atuação da Embratel e das operadoras estaduais. Nessa época, o sistema Telebrás obteve animadoras taxas de desenvolvimento.[71] A década de 80 foi marcada pela queda na taxa de crescimento do sistema devido a diversos fatores, tais como a política de contenção de gastos do setor público, tendo como principal foco o combate à inflação, criação de

68. Cf. veiculado pela *Gazeta Mercantil* de 19.1.2000, Caderno Legislação, p. A-10. Interessante, neste ponto, a justificativa do Procurador-Geral da Fazenda, para a tentativa de cassação das liminares: "As empresas que não pagam PIS/COFINS podem cobrar menos 10% no seu combustível. Isso além de ser uma concorrência desleal com as empresas que pagam, está fazendo a fortuna de pessoas que operam neste setor com empresas de fundo de quintal, que às vezes só têm uma linha de telefone celular e um caminhão tanque".

69. Segundo Jorge Fagundes, in *As Telecomunicações no Brasil*, p. 2, texto veiculado via Internet, 60% dos terminais telefônicos instalados eram atribuição de uma companhia particular (Companhia Telefônica Brasileira, subsidiária da Canadian Traction Light Power and Company) que opera no eixo Rio-São Paulo-Belo Horizonte, enquanto o percentual restante estava a cargo de aproximadamente 800 entidades, entre elas, prefeituras, pequenas e médias empresas e cooperativas. Como resultado deste sistema fragmentado, na década de 60, a rede de telefonia do País possuía somente um milhão de linhas instaladas, constatando-se uma significativa demanda reprimida por novas linhas. A qualidade dos serviços era, também, extremamente baixa.

70. A Telebrás foi criada como empresa de economia mista e *holding* com o objetivo de planejar e organizar as ações das operadoras públicas de telecomunicações formadas, com exceção da Embratel, por meio de aquisições das antigas empresas operadoras de serviços de telefonia no âmbito estadual.

71. Jorge Fagundes, ob. cit., p. 4, alude: "Os serviços obtidos com a prestação de serviços interurbanos e internacionais financiaram via mecanismo de subsídios cruzados, o crescimento da rede urbana: entre 1972 e 1980, o número de terminais instalados no STB cresceu cerca de 340%, passando de 1,4 milhões em 1972 para 5,1 milhões em 1980".

um imposto sobre serviços de telecomunicações, a uma alíquota de 25%, falta de investimento no setor, desestruturação do sistema da *holding*, ingerência política etc.[72] Interessante notar que a distribuição de linhas telefônicas demonstrava, à época, a concentração de renda no País. Dessa forma, 95% dos domicílios com renda mensal superior à US$ 1.000,00 tinham telefone, sendo que apenas 18% dos domicílios brasileiros tinham telefone.[73]

O sistema Telebrás era constituído por 28 empresas, sendo 26 operadoras regionais, a Embratel e a *holding* controladora que oferecia quase a totalidade da oferta dos serviços no setor, além dos serviços de telefonia móvel e alguns serviços de valor adicionado (SVA's). Como um dos principais problemas que se encontrava nas operadoras de serviços públicos pode-se mencionar a excessiva influência política nas gestões e a falta de flexibilidade operacional imposta pelo próprio poder público, sem falar nos inconvenientes gerados pelo sistema de licitação aplicado aos processos de compra e contratação.

A demanda por serviços de telecomunicações tem sido parcialmente saciada pela diversidade de serviços, como os ligados às redes digitais (serviços de valor adicionado e de telefonia celular) que propiciaram o aumento considerável na receita do setor.[74]

O quadro herdado da época de exploração do setor em regime de monopólio demonstra os meios utilizados pelas operadoras de serviços públicos no sentido de evitar a concorrência, evidenciando a necessidade da imposição de um ambiente competitivo por meio da regulação. Entre outras práticas, a existência de subsídios cruzados caracterizou o sistema Telebrás.[75]

O setor de telecomunicações é caracterizado pela assimetria em termos de modernização e tamanho das redes, qualidade dos sistemas regionais, estrutura de custo e faturamento, o que dificulta a integração e a eficiência da rede em âmbito nacional. A implementação de uma estrutura competitiva no setor de telecomunicações restou dificultada, no início da década de 1990, pelas barreiras à entrada e entraves institucionais, fazendo com que as empresas privadas concentrassem seus investimentos nos setores de radiodifusão e de serviços de valor adicionado.

Com o fenômeno da globalização e a criação de mercados internacionais, o setor de telecomunicações demonstrou uma efetiva taxa de crescimento, mormente em virtude da telefonia interurbana e internacional.[76] Entretanto, a demanda pelos serviços encontrava-se concentrada nas firmas e nos usuários individuais de alta renda, motivo que demonstra a necessidade de universalização dos serviços, que foi observada pela lei de 1997 como adiante será tratado.

Em termos de preço, tem-se que a tendência mundial, com a crescente liberalização dos mercados e a redução das barreiras à entrada, é de queda.[77] É exemplo o

72. A despeito da queda de crescimento na década de 80, a média das últimas três décadas demonstra o crescimento do setor. Jorge Fagundes, ob. cit., p. 6, ressalta: "(...) os investimentos do sistema Telebrás permitiram, ao longo das últimas três décadas, um expressivo crescimento do número de terminais por 100 habitantes, que passou de 1,7 em 1962, para 5,9 em 1986 e 8,4 em 1993".

73. Ob. cit., p. 6.

74. Ob. cit., p. 9: "Atualmente — 1994 —, o Brasil possui a maior rede de telefonia celular da América Latina, com cerca de 580 mil assinantes. A receita do sistema Telebrás com a telefonia celular apresentou, em 1994, um crescimento de 442% em relação ao ano anterior, gerando um faturamento de US$ 331 milhões".

75. Em 1992 podia-se constatar a utilização de subsídios cruzados na estrutura tarifária brasileira, pela rentabilidade negativa dos serviços locais, enquanto os serviços de longa distância demonstravam rentabilidade elevada, o que evidencia o repasse de receita da Embratel para as operadoras regionais, ob. cit., p. 10.

76. Ob. cit., p. 15: "Entre 1989 e 1993 o tráfego telefônico nacional aumentou a uma taxa geométrica de 8,7% a.a.; o tráfego interurbano cresceu a uma taxa de 13,8% a.a. e o internacional a 23,3 a.a.".

77. É importante frisar que a redução dos preços verificada em países como os EUA e a Inglaterra

ocorrido nos mercados americanos[78] e inglês, sendo que, no primeiro, o preço das chamadas de longa distância caiu cerca de 45% entre 1986 e 1990, enquanto no segundo, os preços reais das ligações sofreram queda média de 4% a.a.[79] No Brasil, o quadro de estrutura monopolista demonstrava a distorção dos preços dos serviços de telefonia, dificultando uma análise comparativa. Com efeito, a prática dos subsídios cruzados, com os altos preços cobrados nos serviços internacionais para a possibilidade de mantença dos preços da telefonia local em patamar baixo, distorcia a função informacional dos preços e dificultava uma análise comparativa.[80]

Em termos de qualidade, tem-se que os serviços obtiveram significativa melhora. A taxa de congestionamento, que na década de 80 atingiu 31,1%, diminuiu nesta década, atingindo, em 1993, o percentual de 10,8%. O tempo de espera por uma linha telefônica no Brasil, em 1994, era de 6 anos, aproximadamente, e o grau de diversificação dos serviços, quando comparados aos dos países desenvolvidos, demonstra ainda ser bastante reduzida.[81] Por outro lado, a planta telefônica nacional era, em 1994, a 11ª do mundo, com taxa de crescimento média, de 1982 a 1994, de 12% a.a.

Quanto ao quadro regulatório, como já dito, o Ministério das Comunicações, por meio de decretos e portarias regulava o setor, pelo que restou evidente a extrema influência política que variou de acordo com a linha adotada pelo governo. A estrutura regulatória brasileira esteve voltada para a universalização dos serviços básicos e controle das operadoras de serviços públicos. Não obstante, o controle das tarifas nunca teve como principal foco a coibição dos abusos do poder econômico e sim a situação macroeconômica do País, no sentido

deu-se mais devido à política regulatória pró-competitiva implementada pelos governos, principalmente sobre as tarifas de retorno das empresas do que efetivamente em virtude do incremento da concorrência privada. Nesse sentido Jorge Fagundes, ob. cit., p. 20, aduz: "(...) nos EUA, as taxas de retorno das operadoras locais são determinadas pela FCC, situando em torno de 12%. Na Inglaterra, a OFTEL controla os preços do aluguel de linhas, das ligações nacionais e internacionais e das taxas de instalação, estabelecendo metas em relação à redução anual dos preços reais para BT, cuja taxa de retorno, apesar do controle de preços, vem se elevando nos últimos anos, situando-se em torno de 20%".

78. A evolução do setor de telecomunicações ocorrida nos EUA fornece amplo material de estudo a respeito da importância da livre concorrência. Dessarte, a experiência americana foi marcada pelo monopólio da AT&T que explorava tanto a telefonia de curta como de longa distância. A despeito da tentativa de regulação do setor (a regulação marcou o mercado de telecomunicações norte-americano desde o início deste século, hoje sendo regulado pela FCC, no âmbito federal e, nos Estados, por meio das *Public Utilities Commission* ou *Public Service Commission*), os abusos do poder econômico sempre ocorreram, por meio da prática de subsídios cruzados, lucros extraordinários e preços discriminatórios, dificultando a regulação. Esta (regulação) iniciou-se em 1934, por meio da *Federal Comunications Commission* (FCC).

A decisão de cindir a AT&T (*Modification of Final Judgement*), em 1984, resultou na imposição da competição nos serviços de longa distância, com a mantença do regime de monopólio regulado na telefonia local, controlada pelas operadoras locais (*Baby-Bells*).

Assim, pode-se dizer que o monopólio detido pela AT&T sofreu duas contestações judiciais importantes, a primeira em 1949 (*United States vs. Western Electric*), em que o Departamento de Justiça norte-americano alegava que a *Bell Operating Companies* praticava exclusão ilegal na medida em que comprava apenas da *Western Electric*. O caso foi decidido em 1956 com o estabelecimento de um acordo em que a AT&T concordava em não ingressar no mercado de computação, embora mantivesse a propriedade da *Western Electric*. O segundo caso teve início em 1974 (*United States vs. AT&T*). O governo alegava que a relação entre AT&T e a *Western Electric* era ilegal e que a AT&T monopolizava o mercado de longa distância. A decisão desse caso implicou no desmembramento da AT&T em sete operadoras regionais (RBOCs) que continuaram atuando como monopólios regionais regulados.

A cisão da AT&T concretizou a idéia da possibilidade de competição nos serviços de longa distância, embora os serviços de curta distância (locais) permanecessem como monopólios regulados.

79. Ob. cit., p. 20.

80. Atenta a esse quadro, a Embratel reduziu, em dezembro de 1994, as tarifas internacionais e interestaduais em aproximadamente 30% e 17%; cf. Jorge Fagundes, ob. cit., p. 22.

81. Ob. cit., p. 23.

de tentar controlar o fenômeno inflacionário.

A pressão do setor privado no sentido da abertura da exploração dos serviços de telecomunicações, implicou a edição de inúmeras portarias e decretos na década de 80.[82] Essa tentativa de abertura à iniciativa privada permitiu um aumento na concorrência entre as operadoras de serviços e entre estas e a Embratel. No entanto, o quadro regulatório do setor era extremamente confuso e anacrônico, impedindo, de certa forma, a criação de um ambiente concorrencial eficiente. Adicione-se a extrema concentração de renda no País, que reflete na pequena penetração da rede telefônica básica. Assim sendo, o setor de telecomunicações necessitava de uma profunda reestruturação, suficiente para o atingimento das metas referentes à universalização dos serviços[83] e construção de infra-estrutura adequada, bem como a possibilidade de integração da rede nacional à mundial.

A Constituição de 1988, por sua vez, dispõe no art. 21, inc. XI, alterado pela Emenda Constitucional 8/95, que "compete à União explorar, diretamente ou mediante autorização, concessão ou permissão, os serviços de telecomunicações, nos termos da lei, que disporá sobre a organização dos serviços, a criação de um órgão regulador e outros aspectos institucionais". Dessa forma, a Constituição permitiu à lei maior flexibilidade para tratar do assunto.

Tendo em vista a procura em ajustar o setor às novas perspectivas, foi promulgada a Lei 9.472, de 16 de julho de 1997, que dispõe sobre a organização dos serviços de telecomunicações, a criação e funcionamento de um órgão regulador e outros aspectos institucionais, nos termos da Emenda Constitucional 8, de 15 de agosto de 1995. Entre os artigos que merecem destaque na nova lei, estão:

a) Art. 1º. Confere à União, por intermédio do órgão regulador e nos termos das políticas públicas estabelecidas pelos Poderes Executivo e Legislativo, a organização e exploração dos serviços de telecomunicações;

b) Art. 2º, inc. I. Traz ínsito o ideal da universalização do serviço, aduzindo que o Poder Público tem o dever de garantir a toda população o acesso às telecomunicações, a tarifas e preços razoáveis. Tal objetivo encontra suporte no disposto no art. 170, inc. VII da Constituição Federal (redução das desigualdades regionais e sociais);

c) Art. 2º, inc. III. Impõe, como dever do Poder Público, a adoção de medidas que promovam a competição e a diversidade dos serviços, com o incremento da oferta e qualidade daqueles;

d) Art. 3º, inc. II. Dispõe que o usuário dos serviços de telecomunicações tem o direito à *liberdade de escolha* de sua prestadora de serviço;[84]

82. Exemplo dessas normas são o Decreto 97.057/88 que objetivou completar a regulamentação do CNT; Decreto 177/91 que introduziu o conceito de serviço de valor adicionado; o serviço relacionado à telefonia celular foi denominado serviço de radiocomunicação móvel restrito, com a criação de duas bandas A e B, restando a segunda aberta à iniciativa privada (Decreto 96.618/88).

83. Em relação à instalação de terminais telefônicos fixos, os últimos números demonstram que os acordos entre Anatel e operadoras estão surtindo efeitos. Em dezembro/99, o estoque de terminais fixos instalados alcançou 27,7 milhões, tendo por base uma meta de 25,5 milhões. Se comparado com os dados de julho/98, em que os terminais fixos atingiam 20,2 milhões, percebe-se o avanço na universalização do serviço. Cf. veiculado pela *Gazeta Mercantil*, de 23 e 24 de janeiro de 2.000, p. A-8.

84. A lei deixa evidente a importância da escolha por parte do usuário. Nesse sentido, Calixto Salomão Filho, in *Direito Concorrencial — As estruturas*, pp. 23-25: "Para os ordo-liberais, a grande vantagem do sistema concorrencial está, exatamente, no fato de que, através da transmissão da informação e da existência de liberdade de escolha, o sistema de mercado permite descobrir as melhores opções existentes e o comportamento mais racional a adotar. É clássica a definição de Hayeck do sistema concorrencial como um *Entdeckungsverfahren* (processo de descoberta) (...) A possibilidade de escolha assume, portanto, um valor em si mesmo. Note-se, no entanto, que como para o ordo-liberal a possibili-

e) Art. 5º. Dispõe que as relações econômicas no setor de telecomunicações observarão, além dos princípios esculpidos no art. 170 da CF/88, a repressão ao abuso do poder econômico e a continuidade do serviço prestado no regime público;

f) Art. 6º. Estabelece que os serviços de telecomunicações serão organizados com base no princípio da livre, ampla e justa competição entre todas as prestadoras, devendo o Poder Público atuar para propiciá-la, bem como para corrigir os efeitos da competição imperfeita e reprimir as infrações da ordem econômica;

g) Art. 8º. Cria a Agência Nacional de Telecomunicações, a Anatel, que tem a função de órgão regulador do setor, sendo vinculado ao Ministério das Comunicações. Importante ressaltar que o § 2º dispõe que a Agência reguladora é caracterizada pela independência administrativa, ausência de subordinação hierárquica, mandato fixo e estabilidade de seus dirigentes. A criação da Agência especializada busca viabilizar o processo regulatório do setor. A despeito da vinculação ao Ministério das Comunicações, é importante frisar, de acordo com a lei, que a Agência goza de independência, sem a adoção de figuras ultrapassadas, como a demissão *ad nutum* dos diretores, ainda presentes em algumas autarquias brasileiras. Essa realidade implica a dificuldade da influência política sobre a Agência. Entre as incumbências da Agência, destaca-se a competência para a adoção de medidas necessárias ao atendimento do interesse público e o desenvolvimento das telecomunicações, por meio da expedição de normas sobre prestações de serviços de telecomunicações no regime privado e a expedição de normas e padrões que assegurem a compatibilidade, a operação integrada e a interconexão entre as redes, abrangendo, também, os equipamentos terminais (art. 19, incs. X e XIV da Lei);

h) Art. 61, § 2º. Assegura aos interessados o uso das redes de serviços de telecomunicações para a prestação de serviços de valor adicionado, cabendo à Agência reguladora, para assegurar esse direito, regular os condicionamentos, assim como o relacionamento entre aqueles e as prestadoras de serviços de telecomunicações;

i) Art. 63. Estabelece que os serviços de telecomunicações classificam-se em públicos e privados. Os serviços prestados em regime público o são mediante concessão ou permissão, com a imposição de obrigações, como a universalização e a continuidade;

j) Art. 70. Estabelece que serão coibidos os comportamentos prejudiciais à competição livre, ampla e justa, tanto no regime privado como no público, e, em especial, os subsídios cruzados, o uso de informações obtidas dos concorrentes, com o intuito de conseguir vantagens, e a omissão de informações técnicas e comerciais relevantes. A Agência poderá estabelecer restrições, limites ou condições a empresas ou grupos, quanto à obtenção e transferência de concessões, permissões e autorizações, no sentido de garantir a competição efetiva e impedir a concentração econômica no mercado (art. 71);

k) Art. 79, § 1º. Define os objetivos da universalização como sendo a possibilidade de acesso de qualquer pessoa ou instituição de interesse público e serviço de telecomunicação, independente da localização e condição sócio-econômica;

l) Art. 79, § 2º. Define as obrigações de continuidade dos serviços, como as que objetivam possibilitar aos usuários a fruição dos serviços de forma ininterrupta, sem paralisações injustificadas;

m) Art. 81. Cria um fundo denominado "fundo de universalização", que tem por

dade de escolha estende-se a todos os agentes do mercado, consumidores e produtores, a existência de concorrência não é obrigatória. Basta que seja potencial (...). A preocupação com a liberdade de escolha e decisão do consumidor é, aliás, a chave para responder a uma das principais críticas dos neoclássicos à inclusão da defesa da concorrência entre os valores a serem perseguidos pela legislação antitruste (...)".

função cobrir o custo exclusivamente atribuível ao cumprimento das obrigações de universalização da prestadora de serviço de telecomunicação, que não possa ser recuperado por meio da exploração do serviço. O parágrafo único do art. 81 estabelece medidas transitórias cuja aplicação traz dúvidas no que pertine à sua forma de utilização. Enquanto não constituído o fundo, poderão ser adotadas outras formas para o mesmo desiderato, como os subsídios entre modalidades de serviços de telecomunicações ou o pagamento de adicional ao valor de interconexão;

n) Art. 104. Demonstra a nítida preocupação com a formação de um ambiente competitivo, ao dispor que "Transcorridos ao menos três anos da celebração do contrato, a Agência poderá, se existir ampla e efetiva competição entre as prestadoras do serviço, submeter a concessionária ao regime de liberdade tarifária";

o) Art. 146. Prescreve que as redes serão organizadas como vias integradas de livre circulação, sendo obrigatória a interconexão, devendo ser assegurada a operação integrada das redes, em âmbito nacional e internacional. O direito de propriedade sobre a rede é delimitado em virtude de sua função social, conforme o inc. III do artigo supra-invocado;

p) Art. 155. Estabelece que as empresas prestadoras de serviços de telecomunicações de interesse coletivo deverão disponibilizar suas redes a outras prestadoras de serviço, no intuito de desenvolver a competição no setor;

q) Art. 193. Dispõe que a efetivação da desestatização das empresas elencadas no art. 187 da Lei, implicará a imediata abertura à competição dos serviços prestados no regime público.

Embora invocados apenas alguns artigos da Lei, parece clara a tentativa de criação de um ambiente competitivo como forma de evitar a disfunção do poder econômico, juntamente com a preocupação em relação à expansão dos serviços, independentemente da localidade e da posição sócio-econômica do usuário, além da continuidade destes. O papel da Anatel, nesse sentido, é de extrema importância, na medida em que figura como órgão incumbido de zelar pela criação e imposição do ambiente competitivo. Procura-se eliminar práticas antes reinantes como os subsídios cruzados e a adoção de preços discriminatórios que acarretavam a distorção informacional dos preços, impossibilitando a escolha por meio da pesquisa já que a realidade encontrava-se distorcida.

c.2) A tributação do setor de telecomunicações

O item c.1 serve para demonstrar o esforço que o Brasil vem fazendo para impor a concorrência em setores antes controlados pelo Estado. A necessidade de investimento nesses setores, principalmente o das telecomunicações, é de tal grandeza que muitas vezes exigem tratamento diferenciado, justificando, inclusive, as imunidades de que cogita o § 3º do art. 155 da CF.

A tributação no setor de telecomunicações, como já dito, no Brasil, ganha proporções incompatíveis com a necessidade de universalização e expansão, de forma geral, dos serviços.

Inobstante isso, procurar-se-á enfocar o problema sobre um ponto específico, qual seja, a tributação dos serviços de valor adicionado que ganham cada vez maiores proporções, em comparação aos demais serviços prestados.[85]

A discussão merece análise detida no que pertine à incidência do imposto sobre circulação de bens e serviços de transporte interestadual e intermunicipal e de comunicações (ICMS). Os serviços de valor adicionado, em tese,[86] não sofrem a incidência

85. O grau de avanço do setor demonstra que há diferença não somente de qualidade entre os produtos e os serviços postos no mercado consumidor, mas também da própria natureza destes.

86. Entretanto, o Estado do Paraná já dispôs que os serviços prestados pelas entidades públicas e

desse imposto, nos termos do art. 10 da Lei 9.295/96, que assegura aos provedores desses serviços a utilização da rede pública de telecomunicações e os define como sendo a "atividade caracterizada pelo acréscimo de recursos a um serviço de telecomunicações que lhe dá suporte, criando novas utilidades relacionadas ao acesso, armazenamento, apresentação, movimentação e recuperação de informações, não caracterizando exploração de serviço de telecomunicação".[87]

privadas dedicadas à Internet são tributadas pelo ICMS. Relativamente às atividades do provedor de informações, podem ser visualizados dois momentos distintos: a) planejamento da *home-page* ou veículo publicitário, que consiste nos serviços de criação, preparação, programação de uma campanha de divulgação, típica prestação de serviço, estranha ao ICMS; e b) divulgação de mensagem, da distribuição da informação, da sua comunicação ao público sujeita ao ICMS. Cf. resposta da Secretaria da Fazenda à Consulta 168/96.

87. Nesse sentido explica João Vicente Laviere, citado por José Eduardo Soares de Melo, in *ICMS, Teoria e Prática*, Dialética, 3ª ed., 1988, pp. 105-106: "Para ter acesso à Internet é preciso que se disponha de um computador, um modem e uma linha telefônica, esta contratada da concessionária local de serviços públicos de telecomunicações. O cliente, então, disca para um número de telefone do provedor de serviços Internet, através de um programa instalado em seu computador, tal como se fosse passar um fax usando esse equipamento e o *software* apropriado. A conexão telefônica estabelecida entre o usuário e o provedor de serviços Internet é serviço público de telecomunicações, prestado não pelo provedor, mas sim pela empresa local do Sistema Telebrás. Esta empresa, inclusive, irá faturar o usuário direta e independentemente da cobrança que é feita pelo provedor de acesso, na conta telefônica mensal, de acordo com a quantidade de impulsos utilizados, tal como se tratasse de uma ligação telefônica comum, de tal sorte que a esta empresa do Sistema Telebrás compete o recolhimento do ICMS". Dessa forma, tratando-se de serviço de valor adicionado não classificado como serviço de telecomunicação, não haveria incidência do ICMS. No entanto, há quem defenda que, a despeito de não se tratar de serviço de telecomunicação, trata-se, sem dúvida, de serviço de comunicação. Apesar da celeuma, parece ser indiscutível que as atividades dos provedores de serviços Internet não são necessárias para a efetivação do serviço, eis que os usuários podem conectar seus computadores diretamente à empresa estrangeira. Dessa forma, trata-se de serviço de valor adicionado dependendo da existência de infra-estrutura.

No Estado do Paraná, em que o ICMS é exigido das empresas que exploram os serviços de Internet, já se tem notícia da primeira decisão que reconheceu a não incidência do imposto sobre circulação de mercadorias e serviços, comparando-os aos serviços de valor adicionado.[88]

O ICMS é imposto que onera o consumo, regido pelo princípio da não cumulatividade. A despeito de, em tese, não onerar a produção, pode acarretar distorções, na medida em que a sua não incidência reduz o custo da operação final com o consumidor, acarretando diminuição no preço. O entendimento segundo o qual os serviços de valor adicionado não são serviços de comunicação merece análise ponderada. O leque de opções que fornecem os serviços de valor adicionado é uma realidade intransponível. Esses serviços propiciam as mais surpreendentes operações, como investimentos, comunicação, pesquisa etc. Do ponto de vista concorrencial, esses serviços, devido à sua versatilidade, implicam fomento da concorrência no próprio setor de telecomunicações. A tributação diferenciada em relação a esses serviços pode vir a gerar um desequilíbrio no mercado, dificultando assim a efetiva competição, que já é complexa pela diferença de natureza dos produtos/serviços.

d) O setor elétrico

A estrutura tributária dos setores antes explorados na forma de monopólios é incompatível com a idéia de livre mercado. A mantença do modelo tributário atual, amoldado à época em que os números de operações e de agentes do mercado eram inferiores, e as estruturas verticalizadas e controladas pelo Estado imperavam, pode servir como fator impeditivo do desenvolvimento esperado.

88. Cf. veiculado pela *Gazeta Mercantil* de 23, 24, 25 e 26 de dezembro de 1999, p. A-11. A sentença proferida pelo Juiz da 6ª Vara Cível de Londrina foi embasada no art. 60 da Lei Geral de Telecomunicações e na Portaria 148/95.

Conforme lembra Eduardo Bernini,[89] presidente do comitê executivo do Mercado Atacadista de Energia (MAE): "Se o modelo não mudar, teremos um aumento de carga tributária sem a correspondente geração de fatos novos". Bernini lembra, ainda, o impacto dos tributos que incidem sobre a receita/faturamento das concessionárias de energia elétrica como o PIS, Cofins, que, juntos, atingem uma alíquota de 3,65%. Da mesma forma, operações que antes eram tidas como custo das empresas monopolistas, passaram, perante o modelo atual, a ser fontes de receitas, como a transmissão e o acesso à rede.

Um dos pontos que mais traz perplexidades, tanto fática como juridicamente, é a forma como a energia elétrica é cobrada do público consumidor. O Estado de São Paulo, por exemplo, no afã de aumentar sua arrecadação, introduziu, por meio da Lei Estadual 6.374/89 (art. 33), a prática do "cálculo por dentro" do ICMS que vem a acarretar a incidência do imposto sobre o próprio imposto, pela inclusão do valor do tributo na própria base de cálculo.[90] A despeito de, perante a doutrina, essa prática ser questionada, o Supremo Tribunal já decidiu pela sua constitucionalidade.[91] É importante frisar, na esteira do que já foi dito e tendo em foco o direito concorrencial, que a forma de cálculo em comento dificulta a efetivação, entre outras distorções, de uma das razões do esforço na tentativa de criação de um ambiente competitivo, qual seja, a redução de preços ao consumidor.[92]

A teoria desenvolvida pelo economista Ronald Coase,[93] a respeito dos custos de

89. Cf. veiculado pela *Gazeta Mercantil* de 17 de novembro de 1999, p. A-14.

90. Diz o art. 33 da Lei 6.374/89 que "o montante do imposto integra sua própria base de cálculo, constituindo o respectivo destaque mera indicação para fins de controle".

91. É cediço que o binômio hipótese de incidência e base de cálculo é elemento de distinção entre as espécies tributárias. Sacha Calmon Navarro Coelho in *Comentários à Constituição de 1988*, 6ª ed., Forense, p. 108, ensina: "Entre a base de cálculo e o fato gerador dos tributos existe uma relação de inerência quase carnal (*inhaeret et ossa*), uma relação de pertinência, de harmonia. Do contrário, estaria instalada a confusão e o arbítrio com a prevalência do *nomem juris*, i.é, da simples denominação formal sobre a ontologia jurídica e conceitual dos tributos, base científica do Direito Tributário". Augusto Becker, in *Teoria Geral do Direito Tributário*, Saraiva, 1963, p. 339, lecionava: "O critério de investigação da natureza jurídica do tributo, que se demonstrará ser o único verdadeiramente objetivo e jurídico, parte da base de cálculo para chegar ao conceito do tributo. Este só poderá ter uma única base de cálculo. A sua conversão em cifra é que poderá variar de método: ou peso e/ou medida e/ou valor. Quando o método é o valor, surge facilmente o perigo de se procurar atingir este valor mediante a valorização de outro elemento que constituirá, logicamente, outra base de cálculo e com isto, *ipso facto* desvirtuou-se o pretendido gênero jurídico do tributo. Haverá tantos distintos gêneros jurídicos de tributo, quantas diferentes bases de cálculo existirem".

Conclui-se, portanto, com Roque Antonio Carrazza, in *ICMS*, 4ª ed., Malheiros Editores, pp. 132-150, que a forma de cálculo estabelecida pela lei paulista é inconstitucional, por ofensa ao § 9º do art. 34 do ADCT, que estabeleceu a base de cálculo do ICMS sobre consumo de energia elétrica, como sendo o preço praticado na operação final. Se a norma constitucional expressamente aduz que a base de cálculo é o preço praticado, não pode o legislador, seja por meio de lei complementar, seja por meio de lei ordinária, alterar o elemento quantitativo do imposto, introduzindo artifício estranho a ele. A lei estadual, assim, distanciando o ICMS sobre o consumo de energia elétrica de sua regra-matriz constitucional, instituiu verdadeiro adicional de ICMS que tem como fato gerador o pagamento do próprio imposto.

O Supremo Tribunal Federal, todavia, em acórdão recente datado de 23.6.1999, em virtude do RE 212.209-2, por meio de seu órgão Pleno, entendeu que a prática do "cálculo por dentro" do imposto não ofende a Constituição.

92. Como já aludido, o direito antitruste preocupa-se tanto com o direito concorrencial quanto com o bem-estar do consumidor. V. Calixto Salomão Filho, in *Direito Concorrencial — As estruturas*, cit., p. 241.

93. *The Firm, The Market* ..., cit. Segundo a teoria de Coase, a natureza da firma decorre dos custos de transação do mercado. Sem custos de transação não há que se falar em firma. Explica Coase, p. 14: "The Nature of the Firm that, in the absence of transaction costs, there is no economic basis for the existence of the firm. What I showed in 'The Problem of Social Cost' was that, in the absence of transaction costs, it does not matter what the law is, since people can always negotiate without cost to acquire, subdivide and combine rights whenever this would increase the value of production".

transação e das externalidades negativas, mormente essas últimas, auxilia o entendimento. Uma externalidade negativa surge quando pessoas que não são partes de uma decisão de consumo ou produção são afetadas por essa decisão.[94] Doutrinadores há que defendem exatamente a atuação do Estado, por meio da lei, tributando ou responsabilizando os agentes de mercado que causam essas externalidades.[95] Esses agentes, então, estariam obrigados a internalizar essas externalidades.

Embora a teoria em foco analise as externalidades criadas entre os agentes de mercado, o exemplo da forma da tributação do setor elétrico demonstra as "externalidades" que são criadas pelo direito tributário em relação ao direito concorrencial e do consumidor, afetando, em última análise, a própria sociedade. Os objetivos pretendidos pela tentativa de criação de um ambiente competitivo são frustrados ou encontram óbice devido à forma de tributação.

94. Brian Cheffins, ob. cit., p. 24, exemplifica: "For example, if railroad engines generate sparks which set fire to crop fields adjoining the tracks, the railway company imposes a negative externality on the farmers". Ronald Coase, cit., p. 23, define externalidade: "Thus, Hahn, writing in 1981, says that 'we call an externality (...) an effect of one agent's actions on the welfare of another'. He adds that 'ever since Marshall and Pigou it has been agreed that externalities constitue a *prima facie* case for government intervention in a market economy'. An externality is more usually defined as the effect of one person's decision on someone who is not a party to that decision". Para Rachel Sztajn, in *Futuros e "Swaps", Uma Visão Jurídica*, ed. Cultural Paulista, 1999, p. 146: "Os economistas denominam externalidades os efeitos externos das decisões políticas econômicas, e essas atingem pessoas fora das relações de mercado".

95. Brian Cheffins, cit., p. 24, obtempera: "The government arguably can solve the problem by taxing or making liable those market participants who cause negative externalities. Such steps should cause transactors to internalize the costs involved, which in turn should foster a socially optimal production of resources. Hence, with the crop example, the policy prescription would seem to be that the state should tax railway companies or make them liable for crop damage in order to foster the efficient use of trains".

Tomemos um exemplo para que se ilustre o que foi dito, com base no § 1º do art. 89 da Lei 8.212/89 já analisado acima. Por primeiro, deve-se frisar que as contribuições destinadas à seguridade social, tais como PIS e COFINS, são tributos que incidem sobre o faturamento e que as outras bases de cálculo previstas na CF (art. 195) são também abrangentes, tais como as receitas, folha de pagamento e lucro.

O contribuinte, então, de acordo com a nova redação dada ao § 1º do art. 89 da Lei 8.212/91 agirá de forma a que as conseqüências de sua decisão lhe traga o menor custo possível. Assim, ante a norma legal, não repassará os custos fiscais aos seus preços, desde que consiga, na venda de seu produto, um lucro suficiente face ao seu custo total, mantendo a competitividade da empresa para, futuramente, poder compensar as contribuições recolhidas ilegalmente.

Assuma agora, que um agente de mercado qualquer, contribuinte do fisco, tenha uma grande diferença entre faturamento e lucro, sendo este em torno de 4% daquele, como ocorre com as distribuidoras de derivados de petróleo, e que haja competição nesse setor de mercado. Ora, parece ilógico dizer que esse agente poderá desprezar seus custos fiscais, arcando exclusivamente com estes, para futuramente compensá-los, sob pena de ser excluído do setor, seja pela concorrência, seja pela sua falência.

Por fim, mas não menos importante, é de se elucidar que o contribuinte racional, se considerada a incerteza de seu sucesso perante o Judiciário — assumindo que o recolhimento do tributo não tenha sido ainda considerado inconstitucional ou ilegal — preferirá a "redução" certa de seu custo, repassando a carga tributária aos seus preços, do que o incerto sucesso em demanda futura.

O parágrafo comentado, portanto, na evidente tentativa de minimizar a queda de recolhimento das contribuições ao INSS, traz conseqüências nefastas à economia em geral, na medida em que, como visto, inviabiliza a compensação de tributos, influindo diretamente no desempenho dos agentes cuja estrutura de custo se mostra considerável, com pequena margem de lucro em relação a seu faturamento.

V — Conclusões

Inúmeros outros problemas poderiam ser trazidos a lume,[96] mas o presente trabalho tem o proposital intento de permanecer em setores da economia antes controlados de alguma forma pelo Estado, e nos quais agora se procura impor a concorrência. A realidade fiscal nacional necessita de profunda reformulação de forma que não sirva de freio à efetivação de fins perseguidos por outros ramos do Direito, como o direito concorrencial.

Tampouco as realidades da globalização da economia e do fenômeno concentracionista empresarial, com o surgimento das empresas transnacionais, podem servir como fator que leve à prostração do Direito. Antes, cumpre buscar formas eficazes no sentido de impor limites ao poder econômico, como visto, institucionalizado, de forma a evitar sua disfunção.[97]

O ordenamento brasileiro, como já dito, elenca a livre concorrência como princípio constitucional impositivo, sendo dever do Estado prevenir/coibir a disfunção do poder econômico. Evidenciado o fracasso da excessiva ingerência estatal e também do mercado no sentido de evitar o abuso desse poder, parece ser papel do Direito garantir a efetividade do princípio supra-aludido,[98] finalidade essa auxiliada por meio de um ordenamento jurídico harmônico, visto de forma global e não compartimentalizada, de forma que determinado ramo do Direito não sirva de empecilho a tal desiderato.

Não se pode olvidar, assim, que à eficácia do direito antitruste concorrem fatores que merecem reflexão, como os empasses trazidos pelo direito tributário e mesmo o societário[99] para que se evite distorções na capacidade competitiva dos agentes. E, diga-se, não se está aqui desconhecendo que o Direito Tributário é, como diz a doutrina, um direito sobreposto, mas apenas está-se indicando anomalias que devem ser corrigidas, por meio de elaboração de um sistema tributário mais racional.

Dessa forma, a realidade atual que segue no sentido da necessidade da imposição da concorrência em determinados setores da economia, aliada à observação da livre concorrência como princípio impositivo, tem por fim a perpetuação do capitalismo, na medida em que se procura coibir a disfunção do poder econômico.

Referências bibliográficas

1. Obras e artigos

BECKER, Augusto. *Teoria Geral do Direito Tributário*. SP, Saraiva, 1963.

BERLE, A. e MEANS, G. *A Moderna Sociedade Anônima e a Propriedade Privada*, trad. Dinah de Abreu Azevedo, Abril, 1984.

96. Entre os grandes problemas fiscais do Brasil podem ser citados: a) a complexidade do ordenamento tributário, com o desdobramento de impostos sobre o consumo como o ICMS e IPI entre os entes da federação (no caso, Estados e União); a sobrecarga de contribuições que incidem sobre o faturamento e receita bruta, como PIS, COFINS e o extinto FINSOCIAL; a falta de implementação de uma justiça tributária efetiva; problemas ligados à federação, como a existência de Municípios que dependem do repasse de verbas dos outros entes para sua mantença, entre outros.

97. Fábio Konder Comparato, ob. cit., p. 396, assevera que: "Na concepção econômica tradicional, se o mercado era organizado em função do consumidor, todo ato de produção seria, em princípio, benéfico à coletividade. Ainda aí, portanto, reduzia-se a atividade empresarial ao interesse particular do empresário. A consciência pública rejeita, atualmente, essa idéia simplista. A História adverte que todo poder, livre de peias, degenera, naturalmente, em pura força, a serviço do seu titular. Compete, pois, ao Estado intervir no jogo econômico para evitar a degradação da função social das empresas".

98. Ver Calixto Salomão Filho, in "Atuação estatal e ilícito antitruste", *RDM* 106/43-44.

99. Ver Calixto Salomão Filho, in *O Novo Direito Societário*, pp. 198-253 e Fábio Ulhoa Coelho, "O conceito de poder de controle na disciplina jurídica da concorrência", in *Revista do Instituto dos Advogados de São Paulo*, pp. 19-25.

BORBA, José E. Tavares. *Direito Societário*, Renovar, 3ª ed.

CARRAZZA, Roque Antonio. *ICMS*, Malheiros Editores, 4ª ed.

CARVALHOSA, Modesto. *Comentários à Lei de Sociedades Anônimas*, v. 1, Saraiva, 1997.

————. *Oferta Pública de Alienação de Ações*, IBMEC, 1979.

CHEFFINS, Brian. *Corporate Law, Theory, Structure and Operation*, Clarendon Press, Oxford, 1997.

COASE, Ronald. *The Firm, The Market and The Law*, University of Chicago Press, 1988.

COELHO, Fábio Ulhoa. "O conceito de poder de controle na disciplina jurídica da concorrência", *Revista do Instituto dos Advogados de São Paulo*, jan.-jun. 99, Ed. RT, pp. 19-25.

COELHO, Sacha Calmon Navarro. *Comentários à Constituição Federal de 1988*, Forense, 6ª ed.

COMPARATO, Fábio Konder. *O Poder de Controle nas Sociedades Anônimas*, Forense, 3ª ed.

FAGUNDES, Jorge. *As Telecomunicações no Brasil*, veiculado via Internet.

GORDILLO, Agustín. *Introducción al Derecho Administrativo*, ed. Abeledo-Perrot, 1996.

GRAU, Eros Roberto. *O Direito Posto e o Direito Pressuposto*, Malheiros Editores, 1996.

————. *A Ordem Econômica na Constituição de 1988*, Malheiros Editores, 3ª ed.

GRECO, Marco Aurelio. "Repetição de indébito: contribuição ao INSS sobre pagamentos de administradores, autônomos e avulsos", *Revista Dialética de Direito Tributário* 52/91-113.

KELSEN, Hans. *Teoria Pura do Direito*, trad. João Baptista Machado, Martins Fontes, 1991.

LAMY FILHO, Alfredo e PEDREIRA, José Bulhões. *A Lei das S/A*, 1º v., Renovar, 3ª ed.

MARTINS, Ives Gandra e SOUZA, Fátima F. Rodrigues. "A interpretação do § 3º do art. 155 da CF e a Jurisprudência do Supremo Tribunal Federal", in *Grandes Questões Atuais do Direito Tributário*, Valdir de Oliveira Rocha (coord.), Dialética, pp. 181-188.

MEIRELLES, Hely Lopes. *Direito Administrativo Brasileiro*, Malheiros Editores, 21ª ed.

MELO, José Eduardo Soares de. *Contribuições Sociais no Sistema Tributário*, Malheiros Editores, 2ª ed.

MELLO, Celso Antônio Bandeira de. *Ato Administrativo e Direito dos Administrados*, Ed. RT, 1981.

OLIVEIRA, Ricardo Mariz. "Compensação e restituição de contribuições para a Seguridade Social — Transferências de encargos e limites", in *Contribuições Sociais: Questões Polêmicas*, Valdir de Oliveira Rocha (coord.), Dialética, 1995.

RICHTER, Mário Stella. "Interesse social e poderes dos administradores na alienação de controle", *RDM* 89/67.

SALOMÃO FILHO, Calixto. *Direito Concorrencial — As estruturas*, Malheiros Editores, 1998.

————. *O Novo Direito Societário*, Malheiros Editores,1998.

————. "Direito empresarial público", *RDM* 112/16.

SCHIMIDT, Dominique. *Le Droit de la Minorité dans la Société Anonyme*, Sirey, Paris, 1971.

SHEIBER, Benjamin. *Abusos do Poder Econômico*, Ed. RT, 1966.

SILVA, José Afonso. *Aplicabilidade das Normas Constitucionais*, Malheiros Editores, 3ª ed.

STIGLER, G. "The teory of economic regulation", *The Bill Journal of Economics and Management Science*, v. 2, n. I, 1971.

SZTAJN, Rachel. *Futuros e "Swaps", Uma Visão Jurídica*, ed. Cultural Paulista, 1999.

TOLEDO, Paulo Fernando Campos Salles de. *O Conselho de Administração na Sociedade Anônima*, Atlas, 1997.

TROIANELLI, Gabriel Lacerda. "As contribuições incidentes sobre o faturamento e a não incidência prevista no art. 155, § 3º da Constituição Federal", in *Grandes Questões Atuais do Direito Tributário*, Valdir de Oliveira Rocha (coord.), Dialética, p. 104.

2) Periódicos

Gazeta Mercantil.

AS CLÁUSULAS "CROSS DEFAULT" EM CONTRATOS FINANCEIROS

Adriana de Oliveira Giffoni

Dentre as cláusulas presentes em contratos financeiros merecem destaque aquelas denominadas *cross default*, devido à amplitude das obrigações que por meio delas se podem constituir.

A expressão *cross default* é proveniente da língua inglesa e significa "falha cruzada". No meio financeiro refere-se àquelas cláusulas presentes em contratos que determinam que o devedor estará em situação de falha (*default*) no contrato em questão toda vez que deixar de cumprir quaisquer outras obrigações em outros contratos. Sua abrangência poderá ser ampla ou restrita, dependendo do interesse do credor – em geral, as instituições financeiras. Pode-se, inclusive, estipular um valor mínimo das obrigações a serem consideradas.

A principal finalidade das cláusulas de *cross default* é a proteção do credor contra terceiros potencialmente na sua mesma condição.

Para melhor ilustração do seu conceito, eis uma definição clara e completa, extraída do texto de contrato utilizado pelo Banco *BPI* de Portugal: "*Cross default*: significa a ocorrência de um incumprimento, causa de incumprimento, ou outra condição ou evento similar (qualquer que seja a sua descrição), diferente da falha na realização de qualquer pagamento requerido, relativo à Entidade de Referência, numa ou mais Obrigações, num Montante Total Agregado não inferior ao Montante Requerido para Incumprimento, o qual originou que essa obrigação se tornasse capaz, nessa data, de ser declarada vencida e a pagamento, antes da data em que de outra forma o seria".

São os casos mais comuns:

- o devedor, em outro contrato, tem sua dívida vencida antecipadamente e, por conseqüência, configura-se a situação de falha contratual para o contrato em questão, antecipando-se também o seu vencimento;
- uma empresa controlada pelo devedor, ou até mesmo a ele coligada, entra em *default* em um contrato, causando o vencimento antecipado da dívida do próprio devedor.

Tendo em vista os exemplos acima, deve-se ter em mente que uma situação de falha (*event of default*) em um contrato financeiro abre caminho para que outras ocorram, sucessivamente, como reação em cadeia. É o que se denomina *domino effect* na língua inglesa.

É importante relembrar que tais cláusulas constituem uma garantia ao credor. Considerando que a constante mutação das modalidades de captação de crédito leva à criação de novas formas de garantias a serem exigidas pelos bancos e investidores, tem-se como uma conseqüência deste fato a ampliação dos eventos a serem considerados *cross default* nos contratos financeiros. Não é surpresa que alguns deles possam ser, até mesmo, alheios à vontade do devedor, e há quem defenda que podem, inclusive, constituir fatos ou atos de terceiros, os quais, independentemente de serem ilícitos, causam uma situação de falha contratual, pela qual será responsabilizado o devedor.

A prática prova que é muito comum em contratos financeiros, por exemplo, a cláusula que estabelece que uma moratória no Brasil gera o vencimento antecipado das obrigações do devedor. É um caso típico de *cross default* onde o devedor, embora não tendo qualquer participação neste evento, sofre uma penalidade em decorrência dele. Outro exemplo também muito freqüente é o que ocorre em contratos de repasse de empréstimo externo, onde o banco tomador dos recursos exige o vencimento antecipado do contrato que tem com o devedor se, por qualquer motivo, ele próprio for impedido de honrar seus compromissos com o banco credor no Exterior.

Desta forma, tem-se que as diversas situações atualmente previstas nas cláusulas *cross default* acabaram por causar uma ampliação no seu conceito. Em outras palavras, hoje o termo se refere a qualquer evento que arrisque a segurança do credor de receber seu crédito de volta – o que, por conseqüência, passa a configurar causa para vencimento antecipado do contrato.

Há, entretanto, alguns mecanismos que podem ser utilizados para limitar a abrangência da ocasional punição ao devedor – o que, de certa forma, acaba por protegê-lo. É neste ponto que se faz importante a distinção entre *default* técnico e *default* automático: o primeiro é a ocorrência de uma falha, sem, contudo, haver uma conseqüência real ou imediata, seja porque o valor atingido está abaixo do mínimo previsto, seja porque há a previsão no contrato de um prazo para o devedor remediá-la (na língua inglesa, este prazo é conhecido por *period of grace*); já, o segundo configura-se pela simples ocorrência do fato tido como falha, independentemente de qualquer medida prévia. Logo, a utilização do *default* técnico é uma segurança fundamental para o devedor.

Outra tática importante é evitar a utilização de termos vagos e abrangentes na descrição dos eventos que serão considerados como falha no contrato, do tipo "qualquer", "todo", "a qualquer tempo", optando-se pelo seu detalhamento minucioso. Imprescindível, também, mencionar que há a possibilidade de se prever que o *cross default* (como conseqüência de falha em outro contrato do devedor ou de empresa do seu grupo) somente seja configurado após uma declaração expressa do próprio devedor ou do terceiro credor de que naquele contrato suspeito tenha realmente ocorrido um *default*.

Em linhas superficiais, na hipótese de um questionamento judicial das cláusulas ora discutidas, a parte que eventualmente alegasse sua nulidade estaria sujeita a uma apreciação subjetiva da matéria. Isto porque, em princípio, o que as partes acordam em um contrato torna-se "lei" entre elas, pela regra *pacta sunt servanda*. Logo, para que o juiz anulasse determinado dispositivo contratual necessário seria provar que o mesmo estivesse ferindo a ordem pública ou, então, que uma parte estivesse auferindo vantagem excessiva para si, em detrimento ou prejuízo relevante à outra.

Pelo acima exposto, pode-se concluir que o momento da negociação de um contrato é de suma relevância, por ser a oportunidade que as partes têm para acordarem sobre as cláusulas que serão mantidas ou excluídas, de tal forma que possa ser afastada a hipótese de futuros desentendimentos e/ou insatisfações, passíveis de se tornarem litígios.

Assim, sempre que há um dispositivo *cross default* em um contrato o advogado tem por responsabilidade mencioná-lo como um alerta, de modo a suprir o negociador com os elementos necessários para discuti-lo com uma fixação clara e limitadora, considerando, até mesmo, a possibilidade de sua exclusão. É uma questão que pode, todavia, influenciar na fixação dos juros e encargos do contrato.

A PROTEÇÃO JURÍDICA DOS SEGREDOS INDUSTRIAIS E DE NEGÓCIO

JOÃO MARCOS SILVEIRA

I — Introdução. II — Definição, elementos e natureza jurídica do bem protegido. III — Opção pela proteção como segredo ou por patente. IV — Formas contratuais de preservação ou transmissão do segredo de negócio. V — Medidas disponíveis para coibir a violação.

I — Introdução

Assim como o sistema de patentes, as normas que tutelam os segredos industriais ou de negócio também constituem fatores de incentivo a investimentos em atividades de pesquisa e desenvolvimento, na medida em que protegem os resultados dessas atividades.

Com o sistema de patentes o Estado incentiva o desenvolvimento e a divulgação de inovações técnicas ou tecnológicas de utilidade e aplicação industrial mediante a outorga, em contrapartida, de direitos exclusivos de exploração das invenções por um determinado período de tempo.

O interesse subjacente a esse escambo, assim como a sua eficiência em induzir à realização de esforços inventivos e à divulgação dos respectivos resultados, dependem intrinsecamente da garantia da liberdade de concorrência e da exploração de tecnologias não patenteadas. A sujeição da patenteabilidade aos requisitos de novidade e atividade inventiva é uma indicação clara de que a livre exploração das idéias é a regra, da qual a proteção conferida pela patente é uma exceção, sendo certo que, após a expiração de seu prazo de vigência, passa seu objeto necessariamente ao domínio público, podendo ser livremente explorado por quem o deseje.

A garantia da proteção dos segredos industriais ou de negócio constitui igualmente um incentivo ao desenvolvimento tecnológico e econômico, com a diferença que, neste caso, por não haver a divulgação das inovações à sociedade, não oferece o Estado a proteção especial representada pela patente. Sua tutela, ademais, destina-se a garantir a lealdade e a honestidade nas relações concorrenciais.

Por certo, a possibilidade de opção pela proteção de uma invenção como segredo de negócio ou por patente ou da utilização dos dois sistemas de proteção de forma complementar representa incentivo ainda maior a investimentos em atividades de pesquisa e desenvolvimento.

O presente estudo procurará, sem a pretensão de exaurir o tema, discorrer acerca dos elementos e natureza jurídica do segredo industrial ou de negócio, indicar vantagens e desvantagens da opção da proteção como segredo ou por patente, bem como abordar alguns aspectos relacionados às formas contratuais de prevenção ou transmissão do segredo e às medidas disponíveis em nosso sistema jurídico para coibir a sua violação.

Para os fins deste trabalho, utilizaremos a expressão "segredos de negócio" como gênero que compreende os segredos comerciais e industriais ou de fábrica, ou seja, todo o conjunto de informações sigilosas ou confidenciais relacionadas às atividades empresariais em geral, sejam industriais, comerciais ou de prestação de serviços, e que lhes conferem alguma vantagem competitiva.

II — Definição, elementos e natureza jurídica do bem protegido

O segredo de negócio pode consistir em conhecimentos técnicos, experiências, fórmulas, processos de fabricação, métodos, listas e informações de clientes, técnicas de comercialização, *marketing*, custos, formação de preços e outras espécies de dados confidenciais relativos ao desempenho de atividades empresariais. Em todos os casos, tratar-se-á de um elemento incorpóreo sigiloso suscetível de aplicação prática que confere uma vantagem competitiva a seu detentor enquanto de conhecimento restrito, motivo pelo qual devem ser adotadas medidas protetivas rigorosas contra a sua revelação.

O *Uniform Trade Secrets Act* (ao qual doravante designaremos simplesmente UTSA), lei padrão promulgada em 1979 nos Estados Unidos que buscou codificar os princípios básicos estabelecidos pela *common law* com relação à proteção dos *trade secrets* e adotada em grande parte dos estados norte-americanos, assim define o segredo de negócio:

"Trade secret means information, including a formula, pattern, compilation, program, device, method, technique, or process, that:

"(i) derives independent economic value, actual or potential, from not being generally known to, and not being readily ascertainable by proper means by, other persons who can obtain economic value from its disclosure or use, and

"(ii) is the subject of efforts that are reasonable under the circumstances to maintain its secrecy."

O *Restatement of the Law Third — Unfair Competition*, ed. 1994, elaborado pelo *American Law Institute*, que consolida princípios da *common law* e normas legais relativas à concorrência desleal conforme a jurisprudência firmada nos Estados Unidos, formula a seguinte definição:

"A trade secret is any information that can be used in the operation of a business or other enterprise and that is sufficiently valuable and secret to afford an actual or potential economic advantage over others."

A partir dessa definição, o *Restatement* identifica os seguintes requisitos para que uma informação seja suscetível de proteção como *trade secret*:

Valor. O *trade secret* deve representar um valor na operação de um negócio ou atividade empresarial, propiciando uma vantagem econômica efetiva ou potencial com relação a terceiros que não possuam a informação.

Caráter sigiloso. Para que se qualifique como um *trade secret*, a informação deve ser sigilosa. Não se exige que se trate de um sigilo absoluto, nem que se caracterize a novidade exigida para fins de patenteabilidade, achando-se atendido o requisito se for demonstrado ser difícil e custoso a terceiros obter a informação sem recurso a meios ou condutas ilícitas.

Adoção de precauções para manter o sigilo. A adoção de medidas e precauções com vistas à manutenção do sigilo é fator relevante para que a informação seja passível de proteção como *trade secret*. Tais precauções podem consistir em barreiras físicas ao acesso ou em outras medidas de segurança, tais como a limitação da divulgação da informação apenas às pessoas que necessitem conhecê-la, celebração de contratos ou termos de confidencialidade com as pessoas a quem seja franqueado o acesso à informação, sinais ou outros avisos apostos nos documentos que ressaltem seu caráter confidencial etc.

Embora a legislação brasileira não formule uma definição de segredo de negócio, alguma indicação pode ser extraída do disposto no art. 195, incisos XI e XII, da Lei de Propriedade Industrial 9.279/96:

"Art. 195. Comete crime de concorrência desleal quem: (...); XI — divulga, explora ou utiliza-se, sem autorização, de conhecimentos, informações ou dados confidenciais, utilizáveis na indústria, comércio ou prestação de serviços, excluídos aqueles que sejam de conhecimento público ou que sejam evidentes para um técnico no assunto, a que teve acesso mediante relação contratual ou empregatícia, mesmo após o término do contrato; XII — divulga, explora ou utiliza-se, sem autorização, de conhecimentos ou informações a que se refere o inciso anterior, obtidos por meios ilícitos ou a que teve acesso mediante fraude."

Com base na definição inicialmente adotada, nas oferecidas pelo UTSA e pelo *Restatement*, e nos dispositivos acima transcritos da Lei 9.279/96, podemos identificar cinco elementos básicos do segredo de negócio:

a) seu *conteúdo* ou *objeto*, consistente em informações relacionadas com o desempenho de atividades empresariais industriais, comerciais ou de prestação de serviços;

b) sua *utilidade*, devendo tratar-se de uma informação passível de aplicação na atividade empresarial;

c) seu *valor econômico*, devendo o segredo de negócio propiciar uma vantagem competitiva ao seu detentor;

d) seu *caráter sigiloso* ou *restrito*, já tendo sido visto que não há necessidade de que se trate de um sigilo absoluto;

e) sua *sujeição a medidas protetivas com vistas a preservar sua confidencialidade.*

Note-se que o texto dos incisos XI e XII do art. 195 da Lei de Propriedade Industrial, ao excluir expressamente da proteção as informações confidenciais "*que sejam evidentes para um técnico no assunto*", permite inferir-se, especialmente no caso de segredos consistentes em inovações tecnológicas, que estas deveriam atender ao requisito da atividade inventiva tal qual previsto no art. 13 da mesma lei. Essa interpretação, levada às últimas conseqüências, levaria à conclusão de que, na esfera tecnológica, apenas invenções patenteáveis seriam suscetíveis de proteção como segredo de negócio. Tal interpretação, contudo, discrepa do quanto aceito atualmente pela doutrina e pela jurisprudência pátrias e no Direito Comparado, além de conflitar com a norma do art. 39, item 2, alínea *a*, do TRIPs, que apenas exige que a informação a ser protegida seja secreta "no sentido de que não seja conhecida em geral nem facilmente acessível a pessoas de círculos que normalmente lidam com o tipo de informação em questão". Vejamos como nossos tribunais lidarão com esta importante questão...

Definido o segredo de negócio e identificados seus elementos e características, resta-nos a tarefa mais árdua que é a determinação de sua natureza jurídica, da qual dependerão diversos aspectos relativos ao regime de sua proteção legal.

Tanto na doutrina e na jurisprudência pátrias quanto no Direito Comparado, inúmeras teses foram desenvolvidas com vistas a definir a natureza jurídica do segredo de negócio, a principiar pelas que buscaram sua qualificação como um direito de personalidade.

Essa tese se acha completamente superada, como salienta José Antonio Gomez Segade,[1] levantando dois argumentos de extrema pertinência: primeiro, porque a violação de um segredo industrial não pre-

1. *El Secreto Industrial ("Know-How") — Concepto e Protección*, Ed. Tecnos, Madrid, 1974, pp. 69-70.

judica a personalidade do empresário, mas sim o que ele possui; segundo, porque o segredo industrial pode ser objeto de negócios jurídicos, ao passo que os direitos de personalidade, de caráter personalíssimo, são intransferíveis.

Não sendo objeto de direito de propriedade, oponível *erga omnes*, mas sim de uma exclusividade de fato, enquanto de conhecimento restrito, não se trata tampouco de um direito de propriedade industrial ou intelectual.

Paul Demin, alinhando-se com Ch. S. Maddock e utilizando a expressão *know-how* para designar o segredo de negócio, ressalta que "l'industriel qui le possède se gardera bien de le rendre public parce qu'il ne dispose d'aucun moyen extra-contractuel efficace pour défendre sa propriété. Le secret dévoilé, son auteur perd un monopole de fait".[2]

Tullio Ascarelli igualmente rejeita a possibilidade de se considerar o segredo como um bem objeto de um direito absoluto, tese que repousaria no equívoco de confundir-se o interesse diretamente tutelado e o bem indiretamente protegido, ou seja, de confundir-se a repressão de determinados atos que possam traduzir-se em violação do segredo com uma direta e absoluta tutela do segredo como tal, acrescendo que:

"La protezione del segreto permetterà a chi abbia realizzato una creazione intellettuale di essere il solo a goderla o utilizzarla, di comunicarla a titolo oneroso ad altri, di agire pel risarcimento dei danni contro chi abusivamente l'abbia carpita o divulgata o utilizzata in seguito a una comunicazione fiduciaria, ma non gli permetterà di impedire poi la utilizzazione da parte di quanti, in seguito alla sia pur illecita divulgazione, ne siano venuti a conoscenza, nè gli assicrerà nessuna priorità nei confronti di chi autonomamente pervenga alla stessa creazione".[3]

As diversas correntes doutrinárias que se propõem a determinar a natureza jurídica do segredo de negócio são identificadas, expostas de maneira sintética e analisadas por Elisabeth Edith G. Kasznar Fekete em sua tese de doutorado defendida perante a Faculdade de Direito da Universidade de São Paulo, em 1999, sob o título *Perfil do Segredo de Indústria e Comércio no Direito Brasileiro: Identificação e Análise Crítica*, pp. 137 e ss., trabalho de envergadura e grande interesse para os estudiosos do tema, que esposa, nesse ponto, a tese que caracteriza o segredo de negócio como um *direito de posse*.

Alinhamo-nos, contudo, com mais convicção, àqueles que, como o já citado jurista espanhol Gomez Segade,[4] qualificam o segredo de negócio como um bem imaterial protegido fundamentalmente pelas normas de repressão à concorrência desleal.

Mais especificamente, o segredo de negócio pode ser qualificado como um dos elementos do estabelecimento ou fundo de comércio objeto de uma exclusividade de fato enquanto preservado seu caráter sigiloso ou de conhecimento restrito. Sua tutela é assegurada essencialmente pelas normas que coíbem a concorrência desleal, quando divulgado, explorado ou utilizado, sem autorização, por quem a ele tenha tido acesso mediante relação contratual, empregatícia, meios ilícitos ou fraudulentos, sendo protegido complementar e assessoriamente por outros dispositivos, como o art. 159 do Código Civil e o art. 482, alínea *g*, da CLT, o que será examinado com mais detalhe ao analisarmos, no item V deste trabalho, as medidas disponíveis em nosso ordenamento jurídico para coibir a violação de segredos de negócio.

III — Opção pela proteção como segredo ou por patente

Não é possível afirmar-se *a priori* e em caráter genérico qual a forma de prote-

2. *Le Contrat de "Know-How"*, Etablissements Emile Bruylant, Bruxelas, 1968, p. 15.

3. *Teoria della Concorrenza e dei Beni Immateriali*, 3ª ed., A. Giuffrè, Milão, 1960, p. 287.

4. Ob. cit., pp. 82-85.

ção mais adequada ou conveniente. A opção pela manutenção de uma determinada informação como segredo de negócio ou o recurso ao sistema de patentes deve ser avaliada e determinada caso a caso, tratando-se de uma decisão crucial que deve levar em consideração ampla gama de fatores.

Em muitos casos, contudo, essa questão não se colocará, por não se apresentarem viáveis as duas possibilidades.

Assim, uma informação que não seja suscetível de proteção por patente, por não se tratar de matéria patenteável (como uma lista ou outros dados de clientes e informações de composição de custos) ou por não atender aos requisitos de patenteabilidade (novidade absoluta, atividade inventiva e aplicação industrial), somente poderá ser protegida como segredo de negócio.

Por outro lado, invenções que atendam aos requisitos de patenteabilidade, mas cuja utilização implique em sua revelação, como, p. ex., aquelas que sejam identificáveis e compreensíveis pelo simples exame do produto colocado no mercado, somente poderão ser protegidas por patente.

A questão vai se apresentar, assim, apenas com relação a invenções que sejam ao mesmo tempo patenteáveis e passíveis de serem mantidas em sigilo.

Edward P. White[5] elaborou interessante quadro comparativo dos fatores a serem levados em consideração para a realização da opção, que abaixo reproduzimos:

SEGREDO DE NEGÓCIO	PATENTE
A proteção como segredo de negócio não se sujeita a limitação temporal, persistindo enquanto perdure o sigilo.	A patente vigora por um período de 20 anos.
O segredo de negócio pode ser licitamente desvendado por terceiros mediante engenharia reversa.	A patente assegura a seu titular um direito de exclusividade plena durante toda o seu período de vigência. Por outro lado, com a patente dá-se a publicação da invenção, que pode consistir em um processo ou fórmula cuja utilização seja impossível de ser detectada no produto final.
O segredo de negócio pode abranger matéria não patenteável.	Uma invenção, para ser patenteada, deve atender aos requisitos de novidade, atividade inventiva etc.
Os custos de um segredo de negócio podem ser mantidos em patamares previsíveis compatíveis com o nível de proteção necessário, mas poderão variar em razão das circunstâncias e serão realizadas despesas permanentes com vistas à manutenção do sigilo.	Patentes têm custos relativamente previsíveis, mas podem ser de mais cara obtenção e podem demandar investimentos muito mais expressivos, especialmente se requeridas em diversos países.
O detentor de um segredo de negócio possui direitos sem limitação territorial (de acordo com as diversas legislações nacionais).	O titular de uma patente possui direitos apenas onde a patente for obtida.
O detentor de um segredo de negócio pode sujeitar-se a considerável gama de restrições que podem ser-lhe impostas enquanto licenciante.	O titular de uma patente deve tomar precauções especiais para que não se configure uma infração da ordem econômica ou exercício abusivo de direito.

segue ...

5. *Licensing — A Strategy for Profits*, Kew Licensing Press, EUA, 1990, pp. 146-147 (tradução livre).

Segredos de negócio podem ser licenciados, cedidos ou transferidos.	Patentes podem igualmente ser objeto de licença, cessão ou transferência.
Os segredos de negócio podem ser tidos como menos valiosos ante a inexistência de um direito exclusivo.	O direito exclusivo de fabricação, utilização e comercialização e a proteção mais efetiva das leis de patentes as tornam mais valiosas para alguns.

Um risco adicional que se corre ao fazer a opção pela proteção de uma invenção como segredo de negócio é o de que um terceiro realize a mesma invenção e para ela obtenha uma patente. Isso cria uma situação de conflito de certa complexidade tratada de maneiras diversas no Direito Comparado.

No nosso caso, a Lei de Propriedade Industrial aborda a questão em seu art. 45, assegurando ao denominado *usuário anterior*, assim considerada a pessoa de boa-fé que, antes da data do depósito ou de prioridade de um pedido de patente, explorava seu objeto no País, o direito de continuar a exploração, sem ônus, na forma e condição em que o vinha fazendo.

Note-se que, além de impor que a exploração da invenção seja realizada na forma e condição anteriores, o dispositivo em apreço, em seu § 1º, estabelece adicionalmente que o direito do usuário anterior somente poderá ser cedido juntamente com o negócio ou empresa, ou com a parte desta que tenha direta relação com a exploração do objeto da patente, por alienação ou arrendamento.

Outros fatores a serem ponderados quando da opção entre a proteção pelo sistema de patentes ou como segredos de negócio dizem respeito a eventuais realizações de negócios futuros que envolvam o seu objeto. No caso de cessões, licenças e *joint ventures*, por exemplo, a ausência de uma patente pode influir negativamente nos valores dos negócios, além de demandar a adoção de cautelas e de cláusulas contratuais ou pré-contratuais complexas com vistas propiciar o acesso das partes a informações confidenciais de cada qual assegurando, ao mesmo tempo, a preservação do sigilo de tais informações e dos interesses das partes envolvidas, o que se fará necessário, também, no caso de terceirizações ou contratação de fornecedores (*out-sourcing*).

Um equívoco muito comum consiste em afirmar-se que a proteção de uma tecnologia como segredo de negócio ou a proteção por patente são formas alternativas que se excluem reciprocamente ou que não podem coexistir. Ao contrário, em muitos casos as duas formas de proteção são utilizadas em combinação e de forma complementar, oferecendo a melhor solução para uma mais ampla proteção nas diversas fases do ciclo de vida de uma invenção ou produto:

a) pode-se proteger como segredo de negócio uma invenção a ser patenteada pelo período compreendido entre a data de depósito e a data da publicação do respectivo pedido de patente (sendo mesmo necessária a manutenção do sigilo desde a concepção da invenção, eventual fase de aperfeiçoamento e testes que tenham lugar antes da data do depósito do pedido de patente, pois do contrário o requisito da novidade não seria atendido, prejudicando a patenteabilidade da invenção);

b) é muito comum que, sem deixar de atender à exigência de clareza e suficiência da descrição (LPI art. 24) ou mesmo da divulgação do *best mode* nos termos da lei de patentes norte-americana, uma parte do *know-how* relativo à realização da invenção para a qual se requer uma patente seja mantida em segredo;

c) diversos aspectos de um produto ou processo costumam ser aperfeiçoados ou desenvolvidos posteriormente à data de depósito do pedido de patente e, não tendo sido divulgados, podem ser protegidos como segredo de negócio complementarmente ao objeto da patente, quando não o sejam ou não possam ser objeto de nova patente, certificado de adição ou modelo de utilidade.

Há, por fim, uma última categoria de informações confidenciais que não se qualificam como segredo de negócio nem são suscetíveis de patenteamento ou de qualquer outra forma de proteção como propriedade intelectual. É o caso do que podemos chamar de "idéias de negócio", como a sugestão de uma nova atividade empresarial, de uma nova forma de realizar uma atividade conhecida, de idéias para a realização de obras artísticas, literárias ou científicas e similares. Nestes casos, o autor ou detentor de simples idéias somente poderá resguardar seus interesses mediante a celebração de contrato com a parte a quem pretenda fazer a respectiva comunicação.

IV — Formas contratuais de preservação ou transmissão do segredo de negócio

Definido o segredo de negócio como um bem imaterial juridicamente tutelado, pode ser ele objeto de licença, cessão ou transferência.

Nesses negócios e em outros casos em que deva ocorrer a comunicação ou revelação do segredo de negócio a terceiros, mister se faz seja assegurada contratualmente a preservação de sua confidencialidade.

A principal forma de transmissão de segredos de negócio é o contrato que se usa designar de transferência de tecnologia. Estamos a tratar aqui, obviamente, de segredos de negócio de conteúdo tecnológico, e o contrato deve necessariamente conter cláusula que obrigue as partes a manter a confidencialidade da tecnologia, pois dessa circunstância dependem o seu valor econômico e sua proteção legal.

Paul Demin distingue o que denomina "contrato de *know-how*", tendo em mente o *know-how* sigiloso, do contrato de assistência técnica, entendendo tratar-se o primeiro de uma locação de bem móvel e o segundo de uma locação de serviço. Segundo o autor belga, a determinação da natureza do contrato deve ser feita em se considerando os elementos de cada caso concreto, tratando-se de assistência técnica quando o contrato (i) tiver por objeto informações de conhecimento geral no setor de atividade pertinente, (ii) impuser à empresa "assistente" uma obrigação de fazer e uma obrigação de resultado e (iii) estabelecer que os conhecimentos restarão adquiridos pela empresa "assistida" quando da expiração ou rescisão do contrato. Por outro lado, estaremos diante de um contrato de *know-how* quando o ajuste (i) impuser ao concedente uma obrigação de dar, não havendo interferência deste na aplicação das fórmulas nem garantia de resultado, (ii) estabelecer que o concedente poderá vedar o uso do *know-how* em caso de expiração ou ruptura do contrato e (iii) tiver por objeto fórmulas ou processos desconhecidos no setor de atividade em questão e que devam ser mantidas em sigilo pelo concessionário. Reconhecendo que esses elementos podem combinar-se ou se achar apenas parcialmente presentes, destaca que o elemento determinante consistirá no caráter secreto ou não das fórmulas ou processos.[6]

É muito comum e freqüente, contudo, que um mesmo contrato tenha por objeto transferência de tecnologia e prestação de serviços de assistência técnica.

Em geral, a transferência de tecnologia é remunerada mediante o pagamento de um preço fixo, de *royalties* periódicos calculados sobre a receita, o faturamento ou o lucro obtido com a exploração do *know-how*, de *royalties* fixos por unidades vendidas, ou mediante uma combinação dessas fórmulas, algumas vezes com a previsão de pagamento de *royalties* mínimos, especialmente quando o contrato é firmado a título exclusivo.

6. Ob. cit., pp. 23-24.

A assistência técnica pode ser prestada contra um valor fixo pré-determinado, mediante a remuneração dos técnicos de acordo com o trabalho efetivamente realizado ou, também, combinando-se essas duas fórmulas.

A concessão de licenças cruzadas, *joint ventures*, acordos de parceria e outros fatores que tais podem, em alguns casos, justificar outras formas de contraprestação ou mesmo a gratuidade dos contratos.

Além dos negócios que têm por objeto a transmissão temporária (licença) ou definitiva (cessão) de segredos de negócio de caráter tecnológico, muitos outros envolvem, direta ou indiretamente, segredos de negócio, em especial a proteção de sua confidencialidade.

Essa preocupação estará presente em relações de emprego, em contratações de prestadores de serviços ou de quaisquer terceiros cuja execução demande ou propicie o acesso a informações confidenciais da empresa contratante ou contratada, em operações de reestruturação societária ou *joint ventures* etc.

Um problema adicional que se apresenta em muitos dos negócios acima mencionados diz respeito à proteção dos segredos de negócio na fase de negociação pré-contratual, em que seja necessária uma revelação preliminar de informações confidenciais para que a outra parte possa avaliar a conveniência ou interesse da contratação.

A maneira mais segura de se proceder em tais situações consiste na celebração de pré-contratos, acordos ou termos de confidencialidade, que deverão:

a) ressaltar a natureza confidencial da divulgação;

b) definir o propósito específico da divulgação;

c) especificar a forma e os meios mediante os quais se dará a comunicação das informações confidenciais (como, onde, quando e em que extensão);

d) definir o segredo a ser comunicado;

e) prever a forma de solução de determinadas situações que podem se apresentar após a divulgação;

f) especificar a contrapartida a ser oferecida pela divulgação.

O detentor do segredo de negócio deve assegurar-se essencialmente de que as informações sejam fornecidas em caráter confidencial e que a divulgação se limite ao mínimo necessário para que o receptor possa avaliá-las e determinar se deseja prosseguir nas negociações.

Dado que os prejuízos que um receptor irresponsável pode ocasionar ao detentor do segredo de negócio podem ser irreparáveis é recomendável uma investigação do histórico, da conduta comercial e posturas éticas do potencial contratante.

Convém, ainda, que seja feito e mantido um registro fidedigno do exato teor das informações sigilosas divulgadas, da natureza confidencial da divulgação, do momento em que se deu e a quem foi feita. Um tal registro se mostrará de grande valia em caso de controvérsias futuras entre as partes.

Ao serem fornecidos documentos que incorporem total ou parcialmente o objeto do segredo de negócio, convém consignar-se por escrito, disso mantendo-se registro, que os documentos contêm informações confidenciais e reservadas e que estão sendo fornecidos ao receptor exclusivamente para fins de avaliação e em confidencialidade, sendo vedada sua utilização para quaisquer outras finalidades, sua divulgação, direta ou indireta, a qualquer título, bem como sua reprodução sem a expressa autorização do fornecedor, prevendo-se a obrigatoriedade de sua subseqüente restituição e de eventuais cópias que deles tenham sido feitas.

O contrato preliminar deve também estabelecer o período de duração da obrigação de confidencialidade imposta ao receptor do segredo, seja na hipótese de efetiva realização do negócio ou do insucesso das tratativas.

O receptor deve assegurar-se de que o contrato preliminar preveja, ao menos, as seguintes exceções à cláusula de confidencialidade:

a) informações que já fossem de conhecimento do receptor quando de sua comunicação pelo fornecedor;

b) informações que integrem o domínio público, isto é, informações que sejam ou que subseqüentemente tornem-se acessíveis ao público sem quaisquer restrições (desde que não direta ou indiretamente por ato faltoso do receptor);

c) informações que sejam fornecidas ao receptor por terceiros que as tenham obtido licitamente e que as pudessem livremente divulgar;

d) informações desenvolvidas independentemente por empregados ou consultores do receptor sem que para tanto tenham tido acesso ao segredo fornecido.

O detentor do segredo, por sua vez, deve zelar para que reste estabelecido que o ônus da prova de tais situações excepcionais incumba ao receptor.

Os interessados na aquisição de informações protegidas por segredos de negócio, seja por cessão ou licenciamento, assim como em casos de *joint ventures*, inclusive em operações de aquisição, fusão ou incorporação de empresas que tenham ativos relevantes consistentes em tecnologia ou outras informações protegidas por segredo, devem preocupar-se em verificar se tais segredos acham-se devida e adequadamente protegidos.

Uma auditoria ou *due diligence* com essa finalidade é recomendável e deve ter por objeto, dentre outras averiguações cabíveis, verificar se o detentor do segredo adota políticas e medidas de proteção que assegurem a preservação da confidencialidade de seus segredos de negócio; se exige de seus executivos, empregados, contratados, consultores e outras pessoas que tenham acesso a tais informações firmem acordos ou contratos de confidencialidade; e se os contratos de trabalho e demais contratos firmados com prestadores de serviço estabelecem claramente que os direitos sobre os trabalhos por eles realizados ou invenções desenvolvidas pertencerão exclusivamente à empresa empregadora ou contratante.

V — Medidas disponíveis para coibir a violação

As normas de proteção aos segredos de negócio, como visto, estão essencialmente ligadas a alguma forma de relacionamento entre partes, de ordem contratual ou concorrencial, tratando-se a grande maioria dos casos de demandas promovidas por empresas contra ex-empregados ou prestadores de serviços tendo por base uma violação de dever ou obrigação inerentes à relação de emprego ou ao contrato de prestação de serviços.

Nas hipóteses em que a violação ocorra no âmbito de uma relação contratual, sujeitar-se-á a parte inadimplente à rescisão do contrato, à aplicação do quanto previsto em cláusula penal e/ou à indenização das perdas e danos decorrentes, de acordo com o que haja sido validamente ajustado.

Na esfera concorrencial, a divulgação, exploração ou utilização não autorizada de segredo de negócio nas hipóteses previstas nos incisos XI e XII do art. 195 da Lei 9.279/96, já anteriormente transcritos neste trabalho, constitui crime de concorrência desleal, sujeitando o infrator a pena de detenção, de três meses a um ano, ou multa.

Acresça-se que o § 1º do citado art. 195 determina que se inclui nas hipóteses a que se referem os incisos XI e XII o empregador, sócio ou administrador da empresa que incorrer naquelas tipificações.

Constitui igualmente crime de concorrência desleal, tipificado no inciso XIV do mesmo dispositivo, em consonância com o disposto no art. 39, item 3, do TRIPs, a divulgação, exploração ou utilização não autorizada de resultados de testes ou outros dados não divulgados, cuja elaboração envolva esforço considerável e que tenham sido apresentados a entidades governamentais como condição para aprovar a comercialização de produtos, excetuada, no § 2º, a divulgação realizada pelo órgão governamental competente quando necessária à proteção do público.

Independentemente da ação penal, que somente se procede mediante queixa, prevê o art. 207 da Lei de Propriedade Industrial que o prejudicado poderá intentar as ações civis que considerar cabíveis na forma do Código de Processo Civil, dentre as quais as medidas cautelares de busca e apreensão, ações ordinárias de obrigação de não fazer ou de abstenção, cabendo o pedido de antecipação da tutela, se presentes os pressupostos que o justifiquem, e pedido de indenização dos prejuízos sofridos, de forma cumulada ou mediante ação própria, que pode incluir lucros cessantes, a serem determinados, conforme autoriza o art. 210 da mesma lei, pelo critério mais favorável ao prejudicado, dentre os seguintes:

a) os benefícios que o prejudicado teria auferido se a violação não tivesse ocorrido;

b) os benefícios que foram auferidos pelo autor da violação do direito; ou

c) a remuneração que o autor da violação teria pago ao titular do direito violado pela concessão de uma licença que lhe permitisse explorar o bem.

Quando perpetrada por empregado, a violação de segredo de negócio da empresa constitui, adicionalmente, justa causa para a rescisão do contrato de trabalho pelo empregador, conforme expressamente previsto no art. 482, alínea *g*, da CLT.

Finalmente, a divulgação de segredo de negócio fora das hipóteses acima aventadas pode, dependendo das circunstâncias, sujeitar o responsável à indenização dos prejuízos causados, com fundamento no art. 159 do Código Civil.

O que se deve ter muito claro, por fim, é que os segredos de negócio possuem natureza efêmera e que, uma vez passados ao conhecimento ou domínio público, mesmo que por ato ilícito, estarão definitiva e irreversivelmente perdidos.

Atualidades

VALORES MOBILIÁRIOS, ESPECULAÇÃO E CONSEQÜÊNCIAS JURÍDICAS*

LEANDRO BITTENCOURT ADIERS

Introdução. I — A política econômica nacional. II — A economia de mercado. III — Distinção entre conceitos de "valor" e "preço". IV — O papel econômico da especulação e a sua licitude. V — A influência do movimento histórico nos investimentos. VI — O contexto econômico e histórico e exemplos das variáveis em jogo. VII — O contrato aleatório: características e reflexos ante pretensão de rescisão por lesão. VIII — O significado do "dever de informação" no mercado de capitais. IX — A aleatoriedade da cessão de créditos ou direitos "pro soluto". X — Irrevogabilidade e irretratabilidade da procuração "in rem propriam". XI — Algumas informações sobre a mecânica de transferência de ações na CLC. XII — Conclusão.

Introdução

O estudo que segue aproveita uma pesquisa efetuada na defesa judicial de cessionários diante de pretensão anulatória de cessões onerosas tendo por objeto ações, instrumentalizadas através de procurações com poderes em "causa própria". Os negócios jurídicos questionados se deram em período anterior à abertura de capital da companhia emissora, bem como de sua privatização, centrando-se a irresignação dos cedentes na utilização "dolosa" de "informações privilegiadas" que teriam implicado em indução em "erro" dos cessionários, que concluíram o negócio por preço "vil" por desconhecerem o valor patrimonial das ações, superior ao preço ofertado e aceito.

* Com meus agradecimentos ao Professor e ex-Desembargador do TJRS Sérgio José Dullac Müller, que forneceu preciosas lições em seu parecer sobre a matéria.

A informação técnica em matéria financeira e econômica dentro da literatura jurídica é extremamente escassa, o que obriga o profissional que incursiona sobre o tema a buscar bibliografia específica. O resultado é a inter-relação dos conceitos econômicos em torno das definições jurídicas, possibilitando a interpretação integrativa dos fatos, e, conseqüentemente, a adequação entre a norma e a realidade, simultaneamente sustentáculo e alvo de toda a construção legislativa.

A carência de precedentes jurisprudenciais na matéria, bem como a escassez de doutrina específica sobre o funcionamento do mercado de capitais, dos requisitos legais e natureza jurídica dos contratos pactuados neste mercado, exigiu uma leitura heterogênea e o resultado desta incursão é o que agora se apresenta ao leitor interessado pelo tema.

Chega-se a conclusões interessantes a partir das definições de valor, preço, risco, variáveis, livre iniciativa, especulação, manipulação, informação privilegiada, boa-fé e lealdade contratual, implicando numa reavaliação do papel mercadológico do especulador, o que, obrigatoriamente, reabilita a sua imagem perante a sociedade, distorcida pela má informação.

I — A política econômica nacional

Ao abordar a questão, é preciso, inicialmente, situá-la no contexto jurídico e econômico vigente, buscando as diretrizes básicas que vão orientar a interpretação e enquadramento dos fatos.

Na Constituição Federal de 1988 temos positivado, no art. 1º, como *Princípio Fundamental* em que se apóia o nosso Estado Democrático de Direito, os valores sociais do trabalho e da *livre iniciativa* (inciso V).

Dentre os Direitos e Deveres Individuais e Coletivos, temos positivado nos incisos II e XIII do art. 5º da CF/88: "ninguém será obrigado a fazer ou deixar de fazer alguma coisa senão em virtude da lei" (II) e "é livre o exercício de qualquer trabalho, ofício ou profissão, atendidas as qualificações profissionais que a lei estabelecer" (XIII).

O Projeto de Reconstrução Nacional, divulgado em 1991, ano em que foi editada a Lei de Informática, que suprimiu a reserva de mercado e possibilitou a importação e fabricação interna de equipamentos e programas através de empresas multinacionais, colocou em discussão, entre outros temas, a redefinição dos monopólios constitucionais da União, o fim da discriminação constitucional contra o capital estrangeiro, a revisão das normas de propriedade industrial, das normas de concessões e da Lei das S/A, a desregulamentação dos serviços portuários etc., visando, entre outros objetivos, atrair investimentos internacionais ao país.

Na concepção das autoridades governamentais da época, a abertura de mercado, as privatizações e a desregulamentação eram as medidas indispensáveis para que o país não fosse excluído da "revolução microeletrônica", período em que a rápida aceleração do progresso técnico em nível global reduzia vantagens comparativas tradicionais, tais como mão-de-obra barata e abundância de recursos naturais, produzindo substanciais alterações nas formas de organização da produção e dos mercados.

Coerente com as premissas acima referidas, a recente história econômica nacional atestou uma ruptura de modelo de desenvolvimento. A tônica da substituição de importações pela produção doméstica, induzida pelo fechamento da economia e pela intromissão manipuladora e protecionista do Estado, a partir dos anos 90 sofreu uma reorientação profunda, com substancial alteração do papel desempenhado pelo Estado no processo de desenvolvimento, deixando de ser o seu principal protagonista para avocar a função de agente formulador de diretrizes e regulador da atividade econômica.

Segundo Antônio Kandir (Doutor e Mestre em economia pela UNICAMP, ex-Secretário Especial de Política Econômica — 1990/1991 —, Ministro do Planejamento e Orçamento do Governo Fernando Henrique Cardoso — 1996/1998. Texto sobre "Modernização, estabilização, governabilidade e reformas", inserido no livro *O Caminho do Desenvolvimento — Do Brasil Hiperinflacionário ao Brasil Competitivo e Solidário*, Atlas, 1998, pp. 18-26) as novas diretrizes passaram a ser:

"1. A promoção da abertura da economia, objetivando reduzir os custos de modernização da estrutura produtiva e criar um ambiente concorrencial que impelisse as empresas brasileiras, acomodadas ao alto grau de protecionismo então vigente, a buscar ganhos de produtividade e qualidade de seus produtos; 2. A retirada do Estado do setor produtivo, mediante um programa de privatizações de suas empresas, com o objetivo de estimular o investimento privado, aumentar a eficiência do sistema produtivo e promover o ajuste patrimonial necessário à solução estrutural do problema fiscal; 3. A desregulamentação da economia, para suprimir monopólios legalmente constituídos e eliminar práticas e controles impeditivos da livre concorrência. Neste item, assumia destaque a desregulamentação dos monopólios estatais do setor de infra-estrutura, que constituía obstáculo central à retomada do desenvolvimento; 4. A substituição de práticas a mecanismos de controle de preços e perpetuação de estruturas de domínio abusivo de mercado por instrumentos e legislação necessários a uma política ativa de defesa da concorrência; 5. A substituição de controles administrativos de importações por instrumentos e legislação adequada de proteção contra práticas de comércio externo lesivas a empresas brasileiras; 6. A substituição de políticas setoriais calcadas em subsídios incondicionados por políticas horizontais de apoio à inovação tecnológica e à busca de ganhos de produtividade e qualidade; 7. A reconstrução do padrão de financiamento a longo prazo da economia, mediante o fortalecimento do mercado de capitais; 8. A construção de um espaço econômico ampliado, no âmbito regional, que permitisse aumentar o potencial de atração do Brasil sobre pedaços da cadeia produtiva de setores globalizados".

Ficam, então, definidas as diretrizes básicas: o Estado permite e busca estimular a livre iniciativa. *A economia do país é de mercado, restando ao Governo o papel de regulador*, ou seja: não intervém diretamente nos meios de produção e troca, mas tão-somente fornece as regras diante das quais se desenvolverão os agentes econômicos na persecução de seus objetivos. É isto o que se deduz do conceito jurídico-econômico da expressão "livre iniciativa".

II — A economia de mercado

Constatada a adoção política, respaldada em princípio constitucional, do regime de livre iniciativa nas relações mercatoriais, passamos a definir as implicações deste conceito.

Juarez Alexandre Baldini Razzieri, Economista, Professor de Economia da USP, Doutor e Mestre nesta matéria, em seu artigo "Introdução à Economia", descreve da seguinte forma o *sistema de preços numa economia de mercado*: "Para se ter uma idéia mais clara do funcionamento do sistema de preços a apresentação começará com a descrição de uma *economia de livre iniciativa* sem a intervenção do Governo. Nesta circunstância *o estado apenas participa da vida econômica com ações regulatórias, para os casos em que os conflitos privados não conseguem soluções através do mercado.* O papel do Governo é marginal, pouco expressivo. Numa economia privada de *livre iniciativa*, nenhum agente econômico (indivíduo ou empresa) se preocupa em desempenhar o papel de gerenciar o bom funcionamento do sistema de preços. Preocupam-se em resolver isoladamente seus próprios negócios. Procuram apenas sobreviver na concorrência imposta pelos mercados, tanto na venda e compra de produtos finais como na dos fatores de produção. Esse jogo econômico é todo baseado nos sinais dados pelos preços formados nos diversos mercados, como um sistema de semáforos para controlar o trânsito. *Todos correm riscos, porém riscos previstos. O futuro é incerto, mas as prospecções se apóiam nas probabilidades de ocorrência, daí o risco estimado. O lucro pode ser o prêmio pelo risco assumido*" (*Manual de Economia*, Saraiva, orgs. Diva Benevides Pinho e Marco Antônio S. de Vasconcellos, 1997, pp. 19-20).

III — Distinções entre conceitos de "valor" e "preço"

Preço é o valor pecuniário de um objeto, quantia que alguém se dispõe a oferecer por algo, que as partes, diante de várias circunstâncias (oportunidade, necessidade e conveniência), arbitram como "justo"; *valor* pode ter vários critérios: de *estimação* (cunho pessoal, afetivo); de *face* (nominal); *histórico* (cultural, social); *patrimonial* (critério contábil); de *uso* (utilidade);

estratégico (circunstancial). *Não existe imposição legal de identidade entre "valor" e "preço"*, sendo o último definido pela *"lei da oferta e da procura"*.

Segundo Sérgio Varella Bruna "a explicação da teoria dos preços tem como pedra fundamental o relacionamento das quantidades ofertadas e procuradas de um determinado produto no mercado, ou, em outras palavras, aquilo que se convencionou chamar de 'lei da oferta e da procura'. O sentido da assim denominada lei é de conhecimento geral e não oferece qualquer complexidade científica: *o preço dos bens no mercado varia em quantidade diretamente proporcional à intensidade da procura respectiva e inversamente proporcional à quantidade ofertada.* Assim, quando há excesso de oferta ou falta de procura, os preços caem, subindo quando houver maior procura ou diminuição de oferta" (in, *O Poder Econômico e a Conceituação de Abuso em seu Exercício*, Ed. RT, 1997, p. 18).

No mercado de ações, a composição dos preços não difere do conceito referido, flutuando a cotação dos ativos mesmo dentro do período de horas, o que torna impossível a equivalência entre valor patrimonial e preço de mercado, e se exemplifica com as informações que seguem transcritas: "(...) Apesar das perdas de agosto, o comportamento dos preços das ações em bolsa estão bem mais caros este ano, considerando o índice que compara as cotações dos papéis no mercado e seu valor patrimonial. *Em dezembro de 1996, as ações negociadas em bolsa estavam 33% abaixo de seu valor patrimonial, na média. Agora já estão custando mais do que o valor patrimonial*. Há setores, porém, em que os preços em bolsa ainda estão baratos comparativamente ao valor patrimonial. É o caso da metalurgia, em que as ações estão sendo negociadas *50% abaixo do valor patrimonial.* Desse setor fazem parte empresa como Mangels e Forjas Taurus. Também estão custando cerca de *metade de seu valor patrimonial* as ações dos setores de química e petroquímica e de siderurgia, que foram privatizados recentemente e são formados por ações de empresas como (...) e grandes siderúrgicas como (...). Os setores de bebidas e fumo e papel e celulose estão entre os mais caros em negociação em bolsa. As ações do setor de papel e celulose estão custando *mais que o dobro de seu valor patrimonial.* (...) é esperada para este semestre a retomada do ciclo de alta dos preços do papel no mercado internacional. *Movimento inverso é esperado para outro setor, de elétro-eletrônica, onde os preços em bolsa também já superaram o valor patrimonial*" (*Gazeta Mercantil*, 22.8.1997, p. B-10).

Acerca dos elementos que integram e compõem os preços — valor de mercado — dos ativos financeiros, implicando em sua flutuação e diferenciando-os dos produtos de consumo, doutrina Fernando Nogueira da Costa, Livre-Docente do Instituto de Economia da UNICAMP: "Na recente seqüência *boom*-crise, ganhou importância analítica distinguir dois níveis de preço. *De um lado, encontra-se o nível geral de preços da produção corrente. De outro, o nível de preços dos ativos reais e financeiros. Os dois níveis de preço são determinados mediante diferentes relações e variáveis.* O nível de preços da produção corrente depende, fundamentalmente, dos custos primários mais um *mark up*. Por sua vez, *o nível de preços dos ativos de capital e financeiros incorpora a incerteza e é dependente dos rendimentos gerados*. Desde que rendimentos representam fluxos de renda ao longo do tempo, seus preços correntes devem refletir a avaliação presente dos ganhos possíveis de serem capitalizados, no futuro. *Os preços dos ativos patrimoniais sofrem oscilações de grande amplitude, com tendências de alta ou de baixa se estendendo por anos.* (...) Portanto, *as flutuações dos preços dos ativos constituem uma força determinante do ciclo econômico-financeiro*. Os preços dos ativos determinam os valores das garantias patrimoniais do crédito, salvaguardas do risco do credor. A inflação desses preços, e não a demonstrada pelo índice de custo de vida, seria pertinente ao cálculo da taxa de juros real suportável pelo devedor" (*Gazeta Mercantil*, 11.11.1997, p. A-3, trechos de artigo publicado na seção Opinião sob o título "Deflação de ativos" — os grifos são nossos).

Assim, é o mercado que acaba definindo, através das tendências dos agentes econômicos, refletidas no seu comportamento, os preços que serão praticados. E ninguém é obrigado a comprar ou vender se não estiver de acordo com as condições ofertadas.

IV — O papel econômico da especulação e a sua licitude

Mendonça Netto, em 1983, quando lançou o "Estudo Preliminar sobre a Bolsa Mercantil de São Paulo", referiu no aludido documento: "É cada vez mais reconhecida nos EUA a contribuição do especulador como um agente cuja atuação possibilita uma atenuação das distorções de preço, através da maior liquidez que sua participação confere ao mercado. Nesse sentido, há um certo consenso de que, *à medida que aumenta a liquidez do mercado, tanto menor é a probabilidade de ocorrer eventos nocivos, tais como a manipulação de preços*. (...) No caso do Brasil, há ainda uma restrição importante decorrente de uma generalizada postura moral hostil ao especulador. Tal postura resulta não só das peculiaridades da superestrutura ética e religiosa construída pela sociedade brasileira ao longo de sua história, mas também da evidente desinformação da sociedade em relação ao papel econômico do especulador. Este certamente é um ponto que demanda na verdade uma campanha de esclarecimento quanto à figura do especulador, realçando seu papel como *tomador de risco*, como *ingrediente fundamental da liquidez do mercado e como atenuador das acentuadas oscilações de preço*".

Sobre o mesmo assunto, a *Chicago Board of Trade* fez constar em seu 34º relatório anual: "A especulação estimula o empreendimento; ela cria e mantém os valores apropriados; ela dá impulso e ambição para todas as formas de industria — comercial, literária, artística; ela desperta capacidades individuais; ela é agressiva, inteligente e pertence aos mais fortes e capazes da raça; ela promove possibilidades aos corajosos; ela fundou Chicago e desenvolveu o grande Oeste, que é a prosperidade desta nação e a força comercial propulsora do continente" (in *A História do Mercado Futuro no Brasil*, 1996, Cultura Editores Associados, pp. 72-73, Alcides Ferreira e Nilton Horita).

"O especulador é figura presente em qualquer mercado e, sob certos aspectos, até importante para sua liquidez", diz uma nota de esclarecimento da CVM (Roberto Teixeira da Costa, Nota de Esclarecimento da CVM no caso Petrobrás). E acrescenta: Ele compra e vende ações em um horizonte temporal claramente definido (pode comprar e vender no mesmo dia, como pode reter por uma semana ou um mês) na expectativa de emergência de fatores que na sua concepção farão as ações subirem ou descerem de cotação, quando realiza sua posição (é evidente que às vezes com prejuízo). Em tese, o especulador atua principalmente com base nas análises técnicas de mercado (gráfico de barra, ponto-figura) ou na sua intuição. Portanto, o especulador é protagonista ativo do mercado, porém ele não forja o mercado, criando condições artificiais que venham facilitar o objetivo de realização de lucros a curto prazo. Muito embora a níveis exagerados a especulação possa ser criticada, pois torna o mercado extremamente sensível, ela não se reveste de qualquer ilegalidade, quando praticada dentro das regras do jogo. "Especulação não é e nem deve ser confundida com manipulação. No Brasil, no entanto, o especulador tem sido visto normalmente com maus olhos, especialmente quando se trata de especulação em Bolsa. O problema é que se associa, muitas vezes erradamente, a especulação ao ato da manipulação. Além disso, quando se trata de ações e o lucro auferido é grande, temos a mania de achar que houve algo ilícito. No entanto, quando se trata do mercado imobiliário, por exemplo, ganhos enormes em apenas um ano são aceitos como normais para a maioria das pessoas.

"Especular é um ato normal, honesto e positivo: 'o homem é o mais especulador dos animais (...). Do ponto de vista psicoantropológico, o *homo sapiens* sempre especulou: ele observa, investiga, explora o meio ambiente, para garantir o seu próprio conforto material' — Eliezer Schneider no artigo "Especulação", da *Revista Bolsa* 304/3.

"Como age o especulador? Age com racionalidade e audácia. Ele assume riscos elevados em busca de uma rentabilidade compensadora. Portanto, está sujeito a perdas ou ganhos maiores do que aqueles a que estão sujeitas as pessoas mais conservadoras. Estas, via de regra, não bancam o risco.

"Sobre este aspecto, vale citar Oliver Wendell Holmes: '*a especulação é o auto-ajustamento da sociedade ao provável*. Seu valor é bem conhecido, como meio de evitar ou mitigar catástrofes, igualar preços ou prevenir períodos de carência. É verdade que o sucesso dos fortes induz os fracos à imitação e que os incompetentes se arruínam tentando especular por conta própria. Mas as legislaturas e as cortes em geral reconheceram que a evolução natural de uma sociedade complexa só deve ser tocada com mãos muito leves (...)' (Magistrado da Suprema Corte dos Estados Unidos, em um de seus pareceres, citado por Luiz Engel, em *How to Buy Stocks*)" (material inserto em *Introdução ao Mercado de Ações*, publicação do Comitê de Divulgação do Mercado de Capitais e da Comissão Nacional de Bolsa de Valores, 1983, pp. 210 211).

Perceber e utilizar uma oportunidade de mercado, onde se acredita favorável a compra ou a venda de um ativo, com o objetivo de auferir ganho, não traz em si qualquer irregularidade, sendo, ao contrário, lógico e sensato, principalmente no mercado de capitais, onde os agentes que não visam o controle acionário ou o comando de uma empresa, se movimentam única e exclusivamente em busca do lucro.

Neste ponto é interessante situar que, calcando-se o investimento em *presunções*, ainda que derivadas de aspectos concretos, está-se sujeito a equívocos, pois não há como se antecipar o futuro com segurança. Aqui é que entra o conceito de "negócio de risco", cuja significação segue adiante.

A conotação — quer coloquial, quer na órbita econômica — de RISCO quer significar *probabilidade* (indício que deixa presumir a verdade ou possibilidade de um fato) ou *possibilidade* (que pode ser, acontecer ou praticar-se) de *perigo* (reflexo do ato em dano ou lesão); estes conceitos partem de definições e compreensões correntes na língua portuguesa entre a grande maioria das pessoas comuns, não exigindo maior complexidade; o vocábulo "*certo*" tem como sinônimos: evidente, *infalível*, em que não há erro, *previamente determinado*. A distinção entre certeza e probabilidade, pode-se dizer então, sustenta-se basicamente no fato de que o primeiro conceito é *estático*, e o segundo *dinâmico*.

Alcides S. Amaral, Vice-Presidente do Citibank N. A. e Diretor Executivo da FEBRABAN, dissertando acerca do risco inerente às operações, pronunciou-se da seguinte forma: A queda da bolsa de valores em agosto — *o Ibovespa perdeu 16,46% num único mês* —, se foi ruim (pois os fundamentos de nossa economia não justificavam tal ajuste), pode ter sido muito importante para o amadurecimento do investidor brasileiro. Ela não só mostrou, mais uma vez, que a *Bolsa é atividade de risco elevado* para quem tem data marcada para o resgate de seu investimento, bem como que, *no mercado financeiro, não há milagres*. Tem, obviamente, um pouco de sorte e competência, mas *quem arrisca muito — e ganha muito na alta — invariavelmente tem a contrapartida na baixa*. Como bem disse o economista Ney Ottoni Brito em recente projeto para a Anbid: "É hora de o mercado e o investidor amadurecerem. *Os cotistas muitas vezes não sabem o risco que estão assumindo em suas aplicações.* (...) *Quem não entende — ou não quer correr — o risco de mercado deve buscar porto mais seguro* ou, na pior das hipóteses, arriscar uma pequena parcela da sua poupança, sem data certa para resgate" (fragmentos de artigo publicado na seção Opinião da *Gazeta Mercantil*, de 12.9.1997, sob o título "As lições de agosto", p. A-3 — os grifos são nossos).

Carlos Marques Pinho, Professor Titular do Departamento de Economia da USP, Economista e Advogado, em trabalho sob o título "Metodologia da Ciência Econômica" (in *Manual de Economia*, de autoria de uma equipe de Professores da USP, Saraiva, 1997) diz:

"Em qualquer ciência social o problema do método significa fundamentalmente o meio de *reconstituição racional do real ou de sua interpretação*. Cada ciência social analisa parcialmente o real, a partir de certos termos de referência e determinados esquemas de interpretação. Ou, como escreve Marc Bloch, em *Apologie pour l'Histoire ou Métier d'Historien*, a ciência decompõe o real apenas para observá-lo melhor. *Homo religiosus, homo oeconomicus, homo politicus* e outros mais são fantasmas úteis, desde que não se tornem incômodos. O homem, único ser de carne e osso, reúne todos eles ao mesmo tempo.

"O motor principal dos estudos científicos em geral parece ser, de fato, a vontade do homem de utilizar a razão para compreender e controlar a natureza. *A reflexão*, diz Gravitz (*Méthodes des Sciences Sociales*, Paris, Dalloz, 1976, p. 3), *separou o sujeito que conhece do objeto a conhecer e submeteu à análise o liame que os une*. A resposta às questões — Como o real se presta à nossa investigação? Como o sujeito conhece o objeto? — difere em função do destaque que se der ao objeto ou ao sujeito do conhecimento, ao ser ou ao pensamento ou consciência. As oposições entre as duas grandes correntes filosóficas — materialismo e idealismo — resultam sobretudo da ênfase dada ao sujeito ou ao objeto. *Qualquer que seja o ponto de partida, entretanto, é sempre por meio do pensamento, do raciocínio, que se chega ao conhecimento*".

A compreensão do pensamento econômico como uma arte (sujeitas, tanto uma como outra, às imperfeições que o ser humano imprime aos seus atos) e como exercício de lógica, raciocínio, análise, especulação, qualificam o investidor como um ser pensante em busca de respostas e de soluções. Trabalha com *a mesma matéria, os mesmos fatos, a mesma realidade, as mesmas probabilidades* apresentadas a seus semelhantes. É a capacidade de apanhar e diferenciar os elementos relevantes equacioná-los e projetar o futuro dentro de uma lógica que efetivamente o antecipe, que determina o êxito de uma escolha, *sempre envolto em risco*. As variáveis escapam ao alcance de quem imagina um mundo estático, de valores rígidos, de premissas imutáveis. Olvida que a capacidade de raciocínio e de uso da imaginação, longe de serem prejudiciais, deram suporte a todo o desenvolvimento do homem, e que a realidade não se limita apenas àquilo que se vê, pois a opinião não contém nem molda o mundo.

José Tiacci Kirsten, Professor Titular do Departamento de Economia da FEA/USP, Economista, Estatístico, no artigo intitulado "Metodologia quantitativa na pesquisa econômica: a estatística e a econometria" (*Manual de Economia*, Saraiva, 1997, p. 78) acaba trazendo à tona uma faceta pouco debatida nos meios doutrinários, ou seja, a cientificidade das "ciências sociais", dentre elas a economia.

Maleáveis, imprevisíveis e únicos, a maioria dos fenômenos sociais — dentre eles o comportamento do mercado — não está submetido a fórmulas infalíveis. Diz o autor:

"Os fenômenos universais, que representariam o conhecimento de como os fatos acontecem e se sucedem no tempo e no espaço, em todos os campos do conhecimento humano, podem ser classificados em duas categorias principais: *os fenômenos, ou eventos, certos e os eventos incertos*. Os *eventos certos* podem ser entendidos como aqueles que ocorrem sempre de uma mesma maneira e ou aqueles cuja estrutura que lhes preside a ocorrência permanece *imutável* no tempo e no espaço. Um exemplo clássico de eventos certos seria o representado pelos fenômenos astronômicos. Assim, pode-se falar na existência de uma 'mecânica celeste', no sentido de que as leis que são responsáveis pela ocorrência dos eventos são não-mutáveis. As leis que são responsáveis pela ocorrência dos eventos certos, que são não-mutáveis no tempo e no espaço, são conhecidas por leis matemáticas. A segunda grande categoria dos fenômenos universais é representada pelos chamados *eventos incertos*. Como seu próprio nome indica, os eventos incertos são aqueles que não ocorrem sempre da mesma maneira, mas com uma certa regularidade e/ou aqueles *fenômenos cuja estrutura que lhes preside a ocorrência é mutável no tempo e no espaço*. Abrange, principalmente, todos os *fenômenos sociais*, pois os comportamentos, tanto o individual como o social, são afetados por uma infinidade de fatores subjetivos. Existe um ramo da matemática que cuida dos *eventos incertos*, ou seja, daqueles eventos que são descritos por variável, ou variáveis, *aleatório(s)*. Esse ramo da matemática é conhecido pelo nome de 'Cálculo das Probabilidades', que seria, por assim dizer, o suporte formal de toda a teoria estatística conhecida, como já vimos, por estatística matemática."

Battista Mondin, PhD em História e Filosofia da Religião pela Universidade de Harvard (EUA), Professor de Filosofia Medieval e Antropologia em várias universidades italianas, Vice-Presidente da Associação Italiana dos Professores de Filosofia, em sua obra *O Homem, Quem É Ele? Elementos de Antropologia Filosófica* (Ed. Paulinas, 2ª ed.), traz, em seu estudo sobre a *fenomenologia do conhecer*, conclusões sobre a fantasia ou imaginação, e as suas funções. Diz o autor que *a fantasia é o mais importante dos sentidos internos do homem*, sendo através dela que aquele retém as percepções das coisas adquiridas pelos sentidos externos, as apresentando e combinando como e quando melhor lhe agrada. Fantasia, ou imaginação, é definida como "a faculdade ou atividade mental que conserva, reproduz e cria imagens, mesmo independentemente da presença dos objetos aos quais as imagens próprias correspondem".

A fantasia divide-se, entre outras, em *função prática* (que complementa o pensamento lógico, necessária aos homens de finanças, pois não se pode chegar a certas soluções de problemas concretos mediante cálculo exato e com frio raciocínio, mas sim perspicaz intuição da fantasia) e *especulativa* (onde concorre para a formação das *construções intelectuais* da ciência e da filosofia, especialmente no que concerne à *formulação de hipóteses*).

Segundo Hume, *é mediante a fantasia que se obtém todos os conhecimentos matemáticos, geométricos e científicos*. Ela opera segundo algumas leis constantes e universais, que lhe permitem construir certos esquemas estáveis da experiência. *A fantasia alimenta aquele impulso da autotranscendência que move continuamente o homem e o empurra mais para adiante, constituindo-se na fonte mais rica da criatividade humana*.

Referindo-se ao *conhecer intelectivo*, o autor narra ser este documentado pela *capacidade de julgar e raciocinar*, bem como formular juízos, proposições universais, leis gerais. Reconhece que o nosso conhecimento não é dotado daquele caráter de absoluta certeza, de imutabilidade, de eternidade que lhe atribuía Platão, havendo consciência dos limites do nosso conhecer, em todos os casos *finito, mutável, parcial e relativo*, comportando, sempre, boa dose de opinião (subjetividade).

Ensina o Professor que "na aprendizagem, o intelecto abstrai a idéia universal; no juízo, associa ou mesmo separa duas idéias, *no raciocínio, extrai uma nova idéia das idéias precedentes*". Entre as *propriedades do conhecer intelectivo*, situam-se:

a) mundanidade (característica pela qual a nossa consciência tem sempre uma ligação com o mundo). Diz Barbotin: "Da mesma forma que o Sol imprime a sua impressão de fogo sobre o vulto que o enfrenta, a visão e a contemplação sensível e intelectual exercitam um poder transformador. Não observa Platão que o contemplador das Idéias as limita a torna-se nelas parte similar? Cada homem transfigura-se, assim, segundo a imagem que se tornou real. Como sou, assim vejo o mundo, mas também vice-versa: como vejo o mundo tal me torno. *Em certos momentos este mundo confirma o significado que à primeira vista lhe dei e o que dou a mim mesmo, em outros ele os contesta e ajuda a modificá-los.* Existir é ser si mesmo através de um corpo que vê e um mundo que é visto. Cada vulto é o espelho de um mundo" (*Humanité de l'Homme*).

b) perspectividade, sobre a qual diz Schillebeeck: "Partindo de um ponto de vista finito, limitado, sempre cambiante, numa palavra, histórico, nós possuímos de fato uma abertura para o absoluto, do qual, além disso, nos é impossível, por natureza, apoderar-nos. A esse respeito seria falso dizer que a verdade muda; *é o ponto de vista sobre a realidade que muda*, se desenvolve constantemente, e é assim que o nosso conhecimento se desenvolve desde o interior. *Todo o conhecimento humano está ao mesmo tempo dirigido ao absoluto e marcado pelo ponto de vista particular*".

c) personalisticidade, segundo M. Polanyi (in *Personal Knowledge*) nosso conhecimento científico tem uma forte dose de participação pessoal. Essa aparece "na *apreciação das probabilidades* e da ordem das ciências exatas e existem em medida ainda maior quando as ciências descritivas devem contar com a habilidade e a perícia. Em todos esses casos, *o ato de conhecer implica numa apreciação*; e esse coeficiente pessoal que acompanha todo o conhecimento de fato elimina a ruptura entre subjetividade e objetividade".

d) historicidade, que faz com que a teoria do conhecimento seja entendida como *interpretação de situações* e postura crítica diante das tradições, acerca do que diz o autor: "*a história é essencialmente movimento e no movimento há algo que permanece e algo que muda.* Compreender é realizar uma mediação entre o passado e o presente, é desenvolver em si mesmo toda a série contínua das perspectivas através das quais o passado se apresenta e se volta a nós".

Estas características delimitam os contornos que envolvem o ato de julgar, de buscar compreender, de conhecer para avaliar e escolher entre objetos ou comportamentos; por certo não são diferentes as influências que se fazem presentes quando da escolha de um investimento, trazendo, consigo, todas as dúvidas, vícios e imperfeições que caracterizam o pensamento humano, por mais objetivos que sejam ou possam parecer os elementos ponderáveis.

Demonstra-se, também, que *a especulação, o uso do intelecto para equacionar uma multiplicidade de variáveis com o objetivo de empreender um projeto ou uma idéia, seja de cunho artístico, seja financeiro, é algo inerente ao ser humano, não só lhe integrando a personalidade como sendo elemento que caracteriza o homem como tal, diferenciando-o, quanto ao seu exercício, das demais espécies e, quanto à capacidade e eficiência, dos próprios semelhantes, definindo sua individualidade.*

V — A influência do movimento histórico nos investimentos

Paul Strebel, Diretor do Programa Executivo Internacional sobre administração de mudanças radicais nos negócios no Institute for Management Development (IMD) em Lousanne, Suíça, consultor nas áreas de planejamento estratégico e fusões e aquisições, em seu livro *Breakpoints* (Atlas, 1993, trad. de Vidal Varella Filho) analisa vários fatores que determinam o êxito na administração de negócios e na eficiência das decisões.

Enfatiza ele que, em um ambiente *de mudanças flutuantes, proliferação de tecnologias* e de *fronteiras políticas instáveis*, o desafio gerencial não mais reside apenas na administração do crescimento. Hoje, os gerentes têm de enfrentar mais eficazmente os *pontos de ruptura*, ou seja, mudanças repentinas nas regras do jogo.

Traz o autor o exemplo dos gerentes orientais, que freqüentemente (obviamente que influenciados por uma questão cultural) interpretam os ciclos como parte do Tao, um processo contínuo de fluxos e de mudanças. Sua principal característica é o movimento cíclico infinito, a essência última da realidade na filosofia chinesa. De acordo com o antigo *Livro das Mutações*, toda a realidade, incluindo-se os negócios, está em constante estado de tensão, refletindo um jogo dinâmico entre opostos polares.

Em oposição a esta visão, existe uma convicção profundamente arraigada na cultura ocidental num *processo de desenvolvimento linear e contínuo*. Esta crença impede uma correta compreensão dos chamados "pontos de ruptura", dificultando sua localização e antecipação, bem como uma forma saudável de correlação.

Os *breakpoints* ou "*pontos de ruptura*" podem se situar em várias áreas, enfocando o autor as seguintes: ciclos econômicos, ciclos de tecnologia, ciclos competitivos, ciclos organizacionais etc.

A chave estratégica para o êxito de um empreendimento seria a *identificação das forças de mudança*, a análise das tendências em confronto, buscando-se os indicadores de convergência e divergência, equacionando-os corretamente e no *timing* preciso, ou seja, em tempo hábil para a tomada de decisões e definição dos investimentos. Essencial, portanto, uma profunda e dinâmica análise político-governamental, econômica, histórica, cultural, social e comportamental.

Dificultando à clareza de idéias e o correto posicionamento diante do "novo", situa o autor características como: atitudes fechadas, pressupostos arraigados, cultura entranhada e estruturas e sistemas rígidos. Resumidamente, *uma postura estática, imutável ou repetitiva, contrapondo-se a uma postura dinâmica de análise e adaptação*.

A importância de perceber a economia como um processo que se desloca interligado ao movimento histórico é ressaltado pelo mega-investidor internacional George Soros, Diretor do Fundo Quantum, com um *portfólio* superior a 20 bilhões de dólares. Em sua obra *Alquimia das Finanças* (Nova Fronteira), o financista disserta sobre os reflexos de tendências culturais, movimentos sociais, alterações nas políticas micro e macroeconômicas, descobertas tecnológicas e outras variáveis no comportamento dos investidores e seus reflexos nos investimentos.

Soros atribui seu sucesso no meio econômico principalmente à sua *formação filosófica*; segundo ele, entendendo-se que a economia, como toda ciência social, tem os seus princípios subordinados ao comportamento dos indivíduos, que agem segundo uma "compreensão limitada" ou "imperfeita" (o que faz com que o futuro não possa ser definido de forma matemática), é possível a *realização de lucros* para aqueles que consigam equacionar as variáveis em jogo sob o prisma da melhor lógica, premeditando as tendências dominantes. Óbvio que a "aposta" equivocada, tendo por verdadeiras *premissas falsas*, impõem a contrapartida do *prejuízo*.

O Economista e ex-Diretor do MIT, Lester Thurow (*O Futuro do Capitalismo — Como as Forças Econômicas Moldam o Mundo de Amanhã*, Rocco, 1997) é outro autor que demonstra como e porque uma visão econômica global e histórica permite que descartemos em tempo hábil tradições arraigadas, certezas superadas e comportamentos inadequados, possibilitando a compreensão dos novos princípios dominantes e adaptação à nova realidade.

VI — O contexto econômico e histórico e exemplos das variáveis em jogo

Estes conceitos vão demonstrar a sua importância diante do contexto que passamos a analisar: a) nosso país vivenciou num passado próximo (e ainda sente os seus reflexos) uma *transição de um regime autoritário para um regime democrático*; b) *alterou-se a política do Estado em relação aos meios de produção, deixando de empreender para tão-somente regular*; c) busca-se modos de permitir e estimular a *abertura de mercado e ingresso de capital estrangeiro*; d) com a criação de *mercados comuns* e diante do irreversível processo de globalização, *alteram-se os conceitos e os limites da soberania nacional;* e) convivemos com o fenômeno da *estabilização da moeda* e com o desencadeamento do processo de *privatização* de empresas públicas; f) os mercados financeiros mundiais encontram-se interligados, refletindo no todo as altas e baixas individuais, com conseqüências na liquidez dos ativos; g) em pleno movimento, portanto, alterações políticas, sociais, econômicas e históricas, implicando em mudanças de conceitos e valores, já não subsistindo antigas "*verdades*" e "*certezas*".

Partindo do princípio que ações são títulos que conferem ao seu titular o direito de participar nos lucros e/ou nas decisões da empresa que a emitiu, podemos enumerar exemplificativamente alguns elementos que determinariam o interesse do mercado pela aquisição destes títulos: a) *baixo grau de endividamento*; b) *alto grau de produtividade*; c) *potencial de expansão em termos de produção e de mercado*; d) *fundo de comércio e competitividade*; e) *tecnologia de ponta*; f) *crédito*; g) *qualificação profissional dos funcionários*; h) *identificação e valor das marcas* etc.

Nestas condições, os ativos de uma empresa tendem a ser valorizados pelo mercado, sendo razoável uma projeção de lucratividade e rendimento de dividendos aos acionistas, implicando ainda na valorização da cotação das próprias ações, as quais passariam a ser objeto de maior procura no mercado. De modo extremamente simplista, estes seriam os critérios que norteiam a escolha de um investimento. Há, porém, as variáveis.

Com a política atual de abertura de mercado e estímulo à concorrência, pode haver o ingresso de novas empresas dedicadas ao mesmo ramo, em condições ainda mais competitivas, encampando significativa fatia de mercado, obrigando a investimentos com *marketing* e reduzindo a expectativa de lucros antes projetada; alterando-se as taxa de juros, o consumidor pode se retrair no consumo, reduzindo o faturamento. Se o estoque foi financiado, haverá um substancial aumento em seu custo, reduzindo ou anulando os lucros. Se os empréstimos foram tomados tendo como garantia ações "sobre-valorizadas", a conseqüente deflação destas pode implicar na insuficiência das garantias ante os bancos e forçar a liquidação do crédito, levando à quebra ou majorando o serviço da dívida.

Sendo a empresa exportadora e havendo uma sobre-valorização cambial da moeda local em relação à dos países importadores, os produtos terão inviabilizado sua comercialização externa. Em contrapartida, a empresa nacional que necessita matéria-prima importada ou trabalha com produtos importados poderá ser favorecida. Alterando-se a política cambial ou mesmo as taxas de importação, todavia, a primeira poderá ter seus ativos valorizados e a segunda pode ter suas atividades inviabilizadas, tudo do dia para a noite.

Em nível internacional, se os competidores externos desvalorizam suas moedas frente aos importadores, passam a ter uma vantagem relativa, ou seja, ainda que os produtos que o país venha exportando mantenham seus preços a nível internacional, os preços dos competidores se tornam mais atraentes em razão de ser possível, pela desvalorização, comprar mais produtos pela mesma quantidade de moeda.

Constata-se que, mesmo que internamente nada mude, as alterações no cenário internacional podem inviabilizar atividades que, até então, se mostravam estáveis e altamente lucrativas.

Em matéria de economia, absolutamente nada pode ser visto como imutável, tanto que os Bancos Centrais estão constantemente buscando adaptar-se ao novo, pois as flutuações monetárias e alterações fiscais nos países com que o Brasil se relaciona têm reflexos diretos na economia nacional, exigindo reposicionamentos constantes.

Vê-se que todas as decisões de investimento levam em conta o momento presente e projetam no futuro expectativas que poderão se alterar em razão das políticas econômicas e fiscais a nível nacional e internacional. *O contexto micro e macroeconômico são instáveis* (sujeitos a alterações imprevisíveis sob critério matemático/científico) *e, não bastasse isto, interdependentes*, o que os torna ainda mais sujeitos a alterações abruptas.

Não se discute que, diante de certas circunstâncias, atitudes e conseqüências se repetem, o que permite que se atue com uma certa *técnica* nos investimentos, entretanto, não há como negar que as variáveis são muitas e que a regra é a *aleatoriedade*.

Na ciência econômica trabalha-se com *probabilidades*, e não com certezas. Esta é subjetiva, sujeita à confirmação ou negação *a posteriori*, de acordo com o que a realidade vier a apresentar.

O próprio volume e abrangência das *variáveis* tornam impossível o seu controle, o que, inequivocamente, coloca os *contratos pactuados nos mercados de capitais* dentro da conceituação própria aos *contratos aleatórios*, pela presença constante e inafastável do *risco*.

VII — O contrato aleatório: características e reflexos ante pretensão de rescisão por lesão

Segundo magistério de Maria Helena Diniz (*Tratado Teórico e Prático dos Contratos*, v. 1, pp. 90-92, Saraiva, 1993), Caio Mário da Silva Pereira (*Instituições de Direito Civil*, v. III, Saraiva, 1978, p. 61), Orlando Gomes (*Contrato*, Forense, 1983, pp. 80-81) e Silvio Rodrigues (*Direito Civil*, v. III, 1983, Saraiva, pp. 132-133), temos que:

"O contrato comutativo vem a ser aquele oneroso e bilateral em que cada contraente, além de receber do outro prestação relativamente equivalente à sua, pode verificar, de imediato, essa equivalência. Explica-nos Orlando Gomes que *não há uma equivalência objetiva da prestação, mas subjetiva, visto que cada contraente é juiz de suas conveniências e interesses.* (...) O *contrato aleatório* seria aquele em que a prestação de uma ou de ambas as partes dependeria de um *risco futuro e incerto*, não se podendo antecipar seu montante. As partes colocam-se, portanto, sob a perspectiva de uma *álea*, que se irá refletir na existência ou na quantidade da prestação combinada, expondo-se elas à *eventualidade recíproca de perda ou de ganho*" (Maria H. Diniz, ob. cit.).

Salientam os autores que *inexiste ação redibitória para os contratos aleatórios, bem como que estes inadmitem a rescisão por lesão*, atinente apenas aos contratos comutativos (também Clóvis Beviláqua, em comentário ao art. 1.101 do CC).

"Nos contratos aleatórios, há a incerteza para as duas partes sobre se a vantagem esperada será proporcional ao sacrifício. Os contratos aleatórios expõem os contraentes à alternativa de *ganho ou perda*.

"Distinguem-se as seguintes classes de contratos aleatórios: a) *a dos que dizem respeito a coisas futuras, cujo risco de não virem a existir assuma o adquirente*; b) *a dos que dizem respeito a coisas futuras, tomando o adquirente a si o risco de virem a existir em qualquer quantidade*; c) *a dos que dizem respeito a coisas existentes, mas expostas a riscos assumidos pelo adquirente*; d) *a dos que dizem respeito a fatos que podem não suceder*" (Orlando Gomes, ob. cit.).

"Aleatórios são os contratos em que o montante da prestação de uma ou de ambas as partes não pode ser desde logo previsto, por depender de um risco futuro, capaz de provocar sua variação. (...) O objeto do negócio está ligado à idéia de *risco*. Isto é, existe uma álea no negócio, podendo daí resultar um lucro ou uma perda para qualquer das partes" (Silvio Rodrigues, ob. cit.).

Carlos Alberto da Mota Pinto, ao dissertar acerca da tipificação dos contratos aleatórios, cita o jogo e diz que "pode haver uma só prestação, dependendo de um facto incerto a determinação de quem a realizará". Exemplificando com o seguro de responsabilidade civil, refere que "pode haver uma prestação certa e outra incerta, de maior montante do que aquele" e, exemplificando com o seguro de vida, ensina que "pode haver duas prestações certas na sua existência, mas uma delas é incerta no seu *quantum*" (*Teoria Geral do Direito Civil*, Coimbra, 3ª ed., p. 405).

Nesta última hipótese enquadra-se a aquisição de ações a preço certo, determinadas aquelas em sua quantidade e características, porém indeterminadas em seu valor.

Inviável juridicamente a rescisão do contrato aleatório por "lesão", descabe, também, a possibilidade de anulação por erro, a menos que este seja substancial, ou seja, recaia sobre elementos objetivos (*v.g.*, qualidades e características essenciais da pessoa ou do objeto).

A legislação que regula a compra e venda não impõe critério de preço. Pontes de Miranda (*Tratado de Direito Privado*, t. IV, 3ª ed., p. 297) e Maria Helena Diniz (*Tratado Teórico e Prático dos Contratos*, v. I, Saraiva, 1993, p. 17), inclusive, analisando a questão específica da pretensão anulatória com relação a "erro substancial", são categóricos em afirmar que erro em relação a preço não enseja anulação do negócio, pois *não há erro substancial em comprar caro ou barato*.

Norberto de Almeida Carride refere que, para que o erro torne defeituoso, e, portanto, anulável o ato jurídico, é necessário que ele seja substancial. *Não é possível pretender a anulação de negócio jurídico invocando erro decorrente da própria negligência, imprudência ou imperícia*, devendo suportar as conseqüências. De maneira geral, *não se anulam os contratos só porque o comprador desidioso realizou um mau negócio* (*JC* 54/109) e, qualquer que seja a natureza do erro, *o declarante não poderá invocá-lo se foi devido a culpa sua* (*Vícios do Negócio Jurídico*, Saraiva, 1997, pp. 84-85).

Procedendo o alegado erro substancial de negligência grosseira e imperdoável, de falta de cautela e de prudência de parte de quem alega, ele não se põe como causa razoável para o desfazimento do negócio jurídico (*RT* 166/268, 339/170).

A doutrina refere "que somente é de se considerar o erro escusável, não afetando o negócio, quando o agente procede sem as cautelas normais, ou seja, tal que não o cometeria um indivíduo de inteligência comum" (Caio Mário da Silva Pereira, *Instituições de Direito Civil*, v. I, 10ª ed., Forense, n. 89, p. 356). Esta a orientação tradicional na doutrina brasileira, sempre acentuando que "(...) além de essencial deve o erro ser desculpável, isto é, não pode ser conseqüência da culpa ou da falta de atenção daquele que alega o erro para tentar anular o ato que praticou, para o que concorrem diversas condições, como a idade, a profissão e a experiência do agente" (Francisco Amaral, *Direito Civil Brasileiro. Introdução*, 1ª ed., Forense, p. 536). Silvio Rodrigues assim se pronuncia acerca deste aspecto: "Parece, efetivamente, impossível se imaginar que a lei possa autorizar o desfazimento de um ato jurídico, quando gerado por erro inescusável do autor da declaração. Porque, se bem que parta do pressuposto de ser o negócio jurídico ato eminentemente de vontade, o legislador prestigia sempre a boa-fé dos contratantes. De outro lado, não se poderia admitir que um erro concebido na culpa aproveitasse, pois tal idéia colidiria com o princípio da responsabilidade de quem agiu com imprudência ou imperícia" (*Dos Defeitos dos Atos Jurídicos*, v. 1, 2ª ed., Max Limonad, n. 46, p. 95, e *Curso de Direito Civil*, v. 1, 2ª ed., Max Limonad, n. 86, p. 207). Outro doutrinador, quando cuida da análise das regras que se põem importantes na solução do conflito causado por vícios de vontade, escreve que "se o erro, substancial embora, for inescusável, a declaração prevalecerá apesar de seu conflito com os elementos volitivos" (Vicente Rao, *Ato Jurídico*, 2ª tir., Max Limonad, n. 100, p. 276).

Já se demonstrou que inexiste identidade entre preço e valor, mesmo porque este último varia de acordo com inúmeros critérios, sendo dependente de vários elementos e circunstâncias.

Dentro de princípios elementares de lealdade contratual e boa-fé, é presunção *hominis* que a pessoa que pretende comprar ou vender um bem deve procurar saber o que está negociando e qual o seu valor corrente, o que se constitui em dever elementar e básico de *diligência*, o qual, *negligenciado*, caracteriza uma das modalidades de *culpa*, derivando, também, em uma segunda: a *imprudência*. Pessoas maiores, capazes, que alegam não ter diligenciado *acerca de elementos à sua disposição e alcance, de seu exclusivo interesse*, não podem argüir que agem de *boa-fé* pretendendo revisar um negócio "mau feito".

Os deveres de informação e de diligência se aplicam a elementos *objetivos* — inerentes à coisa ou à pessoa. Os elementos *subjetivos*, impressões ou previsões que cada parte projete para o futuro em relação ao destino do bem ou possível evolução de seu preço no mercado fica na esfera eminentemente pessoal, não sendo exigido que vendedor ou comprador as externe. Não se exige, ainda, que sejam prestadas informações que a outra parte pode obter pessoalmente ou de terceiros.

É da compreensão corrente e usual que, num negócio, as partes sempre buscam lucro ou, no mínimo, atender a suas conveniências, sendo absurdo esperar comportamentos paternalistas. Cabe a cada um se informar e decidir o que melhor lhe convém. Isto deriva da capacidade, e não se pode esquecer que o uso da liberdade implica em responsabilidade.

VIII — O significado do "dever de informação" no mercado de capitais

A legislação que regula o mercado de capitais taxa como ilícitas as operações que impliquem em *manipulação de mercado*, com a *criação artificial de preços*; veda, também, a utilização da "*informação privilegiada*", do *insider trading*, de origem interna da companhia e *inacessível ao público* (art. 18, II, *b*, da Lei 6.385/76).

A legislação pertinente assegura aos acionistas que estes *obtenham da companhia* o acesso a todas as informações que dizem respeito à empresa e que possam afetar os seus interesses como sócios. A empresa é obrigada por lei a divulgar balanços, balancetes e diversos outros demonstrativos contábeis, acompanhados de notas explicativas, do relatório da diretoria, do parecer dos auditores independentes e do Conselho Fiscal. Este conjunto de informações deve ser divulgado ao público, amplamente. A periodicidade é estabelecida pela CVM (arts. 4º, VI e 8º, III, da Lei 6.385/76).

Este é o chamado "dever de informação" no mercado mobiliário, *estabelecido entre a companhia e os acionistas e investidores*, não entre investidores e acionistas, sendo equivocada interpretação diversa da apresentada, pretendendo que particulares, ao negociarem suas posições, informem ao outro contratante as expectativas subjetivas e pessoais em que estão se baseando para efetuar o negócio.

Por outro lado, o conteúdo dos documentos a serem divulgados, bem como sua forma, devem abranger todos os atos e fatos importantes ocorridos durante o período, mostrar a real posição econômica da empresa, tudo com clareza e exatidão, de forma que seja possível, *aos investidores em geral e seus acionistas*, avaliar a situação atual dos negócios e as perspectivas futuras da empresa.

Deve *a empresa* informar, também, todas as decisões tomadas por assembléias gerais ordinárias ou extraordinárias e qualquer fato importante que possa afetar o preço atual ou futuro de suas ações no mercado (fatos relacionados com a gestão dos seus negócios); a informação divulgada segundo o critério legal (balanços e "fatos relevantes") possuem analogia com os *fatos "públicos e notórios"*, tornando desnecessário o debate entre as partes envolvendo temas assim divulgados, por pressuposto seu conhecimento, ou, no mínimo, seu livre acesso a qualquer das partes negociantes.

As práticas ilícitas, como o *insider trading* e a *manipulação* do mercado, não são corriqueiras, uma vez que a primeira se caracteriza através do uso de *informações internas*, que *não sejam de conhecimento público*, mas privilégio de pessoas que, dentro da companhia, estejam ocupando cargo ou posição de confiança, tendo acesso a informações restritas; a segunda se constitui na *criação de condições artificiais de demanda, oferta ou preços*, o que não se vislumbra costumeiramente, até pela circunstância da amplitude do mercado, grande quantidade de participantes e facilidade de informações, com constantes divulgações de balanços retratando as condições das empresas, dados a reduzirem, se não impossibilitarem, a prática antes referida.

IX — A aleatoriedade da cessão de créditos ou direitos "pro soluto"

Ações, sejam de companhias "abertas" ou "fechadas", são bens móveis *passíveis de alienação ou cessão*, podendo ser transferidas mesmo através de procurador (arts. 31, § 2º e 126 da Lei 6.404/76). Segundo Rubens Requião (*Curso de Direito Comercial*, v. 2, p. 27), a lei exige que a *companhia aberta*, para ser assim considerada, esteja *admitida à negociação em bolsa ou mercado de balcão*. Cita o art. 37 da lei vigente, que diz: "O estatuto da companhia fechada pode impor limitações à circulação das ações nominativas, contanto que regule minuciosamente tais limitações e *não impeça a negociação*, nem sujeite o acionista ao arbítrio dos órgãos da administração da companhia ou da maioria dos acionistas".

O art. 3º da Instrução CVM 115, de 11.4.1990, dispõe que as ações depositadas podem ser movimentadas por ordem escrita do depositante ou do procurador legalmente constituído. Assim, lícita, válida e eficaz a transferência de titularidade das ações através da cessão de direitos.

"O crédito, sendo um valor ativo no patrimônio do credor, poderá ser cedido. *A cessão de crédito é um negócio jurídico bilateral, gratuito ou oneroso, pelo qual o credor de uma obrigação* (cedente) *transfere, no todo ou em parte, a terceiro* (cessionário), *independentemente do consentimento do devedor* (cedido), *sua posição na relação obrigacional, como todos os acessórios e garantias*, salvo disposição em contrário, sem que se opere a extinção do vínculo obrigacional. Através deste negócio jurídico bilateral, o cessionário *assume a titularidade* do crédito cedido. A cessão de crédito justifica-se plenamente, pois o direito de crédito representa, sob o prisma econômico, um valor patrimonial; daí a sua *disponibilidade*, podendo ser negociado ou transferido, já que representa promessa de pagamento futuro. Pode ser, indubitavelmente, objeto de contrato, pois sempre haverá quem ofereça a ele certo valor. A moderna conceituação de obrigação, que a concebe com um vínculo pessoal entre sujeitos substituíveis, foi determinada pelo novo estilo da vida econômica, que impôs a circulação do crédito, de forma que será permitido ao credor dispor dele, realizando negócios para transferi-lo a outrem" (Maria Helena Diniz, in *Tratado Teórico e Prático dos Contratos*, v. I, Saraiva, p. 137).

A cessão *pro soluto* se dá quando houver quitação plena do débito do cedente para com o cessionário, operando-se a transferência do crédito, que inclui a exoneração do cedente. O cedente transfere seu crédito com a intenção de extinguir imediatamente uma obrigação preexistente, liberando-se dela independentemente do resgate da obrigação cedida. Assim, o cedente somente responde pela existência do crédito no momento da cessão, assumindo o cessionário o risco ou a *álea* com relação ao efetivo resgate deste crédito diante do devedor, não podendo ressarcir-se de eventual inadimplemento junto ao cedente. É, portanto, um *contrato aleatório*, sujeito à alteração das prestações pela possível ocorrência *de eventos futuros e incertos*.

O principal efeito da cessão, portanto, é transmitir para o cessionário a titularidade da relação jurídica cedida, podendo proceder com relação ao crédito como se fosse credor originário.

X — Irrevogabilidade e irretratabilidade da procuração "in rem propriam"

"Art. 1.317. É irrevogável o mandato: I — quando se tiver convencionado que o mandante não possa revogá-lo, ou for em causa própria a procuração dada."

Em *Código Civil Anotado*, de Maria Helena Diniz (3ª ed., Saraiva), segue a seguinte nota quanto ao artigo acima referido: I — Casos de irrevogabilidade do mandato. Nítida é a revogabilidade do mandato que se baseia na mútua confiança, durando enquanto esta persistir. Mas a lei apresenta alguns *casos excepcionais de sua irrevogabilidade*: a) quando houver *convenção proibindo sua revogação* pelo mandante (*RT* 516/191); b) quando a procuração for *em causa própria*, ou seja, outorgada no interesse exclusivo do mandatário (*RT* 502/66, 515/191, 237/227, 323/214, 102/110 e 124/542; *RF* 157/118 e 102/93; *AJ* 107/325 e 109/449).

Reforçando tal entendimento, Carvalho Santos (*Código Civil Interpretado*, v. XVIII, p. 317), em comentário ao art. 1.317, conceitua a procuração em causa própria — aquela em que são outorgados poderes ao procurador para administrar certo negócio como coisa sua, no seu próprio interesse, fazendo suas as vantagens do mesmo negócio.

Portanto, a irrevogabilidade do mandato em causa própria é decorrência da própria natureza do contrato. Uma vez convencionada a cláusula *in rem propriam*, está implicitamente instituída a irrevogabilidade, porque não pode existir causa própria sem a irretratabilidade do negócio ou do contrato, *cujo objeto foi cedido ou vendido ao mandatário*. O mandante, portanto, que transferiu ao mandatário, *pela venda ou pela cessão*, o negócio ou a coisa, que vai servir de objeto ao mandato, por iniciativa individual *não pode desfazer o negócio feito*, isto é, não se pode retratar dele, que *se firma em contrato validamente perfeito e acabado*.

Logo, o mandato em causa própria, insere em seu bojo contratos mais relevantes que ele, firmados em caráter irretratável. Por esta razão, os contratos fixados neste passam a ser direitos próprios do mandatário e que se excluíram ou saíram do acervo patrimonial do mandante. Efetivamente, este instrumento denominado procuração, *importa numa escritura de venda* ou *numa escritura de cessão*, a partir do momento em que o mandante ou vendedor transfere ao mandatário a propriedade da coisa ou do direito e, assim sendo, nem a morte do mandante exerce qualquer modificação em relação ao contrato concluído em vida.

De Plácido e Silva, em seu *Tratado do Mandato e Prática das Procurações*, n. 169, p. 330, discorrendo sobre a função jurídica da procuração em causa própria, assevera que *o mandato em causa própria é meio legítimo para promover a cessão de direitos* e diz: "Está fora de qualquer dúvida que o mandato em causa própria tem força de transferir e ceder toda e qualquer espécie de direito, seja pessoal ou real, valendo mesmo como instrumento capaz de transferir o domínio".

A procuração em causa própria é um misto do mandato e do contrato de venda e deve conter a permissão para a transferência ao próprio procurador mediante a transcrição legal, independente de qualquer outro pagamento ou importância, visto como o mandante já recebeu o respectivo preço com plena, geral e irrevogável quitação, e a declaração de ficar, posteriormente, o procurador dispensado de qualquer prestação de contas, especificando-se, ainda, a cessão e transferência da posse, *jus*, domínio, ação e servidões. Diz a jurisprudência:

"O mandato em causa própria não se revoga, e isso está bem claro no art. 1.317, I, do CC. A irrevogabilidade se refere não só ao próprio outorgante, como a qualquer outra causa prevista no art. 1.316 para o mandato comum. Destes motivos ali enumerados, a morte ou a interdição de uma das partes, a mudança de estado etc., *fica imune a procuração em causa própria, que constitui exceção ao mandato em geral*, revogável por sua natureza. Seria estranho que a lei desse caráter definitivo ao mandato em causa própria, e ao mesmo tempo lhe subtraísse com a revogabilidade destinada a outra espécie diferente. Não há, porém, esta revogabilidade e assim o tem entendido a jurisprudência (Supremo Tribunal, *Arq. Judiciário* 87/452; Tribunal de São Paulo, *Rev. For.* 91/455; *RT* 167/260, 188/221, 190/206, 236/454, etc.).

"Deste modo, referindo-se o CC, de passagem, no art. 1.317, I, citado, à procuração em causa própria, é claro que não quis dar-lhe apenas natureza irrevogável, como pensam alguns jurisconsultos, mas, também aquela que a tradição sempre lhe emprestou, qual a de cessão de direitos dominiais. Se este porventura não foi o pensamento do Código, a verdade é que a doutrina e a jurisprudência ampliaram o seu conteúdo, para alcançar o mencionado objetivo. Neste passo, buscou-se endossar o que a prática vem adotando, segundo aquela vetusta tradição, para transformar o mandato em causa própria *num instrumento maleável e rápido na realização dos negócios*. Atuou aqui a profunda evolução econômica da sociedade, em que a riqueza se tornou essencialmente mobiliária, fundada, sobretudo, em *títulos e ações*, cuja circulação já não se adapta às velhas fórmulas, compostas num tempo em que a riqueza tinha por base principal a propriedade imóvel. E os juristas devem obedecer a esta evolução, ainda mesmo *quantum satis* na aplicação do direito, porque o direito se faz para a vida, é elaborado para regular a atividade humana, não podendo fugir às tendências naturais e sadias dos homens. Nestas condições, é de se aceitar a corrente que confere ao mandato em causa própria o condão de transferir direitos, inclusive os reais" (ac. un. do TJ de Mato Grosso, rel. Des. Antônio de Arruda, in *RT* 262/642; *Minas Forense* 24/202).

Se a procuração em causa própria importa numa escritura de venda ou cessão, desde que a coisa é vendida ou cedida pelo mandante ao mandatário nem a morte a extingue.

O efeito do mandato em causa própria é o de atribuir ao mandatário a qualidade de dono da coisa ou do negócio, servindo o mandato como instrumento de cessão de créditos ou de direitos e de transferência da coisa vendida pelo mandante ao mandatário.

Referindo-se à debatida matéria, Gonçalves Maia (*Teoria e Prática das Procurações*, 2ª ed.) fornece elementos elucidativos, em virtude dos quais se tem como evidente a função jurídica do mandato em causa própria a de passar para o mandatário, seja como cessão ou como venda, o negócio que se mostra como o objeto do mandato: "Não há dúvida de que essa cláusula de que o procurador tratará o negócio como coisa sua, *in rem propriam*, inverte a natureza do mandato e o transforma em cessão ou venda. *O procurador é dono, por cessão ou venda.* O título suficiente da aquisição é o próprio instrumento, que por um eufemismo jurídico se chama procuração. Nem carece de outra prova o cessionário, pois, basta exibir o instrumento do mandato. E se ele é legítimo *opera por si a tradição*".

Na cessão de direitos, realizada por meio da procuração em causa própria, *a transferência dos direitos cedidos opera-se instantaneamente*, em virtude do próprio documento em que se formula a cessão.

De Plácido e Silva (ob. cit.) esclarece que, "em relação aos bens móveis, vendidos através da procuração em causa própria, a tradição deles, real ou simbólica, completa o contrato. Mas, mesmo sem esta tradição, o mandatário se investe na posição de dono deles, indo buscá-los, pelos meios legais que lhe são assinados, para que venham à sua posse e domínio" (p. 515).

O Código Civil brasileiro, no seu Capítulo IV do Livro III, consigna os dispositivos referentes à forma dos atos jurídicos e sua prova. O art. 136 do CC dispõe que: "*Os atos jurídicos, a que não se impõe forma especial, poderão provar-se mediante: III — documentos públicos ou particulares*". O art. 131 do CC dispõe que "*As declarações constantes de documentos assinados presumem-se verdadeiras em relação aos signatários*". O art. 134 do CC, em seu parágrafo único, estabelece que "*A escritura pública lavrada em notas de tabelião é documento dotado de fé pública, fazendo prova plena, e além de outros requisitos previstos em lei especial deve conter: d) manifestação da vontade das partes e dos intervenientes*". O art. 364 do CPC refere: "*O documento público faz prova não só da sua formação, mas também dos fatos que o escrivão, o tabelião, ou o funcionário declarar que ocorreram em sua presença*". O art. 334, IV, do CPC, esclarece que "*não dependem de prova os fatos em cujo favor milita presunção legal de existência ou veracidade*".

O contrato pactuado é claro em suas disposições, transparente em sua extensão e cristalino quanto à intenção das partes, formalmente perfeito e fazendo prova plena quanto à sua existência, validade e eficácia.

Ressalte-se que art. 685 do Projeto do novo Código Civil brasileiro recentemente aprovado pelo Senado Federal (Ed. Oliveira Mendes, 1998, organizado por Juarez de Oliveira e Antônio Cláudio Costa Machado) dispõe: "Conferido mandato com a cláusula 'em causa própria', a sua revogação não terá eficácia, nem se extinguirá pela morte de qualquer das partes, ficando o mandatário dispensado de prestar contas, e podendo transferir para si os bens móveis ou imóveis objeto do mandato, obedecidas as formalidades legais".

Nota-se que a redação recepciona o entendimento jurisprudencial que já se consolidara na interpretação do art. 1.317 do CC, inclusive reconhecendo que o objeto do mandato em causa própria não é a outorga de poderes para a representação do interesse do mandante, mas sim a transferência de bens móveis ou imóveis, em nome e proveito do outorgado, o qual, através do "mandato em causa própria", adquire a titularidade dos mesmos. Mantido, portanto, o tipo contratual e suas conseqüências legais.

O Professor Silvio Rodrigues doutrina: "Através da cláusula de irrevogabilidade assume o mandante uma obrigação de não-fazer, cujo conteúdo é não revogar o mandato. Se o revoga, descumpre a obrigação. Qual a conseqüência de seu ato? Uma opinião que colhe muitos aplausos tanto na doutrina como na jurisprudência é a que admite a revogação, ficando o inadimplente sujeito a perdas e danos. A outra, em sentido contrário, entende que o ato de revogação deve ser considerado nenhum. Esta a lição de Beviláqua. Diz ele que o mandante que concedeu procuração irrevogável "(...) não contraiu, simplesmente, a obrigação de não revogar; renunciou à faculdade de revogar. E a conseqüência é que: a) Demitiu de si o poder de executar o negócio, que faz objeto do mandato. b) Não o poderá readquirir por ato unilateral. Será indispensável acordo com o mandatário. c) Não tendo havido um acordo, o mandatário tem ação para anular o ato, que somente ele podia executar". Esta última é a opinião que data vênia me parece justa. A solução das perdas e danos só deve ser admitida quando a execução direita for impossível, quando lesar direitos de terceiros de boa-fé, ou quando implicar constrangimento físico à pessoa do devedor. Pois, muito imperfeito seria o Direito das Obrigações se desse sempre alforria ao inadimplente, mediante a paga de indenização" (*Direito Civil*, v. III, 4ª ed., Saraiva, 1972).

A *renúncia* é conceituada na doutrina civil como *forma de extinção subjetiva de direitos*. É ato unilateral, independente do concurso de outrem, através do qual o titular abandona direito seu que envolve um interesse meramente privado (Caio Mário da Silva Pereira, *Instituições*, v. I, 5ª ed., Forense, pp. 409-410). Fato pelo qual o titular do direito declara a vontade de se desfazer ou de não aceitar o direito, a renúncia *é ato unilateral e irrevogável*, podendo mesmo resultar de manifestações tácitas de vontade que sejam unívocas (Orlando Gomes, *Introdução*, 7ª ed., Saraiva, p. 215). Veja-se que constava expressamente no instrumento público de procuração que materializou a cessão de direitos a isenção da prestação de contas e sua irrevogabilidade e irretratabilidade.

Não bastasse isto, temos declarado, no instrumento de cessão, de que o outorgante já recebera o valor do título do outorgado, o que implica em quitação. *Como ato jurídico, a quitação tem dupla função de provar o pagamento (com o que se extingue a obrigação) e, como conseqüência lógica, liberar definitivamente o devedor*. É o que diz Álvaro Villaça Azevedo: "prova-se o pagamento pela quitação, que libera o devedor do vínculo obrigacional que o prendia ao credor" (*Teoria Geral das Obrigações*, José Bushatsky, 1973, p. 193). Orlando Gomes, ao pronunciar-se sobre os efeitos jurídicos do pagamento e da quitação leciona: "Se o pagamento extingue definitivamente a relação jurídica obrigacional, a quitação libera completamente o devedor, denominando-se plena ou total" (*Obrigações*, Forense, 1972, p. 129). O art. 1.093 do CC é expresso ao dispor que *a quitação é válida qualquer que seja a sua forma*.

XI — Algumas informações sobre a mecânica de transferência de ações na CLC

A Câmara de Liquidação de Custódia (CLC) é uma sociedade anônima constituída em 1990 pela Bolsa de Valores do Rio de Janeiro, obedecendo a determinação emanada do Conselho Monetário Nacional (CMN), com o fim de prestação de serviços de *compensação e liquidação* de operações realizadas em Bolsas de Valores, bem como os serviços de *custódia fungível* de títulos e valores mobiliários.

A determinação antes referida está expressa no art. 74 da Resolução CMN 1.656/89, que alterou a prestação dos mencionados serviços, conferidos anteriormente às próprias Bolsas de Valores, nos termos do art. 293 da Lei 6.404/76 e da antiga Resolução CMN 922/84.

Em vista do referido, as ações ingressam no sistema como valores fungíveis, sendo assim negociadas em Bolsa. Deste modo, os investidores titulares das ações passam a não mais possuir títulos identificados por número de certificado, mas apenas *quantidades de ações*, independentemente da numeração e sem mais qualquer vínculo com esses certificados.

Para seu ingresso na CLC, as ações têm de ser "bloqueadas" pela empresa emissora, sem o que inocorre a transferência; é por isto que a legislação societária em vigor dispõe que é de exclusiva competência e responsabilidade da empresa emissora a verificação da regularidade das transferências, respondendo pelos prejuízos causados por *vícios e irregularidades* ocorridas no Livros de Registros de Ações Escriturais.

As ações que ingressam regularmente no sistema de custódia fungível (através de ordem do titular das ações ou mediante procurador devidamente habilitado, com "aval" da empresa emissora ou gerenciadora, que efetua o bloqueio), nele se diluem e, uma vez "zerada" a posição acionária do "depositante", considera-se efetuada a transferência da titularidade a terceiro. Esgotado aquele procedimento, à empresa emissora das ações incumbe então, uma vez instada pelo legítimo adquirente, averbar a alteração de titularidade em seus registros.

O bloqueio das ações e seu ingresso na custódia da CLC pressupõe regular e válido o processo de transferência e, efetuada a negociação no âmbito daquela, a companhia emissora e o acionista "depositante" têm o dever legal de honrar a operação diante do terceiro adquirente, efetuando os registros pertinentes.

O art. 3º da Instrução CVM 115, de 11.4.1990, dispõe que as ações depositadas somente podem ser movimentadas por ordem escrita do depositante ou do procurador legalmente constituído. Deste modo, derivando de procurador habilitado (ou cessionário) a ordem de transferência é lícita, válida e regular, devendo ser acatada pela CLC e averbada pela companhia emissora.

Esta a dinâmica do mercado bursátil, e, aquele que incidindo em qualquer das modalidades de culpa gerar impedimentos à normal tramitação dos negócios responde pelas perdas e danos a que der causa.

XII — Conclusão

Ao término de toda a exposição, nota-se que ações, sejam de companhias "abertas" (admitidas à negociação em bolsa ou mercado de balcão) ou "fechadas" (o art. 37 da Lei 6.404/76 veda impedimentos à negociação através do estatuto da companhia, podendo ser limitada apenas sua circulação) são bens móveis passíveis de alienação ou cessão, podendo ser transferidas mesmo através de procurador (arts. 31, § 2º e 126 da Lei 6.404/76).

O art. 100, § 1º da Lei 6.404/76 especifica que qualquer pessoa pode ter acesso aos assentamentos constantes no livro de registro de ações nominativas, tendo os mesmo *caráter público*, segundo doutrina de Modesto Carvalhosa (*Comentários à Lei das S/A*, v. II, Saraiva, 1997, n. 209), não podendo, então, ser considerada informação privilegiada o acesso às mesmas, por sua caracterização reclamar o *uso de informações não publicadas*, conforme assevera o Desembargador Araken de Assis, do Tribunal de Justiça do Rio Grande do Sul, no acórdão do AI 597.160.936.

A instabilidade é uma constante no mercado de capitais. O conhecimento econômico e suas técnicas de avaliação, gerenciamento e administração permitem, em condições normais, uma probabilidade maior de acerto nas decisões e resultados, mas não têm o poder de afastar a presença de riscos. No máximo, os diminui.

Segundo o princípio de que o que legitima o lucro é o risco, pode-se dizer que, nestas operações de alto risco, onde pode haver variação negativa ou perda do principal aplicado, margens grandes de lucro se justificam, e, até mesmo, se fazem necessárias para gerar motivação no investidor. Não há como se interpretar como dolosa a obtenção de grande lucratividade através da assunção de riscos elevados. Já dizia Fernando Pessoa: "Deus ao mar, o perigo e abismo deu, mas nele, é que espelhou o céu".

O referido potencial de ganho ou perda configura a aleatoriedade das operações envolvendo ações, e esta aleatoriedade repercute na definição jurídica dos contratos de venda ou cessão onerosa que as tem por objeto, impossibilitando sua rescisão por "lesão" ou "quebra de comutatividade". Erro quanto a preço também não permite a anulação, uma vez que este não é tido como elemento substancial, por possuir caráter subjetivo e não se referir a qualidades ou características essenciais à pessoa ou objeto.

Elemento essencial do contrato é saber quem está vendendo ou cedendo, para quem se está a vender ou ceder, o que está sendo vendido ou cedido e o preço pelo qual está se fechando o negócio.

A "justiça" do preço deve ser arbitrada pelas partes (segundo suas conveniências pessoais e circunstâncias particulares e de mercado), a quem incumbe, por dever básico de diligência (que, negligenciado, gera culpa), buscar informações junto a quem tem o dever de prestá-las (a companhia) e a assessoria de profissionais habilitados (corretores e advogados).

Inexiste equivalência entre valor patrimonial dos ativos e preço de mercado, muito menos quando o negócio envolver ativos de companhia de capital fechado sem direito a voto, pois, além do risco normal da oscilação das cotações, há o risco adicional de que os ativos nem mesmo venham a ingressar no mercado organizado, onde há maior procura e efetiva liquidez.

Sendo flutuantes as cotações dos ativos, a única *referência* de preço que se pode pretender numa compra e venda ou cessão onerosa, é com a cotação de mercado para quantidade idêntica de ações de mesma companhia e de igual natureza, na mesma data, horário e mercado em que se deu a operação em contraste. Não há comutatividade segura e nem tampouco há a obrigatoriedade de contratar se não houver convergência de critérios e interesses. É a lei da oferta e da procura que vai ditar as regras e os agentes econômicos vão se posicionar, dentro destas regras, de acordo com suas conveniências.

Assim, volta-se ao início do trabalho para concluir que o país, em sua Constituição Federal, expressou opções políticas e econômicas — constitui-se num Estado Democrático de Direito que estimula a livre iniciativa — que geram legítimas expectativas e cobram atitudes coerentes do Estado e das partes contratantes.

No Estado de Direito, o que a lei não veda é lícito, e os agentes econômicos se conduzem, dentro da lei, na busca e consolidação de seus interesses particulares. A liberdade traz deveres, e cada parte, como juiz de suas conveniências e interesses, deve agir com diligência e buscar os dados e informações que lhe possibilitem decidir de forma adequada e coerente com seus objetivos.

Efetuado negócio jurídico de cessão onerosa de direitos, instrumentalizado através de instrumento público de procuração, firmado em caráter irrevogável e irretratável, com poderes "em causa própria", instrumento hábil para a movimentação das ações junto à empresa emissora e ao órgão custodiante, válida e regular a transferência dos ativos para terceiros, devendo ser honrada pelo "outorgante" e pela companhia emissora.

A discussão quanto à ocorrência de vícios de consentimento não pode afetar terceiros de boa-fé e necessita prova cabal, respondendo o cedente, na sua ausência, pelas perdas e danos a que der causa.

Porto Alegre, 4 de dezembro de 1999

Bibliografia

AMARAL, Alcides S. Artigo publicado na seção Opinião da *Gazeta Mercantil*, de 12.9.1997, sob o título "As lições de agosto", p. A-3.

AMARAL, Francisco. *Direito Civil Brasileiro. Introdução*. 1ª ed., Forense.

AZEVEDO, Álvaro Villaça. *Teoria Geral das Obrigações*. José Bushatsky Editor, 1973.

ASSIS, Araken de. Desembargador do Tribunal de Justiça do Rio Grande do Sul, acórdão do AI 597.160.936.

BRUNA, Sérgio Varella. *O Poder Econômico e a Conceituação de Abuso em seu Exercício*. Ed. RT, 1997.

CARVALHOSA, Modesto. *Comentários à Lei das S/A*. V. II, Saraiva, 1997.

CARRIDE, Norberto de Almeida. *Vícios do Negócio Jurídico*. Saraiva, 1997.

COSTA, Fernando Nogueira da. Artigo publicado na seção Opinião da *Gazeta Mercantil*, de 11.11.1997, sob o título "Deflação de ativos", p. A-3.

DINIZ, Maria Helena. *Tratado Teórico e Prático dos Contratos*. Vol. 1, Saraiva, 1993.

———. *Código Civil Anotado*. 3ª ed., Saraiva, 1997.

FERREIRA, Alcides e HORITA, Nilton. *A História do Mercado Futuro no Brasil*. Cultura Editores Associados, 1996.

Gazeta Mercantil, 22.8.1997, p. B-10, informes sobre o mercado de ações.

GOMES, Orlando. *Introdução*. 7ª ed., Forense, 1983.

———. *Contratos*. 9ª ed., Forense, 1983.

———. *Obrigações*. 8ª ed., Forense, 1986.

KANDIR, Antônio. Texto sobre "Modernização, estabilização, governabilidade e reformas", inserido no livro *O Caminho do Desenvolvimento — Do Brasil Hiperinflacionário ao Brasil Competitivo e Solidário*. Atlas, 1998.

KIRSTEN, José Tiacci. "Metodologia quantitativa na pesquisa econômica: a estatística e a econometria", texto do *Manual de Economia*, Saraiva, 1997, orgs. PINHO, Diva Benevides e VASCONCELLOS, Marco Antônio S. de.

MIRANDA, Pontes de. *Tratado de Direito Privado*. T. IV, 3ª ed., Borsói.

MONDIN, Battista. *O Homem, Quem É Ele? Elementos de Antropologia Filosófica*. 2ª ed., Paulinas, 1982.

Publicação do Comitê de Divulgação do Mercado de Capitais e da Comissão Nacional de Bolsa de Valores. *Introdução ao Mercado de Ações*. 1983.

PINHO, Carlos Marques. "Metodologia da Ciência Econômica", artigo inserto no *Manual de Economia*, Saraiva, 1997, orgs. PINHO, Diva Benevides e VASCONCELLOS, Marco Antônio S. de.

PEREIRA, Caio Mário da Silva. *Instituições de Direito Civil*. V. III, 4ª ed., Forense, 1978.

———. *Instituições de Direito Civil*. V. I, 10ª ed., Forense, 1978.

PINTO, Carlos Alberto da Mota. *Teoria Geral do Direito Civil*. 3ª ed., Coimbra, 1998.

Projeto do novo Código Civil Brasileiro, aprovado pelo Senado Federal, Ed. Oliveira Mendes, 1998, org. OLIVEIRA, Juarez de e MACHADO, Antônio Cláudio Costa.

RAZZIERI, Juarez Alexandre Baldini. "Sistema de preços numa economia de mercado", in *Manual de Economia*, Saraiva, 1997, orgs. PINHO, Diva Benevides e VASCONCELLOS, Marco Antônio S. de.

RAO, Vicente. *Ato Jurídico*. 2ª tir., Max Limonad.

REQUIÃO, Rubens. *Curso de Direito Comercial*. V. 2, 18ª ed., Saraiva.

RT 166/268, 339/170, 502/66, 515/191, 237/227, 323/214, 102/110, 124/542, 516/191, 167/260, 188/221, 190/206, 236/454, 262/642.

RODRIGUES, Silvio. *Direito Civil*. V. III, 4ª ed., Saraiva.

———. *Dos Defeitos dos Atos Jurídicos*. V. 1, 2ª ed., Max Limonad.

———. *Curso de Direito Civil*. V. 1, 2ª ed., Max Limonad.

STREBEL, Paul. *Breakpoints*. Trad. Vidal Varella Filho, Atlas, 1993.

SOROS, George. *A Alquimia das Finanças*. Trad. Mary Amazonas Leite de Barros, Nova Fronteira, 1994.

SANTOS, Carvalho. *Código Civil Interpretado*. V. XVIII, Max Limonad.

SILVA, De Plácido e. *Tratado do Mandato e Prática das Procurações*. Forense, 1989.

THUROW, Lester. *O Futuro do Capitalismo — Como as Forças Econômicas Moldam o Mundo de Amanhã*. Rocco, 1997.

Jurisprudência Comentada

A PRISÃO CIVIL DO DEPOSITÁRIO HAVIDO POR INFIEL

Comentários de

HAROLDO MALHEIROS DUCLERC VERÇOSA

ao acórdão do "habeas corpus" 174.687.5/8-00-SP

Voto n. 7.743

"Habeas corpus" 174.687.5/8-00, de São Paulo

Impte.: Luiz Antônio Caldeira Miretti

Paciente: Fernando Celso Bueno

Prisão Civil. Depositário havido por infiel. Necessidade de interpretação restrita dos preceitos, em razão da excepcionalidade da constrição à liberdade de ir e vir, na regulamentação vigorante. Inexistência de norma infraconstitucional que especifique e regulamente a imaginada prisão do depositário judicial. Integração do Pacto de São José da Costa Rica (Decreto n. 678/92), no sistema protetivo dos direitos individuais, estabelecido na Constituição da República. Dissenso dos julgados. Entendimento, de outra sorte, de que o aludido pacto revogou a norma geral do artigo 1.287, do Código Civil. Quebra, ainda, do denominado princípio da razoabilidade. Ordem concedida, por falta de justa causa para a prisão, com determinação.

Vistos, relatados e discutidos estes autos de *habeas corpus* n. 174.687.5/8-00, da Comarca de São Paulo, em que é impetrante Luiz Antônio Caldeira Miretti, sendo paciente Fernando Celso Bueno:

Acordam em 7ª Câmara, de Direito Público, do Tribunal de Justiça, do Estado de São Paulo, por votação unânime, conceder a ordem, com determinação.

O advogado Luiz Antônio Caldeira Miretti impetrou ordem de *habeas corpus*, em favor de Fernando Celso Bueno, apontando como pretensa autoridade coatora a MM. Juíza de Direito Auxiliar, do Serviço Anexo, das Fazendas Públicas, da Comarca de Cotia, por r. ato, nascente no processo de execução fiscal n. 6.423/95. Deduziu pedido de mandado liminar. Afirma, em síntese, que o paciente exerce a função de diretor da empresa Máquinas Ferdinand Vaders S/A, empresa executada, na ação de execução fiscal, movida pela Fazenda do Estado de São Paulo, relativa ao ICMS, do período de junho de 1995. Diz que, após a citação, se ofereceu, em garantia, máquina fresadora, ficando como depositário do bem, Richard Christian Vaders, também diretor da mencionada empresa. Foi aceito pela exeqüente. Levado a leilão, restou ele negativo. Pondera que, diante dos leilões negativos, se determinou a substituição da penhora, por dez por cento do faturamento líquido da empresa, "lavrado pelo Oficial de Justiça do D. juízo, datado de 27 de julho de 1998, *no qual não houve aceitação e nem consta qualquer assinatura de representante da Executada para o encargo de depositário*" (fls. 4, grifos no original). Reitera que o paciente jamais esteve na situação jurídica de depositário. Assere que: "Apesar dos vícios e irregularidades existentes no feito de primeiro grau, conforme já demonstrado, e da clareza meridiana que a situação presente evidencia, a Executada instalada pelo D. Juízo de primeiro grau a comprovar os depósitos referentes aos meses de agosto a dezembro de 1998 e de janeiro a março de 1999, manifestou-se através da petição de fls. 48/49 (cópia anexa, doc. 10) protocolizada em 17.5.1999, no sentido de que *não houve qualquer resultado positivo no período exigido* e que, portanto ficou impossibilitada de efetuar qualquer depósito, primeiro *por ser incabível penhora sobre renda líquida mensal que é algo incerto e indeterminado, na conformidade da já pacificada jurisprudência do E. Superior Tribunal de Justiça*, e segundo *porque não houve renda líquida*" (fls. 7). Assegura que se ofereceu outro bem, para garantia da execução; sem manifestação da exeqüente e decisão do DD. Juízo. Depois, juntou-se aos autos balancetes mensais, com pedido de reiteração do oferecimento do bem apresentado. Observa que a MM. Juíza de Direito, da causa, além de não fundamentar a decisão, "praticou ato coator com constrangimento ilegal" (fls. 9). Invoca o artigo 125, inciso I, do Código de Processo Civil, "*que assegura às partes igualdade de tratamento pelo Juiz que dirige o processo*, pois a conduta da D. Juíza, ao exarar seu *entendimento*, se reveste de substituta da D. Procuradoria da exeqüente, que não se manifestou em momento algum sobre a oferta feita pela executada" (fls. 11, grifo no original). Menciona julgados, a seu favor. Daí, pedir o quanto segue: "(...) seja concedida *liminar* para que seja determinada *a imediata expedição de contra-mandado de prisão a favor do paciente, bem como a pronta suspensão da ação de execução fiscal de n. 6.423/95 em trâmite perante o Juízo do Serviço Anexo das Fazendas Públicas da Comarca de Cotia-SP e a conseqüente e posterior concessão da ordem em definitivo mantendo-se a liminar concedida*" (fls. 16/7, grifos no original) (fls. 2/17).

Cópias reprográficas de peças processuais escoltam o pedido (fls. 17/68).

O ilustre 4º Vice-Presidente do Tribunal de Justiça concedeu ordem liminar, determinando a expedição de contramandado de prisão (fls. 70/1). Requisitaram-se informações (fls. 73). Vieram (fls. 78/9).

A douta Procuradoria-Geral de Justiça exarou parecer pela concessão da ordem (fls. 81/4).

É o relatório, em síntese.

Com pontualidade, decidiu o 4º Vice-Presidente: "Trata-se de *habeas corpus* impetrado em favor de Fernando Celso Bueno, que teve sua prisão civil decretada, como sendo depositário infiel em execução fiscal promovida em face de empresa da qual é administrador. Alega que não aceitou o encargo de depositário da penhora, feita, ilegalmente, em substituição a penhora de máquina que, levada a leilão, não foi alienada, consistente na constrição de 10% do faturamento mensal da devedora. Defiro a liminar, pois presentes os requisitos legais. Em primeiro lugar, pelos documentos juntados o paciente não aceitou o encargo de depositário, ao qual não pode ser compelido, em princípio; em segundo lugar, porque afigura-se ilegal a prisão, uma vez que não demonstrado, ao que consta destes autos, ter havido parcela de receita a recolher, mas, ao revés, consta indício de que a empresa, no período acumulou prejuízo e, em terceiro lugar, porque para tornar possível a penhora sobre o faturamento, indispensável a nomeação de administrador, como determina o artigo 677 do CPC" (fls. 70/1).

Já, a douta Procuradoria-Geral de Justiça assentou: "A ordem há de ser concedida. (...). Saliente-se, ainda, que pelas disposições do § 1º do artigo 1º da Lei de Execução Fiscal e artigo 677 do Código de Processo Civil, excepcionalmente, a penhora deverá recair em estabelecimentos comerciais e, quando tal ocorrer, é necessário a nomeação de depositário para que apresente em dez dias a forma de administração. Ao que se constata, tais disposições não foram atendidas no caso presente, determinando-se a prisão do paciente como se depositário infiel fosse. (...). Assim, não tendo o paciente aceitado o encargo de depositário, estando demonstrado que não houve resultado financeiro positivo sobre qual recaiu a penhora e tendo a executada oferecido bem em substituição, não poderia decretar-se-lhe a prisão civil sob pena de configurar-se coação ilegal" (fls. 82/4).

Tais ponderações emergem bastantes, para conceder-se a ordem.

Não é só, porém. A prisão do depositário infiel consiste em tema exigente de maior análise. Hoje, assere-se que: "A prisão civil do depositário infiel tem previsão constitucional (art. 5º, LXVII, parte final, CF de 1988), no Código Civil (art. 1.287) e no Código de Processo Civil (arts. 902, § 1º, e 904, parágrafo único). Pode ser decretada no próprio processo de execução em que se constituiu o encargo, independentemente de ação de depósito (Súmula 619, STF). Tem sido admitida na doutrina e na jurisprudência. Contudo, têm-se levantado algumas vozes contrárias à possibilidade de se decretar a prisão civil do depositário, máxime quando há apenas um contrato de depósito por ficção (caso da alienação fiduciária do Decreto-lei 911/69). Isto porque, a partir do Decreto Presidencial 592/92, de 6.7.1992, passou a integrar nosso sistema jurídico o *Pacto Internacional de Direitos Civis e Políticos (1966)*, que, em seu art. 11, dispõe: *Ninguém poderá ser preso apenas por não poder cumprir com uma obrigação contratual*. Com a edição do Decreto 678/92 (*DOU* de 9.11.1992), também passou a integrar nosso sistema jurídico a *Convenção Americana Sobre Direitos Humanos (Pacto de San José da Costa Rica)*, que tem a seguinte disposição no seu art. 7º, § 7º: 'Ninguém deve ser detido por dívidas. Este princípio não limita os mandados de autoridade judiciária competente expedidos em virtude de inadimplemento de obrigação alimentar'". Na seqüência, afirmou-se que: "Como há entendimento de que o eventual conflito entre tratados ou convenções internacionais e as leis infraconstitucionais resolve-se pelo princípio *lex posterior derogat priori* (v. também art. 98 do CTN), toda a legislação anterior a 1992, que trata da prisão civil do depositário infiel, estaria revogada. Restaria, tão-somente, a Lei 8.866/94, que, por ser posterior, estaria em vigor, embora com as suspensões dos §§ 2º e 3º do art. 4º determinadas liminarmente pelo STF na ADIn 892-7". E, se concluiu — com a devida licença — *enganosamente*: "Quando, no entanto, a condição de depositário infiel é típica (caso de *depositário judicial* de bens penhorados no processo de execução), admite-se a prisão civil, até porque não se trata de descumprimento de *obrigação contratual* ou de prisão por *dívida*, proibida expressamente pela CF de 1988, mas de um meio de coerção, constitucionalmente previsto, para compelir alguém (devedor ou não) a restaurar a garantia do processo de execução, defraudada pela prática de um ato atentatório à dignidade da Justiça. Tanto não é prisão por dívida que esta subsiste, mesmo cumprido todo o prazo máximo da medida coercitiva. O depositário responde pelo bem penhorado e não pela dívida (...)" (Manoel Álvares, Maury Ângelo Bottesini, Odmir Fernandes, Ricardo Cunha Chimenti e Carlos Henrique Abrão, *Lei de Execução Fiscal comentada e anotada*, 2ª ed., São Paulo, Ed. RT, 1997, § 22.6, pp. 191/2; os grifos são do autor).

É preciso repetir e mais outra vez: *não se cuida de depósito, derivado de contrato*; *nem de depósito necessário*; *todas hipóteses nascentes no Código Civil* (arts. 1.265 a 1.281 e 1.282 a 1.287). O depósito, aqui, se *rege pelo Código de Processo Civil* (arts. 139; 148 a 150; 666; 672, § 1º; 677 e 678; 690, § 1º, n. III; 733; 824 e 825; 858 e 859; 919; e 1.145, § 1º). *Mandamentos processuais não aludem à prisão*. Não se aplica ao depositário de bem penhorado, arrestado ou seqüestrado — por exemplo — os preceitos referentes à *ação de depósito* (arts. 901 a 906, do Código de Processo Civil).

O estado de privação de liberdade de locomoção desponta como *exceção, no sistema jurídico, assim, forçando à interpretação restrita dos preceitos.* É preciso, sempre, não esquecer de que a intangibilidade dos valores da pessoa humana consiste em princípio geral de direito; que se fez, na Lei Maior, princípio fundamental (art. 1º, inc. III). Daí, as hipóteses de prisão necessitarem despontar induvidosas, também. *Previstas, assim, de modo ostensivo na legislação ordinária, com apontamento dos pressupostos específicos, evitantes do mero arbítrio.*

Já se observou: "(...) *o certo é que inexiste na regulamentação legal do depósito judicial qualquer dispositivo que regule ou autorize a prisão civil do depositário.* A previsão contida na Constituição é genérica e excepcional. E, como é lógico, e aliás se acha expresso no texto da própria Carta Magna, ninguém será privado da liberdade ou de seus bens sem o *devido processo legal* (art. 5º, n. LIV). Na regulamentação do direito material, a prisão do depositário é prevista apenas para o contrato de depósito e o depósito necessário, situações típicas de direito privado (Código Civil, art. 1.287). Na lei processual, por outro lado, só há regulamentação ou autorização da prisão de depositário, como conseqüência ou efeito da sentença na ação de depósito (CPC, art. 904, parágrafo único)" (Humberto Theodoro Júnior, *Processo de Execução*, 18ª ed., São Paulo, LEUD, 1997, p. 364; grifos são do autor e nossos).

Não se há de esquecer de que a situação jurídica do depositário infiel viu-se ignorar em outro diploma, ferindo os demais (art. 7º, n. 7, do Decreto 678, de 6 de novembro de 1992).

Já se decidiu, por isso, que "(...) a excepcionalidade da prisão civil por dívida é limitada aos casos em que está em perigo um valor superior ao próprio valor da liberdade, ou seja, o direito à vida, nos casos de obrigação alimentícia e o respeito à confiança e a boa-fé empenhadas na guarda de coisa alheia, nos casos de depositário infiel" (*habeas corpus* 544.695/7, 1º Tribunal de Alçada Civil, rel. Juiz Jacobina Rabello). *Não englobando a hipótese de o próprio devedor assumir a função processual de depositário, de bem ou direito próprio (arts. 665, n. IV e 666, "caput", do Código de Processo Civil).* Ainda e com pontualidade, assentou-se em outro aresto: "(...) Assim, difícil contrariar-se a tese da impossibilidade de prisão civil por dívida (ou, até mesmo pelo não cumprimento de obrigação contratual), exceção feita aos inadimplementos de débitos alimentários, podendo-se, até, diante de todo o exposto, discutir-se sobre ter continuado eficaz a previsão constitucional (art. 5º, LXVII), que fala de outros casos de prisão civil de depositário infiel, após o advento dos referidos dispositivos (também constitucionais), trazidos pelos citados tratados internacionais" (*habeas corpus* 674.380/2, 1º Tribunal de Alçada Civil, rel. Juiz Antônio Carlos Malheiros; há referência, também, ao art. 11, do Decreto 592, de 6 de julho de 1992, que ratificou o "Pacto Internacional sobre Direitos Civis e Políticos", de 1966).

Note-se que o aludido Pacto de São José da Costa Rica não se constitui em lei ordinária — sujeita à regra *lex posterior derogat priori* —, ou continente de normas infraconstitucionais. *Ele integra o conjunto de preceitos constitucionais, pertinentes aos direitos e garantias individuais e com eles precisa ser compatibilizado.* O rol, emergente nos incisos do artigo 5º da Lei Maior, jamais exibe *numerus clausus*. Com efeito: "Os direitos e garantias expressos — na Constituição — não excluem outros decorrentes do regime e dos princípios por elas adotados, *ou dos tratados internacionais em que a República Federativa do Brasil seja parte*" (art. 5º, § 2º; o grifo é nosso). Vale assentar: o referido tratado ganha nível constitucional; hierarquia, que lhe nasce da matéria: direitos humanos.

Ao analisar o dissenso, no Supremo Tribunal Federal, assentou-se: "Já ao decidir o *habeas corpus* 74.383-MG, a 2ª Turma do STF, também por maioria, acabou por acompanhar o exaltado, porém acurado voto do Min. Francisco Rezek, atual Juiz da Corte Internacional de Justiça, que não escondendo sua perplexidade diante da decisão do plenário já referida, salientou: 'Mas, num país de tantos surrealismos, inventa-se um dia a tese de que determinados devedores são *depositários infiéis*, para que o credor possa prendê-los, para que o meio de forçar a solução de uma dívida civil seja o mecanismo criminal do encarceramento. Inventa-se dizer que os devedores, em caso como o da alienação fiduciária em garantia e do penhor rural (hipóteses bíblicas de dívida) são *depositários infiéis*'. Destacou Rezek em seu voto vencedor o que parece mais que óbvio: o inciso LXVII do art. 5º da Constituição 'permite que o legislador ordinário discipline a prisão do *alimentante omisso* e do *depositário infiel*. Permite, não obriga. O constituinte não diz: prenda-se o depositário infiel. Ele diz é possível legislar nesse sentido' (grifo no original). O Ministro Marco Aurélio, em seu voto vencedor, concordou com a posição do Ministro Francisco Rezek, indignado, também de maneira enfática: '(...) é possível potencializar-se a nomenclatura em detrimento do fundo, do princípio da realidade? É possível entender-se que essa exceção, aberta justamente no rol das garantias constitucionais comporta o elastecimento pretendido pelo legislador ordinário? É claro que não, pois, caso contrário, a exceção deixará de ser exceção para consubstanciar-se em verdadeira regra, criando-se até mesmo, como temos hoje em dia, uma casta toda especial de credores'. Esse acórdão da 2ª Turma, se revela a profunda divergência entre os Ministros, deixa clara a tibieza da decisão majoritária do Plenário, cujos argumentos não se sustentam, causando a penosa impressão de favorecimento da *casta especial de credores* a que se referiu o Ministro Marco Aurélio e refletia em outras questões importantes, como a que considera as instituições financeiras não abrangidas pela lei da usura e sim por resoluções do Conselho Monetário Nacional, bem como sobre a vigência da norma constitucional que fixa os juros em 12% ao ano, considerada como não auto-aplicável, não obstante a clareza do dispositivo e a tradição jurídica brasileira sobre a matéria, que o Código Comercial, de 1850, já registra e cuja continuidade foi assegurada pelo Código Civil, de 1916, e pela Lei de Usura, de 1933, a demonstrar princípio que a nação procurou preservar incluindo-o até na Constituição, mas ignorado pelo Supremo Tribunal Federal, por ela incumbido de interpretá-la e defendê-la. A análise do acórdão da 2ª Turma permite concluir, com o Ministro Francisco Rezek, que a *Constituição não determina a prisão do depositário infiel, mas limitando-se a permitir que a lei assim disponha*, como se verifica da redação do preceito acima transcrito. Limita-se a admitir que a lei ordinária imponha e regule a prisão do depositário infiel, o que era feito pelo art. 1.287 do Código Civil, pelo Decreto-lei 911/69 e pela Lei 8.866/94. *Tais leis, portanto, quando editadas, não padeciam de inconstitucionalidade, pois a Constituição autorizava a prisão do depositário infiel. Com a ratificação da convenção, foram revogadas*". E, prossegue a lição: "É de se lembrar, ainda, que, mesmo dispusesse a Constituição, em caráter imperativo, a prisão do depositário infiel — o que não ocorre — ainda assim haveria que se conferir validade e vigência no Brasil do dispositivo da Convenção Americana que a proíbe, *em virtude de a própria Constituição dar primazia aos direitos e garantias individuais nela previstos (art. 60, § 3º, n. IV), não excluindo outros estabelecidos em tratados internacionais ratificados pelo Brasil e, assim, de observância compulsória na ordem interna, inclusive — e sobretudo — pelo Judiciário*". Depois de transcrever o § 2º, do artigo 5º, da Lei Maior, prossegue: "Como se constata, a Constituição, nesse dispositivo, não se refere a garantias e direitos adotados em *lei*, mas a tratados internacionais que venham a consagrar direitos e garantias que nela não estejam expressos.

Sendo assim, o Pacto de São José, tendo sido ratificado pelo Brasil, e não permitindo a prisão por dívida, salvo a decorrente de obrigação alimentar, *revoga toda e qualquer lei que assim disponha, seja de caráter geral, seja especial, ou de qualquer outra natureza que se queira atribuir, por força também do § 2º do art. 5º da Constituição, de hierarquia superior à legislação ordinária*" (José Carlos de Magalhães, *A Prisão do Depositário Infiel: um Ilícito Internacional*, Ed. RT, pp. 77/86; janeiro/ 2000; grifos são nossos).

Tal entendimento não irrompe pacífico. Muitos asseveram que o mencionado pacto internacional não possui grandeza constitucional (ver *habeas corpus* 73.044, de São Paulo, 2ª Turma, do Supremo Tribunal Federal; Rel. Min. Maurício Correa). Se é assim, revogou o preceito que — de modo *equívoco, com a devida licença* — dá suposta base à prisão do depositário dito infiel (art. 1.287, do Código Civil).

Assentou a colenda 4ª Turma, do Egrégio Superior Tribunal de Justiça, por unanimidade, a 4 de março de 1999, o quanto segue: "Alienação fiduciária. Prisão civil. Não cabe a prisão civil do devedor fiduciante como depositário infiel. *O Pacto de São José da Costa Rica, aprovado pelo Brasil e introduzido no nosso ordenamento no nível de eficácia da lei ordinária, revogou a norma geral do art. 1.287 do Código Civil*, que previa a prisão do depositário infiel. Recurso conhecido pela divergência, mas improvido" (os grifos são nossos).

Importa transcrever alguns passos do venerando aresto: "3. Há ainda, um argumento mais forte. A prisão civil tem sido objeto de tratados internacionais firmados pelo Brasil. O Pacto Internacional sobre Direitos Civis e Políticos, aprovado pelo Decreto Legislativo 226, de 12.12.1991, e promulgado pelo Decreto Executivo 592, de 6.7.1992, dispõe em seu art. 11: 'Ninguém poderá ser preso apenas por não cumprir uma obrigação contratual'. O pacto de São José da Costa Rica, aprovado no Brasil e promulgado pelo Decreto Executivo 592, de 6.7.1992, reza em seu art. 7º, n. 7: 'Ninguém será detido por dívidas; este princípio não limita os mandados de autoridade judiciária competente expedidos em virtude de inadimplemento de obrigação alimentar'. O eg. Supremo Tribunal Federal 'afirmou o entendimento de que, em face da Carta Magna de 1988, persiste a constitucionalidade da prisão civil do depositário infiel em se tratando de alienação fiduciária, bem como que o Pacto de São José da Costa Rica, além de não poder contrapor-se à permissão do art. 5º, LXVII, da mesma Constituição, não derrogou, por ser norma infraconstitucional geral, as normas infraconstitucionais especiais sobre prisão civil do depositário infiel' (HC 75.306-RJ, 1ª Turma, 12.9.1997, rel. em. Ministro Moreira Alves). No plano exclusivamente infraconstitucional, observa-se que a norma geral sobre a prisão do depositário está no art. 1.287 do Código Civil, que permite compelir o depositário a restituir o bem, sob pena de prisão não excedente a um ano; o procedimento para a sua decretação está nos arts. 902 e 904 do CPC, sobre a ação de depósito. (...) O tratado internacional aprovado e promulgado no Brasil, tendo a eficácia de lei ordinária, pode revogar a lei geral. No caso, o tratado revogou a regra geral do Código Civil, retirando o suporte a que fez remissão a lei especial (Decreto-lei 911/69). Daí se conclui que, no plano da legislação ordinária, a norma vigorante sobre a prisão civil é o disposto no Pacto de São José, pois que, embora permitida constitucionalmente a prisão do depositário infiel, diante da norma permissiva do texto de 1988, a regra geral que a instituiu no país (art. 1.287 do CC) ficou derrogada pelo novo diploma (tratado aprovado), da mesma hierarquia no elenco das leis".

Na seqüência, o venerando aresto invoca e transcreve conhecido estudo. Vale, de modo igual, referir-lhe pequeno trecho: "A Constituição continua a autorizar *excepcionalmente (não obriga)*, mas *inexiste lei em vigor, no momento atual do direito positivo infraconstitucional, que comine a prisão por infidelidade depositária para ser imposta legitimamente ao responsável por qualquer modalidade de depósito.* Aquela autorização constitucional, note-se é dirigida ao legislador ordinário. E esse *vazio na normatividade infraconstitucional* mantém desfalcada a alternativa da prisão compulsiva no mecanismo da ação de depósito e da ação de apreensão de títulos do Código de Processo Civil, até que entre em vigor o art. 652 do novo CC, que repristina o art. 1.287 do atual CC. (...) O nosso raciocínio é este: a norma de caráter geral (Código Civil e de Processo Civil) é que estabeleceu a constitucionalmente autorizada *exceção da prisão civil do depositário infiel que não restitua o depósito*: as normas especiais em vigor no país não foram criadoras, nem cominadoras, mas remetentes, que apenas abeberam-se na fonte geral do direito codificado. A conclusão: *estando derrogado o art. 1.287 do CC*, que é a fonte criadora e irradiadora, inviabilizada está a prisão civil compulsiva em qualquer espécie de depósito, inclusive quanto à responsabilidade do fiduciante depositário de acordo com a lei civil, a que faz remissão o Decreto-lei 911. Ou seja, *a imposição da prisão civil ao infiel depositário encontra-se suprimida, à falta de previsão legal em vigor, conquanto seja por exceção constitucionalmente permitida (não basta a permissão)*, e tenham sido recepcionados o Decreto-lei 911 e outros diplomas legais especiais pela Constituição. Isso porque, o Pacto de São José da Costa Rica, *proclamado vigente pelo STF*, revestindo-se de eficácia para diretamente revogar lei geral anterior; *derrogou, quanto à prisão civil, a norma geral que criou e cominou* (art. 1.287 do CC de 1916 e arts. 902 e 904 do CPC de 1973)" (Paulo Restiffe Neto e Paulo Sérgio Restiffe, "Prisão civil do depositário infiel em face da derrogação do art. 1.287 do Código Civil pelo Pacto de São José da Costa Rica", em *Rev. dos Tribs.*, 756/37-52:48/9; os grifos são nossos).

Sempre com a devida vênia, no sistema vigorante, a única forma de prisão civil possível acha-se na hipótese de inadimplemento de *obrigação alimentar*, decretável por autoridade judiciária, em ato fundamentado.

Observe-se mais que a prisão traz, hoje, consigo *risco de mal grave, perigo de lesão intensa*, que pode exibir-se de *difícil reparação*. Afinal, quem se encontra sob ordem de prisão civil há de recolher-se ao cárcere. E, eles surgem poucos e repletos, mesmo para a aludida prisão, dita não-penal. Certificou-se, com muita razão: "A prisão civil por dívida pode intimidar, mas não é a solução, atualmente, em que as prisões são insuficientes, até, para conter, condignamente, elementos perigosos da sociedade. Muito menos tem capacidade física para conter, em seu recinto pernicioso, contratantes e membros de família. O dano moral ao devedor, causado por essa prisão arrasta-o à desmoralização e à quebra de direitos de sua personalidade, nutrindo coerção sem pena, no patente ilogismo mostrado por Brunetti, no curso desta obra" (Álvaro Villaça Azevedo, *Prisão Civil por Dívida*, São Paulo, Ed. RT, 1993, § 5.7, pp. 159/60).

Notável que, no direito penal, a tendência está em substituir as reprimendas privativas de liberdade — tanto que aplicadas com duração *não superior a quatro anos* — por variadas penas restritivas de direitos (art. 44, inc. I, do Código Penal, com a nova redação, que lhe deu o art. 1º, da Lei 9.714, de 25.11.1998). *Tal realidade não se deve ignorar.* Assim, a prisão, por suposta infidelidade do depositário, exibe-se fora de qualquer *proporcionalidade*, ou *razoabilidade*, como preferem outros (art. 111, da Constituição do Estado de São Paulo).

Em sintética abordagem, razoável é o que se acha conforme a razão. Faculdade, pois, da inteligência de qualquer objeto; ou, sob o ângulo pragmatista, a relação equilibrada entre os meios e os fins. *Desponta, portanto, irrazoável tudo quanto — seja limitando, seja suprimindo direito individual ou garantia — não guarda bom arri-*

mo de fato ou de direito. Ainda, o que exibe desigualdade, ou desproporção, entre meio e fim, caindo para a demasia. Daí a inafastabilidade de operar razão e proporção.

Ao se pretender *restringir direito individual* — qualquer um —, vige a regra de *legalidade estrita*. Vale assentar: deve-se julgar segundo a lei. Não se permitindo sequer a invocação de imaginada regra, que defluiria do sistema normativo. Assim, jamais solucionando em base de suposto "prudente critério", ou "prudente arbítrio". A pretexto de *fazer justiça* a umas das partes litigantes, não há, portanto, como decidir *contra lei, ou sem lei*, que fundamente a deliberação judicial constritiva.

Inexiste, pois, no caso dos autos, justa causa para ordem de prisão (art. 5º, incs. LV e LXVIII, da Constituição da República c/c art. 648, inc. I, do Código de Processo Penal).

Não é caso, nem sequer existe fundamento, de determinar-se a suspensão do processo de execução fiscal.

Posto isto, concede-se a ordem, não podendo o paciente terminar preso, pelos motivos e pela motivação da r. ordem judicial, constantes da impetração. Envie-se cópia da decisão, à MM. Juíza de Direito, que ordenou a prisão do paciente, a fim de juntar-se aos autos do mencionado processo de execução, que há de surgir curso.

Participaram do julgamento os Desembargadores Lourenço Abbá Filho (Presidente) e Guerrieri Rezende.

São Paulo, 7 de agosto de 2000

Sérgio Pitombo, Relator.

Comentários de

Haroldo Malheiros Duclerc Verçosa

A 7ª Câmara de Direito Público do Tribunal de Justiça de São Paulo, por votação unânime, concedeu *habeas corpus* quanto à pretensão de prisão civil de depositário havido por infiel. O tema tem especial relevo no campo do Direito Comercial, quando se trata de contratos de arrendamento mercantil e de alienação fiduciária. Merece exame aprofundado o voto brilhantemente proferido pelo Desembargador Sérgio Pitombo, cujos fundamentos serão esquematicamente apontados no presente comentário e que se prestam perfeitamente aos casos semelhantes no plano do direito privado.

Conforme indicado no texto sob exame, esse tipo de prisão tem sido admitida nos planos doutrinário e jurisprudencial, tendo havido entendimento contrário, nos casos de alienação fiduciária, nela se reconhecendo a existência tão-somente de um contrato de depósito por ficção.

A divergência prende-se à edição de alguns textos legais, a saber:

a) Decreto Presidencial 592, de 6.7.1992, por meio do qual o direito brasileiro veio a ser enriquecido pelo *Pacto Internacional de Direitos Civis e Políticos*, cujo art. 1º, referido no acórdão em tela diz que: "ninguém poderá ser preso apenas por não poder cumprir com uma obrigação contratual".

b) Decreto Presidencial 678, de 9.11.1992, introdutor em nosso sistema jurídico do chamado *Pacto de San José de Costa Rica*, respeitante à *Convenção Americana sobre Direitos Humanos*. Em relação a este, o art. 7º, § 7º dispõe que: "Ninguém deve ser detido por dívidas. Este princípio não limita os mandados de autoridade judiciária competente expedidos em virtude de inadimplemento de obrigação alimentar".

Na abalizada opinião do ilustre Relator, e das demais fontes por ele fartamente citadas, e contrariamente ao que muitos pensam, tais textos vieram a integrar o direito brasileiro não como leis ordinárias, mas como preceitos de natureza constitucional. É a única conclusão que se pode tirar da leitura do art. 5º, § 2º, da CF: "Os direitos e garantias expressos na Constituição não excluem outros decorrentes do regime e dos princípios por ela adotados, *ou dos tratados internacionais em que a República Federativa do Brasil seja parte*".

Somente se pode concluir do texto acima que a relação de direitos e garantias individuais presentes na Magna Carta não é taxativa, mas exemplificativa. Outros a ela podem ser acrescentados, evidentemente em coerência interna com o seu sistema, especialmente quando presentes em tratados internacionais dos quais o Brasil tenha feito parte.

No caso, a proibição de prisão civil por dívidas passou a ser tratada dentro da categoria constitucional dos direitos humanos, na opinião do douto Relator. Portanto, conciliando-se os dispositivos constitucionais diretos sobre a matéria, com aqueles presentes nos tratados internacionais em que o mesmo assunto é versado, devemos conjugar o art. 5º, LXVII da CF com as normas daqueles tratados acima mencionadas, ou seja:

a) "não haverá prisão civil por dívida, salvo a do responsável pelo inadimplemento voluntário e inescusável de obrigação alimentar e a do depositário infiel";

b) "ninguém poderá ser preso apenas por não poder cumprir com uma obrigação contratual";

c) "ninguém deve ser detido por dívidas. Este princípio não limita os mandados de autoridade judiciária competente expedidos em virtude de inadimplemento de obrigação alimentar".

Ademais, ao ver de ponderável corrente jurisprudencial, mencionada no acórdão sob exame, a norma referente ao art. 5º, inciso XLVII da Constituição Federal não seria auto-aplicável, mas dependente de lei ordinária. Foi lembrado que o Ministro Francisco Rezek, ao decidir o HC 4.383-MG, na 2ª Turma do STF, destacou que "o legislador ordinário discipline a prisão do *alimentante omisso* e do *depositário infiel*. Permite, não obriga. O constituinte não diz: prenda-se o depositário infiel. Ele diz ser possível legislar nesse sentido".

Ora, seguindo a linha de pensamento presente na decisão sob exame, o tratado internacional aprovado e promulgado no Brasil, teria revogado o art. 1.287 do Código Civil, que previa a prisão do depositário infiel. Dessa forma, inexistiria lei em vigor em tal sentido, pelo menos até a entrada em vigor do art. 652 do novo Código Civil o qual, se for o caso, terá o efeito de repristinar a norma acima mencionada.

Portanto, conclui o acórdão vertente, tendo em conta a vigência do Pacto de São José de Costa Rica, que a imposição da prisão civil ao infiel depositário está temporariamente suprida, diante da falta de previsão legal vigente, mesmo reconhecendo-se a permissão constitucional em tal sentido.

O completo teor merece atenta leitura e reflexão.

A INTEGRAÇÃO DAS BOLSAS NACIONAIS E O AUMENTO DE COMPETITIVIDADE*

CARLOS EDUARDO VERGUEIRO

1. Introdução. 2. Obstáculos para o desenvolvimento das Bolsas de Valores brasileiras: 2.1 A competição tecnológica; 2.2 Concorrência interna "vs." concorrência externa — A CPMF. 3. O panorama internacional. 4. A integração das bolsas nacionais: 4.1 Cenário anterior à integração; 4.2 O crescimento das Bolsas de São Paulo e Rio; 4.3 Os procedimentos da integração. 5. Conclusão. Apêndice: Gráfico da integração. Gráficos de participação. Bibliografia.

1. Introdução

No final de 1999, as Bolsas de Valores do Brasil anunciaram uma completa reestruturação no mercado acionário brasileiro, protagonizando um processo corajoso de integração. Essa união de forças foi capaz de eliminar obstáculos internos para o desenvolvimento das Bolsas de Valores nacionais, agregar maior liquidez aos mercados, a partir da criação de mercados especializados e de ter proporcionado o primeiro passo para a formação de um mercado único de negociação na América Latina.

Toda a operação foi realizada em um momento de forte competição exercida contra as bolsas brasileiras por parte das bolsas internacionais, cujas conseqüências foram a "fuga" de negócios e a perda de liquidez das praças brasileiras. As bolsas internacionais acenavam com custos menores (vide custo CPMF infra), maior liquidez e facilidades para a realização dos negócios. Esses fatores tendiam a tornarem-se maiores devido à competição tecnológica entre as bolsas e, também, aos processos de integrações e fusões que atualmente operam entre as bolsas internacionais.

Nesse cenário, as bolsas nacionais tomaram a iniciativa de promover uma reestruturação corajosa, que permitisse a superação de problemas e a conquista de maiores condições de competitividade.

2. Obstáculos para o desenvolvimento das Bolsas de Valores brasileiras

2.1 A Competição Tecnológica

> "Desde que se acelerou o processo de globalização do mundo, modificaram-se as noções de espaço o tempo. A crescente agilização das comunicações, mercados, fluxos de capitais e tecnologias, intercâmbio de idéias e imagens, modifica

* Monografia vencedora do II Concurso de Monografias da Comissão de Valores Mobiliários — CVM.

os parâmetros herdados sobre a realidade social, o modo de ser das coisas, o andamento do devir. *Agora o planeta Terra pode ser concebido como plenamente esférico, ou plenamente plano, dá na mesma.*" (Octavio Ianni)[1]

O avanço da tecnologia foi capaz de proporcionar um novo paradigma para as Bolsas de Valores, cujas mudanças podem ser, principalmente, analisadas nos seguintes três aspectos: (i) na integração dos mercados; (ii) na modernização dos sistemas de negociação; e, (iii) na criação de mercados "alternativos".

A integração dos mercados em velocidade avassaladora talvez seja o efeito mais importante do aprimoramento da tecnologia e das comunicações, cujos efeitos também podem ser percebidos na intensificação da circulação de bens, serviços, capitais, culturas e informações em escala planetária.

Esse "apequenamento" do mundo facilitou a internacionalização da economia e a circulação do capital internacional, tornando mais rápidas as operações dos investidores, e forçando as Bolsas a criarem sistemas que permitissem negociações igualmente rápidas e eficazes. A esse respeito, merece destaque a opinião sobre a velocidade atual de difusão das informações, nas palavras do Ministro Celso Lafer, para quem: "O tempo da mídia é também um tempo *online*. Provoca, no Brasil e no mundo, a repercussão imediata do peso dos eventos nas percepções coletivas (...) leva ao monitoramento e a reações constantes os sinais do mercado e da vida política".[2]

A modernização das plataformas de negociação está relacionada à redução de custos das operações, na medida em que permite automatizar negociações e difundir informações relevantes. Investimentos em tecnologia têm sido promovidos tanto pelas bolsas brasileiras, quanto pelas bolsas internacionais.

Em 1997, a BOVESPA implantou o Mega Bolsa, que é um sistema de negociação eletrônica em que as ofertas de compra ou de venda são feitas por terminais de computador. O encontro das ofertas e o fechamento dos negócios são realizados automaticamente pelos computadores da Bolsa.

O Sistema Eletrônico de Negociação Nacional — SENN foi criado em 1991 e foi operacionalizado pela BVRJ. O sistema permite que as corretoras registrem no sistema sua intenção de comprar ou vender determinada ação, detalhando o preço desejado e a respectiva oferta. O sistema difunde a informação, tornando-a conhecida de todo o mercado, a quem cabe o fechamento da operação.

Em São Paulo, a Bolsa de Mercadorias & Futuros — BM&F também foi envolvida na competição tecnológica. No ano 2000, a BM&F ingressou na Aliança Globex,[3] o que passou a permitir a cobertura dos fusos horários das Américas do Norte e do Sul, da Europa e da Ásia. Para viabilizar a interligação eletrônica entre as bolsas aliadas, a BM&F adquiriu o sistema francês NSC, por meio do qual os participantes de um mercado podem negociar os produtos oferecidos em outro 24 horas por dia com *clearing* individualizado. A plataforma tecnológica das corretoras também foi modernizada.

Em 1999, a NASDAQ anunciou com entusiasmo a implementação do chamado OptiMark Trading System. Esse sistema permite que os investidores indiquem seu interesse em determinada ação, especificando os parâmetros de preço e quantidade, baseados em suas estratégias de negociação. A cada dois minutos o OptiMark verifica, anonimamente, as ordens de compra e venda.

1. In: *Teorias da Globalização*, pp. 209-211 (não grifado no texto original).

2. In: "Brasil: dilemas e desafios da política externa", *Revista de Estudos Avançados*, p. 265.

3. A Aliança Globex é formada, além da BM&F, pelas Bolsas de Chicago (Chicago Mercantil Exchange), Paris (Euronext NV, ex-Paris Bourse), Cingapura (Singapore Exchange-Derivatives Trading), Madri (MEFF — Mercado Oficial de Futuros y Opciones Financieros) e Montreal (Montreal Exchange).

Em linhas gerais, portanto, a tecnologia permite avanços para as Bolsas de Valores. Ocorre que tais sistemas são caros e as uniões das Bolsas de Valores podem favorecer a aquisição de novos sistemas.

A introdução de mercados alternativos, assim considerados os não institucionalizados, foi proporcionada pelo avanço da tecnologia. Pensou-se que tais mercados acabariam por acarretar perda de liquidez das Bolsas de Valores. Entretanto, a ausência de regulamentação e a flexibilidade absurda de suas operações não atraem a atenção dos investidores. Além disso, custos de manutenção das plataformas de negociação têm levado os administradores desses mercados a reverem suas estratégias.

2.2 *Concorrência interna "vs." concorrência externa — A CPMF*

Altos custos internos e atrativos externos têm provocado uma fuga de negócios das bolsas nacionais, em especial da BOVESPA, para as bolsas internacionais, fazendo com que ações de companhias brasileiras sejam negociadas em pregões estrangeiros, como na New York Stock Exchange — NYSE e na NASDAQ.[4]

A realização de negócios no Brasil é cara tanto para as companhias, que têm que arcar com altos custos para manterem-se abertas, e para os próprios investidores, que têm que enfrentar a tributação da CPMF[5] sobre as movimentações financeiras das operações.

De fato, a incidência da CPMF tem se mostrado como um dos principais fatores da "fuga" de negócios para as bolsas internacionais. A CPMF, em linhas gerais, traz perdas para as bolsas, que assistem à fuga dos negócios para bolsas estrangeiras,[6] fazendo com que percam os acionistas, com a menor liquidez do mercado e também trazendo perdas para o Brasil, que poderia alavancar e incentivar sua poupança interna através do mercado de capitais.

3. O panorama internacional

As bolsas internacionais estão protagonizando um processo de fusões e integrações, que traz como conseqüências custos menores de corretagem e maior liquidez das ações negociadas nos novos centros de negociação formados.

Em 22.9.2000, foi oficializada a criação da Euronext, que é o resultado da fusão entre as Bolsas de Valores de Amsterdam (Amsterdam Exchanges), Bruxelas (Brussels Exchanges) e Paris (Paris Bourse). Essa foi a primeira fusão de três bolsas de diferentes países. As companhias listadas na Euronext permaneceram também listadas em suas respectivas bolsas de origem, mas são negociadas em uma plataforma de comércio única e harmônica. A própria Euronext chegou a anunciar sua intenção de colocar suas próprias ações para negociação. A fusão facilitou o implemento de novas tecnologias, a maior liquidez do mercado e o fortalecimento do mercado de capitais.

A fusão das Bolsas de Valores de Londres e de Frankfurt, cuja união daria origem à denominada IX — International Exchanges, foi um dos eventos mais discutidos e exemplificativos do processo de integração de Bolsas de Valores. Entretanto, tal fusão acabou não se realizando. Após o anúncio do fracasso da operação, o OM Guppen (Bolsa da Suécia) fez uma *oferta*

4. Atualmente, valores mobiliários de 30 empresas brasileiras são negociados na NYSE e na NASDAQ (base: janeiro/2001).

5. A Contribuição Provisória sobre Movimentações Financeiras — CPMF tem a movimentação financeira como seu fato gerador e incide à alíquota de 0,30 (base: janeiro/2001).

6. A negociação de ações emitidas por companhias brasileiras é geralmente realizada por intermédio dos American Depositary Receipts — ADR, que são recibos de ações negociados nos Estados Unidos. O ADR, em si, nada mais é do que um certificado negociável, representativo de ações emitidas por companhias brasileiras. O ADR, portanto, não é ação, ou seja, não é parte representativa do capital social.

hostil para aquisição do controle da Bolsa de Londres. A referida aquisição também não se concretizou.

Em Hong Kong ocorreu a unificação das bolsas de ações, futuros e da *clearing house*. Essa iniciativa teve como objetivo conquistar maior competitividade.

Em 29.11.2000, as Bolsas de Tokyo e de Taiwan (Tokyo Stock Exchange & Taiwan Stock Exchange) assinaram um memorando de entendimentos, visando ao estreitamento de suas relações. Trocas de informações e procedimentos para harmonização dos mercados são alguns dos objetivos traçados no acordo. A Bolsa de Tokyo, por sua vez, fundiu-se com as Bolsas de Hiroshima e Niigata (Hiroshima Stock Exchange e Niigata Stock Exchange) em março de 2000.

Dessa forma, devido ao aumento da competitividade externa, a integração das bolsas nacionais é um dos principais meios de se obter redução de custos e crescimento do volume negociado.

4. A integração das bolsas nacionais

No final de 1999, as Bolsas de Valores brasileiras promoveram uma completa reestruturação do mercado acionário nacional. Essa mudança foi capaz de proporcionar maior competitividade para as bolsas nacionais, eliminando entraves ao desenvolvimento do mercado e promovendo o passo inicial para a formação de uma Bolsa de Valores Única na América Latina.

4.1 Cenário anterior à integração

A internacionalização da economia, a concorrência exercida pelas grandes Bolsas de Valores Internacionais, o custo adicional da CPMF para os negócios realizados no Brasil e a separação dos negócios entre as bolsas nacionais e regionais não favoreciam a continuidade das atividades das Bolsas de Valores brasileiras.

A estrutura anterior das Bolsas de Valores brasileiras não era favorável à eliminação dos problemas acima apresentados e também não atendia aos anseios de competitividade do mercado globalizado.

A estrutura era formada por nove Bolsas de Valores, sendo que as Bolsas de São Paulo e Rio de Janeiro praticamente sempre dominaram os mercados de negociação ("bolsas nacionais"). As demais bolsas[7] ("bolsas regionais") pouco negociavam.

Custos elevados aliados à ausência de grandes investimentos e investidores causaram o "esvaziamento" dos mercados das bolsas regionais. Isso principalmente agravado porque cada instituição arcava com os custos de operação de suas atividades, tais como pessoal, instalações, sistemas de liquidação e negociação. De fato, dado ao pequeno número de negócios, as receitas das bolsas regionais provinham das anuidades das companhias listadas e de emolumentos devidos de leilões especiais realizados em seus pregões.

Com o passar dos anos, a concentração econômica no eixo Rio-São Paulo tornou-se a principal causa do crescimento das bolsas nacionais, e constituiu-se em obstáculo para a consolidação das bolsas regionais. Isso fez com que a negociação de ações sempre estivesse centralizada nas praças de São Paulo e Rio de Janeiro.

4.2 O crescimento das Bolsas de São Paulo e Rio

O avanço da informática e das telecomunicações também foi um dos grandes fatores responsáveis pela supremacia das bolsas nacionais. Em um primeiro momento, a separação entre gestão empresarial e produção possibilitou a transformação da Cidade de São Paulo em um grande centro

7. Bolsas regionais: (i) Bolsa de Valores de Minas, Espírito Santo e Brasília — BOVMESB; (ii) Bolsa de Valores do Extremo Sul — BVES; (iii) Bolsa de Valores do Paraná — BVPR; (iv) Bolsa de Valores da Bahia, Sergipe e Alagoas — BVBA; (v) Bolsa de Valores de Pernambuco e Paraíba — BVPP; (vi) Bolsa de Valores Regional — BVRG, representando Ceará e Rio Grande do Norte; e, (vii) Bolsa de Valores de Santos — BVST.

do setor de serviços, deixando de ser apenas uma cidade industrial.

A BVRJ dominou o volume de negociação no Brasil até a década de 80. O maior crescimento econômico das companhias listadas na BOVESPA, uma política agressiva de investimentos em tecnologia e a redução de custos da Bolsa Paulista, aliados à privatização de boa parte das empresas negociadas (estatais) na BVRJ e um duro golpe causado por certo investidor no mercado carioca causaram o crescimento da BOVESPA e a diminuição do número de negócios da BVRJ.

4.3 Os procedimentos da integração

Portanto, nesse cenário em que as bolsas regionais praticamente viviam sem negócios, as estruturas operacionais se repetiam e os problemas eram maximizados pela concorrência das bolsas internacionais, não havia outra alternativa de sobrevivência que não uma ampla reestruturação do setor, capitaneada pela BOVESPA, líder natural de tal processo.

O primeiro passo da Integração das bolsas nacionais foi a assinatura de um Protocolo para Unificação do Mercado de Capitais. Pelos termos de tal acordo, a BVRJ passou a concentrar a negociação secundária de títulos públicos. A BOVESPA, por sua vez, tornou-se o centro exclusivo para a negociação de títulos privados.

A operação foi viabilizada por meio de engenhosas operações contábeis envolvendo títulos patrimoniais das Bolsas de São Paulo e do Rio de Janeiro, e incluiu a incorporação da Câmara de Liquidação e Custódia — CLC, entidade vinculada à BVRJ, pela Câmara Brasileira de Liquidação e Custódia — CBLC, vinculada à BOVESPA.

Os procedimentos da Integração podem ser assim sintetizados:

(i) inicialmente, cada uma das Bolsas promoveu o desdobramento da totalidade de seus títulos patrimoniais. Cada um dos 76 títulos da BOVESPA foi desdobrado em 12, perfazendo um total de 912 títulos. Da mesma maneira, cada um dos 50 títulos da BVRJ foi desdobrado em 5, perfazendo um total de 250 títulos;

(ii) a BOVESPA entregou 150 de seus títulos, em troca da CLC, que foi incorporada pela CBLC;

(iii) a BVRJ, que passou a deter 150 títulos patrimoniais da BOVESPA, promoveu a troca entre esses títulos e títulos representativos de seu patrimônio social, na proporção de 3 para 3. Dessa forma, cada sócia da BVRJ permaneceu com 2 títulos da BVRJ e tornou-se membro da BOVESPA;

(iv) os 150 títulos da BVRJ, recebidos pela instituição carioca na troca acima, foram cancelados;

(v) as Corretoras Paulistas que desejassem operar na BVRJ puderam adquirir um dos dois títulos da BVRJ, que permaneceram com as sócias daquela instituição.

Ainda como conseqüência, cada corretora teve a oportunidade de decidir a quantidade de títulos que desejava possuir e, conseqüentemente, a sua estrutura de operação. Isso porque os recursos operacionais, tais como terminais eletrônicos e número de operadores no pregão, são disponibilizados em proporção ao número de títulos possuídos. O desdobramento dos títulos eliminou um obstáculo para a entrada de novas Corretoras Membros da BOVESPA. Isso devido ao elevado valor que atingiu o título da BOVESPA, e que foi minimizado com o desdobramento dos títulos.

Com a integração das bolsas nacionais, a BVRJ tornou-se o centro exclusivo de negociação de papéis públicos, reafirmando uma atividade que lhe parece ser histórica. Primeira Bolsa de Valores criada no Brasil, sempre teve sua atuação vinculada às empresas estatais. Desde o final da década de 80, a BVRJ passou a perder participação para a BOVESPA e, em 1999, o volume negociado foi de 4,95%. A moderna base tecnológica da BVRJ e a negociação especializada tendem a incrementar a negociação de valores na Bolsa de Valores do Rio de Janeiro.

As bolsas regionais, por sua vez, irão se concentrar na realização de tarefas de promoção e serviços que possam, em novas bases, ampliar o número de investidores.

5. Conclusão

A integração das bolsas nacionais foi extremamente favorável para o crescimento do mercado acionário brasileiro, motivada por um novo paradigma que leva as Bolsas a cada vez mais procurarem agregar liquidez e volume de negócios para os seus pregões. Esses fatos permitem concluir que cada vez mais existirão menos Bolsas no mundo. A BOVESPA é a líder natural de eventual processo de unificação das Bolsas de Valores da América Latina.

A união de forças, exemplificada pela criação dos mercados especializados da BOVESPA e da BVRJ, tende a agregar maior liquidez e proporcionar a redução de custos para a realização de negócios.

Fusões e integrações de Bolsas de Valores representam um processo em pleno estágio de andamento no panorama internacional. Tal acontecimento permite concluir que cada vez mais existirão menos Bolsas de Valores no mundo, sendo que o mercado deve acabar organizado em função de blocos de países. A BOVESPA, que é a maior Bolsa da América Latina, é a líder natural de tal união de forças.

Como síntese de todo o processo, a integração das bolsas nacionais eliminou entraves ao desenvolvimento, agregou liquidez e criou um novo mercado que nasceu para competir no cenário globalizado.

A INTEGRAÇÃO DAS BOLSAS NACIONAIS

1. Desdobramento dos títulos patrimoniais

BOVESPA

76 → 912 → 762 p/ C Paulistanas
912 → 150 em troca da CLC

BVRJ

50 → 250 c/ C Cariocas

2. Incorporação da CLC pela CBLC

CBLC → 150 Títulos da BOVESPA → CLC

CLC → Incorporação da CLC pela CBLC → CBLC

BOVESPA

912 Títulos → 150 c/ BVRJ
912 Títulos → 762 c/ C Paulistanas

BVRJ

250

3. Troca dos 150 títulos da BOVESPA em poder da BVRJ (Corretoras Cariocas tornam-se membros da BOVESPA)

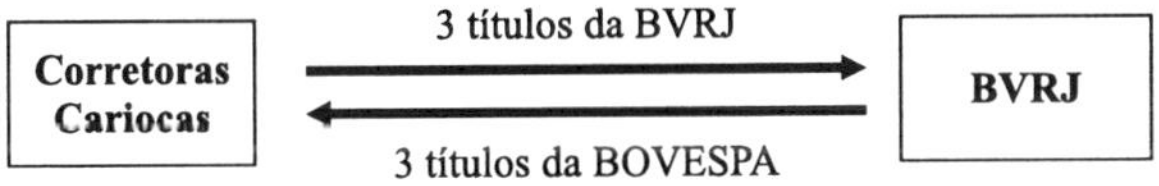

BOVESPA

912 Títulos → 150 c/ C Cariocas; 762 c/ C Paulistanas

BVRJ

250 → 150 (cancelados); 100 (Corretoras Cariocas)

4. Principais conseqüências

- Títulos da BOVESPA mais acessíveis (acesso mais fácil para corretoras)
- Eliminação de estruturas desnecessárias das Bolsas Regionais
- Unificação da CLC e CBLC
- Fim da competição entre as Bolsas Nacionais
- Especialização e crescimento da BVRJ
- Ganhos de escala

Corretoras Cariocas: Corretoras que detinham títulos da BVRJ, antes da integração

Corretoras Paulistanas: Corretoras que detinham títulos da BOVESPA, antes da integração

GRÁFICOS DE PARTICIPAÇÃO

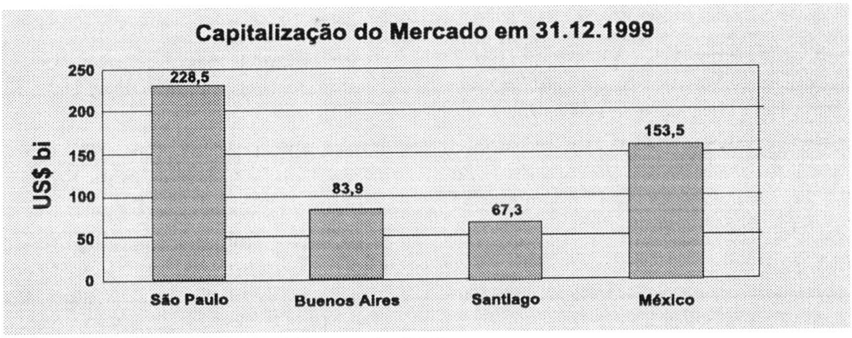

Fonte: *Revista BOVESPA*, ano VII, mar./abr. 2000.

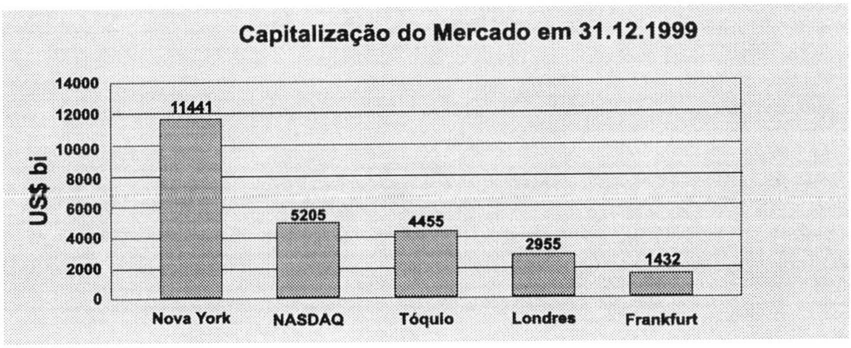

Fonte: *Revista BOVESPA*, ano VII, mar./abr. 2000.

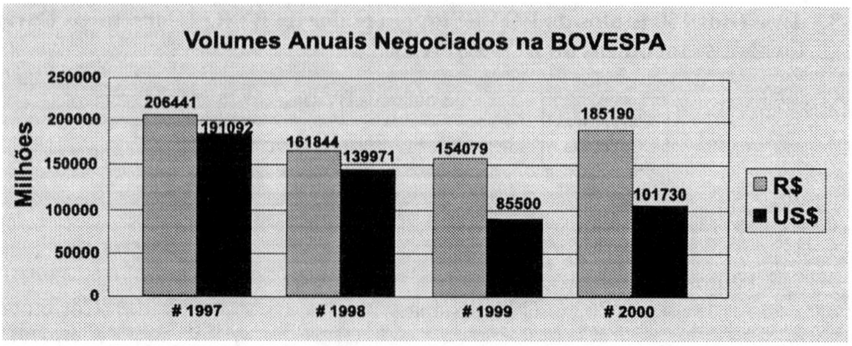

Fonte: *Revista BOVESPA*, ano VII, mar./abr. 2000 e Superintendência de Estudos de Mercado da BOVESPA.

BIBLIOGRAFIA

CARMELLO, Milton Huppert Monte. "A Bolsa de Valores de São Paulo: um estudo sobre suas origens, evolução e perspectivas de integração no mercado de valores globalizado", tese de doutorado apresentada na Escola de Administração de Empresas de São Paulo, da Fundação Getúlio Vargas — FGV.

CAVALCANTE FILHO, Francisco Silva e MISUMI, Jorge Yoshio. *Mercado de Capitais,* 4ª ed., Belo Horizonte, CNBV, 1998.

DE LUCCA, Newton. "As Bolsas de Valores e os valores mobiliários". *Revista do Tribunal Regional Federal da 3ª Região,* n. 35, jul./set., 1998, pp. 19-38.

FARIA, José Eduardo Campos de Oliveira. *O Direito na Economia Globalizada,* São Paulo, Malheiros Editores, 1999.

IANNI, Octavio. *Teorias da Globalização,* 8ª ed., Rio de Janeiro, Civilização Brasileira, 2000.

LAFER, Celso. "Brasil: dilemas e desafios da política externa", *Revista de Estudos Avançados,* v. 14, n. 38, 2000, p. 265.

MELLO, Celso Antônio Bandeira de. "Natureza jurídica das Bolsas de Valores", *Revista de Direito Público,* v. 20, n. 81, jan./mar. 1987, pp. 217-222.

ULRICH, Ruy Ennes. *Da Bolsa e suas Operações,* Coimbra, Imprensa da Universidade, 1906.

VERGUEIRO CESAR, Abelardo. *Manual dos Negócios de Bolsa,* São Paulo, Empreza Graphica da "Revista dos Tribunaes", 1939.

WARSHOW, Robert Irving. *Wall Street — História da Bolsa de Nova York desde suas Origens até 1930,* São Paulo, Cultura Brasileira, 193?.

Pareceres

EFEITOS DA FALTA DE ARQUIVAMENTO NA JUNTA COMERCIAL DOS ATOS DE DELIBERAÇÃO DE CISÃO DE SOCIEDADES EM VIRTUDE DE DECISÕES JUDICIAIS

Arnoldo Wald

Da Consulta: I — Introdução; II — Histórico; III — Os quesitos. Parecer: IV — A natureza jurídica da cisão e o direito dos credores; V — Arquivamento dos atos de cisão na Junta Comercial e dos seus efeitos; VI — Aspectos processuais das quizílias "sub judice"; VII — Respostas aos quesitos.

"*Ementa: As empresas incorporadoras de parcelas da sociedade cindida foram criadas antes da cisão, adquirindo, regularmente, personalidade jurídica. Assim, os negócios entre elas e/ou a CESP podem ser normalmente efetuados, considerando-se a autonomia da vontade e a ausência de qualquer restrição a respeito.*

"*Mesmo no que concerne às parcelas do patrimônio vertido em virtude da cisão, considerando-se os efeitos desta relativamente às companhias partícipes de tal operação, nada obsta que isso ocorra, respeitando-se, obviamente, as situações ainda não consolidadas, como a transferência do domínio de bens imóveis e outras.*"

Da Consulta

I — Introdução

1. Consulta-nos a CESP — Companhia Energética de São Paulo, através de sua ilustre advogada, Dra. Míriam F. Cuevas O. Zagatto, a respeito das implicações jurídicas decorrentes de decisões interlocutórias prolatadas em diversas ações civis públicas aforadas pelo Ministério Público do Estado de Mato Grosso do Sul, ora isoladamente, ora em litisconsórcio com o mesmo Estado, antecipando a tutela jurisdicional nelas postuladas.

2. Essas decisões impõem, de um modo geral, a vedação do arquivamento, na Junta Comercial do Estado de São Paulo, de ata de assembléia geral extraordinária da Consulente aprovando o protocolo de sua cisão, com versão de parcelas de seu patrimônio para empresas já existentes e adedre constituídas para esse fim. Outrossim, vedam o prosseguimento do processo de privatização da Consulente e dessas empresas incorporadoras das parcelas de seu patrimônio, fazendo, destarte, extrapolarem seus efeitos para alcançar terceiros não inseridos, nas iniciais de tais ações, no pólo passivo da relação processual angularizada.

3. As ações ajuizadas representam o epílogo de uma série de outras de cunho indenizatório também aforadas em face da Consulente e dos acordos a respeito por ela celebrados com o escopo de pôr fim aos respectivos processos. A complexidade dos fatos que embasam as pretensões dos autores de tais ações aconselha sejam eles historiados para que as premissas fáticas do parecer estejam suficientemente esclarecidas.

II — Histórico

4. Consoante os documentos que nos foram apresentados pela Consulente, já foram propostas oito ações civis públicas, sendo quatro na comarca de Brasilândia (autos 108/99, 109/99, 152/99 e 153/99), uma na comarca de Anaurilândia (autos 077/99), uma na comarca de Bataguaçu (autos 182/99) e duas na comarca de Três Lagoas (autos 287/99 e 291/99), e, mais recentemente, duas no Paraná. Em todas elas foi postulada a antecipação de tutela, invariavelmente deferida para fins nem sempre idênticos, mas sob fundamentos bastante assemelhados.

5. Desses fundamentos extraem-se a motivação dos pedidos principais e aquela subjacente, de natureza política, à registrada nas petições iniciais. Assim é que, em razão da construção da Usina Engenheiro Sérgio Motta, no rio Paraná, na divisa dos Estados de São Paulo e Mato Grosso do Sul, o Ministério Público deste Estado aforou cerca de 19 ações civis públicas em face da Consulente, nas comarcas dos municípios sul-matogrossenses atingidos pela inundação de 194.000 hectares compreendidos em seus territórios, que se tornou indispensável à formação do reservatório necessário para impulsionar as turbinas da usina hidrelétrica construída.

6. Essas ações objetivavam a condenação da Consulente a realizar medidas mitigatórias e compensatórias adequadas aos impactos ambientais, sociais e econômicos a serem suportados pelos municípios atingidos pela inundação de suas áreas. Findaram-se os respectivos processos com acordos nos quais figuravam os autores das ações civis públicas, os municípios impactados e a Consulente. Tais acordos foram devidamente homologados judicialmente, constituindo-se, destarte, em títulos executivos judiciais, que, todavia, carecem de prévia liquidação, considerando-se seus termos.

7. Com efeito, considerando-se que o enchimento do reservatório da usina em tela ocorrerá em etapas diferenciadas cronologicamente, várias das obrigações assumidas pela Consulente não são ainda exigíveis, o que implica a dificuldade de sua quantificação exata, embora se possa fazer uma estimativa razoável de seu montante. De qualquer forma, porém, as obrigações de pagar haverão de passar pelo crivo do processo de liquidação, bem como as de fazer ou de não fazer, quando nestas convoladas.

8. Não obstante essa circunstância, os autores, invocando a existência dos créditos decorrentes de tais acordos, vislumbraram no processo de privatização da Consulente uma possibilidade de esgarçamento da garantia do adimplemento daquelas obrigações, consistente no patrimônio da empresa que as assumiu. Tal patrimônio diluir-se-ia, na visão dos autores, com a versão de parcelas suas em favor de outras empresas que as incorporariam em seus patrimônios.

9. Sendo assim, para resguardar a integridade da garantia, os autores promoveram uma notificação judicial da Consulente e de seus diretores e, ainda, dos diretores *das futuras empresas a serem criadas*, para que ficasse consignado no ato da deliberação da cisão parcial da empresa, de forma expressa, a "responsabilidade solidária de todas as companhias a serem criadas com a cisão em relação ao passivo ambiental contraído judicial e administrativamente pela CESP, decorrente da construção da Usina Engenheiro Sérgio Motta".

10. Esse desiderato não foi alcançado, pois a assembléia geral extraordinária da Consulente, realizada em 26 de março p.p., simplesmente ratificou o protocolo de cisão, que não contemplava tal solidariedade, ressalvando, todavia, o direito de oposição dos credores e ensejando, na forma da lei, a solidariedade entre a empresa cindida e as resultantes da cisão. Assim sendo, entenderam os autores ocorrer interesse processual para o ajuizamento das oito novas ações civis públicas ora em curso, nas quais foram concedidas as liminares supra-referidas, sem que, na realidade, houvesse fundamento jurídico para as mesmas, pois os efeitos da notificação são exclusivamente os previstos por lei.

11. Nessas ações foi postulado o acolhimento da pretensão dos autores "declarando-se, por força da lesão à garantia do crédito ambiental, a ineficácia e conseqüente anulação da cisão societária procedida na assembléia do dia 26 de março de 1999, realizada pela Ré". Pleiteou-se, ainda, *in fine* das iniciais, a imposição de multa diária de valores exorbitantes, para a hipótese de deixar a Consulente "de obedecer a ordem de não-fazer (publicação dos editais de alienação das empresas incorporadoras e cindida), ou da obrigação de fazer (proceder ao cancelamento de eventuais editais se já publicados)" (*sic*).

12. A antecipação de tutela lastreada no inciso I do art. 273 e 12 da Lei 7.347/85 foi postulada para que "impeça ou anule qualquer registro de alteração de cisão da CESP — Companhia Energética Paulista (*sic*)" e "determine a proibição aos diretores da CESP e das sociedades incorporadoras... de fazer publicar os editais de alienação das sociedades incorporadoras e da empresa cindida, em decorrência da deliberação da assembléia geral ocorrida no dia 26 de março, ou se já o fizeram ficarem obrigados a cancelarem os editais publicados, sob pena de pessoalmente responderem civilmente pelos danos ambientais que da cisão possa (*sic*) resultar, bem como, de responderem criminalmente pelo crime de desobediência".

13. Em todas as ações aforadas o pedido de antecipação de tutela foi deferido, desconsiderando-se os enormes prejuízos que isso traria para a Consulente, as companhias incorporadoras de parcelas de seu ativo e os controladores, estes sim legitimados a procederem à privatização dessas empresas. Nem se ativeram tais decisões à irreversibilidade dessas medidas, o que se constitui em fator obstativo de sua concessão. O teor das decisões interlocutórias asseguradoras da antecipação de tutela não é, obviamente, idêntico, variando quanto à sua forma e parcialmente quanto ao seu comando.

14. Enquanto o juízo da comarca de Anaurilândia concedeu a antecipação "para obstar, até ulterior deliberação, qualquer registro de alteração de cisão da CESP — Companhia Energética de São Paulo perante a Junta Comercial competente, bem como para obrigar os Diretores da CESP e das Sociedades Incorporadoras (*sic*) a não fazer publicar os editais de alienação das Sociedades Incorporadoras (*sic*) e da empresa cindida, em decorrência da deliberação da Assembléia Geral realizada em 26.3.1999, sob pena de responsabilidade civil e criminal", o juízo da comarca de Brasilândia (autos 152/99 e 153/99) deferiu a antecipação reclamada:

a) para que a Consulente promova o cancelamento de eventual registro da cisão operada perante a Junta Comercial competente;

b) para proibir os diretores da CESP e das sociedades incorporadoras de fazer publicar os editais de alienação das sociedades incorporadoras em decorrência da deliberação da AG do dia 26.3.1999;

c) para fazer publicar em 48 horas, na *Gazeta Mercantil de São Paulo*, o cancelamento do "edital da ata (*sic*) da Assembléia Geral Extraordinária, carreando aos autos prova documental da observância da ordem judicial".

15. Na primeira das ações aforadas perante o juízo de Brasilândia (autos 108/99), a liminar foi concedida em outros termos, ou seja, para:

a) impedir ou anular qualquer registro de alteração de cisão da CESP perante a Junta Comercial competente;

b) determinar a proibição de fazer publicar os editais de alienação das sociedades incorporadoras e da empresa cindida, "ou se já praticado o ato, procederem ao cancelamento dos editais". Provavelmente as novas ações civis públicas aforadas ensejaram a modificação dos pedidos em relação às medidas inibidoras pleiteadas e antecipadamente concedidas.

16. A transição da parte dispositiva dessas decisões interlocutórias, que espelham parcialmente as demais não colacionadas, demonstra uma curiosa unanimidade de entendimento na instância local do Judiciário de Mato Grosso do Sul, evidenciando, algumas delas, viés ideológico infenso à política de privatizações. Lamentavelmente, o Tribunal desse Estado parece compartilhar desse entendimento, considerando-se o indeferimento de efeito suspensivo para o agravo de instrumento da Consulente, tirado contra o deferimento de tais liminares, e o deferimento de tal agravo contra o despacho que admitiu o ingresso do Estado de São Paulo nos autos da ação civil pública aforada contra a Consulente, perante o Juízo da Comarca de Bataguaçu, isto não obstante os autores dessa ação hajam reconhecido a possibilidade de terceiros, no caso o Poder Público Estadual de São Paulo, atingidos pelos efeitos da decisão judicial ingressarem no efeito como litisconsortes ulteriores (art. 5º da Lei 7.347/85).

17. Aliás, nesse agravo foi ressalvado que, a par de inexistir verossimilhança do direito invocado pelos autores e inocorrer qualquer risco de dano irreparável ou de difícil reparação, ocorreriam, se mantida tal liminar, danos consideráveis para a Consulente, resultantes da paralisação de parte de suas atividades negociais e da perda irreversível das concessões para exploração dos serviços públicos de produção e transmissão de energia elétrica, de que era titular e que foram transferidas para a Companhia de Geração de Energia Elétrica Tietê, Companhia de Energia Elétrica Paranapanema e Companhia de Transmissão de Energia Elétrica Paulista pela Resolução 76, de 20 de abril de 1999, da Agência Nacional de Energia Elétrica — ANEEL.

18. Sendo assim, as concessões transferidas já se encontram na titularidade das aludidas companhias, não mais podendo reverter à esfera jurídica da Consulente, *ex vi* de uma hipotética anulação de cisão guerreada nas ações civis em causa. Isto porque as suas novas titulares não decorreram da cisão, mas preexistiam a ela. A Consulente, se confirmadas as liminares, passaria, pois, a manter as instalações, máquinas e demais equipamentos correspondentes às concessões que não mais lhe concernem, sem, contudo, poder operá-los, na medida em que não é mais concessionária dos serviços a eles correspondentes.

19. Acresce, ainda, que várias atividades empresariais e negociais restarão prejudicadas com a pendência dessas liminares. Deveras, considerando-se a ausência de arquivamento, na Junta Comercial do Estado de São Paulo, da ata da assembléia geral extraordinária que aprovou o protocolo de cisão da Consulente, a eficácia desse negócio jurídico não pode ser oposta a terceiros. Sendo assim, emergem questões de ordem tributária, societária, comercial, trabalhista e previdenciária, que necessitam ser resolvidas à luz dessas liminares que, com o devido respeito, desvendam-se teratológicas, como se demonstrará a seguir. Mas tais questões exigem um equacionamento harmônico com a situação gerada por essas decisões interlocutórias, razão pela qual a Consulente solicitou-nos este parecer, em relação ao qual formulou os quesitos infra-elencados.

III — Os quesitos

20. Indaga-nos, destarte, a Consulente:

"A não realização dos arquivamentos dos atos de cisão suspendem a eficácia das deliberações tomadas em AGE's? A versão de parte do patrimônio da CESP para essas empresas já ocorreu ou depende do arquivamento na JUCESP, ou seja, pode-se considerar a cisão consumada, mesmo sem o arquivamento na JUCESP?

"As empresas incorporadoras já tendo recebido as respectivas concessões podem levar a efeito as atividades decorrentes, que incluem a operação dos ativos transferidos, o faturamento de suas receitas, pagamento de suas despesas, receber/transferir valores à CESP por meio de mútuos? A Resolução ANEEL fica atingida pela não realização do arquivamento?

"A CESP, considerando a publicação da resolução ANEEL que transfere e concede o uso dos bens públicos relativos aos empreendimentos hidrelétricos a estas novas empresas, não detém mais a concessão sobre eles; poderia, no entanto, exercer e faturar aquelas atividades, que pertencem a pessoas jurídicas distintas?

"As obrigações assumidas pelas empresas cindida e incorporadoras no Protocolo de Cisão devem ou podem ser realizadas?

"As empresas criadas poderiam assumir obrigações e responsabilidades diretamente, apesar da não efetivação do arquivamento da AGE, que deliberou a cisão parcial com versão de parcelas de seu patrimônio?

"Os recolhimentos fiscais (COFINS, PIS/PASEP) e previdenciários, deverão ser recolhidos, de imediato, por cada uma das empresas ou pela CESP como uma empresa única, como antes da cisão?

"As empresas incorporadoras e a CESP cindida podem publicar balanços/ITR?

"A responsabilidade e obrigações perante terceiros, referentes a atos não solidários, devem ser exercidas pela CESP ou pela empresa envolvida?

"As relações trabalhistas, e respectivos desdobramentos, ficam afetadas, considerando que desde 1º de abril último parte dos empregados foram transferidos para as citadas empresas?

"Os registros de abertura de capital junto à CVM poderão ser concedidos mesmo sem os arquivamentos das atas de AGE's na JUCESP?

"Podem as empresas incorporadoras estabelecer programas de ADR's nos EUA, mesmo sem os arquivamentos mencionados? Podem ocorrer impugnações?

"Mesmo sabendo da pendência judicial ora existente, podem, a CESP e as demais empresas criadas a partir da CESP, encaminhar cartas à SEC, por meio de seus advogados nos EUA, pleiteando o enquadramento legal dessas empresas na regra própria daquele mercado (Rule 12g3-2-b), para fins de posterior estabelecimento de programas de ADRs? Ressaltamos que esta providência visaria apenas cumprir etapa preparatória aos programas de ADRs, não ensejando, por si mesma, a eficácia dos referidos programas, que dependeriam de registro próprio na CVM e dos respectivos registros de companhias abertas.

"Conforme orientação jurídica preconizada anteriormente, resta claro, de um lado, que as empresas constituídas como incorporadoras das parcelas do ativo da CESP devem pleitear à CVM os respectivos registros de companhias abertas, no prazo da lei, destacando-se, de outro lado, que enquanto inexistir o arquivamento dos atos de cisão, a negociação das ações dessas empresas não é recomendável, em face da possível impugnação de terceiros. Assim sendo, indagamos se o procedimento mais adequado seria obter o registro na CVM mas não autorizar a negociação das ações nas bolsas até que o arquivamento dos atos de cisão seja consumado?

21. Sendo aqueles os fatos e estas as questões a eles pertinentes, segue o nosso parecer, desdobrado em vários itens, como exige a complexidade da matéria abordada.

Parecer

IV — A natureza jurídica da cisão e o direito dos credores

22. Embora a cisão seja expressamente definida no art. 229 da Lei 6.404/76, considerando-se a confusão que as iniciais das ações em tela fazem a seu respeito, seja por desconhecimento da matéria, seja com o propósito de levar o juízo a deferir a antecipação de tutela, em hipóteses em que essa medida é manifestamente incabível, impende reiterar o disposto no texto legal. Assim é que a cisão é um negócio jurídico pelo qual a companhia transfere parcelas de seu patrimônio para uma ou mais sociedades, constituídas para esse fim ou já existentes, extinguindo-se a companhia cindida, se houver versão de todo o seu patrimônio, ou continuando a existir e funcionar, dividindo-se o seu capital, se parcial a versão.

23. No que concerne ao modo de se efetivar a cisão parcial, remete o art. 229 da Lei 6.404/76 à disciplina da incorporação estatuída no seu art. 227. Isto significa apenas que o mecanismo processual direcionado à efetivação desse tipo de cisão é regrado por este último dispositivo legal, não porém outros tipos de relações jurídicas pertinentes exclusivamente à cisão, como o tratamento jurídico dos direitos de terceiros nessa operação. Este encontra-se disciplinado no art. 233 do mesmo diploma legal, especificamente direcionado a tal fim. Não há, pois, como confundir o regime jurídico dos credores na incorporação ou fusão, regido pelo art. 232, com aquele específico da cisão, que é previsto no art. 233 acima referido. Os elementos literal, sistemático e teleológico não ensejam em elastério exegético que permita uma confusão entre um regime e outro.

24. Esta ressalva se faz mister porque as decisões interlocutórias, que concederam as liminares nas ações coletivas aforadas em face da Consulente na comarca de Brasilândia (autos 152/99 e 153/99), estão lastreadas em manifesto equívoco, pois encambulham ambos regimes, confundindo assim a cisão parcial com a incorporação ou fusão. É o que resulta da fundamentação de tais decisões, onde se lê: "O art. 233 regula o direito dos credores no caso de cisão. Até 60 dias após a publicação das atas relativas à cisão, poderão pleitear judicialmente a anulação da operação de cisão, restando à sociedade — para elidir os efeitos da ação do credor — o direito de consignar a importância do crédito ou, se ilíquida a dívida, garantir-lhe a execução".

25. Ora, o digno magistrado prolator dessa r. decisão fez uma leitura *sui generis* do texto do art. 233 da Lei 6.404/76. Com efeito, interpretou esse dispositivo legal à luz do texto do art. 232, claramente disciplinador de direito dos credores na incorporação ou fusão. Logo, de duas, uma: ou existe confusão a respeito dessas operações societárias, na r. decisão examinada, ou houve erro manifesto ao se invocar como texto de um determinado dispositivo legal o teor de outro, que não lhe diz respeito.

26. O equívoco, contudo, é injustificável, tal a limpidez do texto do art. 233 em causa. Deveras, no seu *caput*, esse dispositivo legal refere-se à cisão com extinção da cindida, prescrevendo a solidariedade entre as companhias que absorverem parcelas do seu patrimônio, comandando, no que concerne à cisão parcial, a solidariedade entre a companhia cindida subsistente e as demais que absorveram parcelas de seu patrimônio. Ou seja, a solidariedade é a regra em ambas as formas de cisão. Excepcionando essa regra, reza o parágrafo único desse mesmo artigo, que, na hipótese de cisão parcial, como sucede na espécie ora versada, o ato da cisão pode estipular a extinção da solidariedade entre as companhias. Cada uma responderá pelas obrigações que lhe forem transferidas.

27. Entretanto, o desaparecimento do vínculo de solidariedade entre as companhias integrantes do negócio jurídico de cisão parcial pode significar a diluição do patrimônio da cindida, garantia comum de todos os seus credores. Isto a despeito das obrigações desta serem distribuídas nas mesmas proporções das parcelas de seu patrimônio vertidas em favor das incorporadoras. É que estas podem apresentar-se economicamente fragilizadas, com outros credores em igual ou superior patamar de antelação daqueles credores da cindida. Obviamente, em tais hipóteses, transparente desvenda-se a possibilidade de prejuízo dos primitivos credores da cindida, que se quer evitar.

28. Por isso mesmo assegura-lhes a lei o direito de se oporem à estipulação eliminadora da solidariedade. Como pondera Waldirio Bulgarelli: "Há de se ter presente, a propósito, que será feita, na base de operações de cisão, a divisão dos bens, direitos e obrigações, ao alvedrio da sociedade que se cinde, e por isso, não está o credor obrigado a sujeitar-se a tal arbítrio quando seja prejudicado em suas garantias".[1]

29. Assim, não está o credor da sociedade cindida, que já o era antes da cisão, adstrito a pacientar o esgarçamento do patrimônio da sociedade cindida, decorrente exatamente de sua cisão.

30. O modo e a forma dessa oposição estão prescritos na parte final do supra citado art. 233, que determina que tal oposição se faça mediante notificação da sociedade cindida, no prazo de noventa dias, a contar da data da publicação dos atos de cisão. Essa oposição resulta do exercício de direito potestativo do credor, tornando relativamente ineficaz a extinção da solidariedade entre cindida e incorporadoras. Não se trata de vício intrínseco da operação, mas sim de sua inoponibilidade relativa tão-somente em relação ao credor oponente.

31. Nesse sentido o posicionamento de Fran Martins, *verbis*: "A oposição não prejudica a operação da cisão, que já se realizou e está produzindo efeitos. Não haverá, assim, anulação da cisão mas apenas não vigorará, em relação ao credor que fez a oposição, a estipulação retirando a solidariedade entre as sociedades que participaram da operação, pelo pagamento das dívidas anteriores à mesma".[2]

32. A oposição via notificação é, pois, o único instrumento jurídico posto à disposição dos credores da sociedade cindida para afastar a eliminação entre esta e as incorporadoras de parte de seu patrimônio. Não existe ação de direito material que autorize a anulação da cisão ou de seus atos constitutivos.

33. Nesse sentido é expressivo o posicionamento de um dos mais consagrados monografistas da matéria, Mauro Brandão Lopes, que assim se manifestou a respeito: "Mas a estes credores na cisão negou a lei os remédios que deu aos credores de companhia incorporada ou fundida: os credores da companhia cujo patrimônio se cinde não podem pleitear a anulação da operação, nem têm a possibilidade de receber os seus créditos, ou de ver garantida a sua execução se ilíquidos; nem podem obter a separação de patrimônios, na falência de companhia beneficiária de cisão, por parcial e inadequada que pudesse ser esta medida. E à situação no seu todo, criada pela solidariedade do art. 233, nada acrescenta o seu parágrafo único. *Afastada a solidariedade de companhia beneficiária de cisão parcial, mediante estipulação no ato da operação, a oposição de credores no prazo previsto mais não faz do que restabelecer quanto aos seus créditos a solidariedade que se tentou remover e que não vai beneficiar credor omisso por desatento. E esta oposição de credor, com diferente caráter da prevista no art. 232, consistindo em simples notificação de discordância, é também prova irrecusável de que nenhum credor tem na cisão o remédio mais lento e também mais seguro da ação anulatória*".[3]

34. Já tivemos o ensejo de escrever a este respeito que: "5. A finalidade do texto legal foi no sentido de permitir a desvinculação da empresa cindida ou de uma das sociedades decorrentes da cisão, no tocante às suas obrigações ou à sua responsabili-

1. Waldirio Bulgarelli, *Comentários à Lei das Sociedades Anônimas*, São Paulo, Saraiva, 1978, p. 203.

2. Fran Martins, *Comentários à Lei das Sociedades Anônimas*, 1ª ed., Rio de Janeiro, Forense, 1979, v. 3, p. 182.

3. Mauro Brandão Lopes, *A Cisão no Direito Societário*, São Paulo, Ed. RT, 1980, p. 250. Sem destaques no original.

dade em relação a determinados credores, quando estes concordassem com a mutação sofrida pelo sujeito passivo da relação jurídica. Considerando as circunstâncias especiais do caso, o legislador, em vez de exigir o assentimento expresso dos credores, permitiu que o mesmo fosse tácito e presumido *juris tantum*. Ressalvou-lhes, todavia, o direito de oposição, com a finalidade de manter o *status quo ante*, ou seja, a solidariedade nas obrigações e responsabilidades dos dois devedores, que se e não apenas da(s) empresa(s) decorrente(s) da cisão, libertando-se a sociedade cindida, ou vice-versa.

"6. No fundo, trata-se de verdadeira assunção de dívida que somente vincula o devedor quando este com ela concorda. Enquanto, nos demais casos de cessão de débito a concordância deve ser expressa, na hipótese específica da cisão, admitiu o legislador que, para discordar, o credor tivesse que se manifestar, no prazo de 90 dias, num ato puramente negocial. Na realidade, o efeito da discordância não é o desfazimento do ato jurídico — da operação de cisão — mas tão-somente a manutenção da obrigação de quem já era devedor e que, unilateralmente, não se pode exonerar da responsabilidade conseqüente. A notificação exclui, pois, tão-somente em relação ao notificante, a eficácia da cláusula do protocolo de cisão que afastou a solidariedade entre as duas empresas (cindida e resultante da cisão ou ambas dela decorrentes).

"7. Na verdade, nos casos de transformação, incorporação, fusão e cisão, há uma modificação patrimonial da sociedade, que repercute sobre os seus credores, justificando-se a adoção de medidas que impeçam a exoneração, parcial ou completa, do devedor e/ou de seus sucessores ou a redução do patrimônio que garantia os débitos existentes. Para tanto, o legislador estabeleceu um regime específico de proteção dos créditos para cada uma das hipóteses. Assim, enquanto nos casos de incorporação e de fusão, a lei admite que os credores possam 'pleitear *judicialmente* a anulação da operação' (art. 232), no caso de cisão somente se permite que, para restabelecer a situação anterior, notifiquem a sociedade cindida (ou a decorrente da cisão) para que se mantenha o vínculo de solidariedade entre os dois devedores ou responsáveis que substituem o responsável anterior.

"8. Não se trata, pois, de qualquer medida judicial que justificaria um pronunciamento da autoridade judiciária, nem mesmo de um ato que deveria ter determinada publicidade, pois ocorre simplesmente uma ressalva de direitos, aos quais o credor não pretende renunciar, não se opondo à assunção de débito — porque a lei não permite que se faça — mas impondo que ela seja imperfeita, ou seja, com responsabilidade solidária do devedor originário e do assuntor da dívida, isto é, tanto do cedente, como do cessionário do débito".[4]

35. Necessária e suficiente *in casu* é apenas a notificação consubstanciadora da oposição. Há quem vislumbre a necessidade de um procedimento de jurisdição voluntária previsto nos arts. 1.103 a 1.112 do Código de Processo Civil[5] para essa oposição. Mas esse posicionamento escoteiro não vingou. Mauro Brandão Lopes também esclarece que a oposição do credor, com caráter diferente da prevista no art. 232, consiste em simples notificação de discordância, que nada mais faz do que restabelecer quanto aos seus créditos a solidariedade que se tentou remover.[6]

4. Arnoldo Wald, "Da responsabilidade solidária na cisão e da notificação às empresas devedoras", in *RDM* 111/52 e ss. Anteriormente, tratamos da matéria nos estudos "Cisão de sociedade — Transferência de domínio útil de imóvel — Não incidência do laudêmio", in *Revista de Direito Imobiliário* 11/7-15, e "A cisão parcial e a responsabilidade tributária", in *Justitia* 101/6-10.

5. Dora Martins de Carvalho, *Cisão de Sociedades*, tese de concurso, inédita, Rio de Janeiro, 1980, p. 78 *et passim*.

6. Mauro Brandão Lopes, *Comentários à Lei das Sociedades Anônimas*, São Paulo, Saraiva, 1998, v. 4, p. 318. E acrescenta o mesmo autor: "O efeito imediato da oposição à exclusão convencional da solidariedade é o de suspender a eficácia do negócio de cisão parcial" (p. 319).

36. A jurisprudência do Superior Tribunal de Justiça já se manifestou sobre a forma da efetivação da oposição, que se pode concretizar por notificação judicial ou extrajudicial. Nesse sentido aresto relatado pelo Min. Cláudio Santos, assim ementado: "Cisão de sociedade. Notificação. A notificação de que trata o parágrafo único do art. 233 da Lei das Sociedades por Ações pode ser feita judicial ou extrajudicialmente. Prazo decadencial afastado ante a demora do próprio aparelho judicial".[7]

37. Já salientamos que a doutrina dominante, inspirada em Pontes de Miranda, não exige, no caso, forma especial de notificação, que pode ser judicial ou extrajudicial, até por correspondência epistolar, não se tratando de oposição à cisão mas simplesmente de impugnação à cláusula do protocolo excludente de solidariedade, fazendo com que a mesma não incida em relação ao notificante.[8]

38. Colhe-se, pois, do texto legal inequívoco e dos escólios doutrinários e jurisprudenciais supracolacionados que ao credor da sociedade parcialmente cindida, que já o era antes dessa cisão, resta apenas o direito potestativo de se opor à exclusão da solidariedade decorrente de cisão assemblear, fazendo-o mediante mera notificação judicial ou extrajudicial, independentemente de qualquer procedimento de jurisdição voluntária, no prazo legal, a despeito de decadencial, pode ser prorrogado pela existência de obstáculo independente da vontade do credor prejudicado.

39. Outrossim, os efeitos dessa oposição consistem, como vimos, na ineficácia relativa, ou seja, restrita apenas ao oponente, *matéria essa passível de questionamento, pois há quem sustente a ineficácia absoluta, vale dizer, em benefício de todos os credores, o que, não obstante, é no caso em exame absolutamente despiciendo, eis que se cuida de oposição já concretizada pelos autores das ações civis públicas.*

7. REsp 19.838, j. 13.3.1995, *DJU* 8.5.1995.
8. Arnoldo Wald, ob. cit., in *RDM* 111/54-56.

40. A ineficácia, como é cediço, não se confunde com a nulidade ou a anulabilidade, vez que incide sobre área diversa da validade, podendo assim com esta conviver sem afronta ao sistema jurídico.[9] Sendo assim, a notificação efetuada pelos autores já operou em relação a eles a ineficácia da exclusão da solidariedade resultante da atribuição às sociedades que absorveram parte do patrimônio da cindida apenas das obrigações que lhes forem transferidas. Inadmissível torna-se, pois, qualquer pretensão à anulação dos atos de cisão, já que despicienda e inútil seria esta.

41. Do exposto, resulta com solar clareza terem os autores das ações civis públicas em tela, que não podem ser considerados jejunos em matéria de direito societário, considerando-se o gabarito de seus representantes técnicos, utilizado de uma pretensão inadmissível, com o propósito inconfessável de obstar negócio jurídico lícito, a fim de forçar, pelas conseqüências reflexas que tal impedimento gera, uma composição que lhes seja favorável.

V — Arquivamento dos atos de cisão na Junta Comercial e dos seus efeitos

42. As medidas liminares concedidas nas várias ações ora vedam o registro dos atos de cisão, ora pretendem impor a sua anulação ou cancelamento. Em decorrência desses comandos judiciais, o arquivamento desses atos ainda não ocorreu, o que gera efetivamente problemas jurídicos sérios para a Consulente, embora possa ocorrer a qualquer momento. É necessário, todavia, desde logo, destacar que a cisão operada não implicou a constituição de qualquer outra pessoa jurídica, mas sim um negócio jurídico entre companhias já existentes. Sendo assim, é de se arredar a incidência na espécie do disposto no art. 94 da Lei

9. Cfr. Pontes de Miranda, *Tratado de Direito Privado*, 2ª ed., Rio de Janeiro, Ed. Borsói, 1954, t. 4, pp. 26-27.

6.404/76, que determina ser impossível o funcionamento de qualquer companhia sem que sejam arquivados e publicados seus atos constitutivos.

43. Aliás, como é notório, a pessoa jurídica de direito privado, na forma do disposto no art. 18 do Código Civil, só tem existência legal após a inscrição de seus atos constitutivos no seu registro peculiar, no caso das sociedades anônimas, no registro de comércio, mais especificamente, na Junta Comercial do Estado. Em relação à pessoa jurídica, o registro é pois constitutivo.[10]

44. As companhias cindida e incorporadoras preexistiam à cisão. Destarte, o registro dos atos não se encarta entre aqueles de natureza constitutiva acima referidos. O que ocorre no caso da cisão parcial em causa, vale dizer, sem constituição ou extinção de companhias, são atos societários cujo registro tem eficácia meramente declaratória, servindo para ensejar a produção de efeitos também em relação a terceiros, *ex vi* da publicidade legal dele decorrente. Destarte, são inconfundíveis a eficácia constitutiva e aquela meramente declaratória, resultantes do registro de atos societários. A primeira é indispensável à existência legal da sociedade; a segunda, à eficácia frente a terceiros dos atos objeto do registro.

45. Aplica-se aos atos de cisão o disposto no § 1º do art. 135 da Lei 6.404/76, *verbis*: "Os atos relativos a reformas do estatuto, para valerem contra terceiros, ficam sujeitos às formalidades de arquivamento e publicação, não podendo, todavia, a falta de cumprimento dessas formalidades ser oposta, pela companhia ou por seus acionistas, a terceiros de boa-fé".

46. Mas, se a ausência de registro torna os atos societários inoponíveis aos terceiros de boa-fé, tal não implica essa inoponibilidade entre as partes.

47. A respeito, Eros Roberto Grau pondera: "Vê-se desde logo, daí, que o arquivamento dos instrumentos de alteração de contrato social de uma sociedade como tal tem o condão de conferir eficácia, perante terceiros, à alteração contratual.

"Em outros termos: o arquivamento desses instrumentos na Junta Comercial — isto é, no Registro de Comércio — é requisito da eficácia da alteração contratual perante terceiros.

"14. Por certo, no entanto, a falta de arquivamento do instrumento de alteração contratual na Junta Comercial não torna ineficaz em relação aos sócios a alteração contratual procedida de modo eficaz *interna corporis*.

"O arquivamento, assim, opera exclusivamente no sentido de conferir eficácia à alteração contratual perante terceiros. Não é requisito da sua eficácia entre as partes na relação obrigacional afetada pela alteração contratual."[11]

48. Assim sendo, é possível, desde já, afirmar a premissa no sentido de que a ausência de arquivamento dos atos da cisão operada ou o seu cancelamento posterior a tal arquivamento apenas podem afetar os negócios jurídicos celebrados entre as companhias cindida e incorporadoras e terceiros de boa-fé. Não porém os negócios entre tais companhias partícipes da cisão em causa. Tal premissa é fundamental para o exame das relações jurídicas de direito administrativo, civil, comercial, tributário, trabalhista e previdenciário entre as mesmas companhias.

49. Como acima ressaltado, a falta do arquivamento dos atos de cisão geram a sua ineficácia relativamente aos terceiros de boa-fé. Tal significa que as companhias cindidas e incorporadoras não poderão invocar a cisão em eventual conflito com tais terceiros, desde que, obviamente, estejam

10. Arnoldo Wald, *Curso de Direito Civil Brasileiro — Introdução e Parte Geral*, 8ª ed., São Paulo, Ed. RT, 1995, n. 67, pp. 148-149.

11. Eros Roberto Grau, "Cessão de contas operada no exterior e arquivamento na Junta Comercial", in *RDM* 59/24.

estes de boa-fé. Se conhecedores da cisão e de suas conseqüências para as companhias nela envolvidas, a invocada ineficácia poderá ser questionada. Mas nada impede que os terceiros estabeleçam relações negociais com essas companhias.

50. No plano do direito administrativo, torna-se relevante a transferência das concessões para a exploração dos serviços públicos de produção e transmissão de energia elétrica, anteriormente na titularidade da cindida, para a titularidade das incorporadoras. A falta de registro da cisão em nada afetará essa transferência, eis que esta se operou relativamente a companhias já existentes.

51. Poder-se-ia alegar, todavia, que a Resolução 76, de 20 de abril de 1999, da Agência Nacional de Energia Elétrica — ANEEL lastreou-se na ocorrência de cisão efetuada, conforme assembléia geral extraordinária realizada em 26 de março do corrente, e que a anulação dessa cisão implicaria eventualmente o reexame dessa mesma transferência. Mas, obviamente, como supra restou patenteado, a pretensão de anulação da cisão veiculada nas iniciais das ações civis públicas em tela carece de suporte para ser acolhida.

52. O impedimento do arquivamento determinado por mera decisão interlocutória não tem o condão de efetuar a higidez jurídica da cisão. Por sua vez, o cancelamento de registro já efetuado, aliás antecipação incompatível com a natureza desconstitutiva das ações em tela, será também anódino para prejudicar as transferências já efetuadas. Por isso mesmo, a titularidade das concessões transferidas parece inquestionável no momento, em favor das companhias incorporadoras.

53. Em relação à empresa concessionária, a transferência do controle, a cisão, a incorporação e a fusão se apresentam como verdadeiros "atos bifaces", expressão que cunhamos há duas décadas e que foi adotada por Hely Lopes Meirelles para caracterizar a dupla natureza que caracteriza certos atos jurídicos que estão simultaneamente sujeitos ao direito administrativo e ao direito comercial. Trata-se de categoria vinculada ao direito econômico e que se desenvolveu nas áreas dos contratos de parceria entre o Estado e a iniciativa privada e em certos setores da vida comercial, nos quais é maior a intervenção do Estado, como ocorre em relação às instituições financeiras e às companhias de seguros.[12]

54. Contudo, a transferência de concessões não implica necessariamente a dos bens (instalações, máquinas e outros) utilizados nas operações de prestação de serviços públicos de eletricidade. Para tanto, o art. 234 da Lei 6.404/76 define como título hábil "a certidão, passada pelo Registro do Comércio, da incorporação, fusão ou cisão... para a averbação, nos registros públicos competentes, da sucessão, decorrente da operação, em bens, direitos e obrigações". A exigência de título hábil com tal origem esgarça-se em relação aos bens móveis, pois em relação a eles a transferência de domínio opera-se pela simples tradição, independendo de registro. Mas os imóveis deste não podem prescindir, dependendo do registro da respectiva ata da assembléia geral extraordinária, que aprovou a cisão, o seu registro no competente Registro de Imóveis, nos termos do preceituado no art. 167 da Lei 6.015/73. A falta do arquivamento dessa ata inibirá o registro, mas não a transferência da posse de tais instalações e máquinas indispensáveis ao exercício das concessões.

55. Na posse dessas máquinas e instalações, as incorporadoras terão integrais condições para a prestação dos serviços de eletricidade, que lhes foram transferidos, o que importa na possibilidade de cobrar dos usuários os serviços prestados, praticando, outrossim, todos os demais atos necessários

12. Arnoldo Wald, "Aspectos peculiares do Direito bancário: o regime jurídico dos atos bifaces", in *RDM* 48/5, e Hely Lopes Meirelles, *Direito Administrativo Brasileiro*, 21ª ed., São Paulo, Malheiros Editores, pp. 174 e 175.

e úteis ao desempenho das atribuições que lhes foram cometidas pelas transferências referenciadas na Resolução 76 da ANEEL.

56. A autonomia das companhias cindida e incorporadoras e a eficácia da cisão relativamente às partes que nela se envolveram, vale dizer, a inaplicabilidade da regra da ineficácia em face de terceiros decorrente da falta de arquivamento dos atos de cisão, autorizam a conclusão de inexistir qualquer restrição quanto à realização de negócios entre essas companhias, respeitada obviamente a legislação em vigor, se existentes vínculos entre elas, que imponham determinadas condutas e exigências. Sendo assim, com a ressalva supra, tais negócios serão válidos e eficazes entre as partes contratantes. Portanto, não estão tais empresas inibidas de negociarem umas com as outras, nem com os seus fornecedores e consumidores ou outros contratantes.

57. Essa autonomia e independência de cada empresa reflete-se no plano tributário, de forma que os fatos geradores, ocorridos em razão da conduta de cada companhia, ensejarão responsabilidade tributária para a sua autora. Como cada uma manterá o faturamento correspondente às suas atividades, este, quando definido como base de cálculo dos tributos exigíveis, há de restar adstrito à companhia que lhe deu causa. Quanto aos tributos da companhia cindida, por fatos geradores ocorridos antes da cisão, seguirão o destino da distribuição das obrigações conotadas às parcelas de patrimônio vertidas em favor das incorporadoras. Tal, entretanto, não implica a oponibilidade da cisão ao fisco, para fins de definição de responsabilidade tributária, até porque, consoante o disposto no art. 133 do Código Tributário Nacional, deixa entrever, na espécie ora versada, a possibilidade de existência de responsabilidade subsidiária das companhias incorporadoras, em virtude de sucessão em parte do patrimônio da cindida.

58. No que concerne às relações jurídicas de natureza trabalhista, firmada a premissa da autonomia e independência das companhias cindida e incorporadoras, nada impede a transferência de empregados de umas para as outras, observando-se, todavia, que, nos termos do art. 2º, § 2º, da Consolidação das Leis do Trabalho, em havendo vinculação conforme ali especificado, das companhias cindida e incorporadoras, remanesce a solidariedade entre elas, independentemente dos vínculos que derivarem da operação de cisão parcial, com versão de parcelas do patrimônio da cindida em favor das incorporadoras. Outrossim, os empregados, como terceiros, poderão suscitar a ineficácia da operação de cisão, enquanto não arquivados os atos correspondentes, se pretenderem se opor à transferência de empregadora, mesmo que observada a legislação de regência em sede trabalhista.

59. No concernente à abertura de capital das companhias incorporadoras, com emissão de novas ações em decorrência da versão das parcelas do patrimônio da cindida em seu proveito, a Comissão de Valores Mobiliários poderá indeferir os pedidos nesse sentido, considerando que seu deferimento estaria condicionado ao arquivamento das atas das AGEs na Junta Comercial do Estado de São Paulo, após a superação do impasse judicial instalado. É facultado à CVM entender que a ausência de arquivamento dos atos de cisão na Junta Comercial do Estado de São Paulo tem efeitos impeditivos desse registro. Este efetuado sem ressalvas implicaria, em tese, reconhecer o aumento de capital e a emissão de novas ações, sem transparência do litígio existente, com possíveis efeitos perante terceiros investidores. Isto porque o ato de registro da companhia aberta pela CVM é constitutivo e não meramente declaratório, no sentido de que apenas as companhias abertas podem negociar os títulos de sua emissão no mercado de valores mobiliários (art. 21 da Lei 6.385/76).

60. Contudo, considerando-se que a apreciação de tal matéria resta adstrita a poder discricionário dessa autarquia, que apreciará as peculiaridades desta situação atípica, deverão ser requeridos, perante ela, os registros de companhia aberta e de negociação dos seus valores mobiliários no mercado, tendo-se em vista o disposto no art. 223, § 3º da Lei 6.404/76, que impõe à sociedade que absorver o patrimônio da cindida, a obtenção de tais registros no prazo máximo de cento e vinte dias, contados da data da realização das assembléias gerais que aprovarem a operação. Em tese, a conseqüência do indeferimento do registro é o possível exercício do direito de recesso pelo acionista dissidente da deliberação de cisão, nos termos do § 4º desse mesmo artigo.

61. Impende, ainda, aduzir que, existindo impedimento judicial, não poderá a demora do registro ser considerada como infringente da exigência da lei societária, mormente em razão do princípio consubstanciado no brocardo latino *ad impossibilia nemo tenetur*. Caso a CVM formule exigência no sentido de apresentação do arquivamento dos atos societários, eventualmente, a matéria poderá ser objeto de recurso administrativo ou medida judicial, com a finalidade de obtenção do registro na CVM, com a adequada transparência quanto à situação hoje vivenciada pelas companhias em tela.

62. Do mesmo modo, os efeitos da ausência de arquivamento dos atos de cisão afetam decisivamente o estabelecimento, pelas empresas incorporadoras, de programas de *American Depositary Recepts* (ADR's) nos EUA. Com efeito, enquanto esse arquivamento de tais atos inocorrer, a eficácia da cisão perante terceiros e, principalmente, aqueles que atuam nas bolsas de valores, é inexistente. Portanto, se não contarem as empresas incorporadoras com o registro de abertura de capital na CVM em virtude de obstáculo judicial ao arquivamento em tela, a sua situação, no que diz respeito ao aumento de capital e à emissão de ações, será instável. Conseqüentemente, não terão suas ações negociadas em bolsa de valores, circunstância essa obstativa da emissão de ADR's nos EUA. Se, a despeito da ausência de arquivamento, vier a ser concedido o registro pala CVM, existe concreta possibilidade de impugnação formulada pelos terceiros adquirentes desses títulos e, até mesmo, pelos autores das ações de onde emergiram as liminares em causa.

63. Embora envolva o sério risco acima apontado o requerimento à *Security Exchange Commission* (SEC) para tal fim, pois a solução das questões decorrentes da propositura das diversas ações civis públicas em face da CESP e das companhias incorporadoras dependerá do teor das decisões judiciais que, a respeito, vierem a ser prolatadas, nada impede a adoção de medidas preliminares. Estas, sem envolver a responsabilidade das companhias rés, poderão preparar a emissão dos ADR's, enquanto se aguarda o desate do litígio a respeito das medidas liminares. Evidentemente, tais providências só poderão ser meramente preparatórias, sem implicar vinculação com terceiros, o que implica não abrangerem elas a emissão de ações a serem negociadas em bolsa de valores ou de ADR's.

VI — Aspectos processuais das quizílias "sub judice"

64. Consoante ressaltado supra, a CESP e as companhias constituídas para ensejar a operação de cisão, ora *sub judice*, suportam a carga de dez ações civis públicas, sendo seis ajuizadas em litisconsórcio ativo pelo Estado de Mato Grosso do Sul e o Ministério Público desse Estado, duas apenas por esse *Parquet* e, ainda, duas em que são autores Municípios do Paraná. Todas ações têm a mesma causa de pedir, variando apenas o pedido daquelas ajuizadas escoteiramente pelo Ministério Público Estadual.

65. As ações veiculadas nos autos 287/99 e 291/99, da comarca de Três Lagoas, 182/99, da comarca de Bataguaçu, 108/99 e 109/99, da comarca de Brasilândia, e 77/99, da comarca de Anaurilândia, têm como pedido, nos termos das respectivas iniciais, *verbis*: "o julgamento da presente ação pela total procedência, declarando-se, por força de lesão à garantia do crédito ambiental, a ineficácia e conseqüente anulação da cisão societária procedida na assembléia do dia 26 de março de 1999, realizada pela ré".

66. Por sua vez, os pedidos de antecipação de tutela, nessas seis ações acima mencionadas, envolvem invariavelmente a pretensão dos autores para que a decisão judicial:

"a) impeça ou anule qualquer registro de alteração de cisão da CESP Companhia Energética Paulista (*sic*), perante a Junta Comercial competente;

"b) em decorrência da urgência, determine a proibição aos diretores da CESP e das Sociedades Incorporadoras, os Srs. (...) *omissis* (...) de fazer publicar os editais de alienação das sociedades incorporadoras e da empresa cindida, em decorrência da deliberação da assembléia geral ocorrida no dia 26 de março, ou se já o fizeram ficarem obrigados a cancelarem (*sic*) os editais publicados, sob pena de pessoalmente responderem civilmente pelos danos ambientais que da cisão possa resultar."

67. A causa de pedir dessas ações centra-se:

a) na existência de um crédito ambiental, que teria como garantia o patrimônio da CESP, afetado pela cisão deliberada, justificando-se, assim, nos termos do art. 232 da Lei 6.404/76 o ajuizamento tempestivo das ações anulatórias de tal cisão;

b) em não se encontrar relacionado o passivo ambiental judicialmente contraído pela CESP com o Estado de Mato Grosso do Sul e com os municípios co-titulares desse crédito, passivo este não avaliado, vulnerado, restando assim o disposto no art. 244, II, da Lei 6.404/76, até porque desse modo não se permite verificar se o patrimônio líquido vertido para formação do capital das novas empresas, bem como da cindida, é igual ao montante do capital a realizar;

c) a existência de propósito manifestado da CESP de alinear as suas usinas à iniciativa privada.

68. Do confronto dos pedidos e *causae petendi* dessas seis ações emerge segura a conclusão de se identificarem ambos esses elementos das referidas ações. Ocorre, ainda, que são idênticas as partes que ocupam os pólos ativo e passivo das relações processuais resultantes da propositura dessas mesmas ações. Disso se conclui, com arrimo em norma inconcussa do art. 301, § 3º, do CPC, que, na espécie ora versada, configura-se a litispendência, que importa na extinção das cinco ações nas quais a citação das rés deu-se após a mesma citação ocorrida em uma delas, ou seja, em outras palavras, das cinco ações subseqüentes à primeira citação das rés efetuada, tudo nos termos do disposto nos arts. 219 e 267, V, do mesmo código.

69. Não se argumente em contrário, invocando-se diferentes acordos geradores de diferentes créditos em face da CESP. A circunstância de existirem várias composições relativamente às diversas ações civis públicas findas não descaracteriza a identidade de *causae petendi*, considerando-se que as ações ora propostas não correspondem a execuções civis públicas e, destarte, não se vinculam àquelas ações. O que se objetiva nestas ações civis públicas ora aforadas é impedir a suposta redução ou o alegado desaparecimento da garantia comum a todos os credores titulares de créditos ambientais em face da CESP. A causa de pedir é, pois, comum em todas as ações e os seus autores valeram-se, para a propositura destas, de sua legitimidade para atuarem na defesa de interesses difusos, vale dizer, transindividuais e indivisíveis.

70. Deveras, os autores das ações as ajuizaram valendo-se da legitimidade para esse fim outorgada no art. 5º da Lei 7.347/85. Trata-se de legitimidade concorrente e disjuntiva, que pode ser invocada e utilizada isoladamente por qualquer um dos legitimados concorrentes para a propositura da ação. Nada impede que esses co-legitimados se consorciem em litisconsórcio *in casu* unitário. O ajuizamento da ação por um ou mais desses legitimados, contudo, inibe os demais quanto à mesma iniciativa. Sem dúvida poderão aqueles, que não ocupam o pólo ativo da relação processual, nela ingressar como assistentes litisconsorciais. Mas não lhes é lícito aforar a mesma ação que está em curso, a teor de não terem sido parte nesta. Da mesma forma não se forram dos efeitos da coisa julgada material, quando desfavorável àquele que ajuizou a ação, pois, em regra legitimam-se a desfrutar do resultado favorável da ação da qual não participaram.

71. Ressalte-se, contudo, que esse posicionamento não é pacífico, existindo corrente doutrinária que sustenta a ocorrência apenas de conexão de causas, quando ações civis públicas com mesma causa de pedir e idênticos pedidos são aforadas por legitimados concorrentes e disjuntivos diversos. Nesse sentido o posicionamento, dentre outros, de José dos Santos Carvalho Filho.[13] Em verdade, a matéria em causa reporta-se a ponto polêmico da doutrina e dogmática processuais, mas, em nosso sentir, deve ser resolvida em favor da ocorrência de litispendência e não de conexão de causas. Até porque esta não implica necessariamente a reunião de processos,[14] não passando de mera regra de direção processual,[15] que, inclusive, não incide quando as ações estão em graus de jurisdição diversos. Tal implica a possibilidade de ocorrência de decisões antagônicas e, conseqüentemente, conflitos de coisas julgadas materiais. Da mesma forma, não reunidas as ações, haverá, necessariamente, cumulação de sucumbências e de multas, em afronta à unicidade de pedido e de causas de pedir, importando em inútil e perigoso dispêndio de tempo, energia e gastos processuais. Mas, evidentemente, no caso entelado não se cuida de ações ajuizadas por autores diversos e sim pelos mesmos autores, o que não pode afastar a ocorrência da litispendência e a conseqüente extinção dos processos.

72. Aliás, em caso análogo, ou seja, na ocorrência de ação popular e ação civil pública, aquela aforada pelo cidadão e esta pelo Ministério Público, Hugo Nigro Mazzilli sustenta a identidade de partes, considerando um e outro autores situados no mesmo patamar de legitimidade. São suas palavras: "A nosso ver, na hipótese em exame há identidade até de partes, pois tanto os legitimados ativos do art. 5º da Lei 7.347/85, como o cidadão, na ação popular, todos eles agem por substituição processual à coletividade dos lesados".[16]

73. Qualquer que seja a posição adotada a respeito da natureza jurídica da legitimidade outorgada aos entes previstos no *caput* do art. 5º da Lei 7.347/85, ou seja, considerando-se-a autônoma e ordinária ou extraordinária, a presença da possibilidade de formação do litisconsórcio unitário facultativo inibe a propositura da mesma ação já aforada por co-legitimado, quer esteja a primeira em curso, quer já tenha se findado com julgamento de mérito hábil a gerar a coisa julgada material. Portanto, no caso ora em exame, existem cinco ações que repetem aquela em que primeiramente a citação das rés se completou. Logo, aceita essa premissa, devem ser elas extintas sem julgamento de mérito, a teor do disposto no inciso V do art. 267 do CPC.

74. O mesmo sucede com uma das duas ações aforadas apenas pelo Ministério Público em face da CESP e das companhias incorporadoras, mais recentemente perante o juízo da comarca de Brasilândia, autos 152/99 e 153/99. Nestas, diferentemente do que ocorreu com as seis primeiras supra-elencadas, os respectivos pedidos foram ampliados. Assim é que os pedidos idênticos, nelas veiculados, dizem respeito à procedência da ação para:

13. Cfr. José dos Santos Carvalho Filho, *Ação Civil Pública*, Rio de Janeiro, Freitas Bastos, 1995, pp. 101 e ss.

14. Cfr. STJ, 3ª T., REsp 26.919-6-RJ, Rel. Ministro Eduardo Ribeiro, in *RSTJ* 42/451.

15. V. *RT* 677/131 e 471/172; e *Lex JTACSP* 34/280, 98/44, 103/198 e 166/64.

16. Cfr. Hugo Nigro Mazzilli, *A Defesa dos Interesses Difusos em Juízo*, 5ª ed., São Paulo, Saraiva, 1993, p. 132.

"a) anular o protocolo de cisão aprovado pela AGE realizada no dia 26.5.1999, face a (*sic*) manifesta ilegalidade do procedimento adotado, bem como de condenar a CESP a (*sic*) obrigação de fazer consistente em:

"b) proceder a justa avaliação pericial do crédito ambiental, devendo o laudo ser apresentado a este juízo, garantindo-se a sua publicidade e os critérios norteadores da avaliação;

"c) incluir no passivo da empresa cindida, para o fim de verificação do patrimônio líquido a ser vertido às sociedades incorporadoras, o crédito ambiental contraído perante este juízo;

"d) fazer consignar nos editais de alienação da empresa cindida e das sociedades incorporadoras, todas as obras mitigatórias e compensatórias não efetivadas pela alienante referendadas no acordo homologado por este juízo nas ações públicas, feitos 60/96, 64/96 e 176/96, com seus respectivos valores de mercado."

75. Já a antecipação de tutela postulada e deferida lastreou-se no seguinte pedido, também idêntico em ambas as ações:

"a) determinar à CESP — Companhia Energética Paulista (*sic*), através de seus representantes legais, o cancelamento de eventual registro da cisão operada perante a Junta Comercial competente;

"b) em decorrência da urgência determinar a proibição aos diretores da CESP e das sociedades incorporadoras, ... de fazer publicar os editais de alienação das sociedades incorporadoras e da empresa cindida, em decorrência da deliberação da assembléia geral ocorrida no dia 26 de março, ou se já o fizeram, ficarem obrigados a cancelar os editais publicados, sob pena de pessoalmente responderem civilmente pelos danos ambientais que da cisão possam resultar, bem como responderem pelo crime de desobediência (art. 330 do Código Penal)."

76. Verifica-se, pois, que o pedido de antecipação de tutela formulado nessas ações apenas diferencia-se daqueles veiculados nas demais ações, por se restringir ao cancelamento e não à suspensão do registro dos atos de cisão na Junta Comercial do Estado de São Paulo. Por sua vez, o pedido principal é mais amplo do que aqueles constantes das iniciais das seis ações anteriormente propostas na mesma ou em outras comarcas, mas se reporta, tal como nelas ocorre, à anulação do protocolo de cisão, vale dizer, da própria cisão. Patenteia-se, destarte, que ambas ações são idênticas, vez que apresentam as mesmas partes, causa de pedir e pedido, impendendo, pois, a extinção daquele em que por último operou-se a citação das rés, na forma do que restou explicitado relativamente às seis primeiras ações civis públicas supra-examinadas.

77. No que concerne ao relacionamento da ação, que remanescer entre as duas acima nomeadas, e aquela que substituir, extintas as cinco que a repetem, das seis supra-examinadas, verifica-se que se pode vislumbrar a existência de um vínculo de continência, pois o pedido de uma está contido no pedido de outra, o que impõe a reunião de processos para decisão conjunta, até porque toda continência configura inexoravelmente uma conexão. Tal resulta com solar clareza do texto do art. 104 do CPC, que prescreve concretizar-se esse fenômeno processual sempre que há identidade entre as partes e a causa de pedir e o pedido, por ser mais amplo, abrange o de outra ação. No caso em exame, a identidade de partes resulta da presença do Ministério Público Estadual no pólo ativo, sendo despicienda a presença do Estado de Mato Grosso, eis que, como legitimados concorrentes e disjuntivos e possíveis litisconsortes facultativos unitários, a atuação de um deles equivale à dos demais, restando todos adstritos à eficácia *erga omnes* da coisa julgada emergente da ação. Logo, presente a identidade de partes, inferida dessa equiparação processual. A causa de pedir é também parcialmente idêntica: o suposto esgarçamento da garantia resultante do patrimônio da e, ainda, a existência de vício no procedimento da cisão.

78. Configurada a litispendência parcial entre ambas ações, a propositura da ação continente não afeta a higidez processual da ação contida, mas importa na sua reunião a fim de que não emerjam de seus julgamentos decisões parcialmente antinômicas. Para a reunião de processos decorrentes da continência (art. 105 do CPC), em se tratando de ações propostas em comarcas diversas, vige a regra do art. 219 do CPC, ou seja, torna-se preventa a competência do juízo em que foi realizada a citação válida em primeiro lugar, consoante a doutrina e jurisprudência.[17] Mas tanto a conexão como a continência, de resto mera espécie da primeira, devem ser alegadas em contestação, consoante dispõe o inciso VII do art. 301 do mesmo código.

79. De se notar, ainda, que a competência do juízo que se fixar em razão do acolhimento da litispendência ou conexão e continência entre as ações civis públicas propostas, poderá ser infirmada sob duas óticas diferenciadas: a material e a territorial. Com o ingresso do Estado de São Paulo nos autos, emerge a competência do Supremo Tribunal Federal, pois haverá conflito entre Estados-Membros da União, ou seja, entre esse Estado e aquele de Mato Grosso do Sul, nas ações em que ele figura no pólo ativo da relação processual. É o que resulta claramente do estatuído no art. 102, I, *f*, da Constituição Federal, e, segundo nos foi comprovado, já implicou a atuação do Excelso Pretório, em razão da iniciativa do Estado de São Paulo.

80. Daí o motivo pelo qual o Ministério Público Estadual solertemente alterou a sua estratégia, deixando de incluir o Estado de Mato Grosso do Sul no pólo ativo da relação processual, eliminando, destarte, o litisconsórcio formado nas ações anteriores. Entretanto, o Ministério Público desse Estado atua, nas ações em tela, também como sua *longa manus*, considerando-se encontrar-se no mesmo patamar de legitimação e invocar supostos prejuízos decorrentes da conduta das rés. Sendo assim, o expediente do autor de tais ações não parece suficiente para arredar a competência do Supremo Tribunal Federal, eis que latente o conflito de interesses entre esses Estados, considerando-se os efeitos detrimentais para a economia do Estado de São Paulo, que resultam da suspensão do arquivamento dos atos de cisão e da absurda proibição da alienação das ações das sociedades cindida e incorporadoras, em processo de privatização.

81. Aliás, não fosse a subsunção do litígio entre esses Estados-Membros na esfera da competência do Excelso Pretório, não deveria ele restar adstrito à competência da Justiça Estadual, para fins de recurso, vez que envolve interesses da União Federal e da Agência Nacional de Energia Elétrica — ANEEL, que poderão ingressar no feito ao abrigo da Lei 9.469/97, cujo art. 5º, em seu parágrafo único, dispõe: "As pessoas jurídicas de direito público poderão, nas causas cuja decisão possa ter reflexos, ainda que indiretos, de natureza econômica, intervir, independentemente da demonstração de interesse jurídico, para esclarecer questões de fato e de direito, podendo juntar documentos e memoriais reputados úteis ao exame da matéria e, se for o caso, recorrer, hipótese em que, para fins de deslocamento de competência, serão consideradas partes".

82. Ora, tanto a CESP como as companhias incorporadoras são concessionárias de serviços públicos de energia, concedidos pela União e agora pela ANEEL, de modo que é visível o interesse de ambas na manutenção da cisão efetuada e na conseqüente transferência de concessões já ultimada. Também, segundo consta, existe interesse econômico da União na privatização de tais companhias, na medida em que o resultado desta reverterá também em proveito do erário federal. Portanto, a União ou a ANEEL estão legitimadas, nos termos do supratranscrito dispositivo legal, a ingressar nos autos para esclarecer questões de fato ou de direito, o que implicará o deslocamento de competência sempre que surgir uma controvérsia a respeito, passível de

17. Cfr. *RSTJ* 98/191.

ensejar decisão recorrível, sendo ela atacada pelo pertinente recurso. Mas essa competência, ressalva-se, dirá respeito ao segundo grau de jurisdição, tendo-se em vista o cristalizado na Súmula 183 da jurisprudência dominante do Superior Tribunal de Justiça, no sentido de que: "compete ao Juiz Estadual, nas comarcas que não sejam sede de vara da Justiça Federal, processar e julgar ação civil pública, ainda que a União figure no processo".

83. Sob outra ótica, exsurge a incompetência territorial das comarcas nas quais houve o aforamento das diversas ações civis públicas. Indiscutível a premissa decorrente do disposto no art. 2º da Lei 7.347/85, quanto a deverem as ações civis ser propostas no foro do local onde ocorreu o dano, que é dotado de competência funcional para processar e julgar a causa. A competência funcional é doutrinária e legalmente absoluta, incomportando flexibilização através de ajuste entre as partes. Todavia, na espécie *sub judice*, não se cuida de vulnerar essa competência e sim de alterar o seu eixo territorial, vale dizer, o local onde ocorreu o dano.

84. Realmente, as ações propostas versam a manutenção do patrimônio da CESP com a anulação da cisão por ela deliberada, que, supostamente, implicaria a redução desse patrimônio, vez que as suas parcelas vertidas com essa operação estariam excluídas de tal responsabilidade. Sendo assim, o local onde ocorre o suposto dano é o da alegada diminuição de tal patrimônio, ou seja, onde houver a prática do ato que acarretou. Observe-se que não cuida a espécie de dano ambiental, mas sim de suposto dano à garantia do ressarcimento desse dano ambiental, o que torna as situações confrontadas absolutamente díspares. O alegado dano, se ocorrido, centra-se na diminuição do patrimônio da CESP e na suposta inextensão da garantia às parcelas deste vertidas para as companhias incorporadoras. Conseqüentemente, somente pode haver se concretizado nas sedes das companhias envolvidas na cisão guerreada nas ações civis públicas. Destarte, torna-se admissível a suscitação da incompetência dos juízos por onde fluem os processos incoados pelas ações propostas. A circunstância de ser funcional a competência não implica a impossibilidade de se questionar qual entre os juízos igualmente competentes no plano funcional deva ser competente territorialmente.

85. Finalmente, mister se faz examinar as liminares concedidas à guisa de antecipação de tutela. Evidencia-se *prima facie* a manifesta ausência dos requisitos exigidos pelo art. 273, I, do CPC, já que o art. 12 da Lei 7.347/85 é omisso a respeito. Desde logo se denota que as primeiras seis ações aforadas são apenas de natureza desconstitutiva, enquanto, nas duas últimas, ao pedido de natureza desconstitutiva, acoplam-se pedidos condenatórios. Isto não obstante o pedido dos autores, nas seis primeiras ações, reporte-se à declaração de anulação (*sic*) como conseqüência da declaração da ineficácia da cisão questionada.

86. É cediçamente questionável a possibilidade de se anteciparem os efeitos desconstitutivos de uma tutela jurisdicional dessa natureza. Pela negativa opina Ovidio A. Baptista da Silva, *verbis*: "Temos dito, mas é bom insistir: somente as eficácias declaratórias e constitutivas não podem ser antecipadas sob forma de liminares; e a eficácia condenatória — embora não passe de uma declaração —, em virtude de sua potencialidade para gerar o título executivo, poderá permitir a antecipação, não do efeito condenatório, e sim do efeito executivo, como se dá nos alimentos provisionais e nas liminares do processo monitório (sobre a impossibilidade de que exista uma 'constituição provisória' de direito, além de Calvosa já citado, conferir Fritz Baur, ob. cit., p. 76); e quanto à impossibilidade de excluir-se 'temporariamente' um sócio da sociedade a que ele pertença ou liquidar 'temporariamente' um estoque de mercadorias, p. 78".[18]

18. Cfr. Ovidio Baptista da Silva, *Curso de Processo Civil*, Porto Alegre, Fabris Ed., 1995, v. 3, p. 66.

87. Destarte, nos termos dos pedidos das seis primeiras ações civis aforadas, quanto ao impedimento ou anulação do arquivamento dos atos de cisão da CESP e sociedades incorporadoras, não há como anular temporariamente tal arquivamento. No que concerne às duas últimas ações, também inviável a anulação temporária do protocolo de cisão. Os pedidos de antecipação de tutela, tal como foram, nesse particular, formulados, não se harmonizam com o sistema de antecipação de tutela previsto no art. 273 do CPC. Muito menos, ressalte-se, com aquele previsto no art. 12 da Lei 7.347/85. Isto porque este dispositivo legal insere-se nesse diploma legal com o escopo de obviar a ocorrência de dano ambiental, dentre outros, e não para tutelar garantia de um crédito de natureza ambiental.

88. Quanto ao segundo pedido de natureza antecipatória, no sentido de inibir os administradores da CESP e das incorporadoras de publicar editais para alienação dessas empresas, o seu texto demonstra o desconhecimento dos autores relativamente à matéria societária. As companhias não são titulares das ações representativas de seu capital, mas sim as acionistas, únicas legitimadas a aliená-las. Logo, seus administradores não poderão fazê-lo. Sendo assim, a proibição de alienação é, em relação aos seus destinatários diretos, ou seja, aos administradores nominados nas iniciais, inteiramente anódina. Demais, como é de vulgar sabença, a alteração do controle acionário de uma empresa em nada afeta o seu patrimônio, motivo pelo qual subsistem hígidas as obrigações desta, sem qualquer redução patrimonial em prejuízo de seus credores.

89. Em suma, os efeitos antecipatórios pleiteados e deferidos nas ações em tela são manifestamente inviáveis no plano jurídico, além de um deles estar visivelmente mal endereçado. Acresce que inexiste qualquer suporte jurídico para a pretensão dos autores veiculada nas seis primeiras dessas ações aforadas em litisconsórcio ativo ante o Ministério Público do Estado de Mato Grosso do Sul e esse mesmo Estado, através das respectivas iniciais, para justificar a verossimilhança de suas alegações. Em primeiro lugar, porque está ela lastreada em dispositivo legal impertinente, ou seja, o art. 232 da Lei 6.404/76, que cuida exclusivamente da fusão e incorporação de companhias, o que exclui a cisão. Em segundo lugar, porque já tendo os autores notificado a CESP e as companhias incorporadoras, efetivamente já exercitaram o direito potestativo de oposição à exclusão da solidariedade na aludida cisão, nos termos do art. 233, parágrafo único da mesma Lei 6.404/76.

90. Aliás, o protocolo de cisão parcial publicado no dia 26 de março do corrente deixou patente que: "A. 6. *Direitos dos Credores na Cisão*. As *Incorporadoras* serão responsáveis apenas pelas obrigações que lhes forem transferidas, sem solidariedade entre si ou com a *Cindida*, mas qualquer credor anterior poderá opor-se à presente estipulação em relação ao seu crédito, desde que notifique a *Cindida*, no prazo de 90 (noventa) dias a contar da data da publicação dos atos da *Cisão*".

91. Patenteia-se, destarte, a lisura da conduta da CESP, que alertou os seus credores quanto à possibilidade de manifestarem tempestivamente a oposição elisiva da exclusão de solidariedade. Mantida assim, *ex vi* de oposição tempestiva, a solidariedade cujo desaparecimento relativamente às companhias cindida e incorporadoras justificaria, na ótica *pro domo sua* dos autores, o pleito no sentido da anulação da cisão em causa, evidencia-se a ausência de interesse processual a embasar a admissibilidade de tais ações.

92. É bem verdade que os autores de tais ações engendraram também um outro fundamento, ou seja, a necessidade de ser relacionado o passivo ambiental judicialmente contraído pela CESP com um deles, o Estado de Mato Grosso, e os municípios. Da mesma forma, sustentam eles a necessidade de avaliação de todo o passivo societário, nos termos inciso II do art. 244 da Lei 6.404/76. Da mesma forma aludiram às exigências do inciso III do art. 244 da mesma lei, quanto aos critérios empregados para a avaliação do patrimônio líquido.

93. Novamente laboraram os autores em lamentável equívoco. Primeiramente, erraram ao apontar o dispositivo legal embasador de sua fundamentação. O art. 244 acima referido não cuida dessa matéria, mas sim o art. 224 da mesma lei. E este dispositivo, por sua vez, regula a operação de cisão no que concerne aos acionistas e sócios, de sorte que somente estes ou as próprias companhias, que dela participaram, têm legitimidade para se insurgirem quanto a qualquer irregularidade na cisão. Os credores, como é o caso desses autores, nada têm a reclamar relativamente à inclusão ou não, no protocolo, dos itens a que se reporta o art. 224 acima referido.

94. Efetivamente, de acordo com a lei, há duas hipóteses. Se notificaram a cindida a respeito de sua oposição à exclusão da solidariedade, a garantia de seu crédito remanesce idêntica. Se não o fizeram, devem aguardar a transferência da responsabilidade para uma das empresas incorporadoras, não podendo erigir sua omissão em instrumento jurídico hábil a se inserir em negócios jurídicos alheios. No caso em tela, a oposição já ocorreu, conseguintemente também por essa razão carecem os autores de legitimidade para se inserirem na esfera negocial da cisão já operada.

95. Inexistente, destarte, a relevância do fundamento para justificar as liminares concedidas. Verifica-se, outrossim, a total inexistência de *periculum in mora*, considerado este como o risco de ineficácia da decisão final favorável aos autores. São ações anulatórias, objeto de decisão dotada de retroeficácia *ex nunc* e se reportam a negócio jurídico que não extinguiu a empresa cindida, a qual remanesce em condições de suportar todas as obrigações por ela contraídas para com os autores, que, de resto, não quantificaram seus créditos, nem mesmo de forma aproximada.

96. As duas últimas ações civis aforadas apenas pelo Ministério Público estadual, autos 152/99 e 153/99, da comarca de Brasilândia, não mais invocam o art. 232 da Lei 6.404/76 como suporte jurídico de seu pedido. Mas seu autor insiste em colacionar o impertinente art. 244 dessa mesma lei, citando, ainda, agora corretamente, o seu art. 224. Acresce que, tendo corrigido em parte a fundamentação legal, destemperou-se ele na linguagem adotada, incompatível com o cargo ocupado, ao qualificar a conduta da CESP de estelionatária (fls. 14) das respectivas iniciais.

97. Reconhece o autor de tais ações que foi mantida a solidariedade entre as companhias cindida e incorporadoras, pela sua iniciativa, e, não obstante insiste em se imiscuir no negócio jurídico da cisão alegando nulidades inexistentes e irregularidades a respeito das quais não tem legitimidade para se manifestar. Aceitando a premissa no sentido de que a solidariedade está garantida, o que não fez em relação às seis ações antes examinadas, pretende agora justificar a sua aventura judicial com o suposto vício no processo de cisão.

98. Se a solidariedade existe, que interesse poderia o autor invocar para atacar a cisão, que em nenhum aspecto o prejudicará? As partes na cisão, que poderiam insurgir-se contra eventual nulidade ou irregularidade, não o fizeram. Trata-se de negócio jurídico entre particulares, negócio lícito envolvendo direitos disponíveis, absolutamente vedados às incursões do Ministério Público, a despeito da auréola constitucional que se lhe assegurou. O crédito ambiental consta do protocolo e destarte nada mais se fazia mister a esse respeito para a higidez jurídica desse instrumento. Não foi quantificado porque nem mesmo o autor o fez até agora, pretendendo impor à CESP, sem qualquer suporte legal, o dever de fazê-lo.

99. Olvida-se porém que estas ações não são uma liquidação coletiva, nem se cuida de futura execução de crédito ambiental. Versa a anulação de cisão por "manifesta ilegalidade do procedimento adotado" (*sic*), do que não decorre, sequer longinquamente, o dever de uma das rés proceder à quantificação de suas obrigações não vencidas, assumidas em acordo judicialmente celebrado. O absurdo dessa pretensão, aliado à absoluta inexistência de qualquer risco de dano para o autor, demonstra à saciedade que tais ações e as respectivas antecipações não passam de um instrumento de pressão direcionado a ampliar os benefícios já obtidos em acordos celebrados.

100. Estas considerações de natureza processual, que se fizeram involuntariamente longas, permitem uma visão das questões formuladas pela Consulente sob perspectiva do conflito instaurado pelos autores de tais ações civis públicas, que podem se alongar no tempo, mas que exigem medidas urgentes para evitar os efeitos prejudiciais das antecipações de tutela concedidas açodadamente, sob o acicate de um perigo absolutamente inexistente de infrutuosidade da prestação jurisdicional, e com lastro em direito nenhum. Destarte, à luz das considerações supra, passamos a responder aquelas questões.

VII — Respostas aos quesitos

101. Reproduzindo, para maior clareza, os quesitos supra-elencados, passamos a respondê-los como segue:

102. ***A) Primeiro quesito:***

"A não realização dos arquivamentos dos atos de cisão suspendem a eficácia das deliberações tomadas em AGE's? A versão de parte do patrimônio da CESP para essas empresas já ocorreu ou depende do arquivamento na JUCESP, ou seja, pode-se considerar a cisão consumada, mesmo sem o arquivamento na JUCESP?"

Resposta ao primeiro quesito:

103. Na forma do que explicitamos supra, a ausência de arquivamento dos atos relativos à cisão da CESP não inibe os efeitos da operação entre as partes que nela participaram. O arquivamento dos atos de cisão parcial, que não implicam a constituição de novas companhias, tem eficácia apenas declaratória e não constitutiva. Já relativamente a terceiros, a eficácia da operação pode ser questionada, máxime presente a boa-fé do terceiro que contratar com a cindida e/ou com as incorporadoras. A versão de parte do patrimônio da CESP para as incorporadoras já ocorreu no que concerne ao domínio, quanto aos móveis, vez que a transferência exige apenas a tradição, que se supõe ocorrida. Os imóveis, para que tal possa ocorrer, exigem registro da transferência nas respectivas matrículas, o que tem como pressuposto o arquivamento dos atos de cisão na Junta Comercial do Estado de São Paulo. Não obstante, a posse dos imóveis pode ser transferida independentemente dessa providência, sendo suficientes para justificá-la os atos de cisão. Sendo assim, não se pode considerar consumada a cisão sem o aludido arquivamento, se interpretada a consumação como a produção de todos os efeitos possíveis da operação, quer entre as partes quer em face de terceiros.

104. ***B) Segundo quesito:***

"As empresas incorporadoras já tendo recebido as respectivas concessões podem levar a efeito as atividades decorrentes, que incluem a operação dos ativos transferidos, o faturamento de suas receitas, pagamento de suas despesas, receber/transferir valores à CESP por meio de mútuos? A Resolução ANEEL fica atingida pela não realização do arquivamento?"

Resposta ao segundo quesito:

105. A Resolução ANEEL 76/99, que operou a outorga, para as empresas incorporadoras, de concessões então na titularidade da cindida, assim agiu em função da existência das primeiras, as quais, embora vinculadas à cisão, dela não resultaram. Por isso mesmo, ainda que possa a cisão integrar-se na motivação do ato administrativo de outorga de tais concessões, tal ato reportou-se a companhias existentes independentemente da operação de cisão. Destarte, não pode ser afetada a higidez jurídica dessa outorga pela simples ausência de arquivamento dos atos de cisão, que, como acima ressaltado, produzem efeitos relativamente às partes dela partícipes. Portanto, as empresas incorporadoras, na qualidade de titulares de tais concessões e na posse dos ativos a elas transferidos em razão da cisão, podem e devem operar esses ativos, com o faturamento das respectivas receitas e celebração de contratos de mútuos com a CESP, respeitadas, obviamente, relativamente a estas avenças, a legislação societária e tributária pertinente.

106. ***C) Terceiro quesito:***

"A CESP, considerando a publicação da resolução ANEEL que transfere e concede o uso dos bens públicos relativos aos empreendimentos hidrelétricos a estas novas empresas, não detém mais a concessão sobre eles; poderia, no entanto, exercer e faturar aquelas atividades, que pertencem a pessoas jurídicas distintas?"

Resposta ao terceiro quesito:

107. Em razão da resposta ao quesito supra, entendemos que a CESP, após a publicação da Resolução ANEEL 76/99, que transferiu e concedeu o uso de bens públicos para as companhias incorporadoras de parte do seu patrimônio, não pode mais se utilizar de tais bens nem prestar os serviços deles decorrentes. Tais serviços serão prestados pelas incorporadoras, que receberão a contraprestação pecuniária correspondente.

108. ***D) Quarto quesito:***

"As obrigações assumidas pelas empresas cindida e incorporadoras no Protocolo de Cisão podem ou podem ser realizadas?"

Resposta ao quarto quesito:

109. Do exame das iniciais das ações civis públicas ajuizadas em face da CESP, pode-se inferir, tal como perfunctoriamente foi acenado supra, não terem elas condições de admissibilidade ou de propiciar uma vitória dos respectivos autores, em um clima de absoluta neutralidade e, pois, de imparcialidade judicial. Sem embargo dessa premissa, a vitória da CESP e das empresas incorporadoras pode demorar se mantida a competência para o conhecimento e julgamento dessas causas para a Justiça do Estado de Mato Grosso do Sul e do Paraná. Isto porque as primeiras manifestações do Poder Judiciário local deixam entrever uma ótica regionalista no trato dessa matéria.

110. Por isso mesmo, o adimplemento das obrigações assumidas no protocolo de cisão pode e — em tese — deve se concretizar, especialmente quando não há vedação judicial de cumprimento das mesmas. O dever de adimplir pode ser enfocado pelo prisma da conveniência e oportunidade, considerando-se a pendência de ações que, embora remotamente, podem afetar, com a ocorrência de resultados desfavoráveis, as próprias obrigações contraídas. Sendo assim, existindo vínculos entre as companhias cindida e incorporadoras, as obrigações existentes entre elas, que devem ser adimplidas, podem ter, de comum acordo, a sua exigibilidade suspensa por um período suficiente a uma previsão mais concreta quanto ao desfecho da aventura judicial, que resulta do aforamento das ações em tela.

111. ***E) Quinto quesito:***

"As empresas criadas poderiam assumir obrigações e responsabilidades diretamente, apesar da não efetivação do arquivamento da AGE, que deliberou a cisão parcial com versão de parcelas de seu patrimônio?"

Resposta ao quinto quesito:

112. Reiterando o que foi acima explicitado, as empresas incorporadoras foram criadas antes da cisão, adquirindo, regularmente, personalidade jurídica. Nessa conformidade, os negócios entre elas e/ou a CESP podem ser normalmente efetuados, considerando-se a autonomia da vontade e a ausência de qualquer restrição a respeito. Mesmo no que concerne às parcelas do patrimônio vertido em virtude da cisão, considerando-se os efeitos desta relativamente às companhias partícipes de tal operação, nada obsta que isso ocorra, respeitando-se, obviamente, as situações ainda não consolidadas, como a transferência do domínio de bens imóveis e outras que necessitam de formalidades ainda não cumpridas (arquivamento da ata da assembléia que aprovou a cisão na Junta Comercial).

113. ***F) Sexto quesito:***

"Os recolhimentos fiscais (COFINS, PIS/PASEP) e previdenciários deverão ser recolhido, de imediato, por cada uma das empresas ou pela CESP como uma empresa única, como antes da cisão?"

Resposta ao sexto quesito:

114. Desenvolvendo as companhias partícipes da operação de cisão atividades autônomas e existindo, demais, personalidades distintas, definidas mediante regulares arquivamentos de seus atos constitutivos, os fatos geradores a que derem causa implicarão a respectiva responsabilidade. Ou seja, imputa-se a quem configurou o fato gerador a responsabilidade pelo pagamento do correspondente tributo. Isto no que tange à responsabilidade tributária decorrente de condutas próprias. No que concerne a eventuais responsabilidades tributárias da cindida, transferidas em razão da versão de parte de seu patrimônio para as incorporadoras, nos termos do protocolo de cisão, o ali pactuado é totalmente irrelevante para o Fisco, que exigirá da cindida os valores dos tributos devidos. Também poderia ele exigir das incorporadoras tais valores, na hipótese de insuficiência econômica da cindida, nos termos do art. 132 do Código Tributário Nacional, que cuida da responsabilidade dos sucessores. Ainda poderá fazê-lo, atribuído um elastério aos termos do art. 133 do mesmo código, invocando a aquisição de parte do patrimônio da cindida. Sendo assim, respondendo especificamente ao quesito em exame, as contribuições relativas à COFINS, ao PIS e outras serão devidas e devem ser pagas pelas companhias, verificando-se a existência da situação definida em lei como necessária e suficiente à ocorrência do respectivo fato gerador.

115. ***G) Sétimo quesito:***

"As empresas incorporadoras e a CESP cindida podem publicar balanços/ ITR?"

Resposta ao sétimo quesito:

116. Entendemos que essas companhias não apenas podem, como devem publicar balanços, tal como o impõe a legislação societária. Evidentemente, os efeitos da ausência do arquivamento dos atos de cisão devem estar suficientemente espelhados em tais balanços, nos termos da técnica contábil, levando-se em consideração a outorga de concessões, a inocorrência de transferência de domínio de imóveis e outras peculiaridades.

117. ***H) Oitavo quesito:***

"A responsabilidade e obrigações perante terceiros, referentes a atos não solidários, devem ser exercidas pela CESP ou pela empresa envolvida?"

Resposta ao oitavo quesito:

118. As obrigações e responsabilidades correspondentes perante terceiros em razão de atos não solidários da cindida e das incorporadoras devem ser examinadas sob uma dupla ótica:

a) no que diz respeito àquelas já existentes antes da cisão e

b) no concernente às companhias após a cisão.

119. Relativamente a estas últimas — obrigações contraídas posteriormente à cisão — serão elas de exclusiva responsabilidade da empresa que lhes der causa. Sendo independentes as várias empresas, as obrigações que cada qual assumir repercutirão exclusivamente no seu patrimônio, sem vincular o patrimônio das demais. Já em relação aos credores, que manifestaram oposição à exclusão de solidariedade proposta no protocolo de cisão e aprovada pelas companhias partícipes dessa operação, tal solidariedade remanesce até que outra solução seja encontrada.

120. Assim, para os autores das ações civis públicas credores da CESP, estará assegurado o direito de exigir, dela ou de qualquer das incorporadoras, a totalidade de seu crédito, tal como resulta da solidariedade. Não há, pois, correspondência entre o valor da parcela de patrimônio da cindida absorvida pela incorporadora e o valor das obrigações exigíveis. O total das obrigações pode ser exigido, assim, de uma ou de todas as companhias partícipes da cisão. Evidentemente, a situação ora existente poderá ser modificada, no futuro, seja em virtude de composição entre as partes, seja mediante a concessão de garantias, cuja espécie e *quantum* serão definidos judicialmente, em caso de conflito entre credores e devedoras solidárias.

121. Em relação aos demais credores, que não se opuserem à exclusão da solidariedade no prazo de noventa dias, contados da publicação dos atos de cisão, seus créditos deverão ser satisfeitos pelas incorporadoras que ficaram com as parcelas do patrimônio da CESP, vertidas na operação, na proporção definida no protocolo de cisão. Todavia, enquanto não arquivados os atos desta, em razão de sua ineficácia relativamente aos terceiros, poderão tais credores desconsiderar a cisão exigindo integralmente da CESP o adimplemento das obrigações por estas contraídas.

122. ***I) Nono quesito:***

"As relações trabalhistas, e respectivos desdobramentos, ficam afetadas, considerando que desde 1 de abril último parte dos empregados foram transferidos para as citadas empresas?"

Resposta ao nono quesito:

123. A ausência de arquivamento dos atos de cisão não afeta as relações de natureza trabalhista das companhias envolvidas na operação. Esta ocorreu entre companhias existentes e autônomas, que poderiam proceder à transferência de empregados independentemente de cisão, observada, obviamente, a legislação trabalhista pertinente. As relações entre as companhias que participaram da cisão não ficam afetadas pela ausência desse arquivamento. Dessa forma, a menos que os empregados se insurjam contra essa transferência, circunstância essa que não tem qualquer vínculo direto com a cisão e o arquivamento de seus atos, a ausência deste é anódina para as relações trabalhistas.

124. De qualquer forma, porém, nos termos do art. 2º, § 2º, da Consolidação das Leis do Trabalho, existe solidariedade entre as companhia cindida e as incorporadoras quanto às obrigações de natureza laboral, se presentes os vínculos societários especificados nesse dispositivo legal, independentemente da distribuição de obrigações e responsabilidades decorrente da operação de cisão parcial. Anote-se, todavia, que, enquanto não arquivados os atos de cisão, sua ineficácia em face de terceiros poderá ser invocada por empregados que resistirem à sua transferência de uma para outra companhia, em razão da cisão.

125. ***J) Décimo quesito:***

"Os registros de abertura de capital junto à CVM poderão ser concedidos mesmo sem os arquivamentos das atas de AGE's na JUCESP?"

Resposta ao décimo quesito:

126. O registro de abertura de capital das companhias incorporadoras na Comissão de Valores Mobiliários, com emissão de novas ações em decorrência da versão, em seu favor, de parte do patrimônio da cindida, dependerá do arquivamento dos atos de cisão na Junta Comercial. Isto porque, em tese, esse registro sem ressalvas implicaria reconhecer o aumento de capital e a emissão de novas ações sem transparência do litígio existente, com possíveis efeitos perante terceiros investidores. Estes não estão adstritos a reconhecer a eficácia da cisão, enquanto não arquivados os atos desta. Muito menos a CVM, que é terceira em relação a tal cisão, além de exercer atuação fiscalizadora na matéria.

127. O ato de registro de companhia aberta pela CVM tem natureza constitutiva, no sentido de que apenas as companhias abertas podem negociar os títulos de sua emissão no mercado de valores mobiliários (art. 21 da Lei 6.385/76). Mas a atipicidade da situação poderá ensejar uma solução específica ou peculiar para a questão, considerando-se que a matéria depende de decisão discricionária da autarquia. Por isso mesmo, entendemos que deverão ser requeridos perante a CVM os registros de companhia aberta e de negociação de seus valores mobiliários no mercado, tendo-se em vista o disposto no art. 223, § 3º da Lei 6.404/76, que impõe à companhia, que absorver parcela do patrimônio da cindida, a obtenção de tais registros no prazo máximo de cento e vinte dias, contados das datas das assembléias gerais que aprovaram a operação.

128. A conseqüência da não obtenção do registro nesse prazo é ensejar o exercício do direito de recesso pelo acionista dissidente da deliberação de cisão, consoante o disposto no § 4º desse mesmo artigo. A demora do registro em virtude de impedimento judicial não poderá ser erigida em fator de vulneração desse prazo, até porque *ad impossibilia nemo tenetur*. Se for formulada exigência pela CVM no sentido da apresentação de certidão do arquivamento dos atos de cisão, poderá ela ser objeto de recurso administrativo ou de medida judicial, com a finalidade de propiciar tal registro, com a adequada transparência quanto à situação hoje vivenciada pelas companhias incorporadoras.

129. Cabe observar, no entanto, que a informação sobre o estado de arquivamento dos atos societários é de ser considerada relevante, para os efeitos da obrigação de divulgação ao mercado, prevista na Instrução CVM 31.

130. Por outro lado, a questão formulada suscita o exame de três aspectos importantes, que se interligam:

a) o relativo à iniciativa de requerimento de registro da companhia aberta, junto à CVM;

b) o efetivo deferimento de registros pela CVM;

c) a negociação com ações desta sociedade, antes de serem concedidos, pela CVM, os competentes registros.

131. É importante salientar que a Lei 6.404/76 impõe aos administradores das sociedades deveres relativos ao arquivamento e à publicação dos atos de cisão (art. 229, § 4º). Certo, ainda, que, de acordo com o art. 223, § 3º, da mesma lei, há a obrigatoriedade de ser obtido o registro de companhia aberta e viabilizada a negociação no mercado secundário, gerando a sua ausência o efeito de provocar o exercício do direito de retirada pelos acionistas (art. 223, § 4º), dentro de trinta dias a contar do prazo antes mencionado.

132. Diante das decisões judiciais liminares que sustaram o registro dos atos de cisão na Junta Comercial, o que, em tese, pode inviabilizar o deferimento de registro pela CVM, nosso posicionamento é no sentido de que seja requerido o registro de companhia aberta e, simultaneamente, o registro para negociação das ações, junto à Bolsa de Valores, mediante a apresentação de protocolo de registro destes atos societários, expedidos pela Junta Comercial, cumprindo-se, deste modo, no que compete aos administradores das sociedades envolvidas, os deveres previstos na lei societária.

133. Se vier a ocorrer o retardamento da concessão dos registros, pela CVM e/ou pela Bolsa de Valores, em virtude de exigência da prova do arquivamento dos atos de cisão na Junta Comercial, o impedimento terá sido por fato alheio à atuação dos administradores, não podendo gerar, a nosso ver, a sua responsabilização. Além disso, seria possível defender a tese de que não estaria deflagrado o direito de recesso, porquanto o prazo para a obtenção do registro só não teria sido atendido em virtude de obstáculo judicial, não imputável à administração destas sociedades.

134. Entretanto, tal entendimento poderia, em tese, vir a não ser acolhido pelo Poder Judiciário, em eventual ação judicial proposta pelos acionistas dissidentes da cisão, aproveitando o ensejo para tentar obter o reembolso de suas ações, caso se apresentem vantagens econômicas para tal. Pensamos, todavia, que tal ação não deveria prosperar.

135. Finalmente, no tocante à negociação das ações no mercado, considerando-se que tenham sido obtidos os competentes registros, cabe ponderar que tanto a CVM quanto a Bolsa de Valores podem, por ato próprio, vir a suspender a sua negociação até a regularização da situação societária das empresas, visando à proteção dos investidores. Contudo, caso tal ato não ocorra, parece-nos recomendável que os controladores, administradores e todas as pessoas ligadas a estes abstenham-se de negociar com tais ações, enquanto não sanadas as dificuldades de arquivamento na Junta Comercial, ou até que sejam divulgadas ao mercado as circunstâncias fáticas que envolvem o arquivamento destes atos societários.

136. ***K) Décimo primeiro quesito:***

"Podem as empresas incorporadoras estabelecer programas de ADR's nos EUA, mesmo sem os arquivamentos mencionados? Podem ocorrer impugnações?"

Resposta ao décimo primeiro quesito:

137. Enquanto mantido em suspenso o arquivamento dos atos da cisão, consideramos inviável o estabelecimento pelas companhias incorporadoras de programas de *American Depositary Recepts* nos EUA. Efetivamente, a cisão é ineficaz perante terceiros, à míngua de tal arquivamento. Portanto, a situação das companhias incorporadoras, durante a pendência do obstáculo judicial a tal arquivamento, será instável, o que inviabiliza a negociação de suas ações em bolsa de valores. Inexistindo essa negociação, não haverá como se emitirem ADR's nos EUA.

138. Assim sendo, se, a despeito desse impedimento, vier a ser concedido o registro pela CVM e conseqüentemente pela SEC, existirá a concreta possibilidade da ocorrência de impugnação por terceiros adquirentes de tais títulos e, até mesmo, pelos autores das ações civis de onde emergiram as liminares em causa.

139. ***L) Décimo segundo quesito:***

"Mesmo sabendo da pendência judicial ora existente, podem a CESP e as demais empresas criadas a partir da CESP, encaminhar cartas à SEC, por meio de seus advogados nos EUA, pleiteando o enquadramento legal dessas empresas na regra própria daquele mercado (Rule 12g3-2-b), para fins de posterior estabelecimento de programas de ADR's? Ressaltamos que esta providência visaria apenas cumprir etapa preparatória aos programas de ADR's, não ensejando, por si mesma, a eficácia dos referidos programas, que dependeriam de registro próprio na CVM e dos respectivos registros de companhias abertas?"

Resposta ao décimo segundo quesito:

140. Medidas preliminares, que não envolvam responsabilidade das incorporadoras e da CESP quanto à legislação americana, nem impliquem afirmação de existência de uma situação jurídica ainda não ocorrida, não são vedadas em decorrência da ausência de arquivamento dos atos de cisão, ou seja, de ainda não estar integralmente aperfeiçoada a operação correspondente. Obviamente, tais medidas hão de se restringir à preparação dos atos, sem ingressar propriamente na realização ou finalização destes.

141. Contudo, diante do fato de que os competentes registros na CVM, inclusive os de companhia aberta, necessários à efetivação dos programas de ADR, poderão não ser expedidos antes da efetivação da transcrição dos atos societários respectivos, inerentes à operação de cisão, não nos parece, em princípio, recomendável a abertura de procedimentos junto à SEC, antes de regularizada a situação. A recomendação parte do pressuposto de que tal iniciativa prematura poderia perturbar o andamento do correspondente processo, junto à SEC, por ocasião do estabelecimento dos aludidos programas de ADR's.

142. ***M) Décimo terceiro quesito:***

"*Conforme orientação jurídica preconizada anteriormente, resta claro, de um lado, que as empresas constituídas como incorporadoras das parcelas do ativo da CESP devem pleitear à CVM os respectivos registros de companhias abertas, no prazo da lei, destacando-se, de outro lado, que enquanto inexistir o arquivamento dos atos de cisão, a negociação das ações dessas empresas não é recomendável, em face da possível impugnação de terceiros. Assim sendo, indagamos se o procedimento mais adequado seria obter o registro na CVM mas não autorizar a negociação das ações nas bolsas até que o arquivamento dos atos de cisão seja consumado?*"

Resposta ao décimo terceiro quesito:

143. O registro das incorporadoras na CVM como companhias abertas dependerá, normalmente, como acima acentuado, do arquivamento dos atos de cisão na Junta Comercial. Se isto vier a ocorrer, nenhuma restrição subsistirá a respeito. Se o registro for obtido sem que o arquivamento tenha ocorrido, será prudente não proceder às negociações das ações das incorporadoras em bolsas de valores, até que esse arquivamento se efetive.

144. A questão formulada suscita o exame de três aspectos importantes, que se interligam:

a) o relativo à iniciativa de requerimento de registro de companhia aberta, junto à CVM;

b) o efetivo deferimento de registros pela CVM;

c) a negociação com ações desta sociedade, antes de serem concedidos, pela CVM, os competentes registros.

145. É importante salientar que a Lei 6.404/76 impõe aos administradores das sociedades deveres relativos ao arquivamento e à publicação dos atos de cisão (art. 229, § 4º). Certo, ainda, que, de acordo com o art. 223, § 3º, da mesma lei, há a obrigatoriedade de ser obtido o registro de companhia aberta e viabilizada a negociação no mercado secundário, gerando a sua ausência o efeito de provocar o exercício do direito de retirada pelos acionistas (art. 223, § 4º), dentro de trinta dias a contar do prazo antes mencionado.

146. Diante das decisões judiciais liminares que podem ser interpretadas como tendo sustado o registro dos atos de cisão na Junta Comercial, o que, em tese, pode inviabilizar o deferimento de registro pela CVM, nosso posicionamento é no sentido de que seja requerido o registro de companhia aberta e, simultaneamente, o registro para a negociação das ações, junto à Bolsa de Valores, mediante a apresentação do protocolo de registro destes atos societários, expedido pela Junta Comercial, cumprindo-se, deste modo, no que compete aos administradores das sociedades envolvidas, os deveres previstos na lei societária.

147. Reiterando o que já dissemos em resposta ao décimo quesito (itens 133 e 134), entendemos que se vier a ocorrer o retardamento da concessão dos registros, pela CVM e/ou pela Bolsa de Valores, em virtude de exigência da prova do arquivamento dos atos de cisão na Junta Comercial, o impedimento terá sido externo à atuação dos administradores, não podendo gerar, a nosso ver, a sua responsabilização. Além disso, seria possível defender a tese de que não estaria deflagrado o direito de recesso, porquanto o prazo para a obtenção do registro só não teria sido atendido em virtude de obstáculo judicial, não imputável à administração destas sociedades.

É o nosso parecer

São Paulo, 14 de junho de 1999.

Pareceres

EMISSÃO DE AÇÕES COM BASE EM CONTRATO DE PARTICIPAÇÃO FINANCEIRA

WALDIRIO BULGARELLI

I — Da Consulta: Histórico. II — Do Parecer.

I — Da Consulta

1. Consulta-me ilustre advogado *X*, solicitando-me uma análise jurídica a respeito de direitos de acionistas, minoritários ou não, da Companhia Riograndense de Telecomunicações — CRT. Esses direitos exsurgiram, na ordem dos fatos e do Direito, por força de contratos complexos, que têm por objeto, simultânea e paralelamente, a prestação de serviços de telefonia e a capitalização da empresa (que recebe o valor dos serviços a esse título *e, também, a título de investimento na empresa* — que por isso emite ações a esses assinantes/aderentes/investidores/acionistas).

2. Narra o Consulente os seguintes fatos. Sobre eles apresenta documentos comprobatórios, que passo a expor e desde logo analisar, submetendo, à apreciação dos doutos, o meu parecer.

"Conforme nossos entendimentos, submetemos a vossa apreciação o material referente à demanda que movemos em nome de nossos Clientes em face da CRT — *Companhia Riograndense de Telecomunicações*, onde, consoante exposto no 'Histórico' anexo, pleiteando a correção do número de ações entregues para os cidadãos que aderiram ao então chamado 'Contrato de Participação Financeira' apresentado por esta Companhia no intuito de captar recursos para a expansão dos serviços de telefonia no Estado do Rio Grande do Sul. Juntamente com o referido 'Histórico', estamos encaminhando cópia das principais peças componentes dos autos já em trâmite, bem como de decisões de primeiro e segundo graus sobre o assunto.

"Segue, ainda, cópia do Estatuto da CRT vigente à época."

Histórico

A Lei Estadual 4.073/60, do Estado do Rio Grande do Sul, autorizou a constituição da CRT — Companhia Riograndense de Telecomunicações, empresa de economia mista, de capital fechado e autorizado, cujo escopo seria a instalação e o desenvolvimento do serviço de telefonia em todo o território gaúcho. Para financiar suas atividades, a CRT utilizava-se dos popularmente chamados "Planos de Expansão", pelos quais, através de uma contratação maciça com os cidadãos daquele Estado, captava recursos para ampliar sua rede e seu patrimônio. Em apertada síntese, a CRT criava contratos de adesão, denominados de "Contratos de Participação Financeira", através do qual o cidadão interessado aderia ao mencionado Plano de Expansão, pagando um determinado preço que, por sua vez, lhe daria o direito de uso de uma linha telefônica. Com o dinheiro pago pelo cidadão, a CRT aumentava seu capital e podia, assim, atingir os objetivos para os quais fora criada. Em outras palavras, o próprio povo financiava o crescimento da Companhia e tinha, em contrapartida, o direito de uso de uma linha telefônica. Além desse direito, os aderentes também passavam a ser detentores do direito ao recebimento de um lote de ações preferenciais da CRT, cujo número de ações corresponderia ao valor pago quando da assinatura do Contrato de Participação Financeira. Aqui nasce o problema em debate no Judiciário Sulista: quantas ações caberia a cada aderente? Como calcular esse número?

O próprio Contrato de Participação Financeira traz em seu bojo a fórmula para o cálculo do número de ações de cada aderente:

"Resgate do financiamento

"Uma vez integralmente pago o valor do contrato, a CRT, no prazo máximo de 12 (doze) meses, a contar do resgate da última parcela mensal ou do pagamento à vista, emitirá tantas ações nominativas da espécie preferencial classe A, ou ordinárias, quantas corresponderem, pelo valor patrimonial das ações apurado em balanço anual."

Como se vê, o número de ações seria igual ao valor pago pelo Contrato de Participação Financeira dividido pelo valor patrimonial de uma ação apurado em balanço anual. Essa retribuição deveria se dar no prazo máximo de 12 (doze) meses a contar do pagamento integral do valor devido pela adesão ao acima mencionado Contrato de Participação Financeira.

A cláusula acima transcrita não prevê qual balanço anual seria tomado por base para o cálculo das ações. Daí a gênese da divergência: a CRT insiste que o valor patrimonial da ação que serviria como divisor para se auferir o número de ações a ser entregue para cada aderente do Contrato de Participação Financeira *seria aquele apurado no último balanço patrimonial anterior à capitalização* na empresa do montante pago pelo cidadão. Por sua vez, os aderentes entendem que o valor patrimonial da ação *seria o fixado no último balanço anual anterior à data do pagamento do valor do Contrato de Participação Financeira.*

Os argumentos de cada parte estão expostos e esmiuçados nas peças anexas, bem como nas decisões proferidas por diversas Câmaras do Tribunal de Justiça do Rio Grande do Sul.

O cerne da argumentação da CRT passa pela análise de uma Portaria Ministerial (1.361/76), enquanto os aderentes entendem que a aplicação desta norma violaria, por completo, o Estatuto da Companhia, a Lei das Sociedades Anônimas e o Código de Defesa do Consumidor, além de causar um enorme desequilíbrio entre o valor investido e o valor total das ações recebidas.

Entendem os aderentes que o Contrato de Participação Financeira não poderia ser interpretado como outra coisa que não sendo um contrato de subscrição e integralização de ações de uma Sociedade Anônima. Logo, o número de ações deveria ser conhecido desde a data da integralização, o que somente seria possível se tomássemos como correto a fórmula de cálculo do número de ações por eles defendida.

O alicerce principal da tese dos aderentes, o próprio Estatuto da CRT, que previa a necessidade de ser acionista da empresa para se ter preferência na instalação do terminal telefônico previsto no Contrato de Participação Financeira: "O acionista que subscrever e realizar integralmente a quantidade de ações preferenciais que representem, pelo seu valor patrimonial, o valor do contrato de assinatura de serviço público de telefonia, terá direito à preferência na instalação e de terminal telefônico para seu próprio uso (artigo 10)".

II — Do Parecer

1. Lei do Estado do Rio Grande do Sul (4.073/90) autorizou a constituição da Companhia Riograndense de Telecomunicações (CRT), sociedade por ações, de economia mista, com capital fechado, do tipo "autorizado", tendo por objeto social a instalação e desenvolvimento de serviços de telefonia em plagas gaúchas.

2. O financiamento da empresa obedecia ao modelo instituído à época do regime militar, modelo muito conhecido por "Planos de Expansão", que envolvia a captação em massa de recursos, mediante a adesão dos interessados a contratos-padrão. No caso que ora examino, esses contratos, obviamente e como já afirmei, eram "de adesão" (ou *por adesão*, segundo conhecida precisão do saudoso Orlando Gomes), e receberam a denominação de "Contratos de Participação Financeira", visto que os aderentes-acionistas, por certo preço, tornavam-se titulares de direito de uso de uma (ou mais) linha telefônica.

3. Claro que o dinheiro recebido dos aderentes-acionistas passavam diretamente à conta "Capital" da CRT, pois ela é sociedade de capital autorizado (Lei federal 6.404, de 15.12.1976, art. 168).

E, por conseqüência, os aderentes se tornavam, *desde logo*, acionistas da CRT, na categoria dos preferencialistas (Lei 6.404/76, arts. 17 a 19).

4. CRT entende diferente e não se sabe como, nem porquê. Imagina a empresa — e, aliás, imagina equivocadamente — que o signatário do "Contrato de Participação Financeira" (*partner*, portanto, o que equivale a sócio), só vai se tornar acionista (ou sócio) quando ela, CRT, bem entender.

É interessante essa maneira de entender. Mas, ao mesmo tempo primária, pois seus objetivos ilegais serão facilmente desvendados, seja pelo Judiciário, seja por jurista da área do Direito Empresarial.

5. Reconheço que há um certo exagero quando afirmo, no item anterior, que o sócio "só vai se tornar acionista (ou sócio) quando ela, CRT, bem entender".

Na verdade a empresa "entende", muito bem, o momento em que, *para ela*, seria melhor emitir as ações: esse momento seria aquele em que o acionista receberia uma quantidade menor de ações.

Sucede que essa escolha é unilateral e com o fito de prejudicar os acionistas; não encontra amparo na lei, estatuto social e no "Contrato de Participação Financeira".

Haveria até de minha parte uma certa admiração por quem inventou essa idéia, segundo a qual o cidadão-investidor só vai se tornar acionista quando pagar o último centavo previsto no "Contrato de Participação Financeira". Mas como essa invenção é lesiva a terceiros, cessaria minha admiração que, aliás, nem chegou a existir porque não encontrei, no *dossier* recebido, qualquer explicação acerca do que seria esse negócio antes da data preconizada pela CRT.

6. Cumpre detalhar, comentando, as peças do sobredito *dossier*, encaminhado pelo Consulente, e que contém, ao que me parece, elementos essenciais para a compreensão e análise da matéria.

6.1 O assunto vem sendo muito discutido no Judiciário do Rio Grande do Sul. Do 1º grau, vieram-me cópias de três sentenças proferidas nos autos: 01197429267, da 4ª Vara da Fazenda Pública; 01198413925, de Juízo que não identifico, na cópia; 00101034180, da 15ª Vara Cível.

Somente a última acolhe a tese da CRT; as duas primeiras foram favoráveis aos acionistas.

Por via indireta, ou seja, pelo exame das sentenças submetidas ao crivo do 2º grau (vide subitem seguinte), verifica-se que em 1º grau a tese dos acionistas prevalece, esmagadoramente.

6.2 Do Egrégio Tribunal de Justiça gaúcho recebi cópias de 12 acórdãos — e me parece que existem mais, porém a amostragem é suficiente, na medida em que não vejo necessidade de novos elementos, pelas datas das decisões, que, aliás, são recentíssimas. Portanto, neste ponto, ou sobre esta matéria, não é preciso pesquisar.

E o que temos, nessa amostragem de 12 acórdãos?

Apenas três (3) acórdãos que aceitam a tese da CRT (frise-se: não por mérito, mas, em dois deles, pela defeituosa propositura da ação, pelos advogados dos acionistas).

E o saldo (nove — 9) a favor dos acionistas.

7. O que ele (cidadão-investidor) era antes, nessa (des)ordem de idéias, é algo inexcogitável. Começou a pagar logo; como acionista (claro, pois isto é inerente ao contrato); financiou a empresa. E só vai ser reconhecido como tal depois de um ano, quando pagar todas as prestações? E o dinheiro da primeira prestação? Não foi logo para a conta "Capital"? *Se não foi, a Lei* (federal 6.404, de 15.12.1976, arts. 168,170 e 171) *foi claramente violada.*

Por aí se vê o erro crasso do "entendimento" da CRT.

E o erro é intencional, por uma razão aritmética: se o acionista-investidor for como tal reconhecido quando começa a financiar a empresa (1ª prestação), esta *é legalmente obrigada* a emitir, em seu nome, por exemplo, *100 ações* (Lei 6.404/76, art. 166, II; 168, 170 e 171); se se quiser violar a lei, e só emitir ações após o pagamento da última prestação, a empresa emite *50, 40, 10 ações...*

Seguramente por isso é que o Poder Judiciário do Estado do Rio Grande do Sul, cuja competência e qualidade todos conhecem, vem dando ganho de causa aos acionistas-investidores, para que estes recebam suas 100 ações, ao invés das 50, 40, 10 que a CRT lhes quer atribuir.

8. Discutiu-se, no caso, tanto a natureza como certos efeitos do contrato firmado pelos assinantes, admitindo-se que seja contrato de adesão, e excluindo-se que seja contrato de compra e venda, e insistindo-se que seja em relação à entrega das ações, de uma promessa. Urge afastar essas colocações malpostas que levam por isso a qualificações esdrúxulas, sendo que o *nomen juris* pouco importa no caso.

Seguindo-se as normas elementares de interpretação sob a inspiração da doutrina (como Ascarelli, Betti e a atual, a da *razoabilidade*, cf. Perelman, Ch., *Le Raisonnable et le Déraisonnable*, Paris, 1984) afasta-se o uso de argumentos inaceitáveis e até esdrúxulos.

9. Tomando-se como base a tendência de acatar a *estrutura* e a *função* como princípios, verifica-se, desde logo, que o *objeto* do contrato (ou a *causa*, se preferir) é a aquisição do uso de linha telefônica, condicionada à aquisição de ações, portanto participação acionária. Tem-se aí, pois, os elementos essenciais (*essentialia negocii*) que se integram no mesmo ajuste. As prestações se simplificam: a Telefônica entrega e faz funcionar a linha e o assinante subscreve ações, que serão integralizadas.

10. Em relação às obrigações assumidas e às prestações devidas, fácil é de ver que podem incidir normas tanto do Código de Defesa do Consumidor, como das próprias leis penais, dependendo da conduta da parte ofertante (trata-se de contrato de adesão), valendo lembrar as regras de interpretação contidas quer no Código Comercial quer no Código Civil.

11. Cristalina fica, assim, a pretensão dos assinantes quanto ao número e valor das ações a serem entregues no momento próprio. Mais que demasia, e, sim, erronia constituem os argumentos até apagógicos que foram utilizados contra a interpretação dada pelos assinantes. Do histórico que me foi apresentado e aqui foi transcrito, tomo em consideração o seguinte tópico: "A cláusula acima transcrita não prevê qual balanço anual seria tomado por base para cálculo das ações. Daí a gênese da divergência: *a CRT insiste que o valor patrimonial* da ação que serviria como divisor para se auferir o número de ações a ser entregue para cada aderente do Contrato de Participação Financeira *seria aquele apurado no último balanço patrimonial anterior à capitalização* na empresa do montante pago pelo cidadão. Por sua vez, os aderentes entendem que o valor patrimonial da ação *seria o fixado no último balanço geral anterior à data do pagamento do valor do Contrato de Participação Financeira*"; constata-se de um lado que a posição da

CRT é equivocada e em seu favor, numa afirmação potestativa tão comum, aliás, de quem elabora o contrato, em prejuízo dos assinantes que contribuíram para a maior capitalização da empresa. Os administradores e obviamente os controladores devem atentar para a função do contrato e conseqüentemente dos efeitos prejudiciais aos seus acionistas, a fim de não sofrerem as sanções previstas na Lei 6.404/76 e outras.

De tudo o que aqui foi dito, fica claro que a interpretação dos assinantes colma eventuais lacunas do contrato, seguindo-se, desta forma, a orientação da lógica do "razoável", a que aludi.

Muito mais, é certo, haveria a dizer, mas não sendo meu propósito alongar em demasia este parecer, dou-o por encerrado.

São Paulo, 31 de março de 2000

PROIBIÇÃO DA SUSPENSÃO DE SERVIÇOS ESSENCIAIS À POPULAÇÃO POR FALTA DE PAGAMENTO

ZANON DE PAULA BARROS
e
JOSÉ ALCIDES MONTES FILHO

Consulta

Consultam-nos V. Sas. sobre o Projeto de Lei 974 aprovado pela Assembléia Legislativa do Estado de São Paulo com o seguinte teor:

"*Proíbe a suspensão do fornecimento de serviços essenciais à população por falta de pagamento.*"

A Assembléia Legislativa de São Paulo decreta:

"Art. 1º. Os órgãos públicos estaduais, por si ou através das empresas concessionárias de serviço público, ficam proibidos de interromper o fornecimento de serviços essenciais, por falta de pagamento.

"§ 1º. Os serviços públicos essenciais devem ser prestados de forma contínua.

"§ 2º. Os inadimplentes serão cobrados regularmente pelas vias administrativa e judicial.

"Art. 2º. Consideram-se serviços essenciais, para efeitos desta lei, aqueles cuja interrupção possa colocar em perigo a sobrevivência, a saúde ou a segurança da população.

"Art. 3º. Esta lei entrará em vigor na data de sua publicação, revogadas as disposições em contrário."

O Projeto de Lei 974/99, que "proíbe a suspensão do fornecimento de serviços essenciais à população por falta de pagamento", além de ser essencialmente demagógico fere a Constituição Federal bem como a legislação infraconstitucional vigente.

O autor do projeto pretende, segundo sua justificativa, dar eficácia, no âmbito do Estado de São Paulo, ao art. 22, do Código de Defesa do Consumidor (Lei 8.078/90), que estabelece:

"Os órgãos públicos, por si ou suas empresas, concessionárias, permissionárias ou sob qualquer outra forma de empreendimento, são obrigados a fornecer serviços adequados, eficientes, seguros e, quanto aos essenciais, contínuos."

Alega o ilustre deputado a existência de decisões judiciais, baseadas no Código de Defesa do Consumidor, beneficiando consumidores de serviços de água e de energia elétrica, impedindo as concessionárias de tais serviços de interromper o fornecimento como forma de pressão para obter o pagamento de débitos em atraso. A lei proposta visaria a coibir tais pressões, "obrigando-as a valerem-se das vias administrativas e judiciais para cobrança dos débitos".

O primeiro erro é pressupor que a suspensão do fornecimento é meio de cobrança de débito. Suspende-se o fornecimento para impedir que a concessionária tenha seu prejuízo aumentado. O fornecimento tem seu custo e é de todo razoável pressupor-se que não será pago se o anterior já não o foi. Pensar-se diferentemente seria o mesmo que pretender-se obrigar um banco a continuar a conceder empréstimos a quem está inadimplente em relação a empréstimos anteriores.

O projeto, sobre ser demagógico, comete vários erros, incidindo até no vício da inconstitucionalidade.

É demagógico porque, sob a capa de proteção aos desvalidos, estimula a inadimplência. É pública e notória a dificuldade de se cobrar um débito judicialmente. Mesmo nos casos em que é possível o processo de execução (teoricamente meio mais célere de cobrança), a penhora de bens do executado não põe numerário no caixa do exeqüente, arrastando-se o processo por vários anos até que o bem penhorado vá a leilão e ocorra o pagamento (isto se o executado tiver bens a penhorar e se estes foram vendidos em leilão por valor que cubra o débito). Nestas condições, sabendo que o fornecimento não poderá ser interrompido, o consumidor não terá razão alguma para pagar. Os mais abastados, que já dispõem de advogados, não tendo esse custo adicional, preferirão não pagar as contas de serviços públicos, deixando para fazê-lo em juízo, anos depois, quando, ao certo, poderão propor acordo de pagamento reduzindo o débito ao final.

Os pequenos consumidores, de baixa renda, terão menos motivo ainda para se preocupar, pois, em geral, não tendo bens a serem penhorados e leiloados, a execução não terá sucesso e nada pagarão.

Assim, quem pagará as contas dos serviços públicos? Só uns poucos que serão chamados de tolos. Com isto, as empresas privadas, concessionárias de serviços públicos, quebrarão, em prejuízo do serviço e, obviamente, do público. Os órgãos pú blicos e empresas estatais que prestam tais serviços não irão à falência por impedimento legal, mas restarão com enorme déficit, o qual, evidentemente, será custeado pelo próprio povo.

É verdade que tem havido uma ou outra decisão judicial no sentido que informa o Deputado autor do projeto. São, no entanto, evidentemente equivocadas. Tais decisões consideraram não ser possível a suspensão do serviço, baseando-se nos arts. 22 e 42 do Código de Defesa do Consumidor. É o que se vê no seguinte trecho da ementa do acórdão do recurso ordinário em mandado de segurança 8.915-MA, da 1ª Turma do STJ:

"3. A energia é, na atualidade, um bem essencial à população, constituindo-se serviço público indispensável subordinado ao princípio de sua prestação, pelo que se torna impossível a sua interrupção.

"4. Os arts. 22 e 42, do CDC, aplicam-se às empresas concessionárias de serviço público."

Em primeiro lugar, não há serviço gratuito. Todo serviço tem um custo e, ou é pago pelo usuário ou por toda a sociedade. Além do mais, o fato de ser essencial à população não significa que o serviço público deva ser prestado sem ser pago. O exemplo disto está no próprio Poder Judiciário. Cremos que ninguém terá a coragem de dizer que a prestação jurisdicional não seja um serviço essencial para os cidadãos. Tanto o é, que foi alçado a garantia constitucional, como previsto no art. 5º, inciso XXXV da Constituição Federal. No entanto, não se consegue encaminhar um recurso ao tribunal competente sem a prova do pagamento do preparo (ou da isenção legal, quando então o custo é rateado pela sociedade).

Por outro lado, há erro na interpretação dos arts. 22 e 42 do Código de Defesa do Consumidor. O art. 22, como já visto acima, determina que os serviços públicos essenciais sejam adequados, eficientes, seguros e contínuos. Quando a lei exige serviços adequados e contínuos quer dizer que tais serviços não podem ser interrompidos por má administração, má qualidade, ineficiência ou deficiência dos equipamentos e outras causas do gênero. Não se poderia dar interpretação diferente, pois, se o Poder Público para exercer a justiça (direito essencial da cidadania) exige pagamento prévio, como poderá pretender que a empresa privada preste serviços a quem não lhe paga?

O art. 42, por sua vez, impede que, na cobrança de débitos o consumidor não seja exposto a situações vexatórias nem sofra constrangimentos ou ameaças, *in verbis*:

"Art. 42. Na cobrança de débitos o consumidor inadimplente não será exposto a ridículo, nem será submetido a qualquer tipo de constrangimento ou ameaça."

Não há como ver-se na simples suspensão de fornecimento uma exposição do consumidor a ridículo ou que ele esteja submetido a constrangimento ou ameaça. Poder-se-ia considerar exposição do cidadão a ridículo a negativa de subida de um recurso seu por falta de pagamento do preparo? Seria isto submetê-lo a constrangimento ou ameaça?

Sobre a aplicação do art. 22, do CDC, explanou com maestria o Dr. Eduardo Lima de Matos:[1]

"Nessa linha de conduta, um consumidor de um serviço singular de distribuição de energia elétrica, terá direito à continuidade do serviço, mesmo que não realize os pagamentos devidos.

"Ora, será que o espírito da lei é garantir aos inadimplentes serviço gratuito, mesmo que estes continuem eternamente devendo?

"Assim, será melhor usufruir do serviço sem efetuar o pagamento, posto que o art. 22 do Código do Consumidor garantirá a continuidade.

"O intérprete tem o dever de buscar o espírito da lei, e com certeza a finalidade da lei não foi e não será garantir continuidade de serviço público a inadimplentes.

"Destarte, o primeiro ponto é a análise da essencialidade tratada genericamente pelo legislador das relações de consumo.

"Ora, é preciso diferenciar as várias figuras existentes dentro da essencialidade, pois existem serviços universais e singulares.

"Assim, universal é aquele serviço público prestado indistintamente a qualquer cidadão tais como: segurança, saúde, educação. Singular é o serviço público prestado a pessoa determinada mediante o acatamento de normas técnicas, como energia, gás, telefonia e outros.

"Então é indiscutível que sendo pessoa humana terá direito aos serviços públicos universais. No entanto, o acesso aos singulares depende do atendimento de algumas normas, dentre elas a remuneração.

"De todo o raciocínio levantado, chega-se facilmente à conclusão de que a finalidade e o espírito da lei não são de concessão de serviços gratuitos para inadimplentes, principalmente quando este fato acarreta sérios prejuízos para a concessionária e por tabela para o poder concedente."

Além de tais questões de interpretação e de ordem prática, há a questão da indiscutível inconstitucionalidade da lei.

Nos termos do art. 22, inciso I, da Constituição Federal, os Estados não têm competência para legislar sobre a questão abordada no Projeto 974, de 1999, como se vê:

"Art. 22. Compete privativamente à União legislar sobre:

"I — direito civil, comercial, penal, processual, eleitoral, agrário, marítimo, aeronáutico, espacial e do trabalho; (...)

"IV — águas, energia, informática, telecomunicações e radiodifusão; (...)."

Com essa determinação constitucional, a legislação sobre os direitos do consumidor, ou se insere no ramo do direito mercantil ou no direito civil, estando, em qualquer dos casos, no âmbito exclusivo da competência da União, não tendo os Estados qualquer competência para legislar sobre este assunto.

1. *Direito do Consumidor* 5, jan.-mar. 1993, p. 203.

Comentando a norma constitucional, Manoel Gonçalves Ferreira Filho[2] leciona: "A doutrina norte-americana por muito tempo polemizou a este respeito, ao interpretar a chamada cláusula de comércio da Constituição de Filadélfia (art. 1º, seção VIII, n. 3). Atualmente é pacífico que o poder de legislar ou de regular 'é o poder de governar, isto é, o poder de restringir, proibir, proteger, encorajar, promover, tendo em vista qualquer objetivo público, desde que não sejam violados direitos constitucionais das pessoas'" (Edward S. Corwin, *A Constituição Norte-Americana e seu Significado Atual*, Rio de Janeiro, Zahar, p. 48).

Vê-se, então, que o poder de restringir práticas comerciais, como a suspensão do fornecimento a inadimplentes, compete com exclusividade à União.

Desavisadamente alguém poderia alegar que o inciso VIII, do art. 24, da Constituição Federal atribui competência concorrente entre a União, os Estados e o Distrito Federal para legislar sobre direito do consumidor. A referida norma tem o seguinte teor:

"Art. 24. Compete à União, aos Estados e ao Distrito Federal legislar concorrentemente sobre: (...)

"VIII — responsabilidade por dano ao meio ambiente, ao consumidor, a bens e direitos de valor artístico, estético, histórico, turístico e paisagístico."

É, novamente, Manoel Gonçalves Ferreira Filho que nos elucida o conceito:[3]

"*Responsabilidade por dano*. Oferece grandes dificuldades a interpretação deste preceito, que é inovação da Constituição vigente.

"Qual a responsabilidade a que se refere o texto?

"Não é certamente a responsabilidade criminal. Esta, que importaria na capitulação como delito de uma conduta danosa ao meio ambiente, se enquadra no campo do direito penal. Ora, este é de competência exclusiva da União, por força do art. 22, I, da Constituição (v. *infra*). Nem a reparação indenizatória do dano, pois esta pertence ao campo do direito privado, mormente do direito civil, o qual também é reservado à União em decorrência da disposição constitucional citada.

"A responsabilidade aqui prevista é a de caráter administrativo, a única que se pode incluir na competência comum da União, de um lado, dos Estados e do Distrito Federal, de outro."

Este efetivamente o entendimento que se pode dar ao texto constitucional referido. As regras sobre cobrança, condições do fornecimento e sua suspensão, são de direito privado, de competência única da União como determina o art. 22, inciso I, da Carta de 1988. A competência comum, estabelecida pelo art. 24, VIII, abrange apenas a instituição de penalidades administrativas, como as multas aplicadas pelos órgãos estaduais de defesa do consumidor, como meio de inibir práticas abusivas.

Como um ponto final em qualquer discussão, a União, dentro de sua competência, decorrente do já citado art. 22, inciso I, estabeleceu, na Lei 8.987, de 13.2.1995, art. 6º, § 3º, a permissão expressa da interrupção do fornecimento do serviço concedido, em caso de inadimplência do usuário, como se vê:

"Art. 6º. Toda concessão ou permissão pressupõe a prestação de serviço adequado ao pleno atendimento dos usuários, conforme estabelecido nesta Lei, nas normas pertinentes e no respectivo contrato. (...)

"§ 3º. Não se caracteriza como descontinuidade do serviço a sua interrupção em situação de emergência ou após prévio aviso, quando:

"I — motivada por razões de ordem técnica ou de segurança das instalações; e

"II — por inadimplência do usuário, considerando o interesse da comunidade."

2. *Comentários à Constituição Brasileira*, v. I, Saraiva, p. 165.

3. Ob. cit., p. 186 — os grifos são do original.

Se o art. 22 do CDC tivesse o conteúdo que lhe estão emprestando (de obrigar a continuação do fornecimento dos serviços ao usuário inadimplente) estaria ele, então, derrogado, no que diz respeito às concessionárias de serviços públicos pelo art. 6º, § 3º, da Lei 8.987/95, norma posterior e de igual hierarquia.

É verdade que o Prof. Marçal Justen Filho[4] adota uma posição dúbia sobre as concessionárias de energia elétrica, ao comentar o texto legal:

"Quando o usuário descumprir deveres que lhe incumbem, autoriza-se a cessação da prestação do serviço. A hipótese conduz à interrupção personalizada, que não afeta senão o usuário inadimplente. Assim, o usuário do serviço de telefonia que deixa de pagar a tarifa devida poderá ser sancionado com a suspensão do funcionamento de sua linha. (...)

"A hipótese do inc. II não autoriza, porém, a suspensão de serviços obrigatórios, cuja prestação se faz no interesse público ou é essencial à dignidade da pessoa humana. Essa é a situação específica do fornecimento de água tratada e de coleta de esgotos. A instalação de rede de distribuição de água tratada e de coleta de esgotos não se faz como meio de satisfação de interesse individual dos usuários. Trata-se de instrumento de (*sic*) à saúde pública. Através desses serviços, eliminaram-se quase totalmente as epidemias, transmitidas anteriormente através da contaminação da água. A suspensão dos serviços de água e esgoto representaria risco à saúde pública, na medida em que alguns dos integrantes da comunidade poderiam adquirir doenças, evitável (*sic*) através do tratamento de água e esgoto. Algo similar pode ser afirmado no tocante ao fornecimento de energia elétrica para fins residenciais, em situação que possa colocar em risco sua sobrevivência. Em suma, quando a Constituição Federal assegurou a dignidade da pessoa humana e reconheceu o direito de todos à seguridade, introduziu obstáculo invencível à suspensão de serviços públicos essenciais."

O ilustre comentarista tem posição firme quanto à possibilidade de suspensão dos serviços telefônicos e da sua impossibilidade quanto aos serviços de água e de esgoto, tendo posição dúbia quanto à energia elétrica.

Sua posição é correta quando entende que os serviços de água e esgoto não podem ser suspensos. Os fundamentos que apresenta estão de acordo com a lei, que permite a suspensão do fornecimento por inadimplência do usuário "considerando o interesse da comunidade". É evidente que evitar-se o risco de contaminação não é de interesse exclusivo do usuário, mas de toda a comunidade à sua volta.

Tal não ocorre, no entanto, com a energia elétrica: a suspensão do fornecimento a usuário individual em nada afeta o interesse da comunidade (diferentemente seria com a suspensão do fornecimento a hospitais, para iluminação pública etc.)

O exemplo dado pelo Prof. Marçal Justen Filho (de a suspensão colocar a vida ou a saúde do usuário em risco) é hipótese extremamente remota, que, se acontecer, deve ser considerada, mas não pode ser usada como elemento genérico, determinativo da aplicação da parte final do inciso II, do § 3º, do art. 6º, da Lei 8.987/95.

Finalmente, apesar de todo o rumor em contrário, o citado projeto, além de inconstitucional somente abrange os órgãos públicos estaduais e as concessionárias que pertençam unicamente ao Estado. A estes o Estado pode impor suas regras de comportamento, desde que não violem direitos de terceiro.

O texto do projeto, tal como está redigido, dirige-se especificamente aos órgãos públicos estaduais, por si ou através de concessionárias, como se vê: "*Os órgãos públicos estaduais,* por si ou através das empresas concessionárias ou permissionárias de serviço público ficam proibidos (...)".

4. *Concessões de Serviço Público*, Dialética, 1997, p. 130.

Ora, serão apenas os órgãos estaduais, seja agindo diretamente, seja agindo através de concessionárias ou permissionárias e, neste caso, por empresa pertencente ao Estado, que estarão impedidos de cortar o fornecimento. Acrescente-se, porém, que, no caso de concessionária que esteja sob o controle do Estado, mas que tenha participação de terceiros, estes, por prejudicados, terão o direito de impugnar a aplicação da Lei, pelo já citado vício da inconstitucionalidade.

É o nosso parecer.

* * *

Impressão e acabamento:
GRÁFICA PAYM
Tel. (011) 4392-3344

RDM 121

DOUTRINA: A NATUREZA JURÍDICA DO FUNDO GARANTIDOR DE CRÉDITOS – FGC (Homenagem ao Professor Waldírio Bulgarelli) – Luiz Gastão Paes de Barros Leães • APONTAMENTOS PARA FORMULAÇÃO DE UMA TEORIA JURÍDICA DOS CARTÉIS – Calixto Salomão Filho • ACORDO DE ACIONISTAS: PANORAMA ATUAL DO INSTITUTO NO DIREITO BRASILEIRO E PROPOSTAS PARA A REFORMA DE SUA DISCIPLINA LEGAL – Celso Barbi Filho • O PRINCÍPIO DA PROPORCIONALIDADE NO DIREITO ECONÔMICO – Alexandre Santos de Aragão • ***ATUALIDADES:*** O CARÁTER OBRIGACIONAL DA RELAÇÃO TRIBUTÁRIA – João Luiz Coelho da Rocha • O CADE E O CONTROLE PREVENTIVO DOS ATOS DE CONCENTRAÇÃO EMPRESARIAL – Marcelo Gazzi Taddei • VENDA DE VEÍCULOS NOVOS ATRAVÉS DA INTERNET: REFLEXOS NO CAMPO DA EXCLUSIVIDADE INERENTE À CONCESSÃO DE VEÍCULOS AUTOMOTORES – Marcel Queiroz Linhares • EFEITOS DA TRIBUTAÇÃO SOBRE O DIREITO CONCORRENCIAL – UMA VISÃO HARMÔNICA DO ORDENAMENTO – Marcel Bragança • AS CLÁUSULAS *CROSS DEFAULT* EM CONTRATOS FINANCEIROS – Adriana de Oliveira Giffoni • A PROTEÇÃO JURÍDICA DOS SEGREDOS INDUSTRIAIS E DE NEGÓCIO – João Marcos Silveira • VALORES MOBILIÁRIOS, ESPECULAÇÃO E CONSEQÜÊNCIAS JURÍDICAS – Leandro Bittencourt Adiers • ***JURISPRUDÊNCIA COMENTADA:*** A PRISÃO CIVIL DO DEPOSITÁRIO HAVIDO POR INFIEL – Haroldo Malheiros Duclerc Verçosa • ***ESPAÇO DISCENTE:*** A INTEGRAÇÃO DAS BOLSAS NACIONAIS E O AUMENTO DE COMPETITIVIDADE – Carlos Eduardo Vergueiro • ***PARECERES:*** EFEITOS DA FALTA DE ARQUIVAMENTO NA JUNTA COMERCIAL DOS ATOS DE DELIBERAÇÃO DE CISÃO DE SOCIEDADES EM VIRTUDE DE DECISÕES JUDICIAIS – Arnoldo Wald • EMISSÃO DE AÇÕES COM BASE EM CONTRATO DE PARTICIPAÇÃO FINANCEIRA – Waldirio Bulgarelli • PROIBIÇÃO DA SUSPENSÃO DE SERVIÇOS ESSENCIAIS À POPULAÇÃO POR FALTA DE PAGAMENTO – Zanon de Paula Barros e José Alcides Montes Filho

MALHEIROS EDITORES